高校文科精品教材

XIANDAI
HANYU

现代汉语
（第三版）

主编◎徐青　徐越

华东师范大学出版社
·上海·

图书在版编目（CIP）数据

现代汉语 / 徐青，徐越主编. -- 3版. -- 上海：华东师范大学出版社，2024. -- ISBN 978-7-5760-5317-3

Ⅰ. H109.4

中国国家版本馆 CIP 数据核字第 2024LN2916 号

现代汉语（第三版）

主　　编　徐　青　徐　越
责任编辑　范耀华
责任校对　时东明
装帧设计　俞　越

出版发行　华东师范大学出版社
社　　址　上海市中山北路 3663 号　邮编 200062
网　　址　www.ecnupress.com.cn
电　　话　021－60821666　行政传真 021－62572105
客服电话　021－62865537　门市(邮购)电话 021－62869887
地　　址　上海市中山北路 3663 号华东师范大学校内先锋路口
网　　店　http://hdsdcbs.tmall.com

印 刷 者　常熟市文化印刷有限公司
开　　本　787 毫米×1092 毫米　1/16
印　　张　20.5
字　　数　454 千字
版　　次　2024 年 11 月第 1 版
印　　次　2024 年 11 月第 1 次
书　　号　ISBN 978－7－5760－5317－3
定　　价　56.00 元

出 版 人　王　焰

（如发现本版图书有印订质量问题，请寄回本社客服中心调换或电话 021－62865537 联系）

| 编委会 |

| 主 审 |

张斌

| 主 编 |

徐青 徐越

| 副主编 |

曾传兴

| 编写成员 |

（按姓氏笔画排列）

何蕴秀 张家瑞 俞正贻 徐青 徐静茜 曾传兴

修订说明

本教材作为全国新世纪高等师范院校教材编写出版规划中的一本，始编于1986年，1990年由华东师范大学出版社出版，至今已过去了34个年头，其间被全国多所院校采用作为教材或参考书，也陆续有来信表示鼓励，并提出意见或讨论问题。1996年作过一次修订，后几经重印。为适应时代发展对人才培养提出的不同要求，以及本教材专业性、科学性和先进性的编写初衷，此次趁再版之机，我们对全书再次作了修订，除纠正原书中的一些疏漏和排印错误之外，根据语文教育工作的实际需要，结合本学科新的成熟的研究成果，对各部分内容都做了认真的推敲，更换了部分例句、删减了一些过时的提法、调整了一些有变化的规范、改写了一些段落、补充了一些新的词例、增加了相关附录，使之与时代的进步和学科的发展有更好的衔接。

在修订过程中，责编认真细致的工作，使书稿的质量得到很好的保证。同时我们以各种方式向专家和读者请教，得到很大的帮助，在此一并表示衷心的感谢。

本次修订虽在增删、补缺、求准、从简、改错等方面对各章都做了大量工作，但限于水平，不足之处在所难免，好在我们的修订工作并没有终止，以后还将根据时代的要求及读者的意见再作修订，非常期待关心本教材的师生和专家读者的不吝赐教。

编者

2024年10月

目 录

◎ 绪 论 ·· 1
　第一节　语言概说 ·· 1
　　一、语言是思维和交际的工具 ··· 1
　　二、语言的社会性和全民性 ·· 2
　　三、人类语言和动物"语言"的区别 ······································· 3
　　四、语言的结构和表达特点 ·· 4
　第二节　汉语和汉语方言 ·· 5
　　一、汉语的历史发展 ·· 5
　　二、现代汉语的特点 ·· 5
　　三、现代汉语方言分类 ·· 7
　　四、现代汉语规范化 ·· 9
　　五、推广普通话 ·· 10
　第三节　现代汉语的教学 ·· 11
　　一、课程性质和教学目的 ··· 11
　　二、教学内容和要求 ·· 11
　　三、学习方法 ··· 12

◎ 第一章　语音 ·· 14
　第一节　语音概说 ··· 14
　　一、语音的性质 ·· 14
　　二、语音的基本概念 ·· 18
　　三、语音的符号 ·· 19
　第二节　声母 ·· 20
　　一、声母的分类 ·· 20
　　二、方音辨正 ··· 25
　第三节　韵母 ·· 28
　　一、韵母的分类 ·· 28
　　二、押韵 ··· 35

三、方音辨正 ⋯⋯⋯⋯⋯⋯⋯⋯⋯⋯⋯⋯⋯⋯⋯⋯⋯⋯⋯⋯⋯⋯⋯⋯⋯⋯⋯ 37

　第四节　声调 ⋯⋯⋯⋯⋯⋯⋯⋯⋯⋯⋯⋯⋯⋯⋯⋯⋯⋯⋯⋯⋯⋯⋯⋯⋯⋯⋯⋯ 39

　　一、声调的性质 ⋯⋯⋯⋯⋯⋯⋯⋯⋯⋯⋯⋯⋯⋯⋯⋯⋯⋯⋯⋯⋯⋯⋯⋯⋯ 39

　　二、调值和调类 ⋯⋯⋯⋯⋯⋯⋯⋯⋯⋯⋯⋯⋯⋯⋯⋯⋯⋯⋯⋯⋯⋯⋯⋯⋯ 40

　　三、古今声调的演变 ⋯⋯⋯⋯⋯⋯⋯⋯⋯⋯⋯⋯⋯⋯⋯⋯⋯⋯⋯⋯⋯⋯ 40

　　四、方音辨正 ⋯⋯⋯⋯⋯⋯⋯⋯⋯⋯⋯⋯⋯⋯⋯⋯⋯⋯⋯⋯⋯⋯⋯⋯⋯⋯ 42

　第五节　音节 ⋯⋯⋯⋯⋯⋯⋯⋯⋯⋯⋯⋯⋯⋯⋯⋯⋯⋯⋯⋯⋯⋯⋯⋯⋯⋯⋯⋯ 45

　　一、音节的结构 ⋯⋯⋯⋯⋯⋯⋯⋯⋯⋯⋯⋯⋯⋯⋯⋯⋯⋯⋯⋯⋯⋯⋯⋯⋯ 45

　　二、声韵调的配合关系 ⋯⋯⋯⋯⋯⋯⋯⋯⋯⋯⋯⋯⋯⋯⋯⋯⋯⋯⋯⋯⋯ 46

　　三、音节的拼读和拼写 ⋯⋯⋯⋯⋯⋯⋯⋯⋯⋯⋯⋯⋯⋯⋯⋯⋯⋯⋯⋯⋯ 52

　第六节　音变和语调 ⋯⋯⋯⋯⋯⋯⋯⋯⋯⋯⋯⋯⋯⋯⋯⋯⋯⋯⋯⋯⋯⋯⋯⋯ 56

　　一、轻声 ⋯⋯⋯⋯⋯⋯⋯⋯⋯⋯⋯⋯⋯⋯⋯⋯⋯⋯⋯⋯⋯⋯⋯⋯⋯⋯⋯⋯ 56

　　二、儿化 ⋯⋯⋯⋯⋯⋯⋯⋯⋯⋯⋯⋯⋯⋯⋯⋯⋯⋯⋯⋯⋯⋯⋯⋯⋯⋯⋯⋯ 58

　　三、变调 ⋯⋯⋯⋯⋯⋯⋯⋯⋯⋯⋯⋯⋯⋯⋯⋯⋯⋯⋯⋯⋯⋯⋯⋯⋯⋯⋯⋯ 60

　　四、语气词"啊"的音变 ⋯⋯⋯⋯⋯⋯⋯⋯⋯⋯⋯⋯⋯⋯⋯⋯⋯⋯⋯⋯ 61

　　五、语调 ⋯⋯⋯⋯⋯⋯⋯⋯⋯⋯⋯⋯⋯⋯⋯⋯⋯⋯⋯⋯⋯⋯⋯⋯⋯⋯⋯⋯ 62

◎ 第二章　文字 ⋯⋯⋯⋯⋯⋯⋯⋯⋯⋯⋯⋯⋯⋯⋯⋯⋯⋯⋯⋯⋯⋯⋯⋯⋯⋯⋯ 66

　第一节　文字概说 ⋯⋯⋯⋯⋯⋯⋯⋯⋯⋯⋯⋯⋯⋯⋯⋯⋯⋯⋯⋯⋯⋯⋯⋯⋯ 66

　　一、文字和语言的关系 ⋯⋯⋯⋯⋯⋯⋯⋯⋯⋯⋯⋯⋯⋯⋯⋯⋯⋯⋯⋯⋯ 66

　　二、汉字的性质 ⋯⋯⋯⋯⋯⋯⋯⋯⋯⋯⋯⋯⋯⋯⋯⋯⋯⋯⋯⋯⋯⋯⋯⋯⋯ 67

　　三、汉字的简化 ⋯⋯⋯⋯⋯⋯⋯⋯⋯⋯⋯⋯⋯⋯⋯⋯⋯⋯⋯⋯⋯⋯⋯⋯⋯ 67

　　四、汉字的标准化 ⋯⋯⋯⋯⋯⋯⋯⋯⋯⋯⋯⋯⋯⋯⋯⋯⋯⋯⋯⋯⋯⋯⋯⋯ 70

　第二节　汉字形体的演变 ⋯⋯⋯⋯⋯⋯⋯⋯⋯⋯⋯⋯⋯⋯⋯⋯⋯⋯⋯⋯⋯ 71

　　一、甲骨文 ⋯⋯⋯⋯⋯⋯⋯⋯⋯⋯⋯⋯⋯⋯⋯⋯⋯⋯⋯⋯⋯⋯⋯⋯⋯⋯⋯ 71

　　二、金文 ⋯⋯⋯⋯⋯⋯⋯⋯⋯⋯⋯⋯⋯⋯⋯⋯⋯⋯⋯⋯⋯⋯⋯⋯⋯⋯⋯⋯ 72

　　三、篆书 ⋯⋯⋯⋯⋯⋯⋯⋯⋯⋯⋯⋯⋯⋯⋯⋯⋯⋯⋯⋯⋯⋯⋯⋯⋯⋯⋯⋯ 72

　　四、隶书 ⋯⋯⋯⋯⋯⋯⋯⋯⋯⋯⋯⋯⋯⋯⋯⋯⋯⋯⋯⋯⋯⋯⋯⋯⋯⋯⋯⋯ 72

　　五、楷书 ⋯⋯⋯⋯⋯⋯⋯⋯⋯⋯⋯⋯⋯⋯⋯⋯⋯⋯⋯⋯⋯⋯⋯⋯⋯⋯⋯⋯ 72

　　六、草书 ⋯⋯⋯⋯⋯⋯⋯⋯⋯⋯⋯⋯⋯⋯⋯⋯⋯⋯⋯⋯⋯⋯⋯⋯⋯⋯⋯⋯ 72

　　七、行书 ⋯⋯⋯⋯⋯⋯⋯⋯⋯⋯⋯⋯⋯⋯⋯⋯⋯⋯⋯⋯⋯⋯⋯⋯⋯⋯⋯⋯ 73

　第三节　汉字的结构 ⋯⋯⋯⋯⋯⋯⋯⋯⋯⋯⋯⋯⋯⋯⋯⋯⋯⋯⋯⋯⋯⋯⋯⋯ 74

　　一、笔画 ⋯⋯⋯⋯⋯⋯⋯⋯⋯⋯⋯⋯⋯⋯⋯⋯⋯⋯⋯⋯⋯⋯⋯⋯⋯⋯⋯⋯ 74

　　二、偏旁和部首 ⋯⋯⋯⋯⋯⋯⋯⋯⋯⋯⋯⋯⋯⋯⋯⋯⋯⋯⋯⋯⋯⋯⋯⋯⋯ 75

　　三、构字部件 ⋯⋯⋯⋯⋯⋯⋯⋯⋯⋯⋯⋯⋯⋯⋯⋯⋯⋯⋯⋯⋯⋯⋯⋯⋯⋯ 75

　　四、笔顺 ⋯⋯⋯⋯⋯⋯⋯⋯⋯⋯⋯⋯⋯⋯⋯⋯⋯⋯⋯⋯⋯⋯⋯⋯⋯⋯⋯⋯ 76

第四节　正确使用汉字 ··· 77
　　一、使用规范汉字 ··· 77
　　二、纠正错别字 ··· 81

◎ 第三章　词汇 ··· 84

第一节　词汇概说 ··· 84
　　一、语素 ··· 84
　　二、语素、音节和汉字的关系 ··································· 86
　　三、词和词汇 ··· 87
　　四、词和短语 ··· 89

第二节　词义 ··· 90
　　一、什么是词义 ··· 90
　　二、词义的性质 ··· 91
　　三、词义的类型 ··· 92
　　四、词义的色彩 ··· 94
　　五、词义的构成 ··· 95

第三节　同义词、反义词、单义词和多义词 ··························· 97
　　一、什么是同义词 ··· 97
　　二、同义词的作用 ··· 99
　　三、辨析同义词的方法 ··· 100
　　四、反义词 ··· 102
　　五、单义词和多义词 ··· 104
　　六、多义词的语义关系 ··· 105

第四节　同音词、同素异序词、同族词和词族 ························· 107
　　一、同音词 ··· 107
　　二、同素异序词 ··· 108
　　三、同族词和词族 ··· 110

第五节　词汇的构成 ··· 111
　　一、基本词汇和一般词汇 ······································· 111
　　二、古语词和新语词 ··· 112
　　三、方言词 ··· 113
　　四、外来词 ··· 113
　　五、术语 ··· 115
　　六、特殊词语 ··· 116
　　七、简称 ··· 116
　　八、成语 ··· 117

九、惯用语 ………………………………………………………… 119
　　十、歇后语 ………………………………………………………… 120
第六节　词语的解释和查检 …………………………………………… 121
　　一、怎样释词 ……………………………………………………… 121
　　二、怎样查词 ……………………………………………………… 123
　　三、词典和字典 …………………………………………………… 125

◎ 第四章　语法 …………………………………………………… 127

第一节　语法概说 ……………………………………………………… 127
　　一、语法的性质 …………………………………………………… 127
　　二、五种语法单位 ………………………………………………… 127
　　三、语法单位的分类 ……………………………………………… 128
　　四、语法分析方法 ………………………………………………… 129
第二节　构词法 ………………………………………………………… 132
　　一、单纯词 ………………………………………………………… 132
　　二、合成词 ………………………………………………………… 132
第三节　词类（一） …………………………………………………… 136
　　一、词类划分的标准 ……………………………………………… 136
　　二、名词 …………………………………………………………… 137
　　三、动词 …………………………………………………………… 138
　　四、形容词 ………………………………………………………… 140
　　五、数词和量词 …………………………………………………… 141
　　六、代词 …………………………………………………………… 142
　　七、副词 …………………………………………………………… 143
第四节　词类（二） …………………………………………………… 146
　　八、介词 …………………………………………………………… 146
　　九、连词 …………………………………………………………… 147
　　十、助词 …………………………………………………………… 148
　　十一、叹词 ………………………………………………………… 150
　　十二、拟声词 ……………………………………………………… 150
　　十三、词性的辨识和词的运用 …………………………………… 151
第五节　短语（一） …………………………………………………… 155
　　一、短语的类型 …………………………………………………… 155
　　二、并列短语 ……………………………………………………… 156
　　三、偏正短语 ……………………………………………………… 157
　　四、主谓短语 ……………………………………………………… 159

五、动宾短语 ……………………………………………………… 161
　　六、补充短语 ……………………………………………………… 162
　　七、复指短语 ……………………………………………………… 165
第六节　短语（二） …………………………………………………… 168
　　八、连动短语和兼语短语 ………………………………………… 168
　　九、"的"字短语 ………………………………………………… 170
　　十、介宾短语 ……………………………………………………… 170
　　十一、比况短语和"所"字短语 ………………………………… 171
　　十二、固定短语 …………………………………………………… 173
　　十三、复杂短语 …………………………………………………… 174
　　十四、短语的功能类别 …………………………………………… 180
第七节　单句（一） …………………………………………………… 185
　　一、句子的性质和结构 …………………………………………… 185
　　二、主谓句的类型 ………………………………………………… 186
　　三、非主谓句的类型 ……………………………………………… 192
　　四、特殊句式 ……………………………………………………… 193
第八节　单句（二） …………………………………………………… 201
　　五、句子的语气类型 ……………………………………………… 201
　　六、句子的变化 …………………………………………………… 203
　　七、句子的附属成分 ……………………………………………… 204
　　八、单句常见的错误 ……………………………………………… 207
第九节　复句（一） …………………………………………………… 212
　　一、复句的特点 …………………………………………………… 212
　　二、复句的类型 …………………………………………………… 213
第十节　复句（二） …………………………………………………… 221
　　三、多重复句 ……………………………………………………… 221
　　四、紧缩句 ………………………………………………………… 222
　　五、复句常见的语病 ……………………………………………… 224
第十一节　句群 ………………………………………………………… 227
　　一、句群的特点 …………………………………………………… 227
　　二、句群的辨析 …………………………………………………… 229
　　三、句群的类型 …………………………………………………… 230

◎ **第五章　修辞** …………………………………………………… **233**
　第一节　修辞概说 …………………………………………………… 233
　　一、修辞和修辞学 ………………………………………………… 233

二、修辞和语音、词汇、语法的关系 ·· 234
　　三、修辞和语体 ·· 235
第二节　语音的调整 ·· 236
　　一、押韵 ·· 236
　　二、音节的调配 ·· 238
　　三、节拍的调配 ·· 239
　　四、摹声 ·· 239
　　五、飞白 ·· 240
第三节　词语的选择和调配 ·· 241
　　一、词语的选择 ·· 242
　　二、词语的调配 ·· 244
第四节　句子的选择和组合 ·· 247
　　一、长句和短句 ·· 248
　　二、整句和散句 ·· 249
　　三、主动句和被动句 ·· 250
　　四、肯定句和否定句 ·· 251
第五节　辞格的运用（一） ·· 253
　　一、比喻 ·· 253
　　二、借代 ·· 257
　　三、比拟 ·· 259
　　四、夸张 ·· 260
　　五、婉曲 ·· 261
　　六、双关 ·· 262
　　七、反语 ·· 263
　　八、精警 ·· 264
　　九、反复 ·· 265
　　十、通感 ·· 266
第六节　辞格的运用（二） ·· 268
　　十一、对比 ·· 268
　　十二、衬托 ·· 269
　　十三、设问 ·· 270
　　十四、反问 ·· 270
　　十五、对偶 ·· 272
　　十六、排比 ·· 273
　　十七、层递 ·· 273
　　十八、回环 ·· 274

十九、顶真 ································· 275
　　二十、引用 ································· 275
　　二十一、辞格的综合运用 ··············· 276

◎ **附　录** ································· **280**
　　汉语拼音方案 ······························ 280
　　汉语拼音字母、注音符号和国际音标对照表 ··· 283
　　z 和 zh、c 和 ch、s 和 sh 声旁类推字表 ··· 284
　　n、l 声旁类推字表 ······················· 288
　　f、h 声旁类推字表 ······················· 291
　　r 声母常用字表 ··························· 293
　　en 和 eng、in 和 ing 声旁类推字表 ···· 294
　　声调对照表 ································· 296
　　古入声字现代读音举例 ·················· 298
　　简化字表 ···································· 302
　　容易读错的字 ······························ 305
　　容易写错的字 ······························ 307
　　形近易混的字 ······························ 309
　　标点符号用法举例 ························ 311

绪 论

第一节 语言概说

一、语言是思维和交际的工具

(一) 语言是思维工具

思维是人脑的一种特殊机能,是认识客观事物时动脑筋的过程,也是人类认识客观世界的能力。

根据思维过程中的凭借物或思维形态的不同,大致可以将思维分为两种类型:抽象思维和非抽象思维。

抽象思维(也称逻辑思维、理性思维),是运用逻辑形式来进行的思维活动。它以概念、判断、推理的形式来反映客观事物的活动规律,达到认识事物本质属性和内在联系的目的。客观事物的本质属性和规律性联系表现在概念、判断和推理中。抽象思维是人类特有的一种高级的理性认识活动。非抽象思维是一种直观的、感性的思维,它不是对客观事物和现象进行分析、综合,而是感知和识别整体事物和现象。

抽象思维是运用语言形式进行的,因为概念的载体是词语,判断以句子为形式,推理涉及句子的组合。那么,是不是说非抽象思维就跟语言无关了呢?不是的,因为思维的主体是人而不是动物。在人的智力活动中,这两种思维紧紧交织在一起。在许多情况下,它们相互渗透,相互帮助。在思维过程中,以语言为工具的抽象思维都起着主导作用,组织和制约着全部过程。所以说,语言是思维的工具。

(二) 语言是交际工具

在人类社会生活中,语言帮助人们进行交际,传递信息和交流思想。

运用语言进行交际,大致过程如图1:

图1 语言交际过程

图1中第一阶段是产生言语动机,即想说话而未说的阶段,这是一个心理过程;第二阶段是组织词句说出话的阶段,是心理和生理的过程;第三阶段是语句内容以声音为载体在介质中传播的阶段,是一个物理过程;第四阶段是语音振动他人耳膜并为

他人接收（听到）的阶段，是物理和生理过程；第五阶段是对接收到的言语从声音形式到意义内容的分析转换，即理解的阶段，是心理的过程。在这一连串的心理、生理、物理过程的转换中，每个阶段、每次转换都离不开语言，事实上语言是贯穿整个交际过程的交谈内容的载体，是表达思想和交流思想的工具。具体地说，运用语言进行交际的过程，就是信息的编码、发出、传递、接收和解码的过程。

当然，人类的思想只要有某种物质材料作为表达的形式，就能交流。从这个意义上说，交际工具不是只有有声语言一种。除了语言之外，人类还使用其他交际工具：文字、旗语、手指语、电报代码、数学符号、化学公式、信号灯以及身势和表情等。但是，在所有这些交际的工具中，以声音为物质材料的语言是最重要的一种，它不但是设计其他交际工具的基础，而且应用起来最方便、敏捷，表达能力最强、最丰富。在对语言作分析和研究的基础上设计出来的文字、旗语、手指语、电码等，只是一种辅助性的交际工具，它们不能脱离语言而独立存在和使用，并且，各有特殊的服务领域，除文字外，它们使用的范围都是很狭窄的，不能和有声语言等量齐观。

今天，科学技术发展迅猛，随着计算机技术的广泛应用和不断进步，人工智能早已从理论研究走向实际应用。进入 21 世纪后，更是迎来了爆发式发展。就语言模型而言，从基于规则的语言模型、统计语言模型、神经语言模型、预训练语言模型，发展到大语言模型，展现了大语言模型强大的语言理解能力和生成能力，使语言交际的范围和职能不断地完善和扩大，因而语言成为更为重要的交际工具。

二、语言的社会性和全民性

（一）语言的社会性

语言的社会性首先表现在它和社会是相互依存的。语言随着社会的产生而产生，随着社会的发展而发展，社会以外，无所谓语言。同时，社会也不可能没有语言，因为语言在人类历史上是帮助人类从动物界划分出来、结合成社会、组织社会生产并达到我们今天所有的进步程度的重要因素之一。语言不但通过其交际职能沟通人们的思想、协调人们的活动、维系住整个社会，而且还借助文字把人类在社会性劳动中获得的知识和经验记录下来，传给后代，使后人能在前人的基础上继续前进，达到更高的发展水平。可以设想，一旦失去语言，社会将无法组织生产和生活，社会将会解体，从这个意义上也可以说，离开了语言，也就无所谓社会，它们是相互依存着的。

其次，语言的社会性表现在它不是自然现象和个人现象，而是社会现象。语言作为一种物质性的结构系统，有一定的自然属性，例如语音材料是由音波构成的，语义要素是大脑加工过程的产物，整个说话的过程是一连串生理、物理、心理的过程，但是，这一切都是为社会交际服务的，是构成语言这一工具的物质基础，语言的本质属性则是社会性的。

同时，语言也不是个人的现象。虽然说话离不开个人，每个人在使用语言时可能有一些自己的特点；然而不管谁使用语言都是为了交际、交流思想，所以他就得按照全社会共同的语言规范来说话。社会对于各个人的语言应用具有制约性或强制性，这就决定了语言不是纯属个人的现象，语言的使用不纯粹是个人行为。当然，说话不是鹦鹉学舌，个人可以有言语上的创新；但是任何个人的言语创新都要得到社会的承认、为他人接受，才能够成立。否则只是自娱自乐，或被社会视作言语差误而加以纠正。由此可见，语言只能是社会性的。

(二) 语言的全民性

语言不是为了满足某个阶级的需要而产生的，而是为了适应社会交际的需要而由全体社会成员共同创造出来的。它的服务对象不是社会中的一部分人，而是全社会的每一个成员，所以语言是全民的财富。同时，语言是作为交际工具而发挥其社会功能的，一种语言工具也可以为另一个民族或国家的社会成员服务，它对使用语言的人是一视同仁的，谁掌握了它，它就为谁所用。例如汉语，它既可被不同阶层的人所用，也可为不同肤色的人所用，人们只要学会了汉语，就能用它作为交流思想的工具。从这个意义上说，语言既超越了阶级的界限，又超越了地区和国家的界限。

当然，在阶级社会中，不同的阶级或阶层在使用语言时可能对语言施加某些影响，出现一些带有阶级色彩的词语或习惯性说法，形成一些阶级习惯语。但是，阶级习惯语并不就是一种语言，它只涉及语言结构中个别的成分，使用范围非常狭窄，而最根本的是它没有自己的语法和基本词汇，所以阶级习惯语不可能影响到语言的全民性质，不能代替全民语言，因此，不能把阶级习惯语和语言混为一谈。

在阶级社会中，以为语言有阶级性的人，主要是由于混淆了语言和由语言所表达的内容的差别。人们说出来的话，是可能包含思想内容的，可以具有阶级性；同时，话里也可以不包含阶级内容。可见，"话"和"语言"不是一回事。语言是音义结合的词语和语法规则构成的系统；"话"是应用语言而组成的句子和语段、篇章等，是包含着所表达的内容的。弄清楚概念上的和使用上的这些差异，那么，语言有没有阶级性的问题也就迎刃而解了。

语言，作为社会统一使用的交际工具，具有全民性，即没有阶级性。

三、人类语言和动物"语言"的区别

近些年来，自然科学家对所谓动物"语言"进行了一系列研究，认为动物界不仅有有声语言，还存在着诸如化学语言、电波语言、光语、灯语和舞蹈语言等等。这种所谓"语言"，其实只是一种比喻性的说法，是指动物生来就具有的交际方式，不能与人类语言相提并论。把人类语言和这些动物"语言"加以比较，可以进一步认识语言是人类特有的交际工具。

(一) 单位的明晰性

人类说出来的话是按照交际的需要，由界限清晰明确的单位依照语言的规则组装起来的句子。动物"语言"的表现，只是以囫囵一团的叫声或舞蹈动作来表示某一固定而有限的意思，很难分析出明晰的单位。

(二) 结构的层级性

人类语言以语素为最小的音义结合的单位，经过层层组合构成词和句子。这个层级性装置依次以少数有规则地组成多数。动物的"语言"没有这种层级关系。

(三) 能产性

结构的层级性使语言的应用具有生成性，人们有可能运用有限的语言手段，通过替换和组合造出无限的句子来，能够传递的信息无限地丰富多样，而不必像鹦鹉学舌。动物"语言"则没有这个特点，它所能传递的信息是固定而有限的，是受刺激限定的。

(四) 传授性

人类的语言能力是先天具备的，但是掌握什么语言，则是后来经过传授而学会的。没有现实的语言环境，就不能掌握任何一种语言。动物的"语言"则是与生俱来的本能，不是后来才获得的。动物在出生时就配备有对付未来生活中可能出现的各种事情的本能，它的"语言"像电路那样在脑子里预先安装好并且接通了。

四、语言的结构和表达特点

语言由语音和语义相结合的语素、词、短语、句子和句群等五级单位构成一个系统，以适应表达和交际的需要。这个系统是一个能产的、层级性的"装置"。人们在交谈时，可以根据表达的需要，用小的单位按结构规则组成大的单位，组装出各种语句和句群来，以适应要表达的内容。这个言语装置的灵活运转靠的是语言的组合关系和聚合关系。

组合关系由语言的各种结构规则构成，运用这些规则，就可使低一层级的单位组成高一层级的单位，以适应表达的需要；聚合关系是根据相似性原则将类型和功能相同的单位聚合成群，以使组合时能按表达的需要自由地选择或替换。例如"吃饭"，它是按照动宾的关系将两个语言单位组合起来的，在这两者之中隐含着两个可供选择或替换的聚合群。与"吃"的功能相类似的并可将其替换的有"做、烧、买"等，随时可因表达需要而被选择或替换。与"饭"的功能相类似的并可将其替换的有"菜、酒、肉"等，随时可因表达需要而被选择或替换。进一个层级按主谓宾关系组合成"我吃饭"这一短句，那么，隐含而可供选择和替换的就有三个聚合群了。

因而，从小到大的每一个结构单位都处在既可以和别的单位组合，也可以被别的单位替换的双重关系之中，不断地按照表达和交际的需要进行组合和替换，就能使语言这个层级性的能产的装置不断地组装出新的似曾相识的而内容不同的语句来。正是因为语言的结构和表达有这样的特点，所以它才能自由地用来表达思想，它的表达和交际的职能才能得到很好的实现。

思考和练习

一、为什么说语言是思维和交际的工具？你认为不使用语言能进行思维吗？

二、谈谈语言的社会性和全民性。有首民歌唱"什么时代唱什么歌，什么阶级说什么话"，这能说明语言有阶级性吗？

三、你认为动物界有没有语言？

四、谈谈语言的结构和表达的特点。婴孩学话，开始时学一句，才会说一句；后来，没有教过他的话，他也能说出来了。你认为这是什么原因？

第二节　汉语和汉语方言

一、汉语的历史发展

汉语是一种历史悠久的语言，早在三千多年以前就产生了文字。在有文字记载的汉语发展史中，一般按社会的变革和语言结构特点的变化划分为四个时期：汉代以前是上古汉语时期，往下至隋唐是中古汉语时期，再往下至清代是近代汉语时期，本世纪二十年代起是现代汉语时期。现代汉语是古代、近代汉语的继续和发展，它是在周秦"雅言"、汉代"通语"、宋元"白话"、明代"官话"、清末"国语"的基础上逐渐形成的。

从汉语的历史发展情况来看，早在汉代以前的周秦时期，汉民族就使用着一种统一的书面语言。这种古代书面语言最初也是建立在口语的基础上的，周秦时期叫"雅言"，到汉代称为"通语"。但是，随着时代的推移、汉语的不断发展变化，这种古代书面语逐渐和口语脱节了。到了唐宋时代产生出了接近口语的书面语——白话，并将古代书面语称作"文言""文言文"。白话是在北方方言的基础上形成的。唐、五代的变文，宋代的话本，都是用白话书写的。宋元以来，用白话写作的各种文学作品很多，有话本、戏曲，有影响较大的小说，如《水浒传》《西游记》《儒林外史》《红楼梦》等。这些白话文学作品广为流传，大大强化了北方方言在全国的地位，成了现代汉语书面共同语的源头。

在口语方面，由于金元以来七八百年间，长期建都于北京，而北京是我国政治、经济、文化中心，对全国影响很大。北京话也就凭借这样的条件通行各地，取得了优势地位，成了实际上的汉族共同语。

到了20世纪，特别是"五四"运动时期，随着民族民主革命运动的高涨，一方面，掀起了"白话文运动"，彻底动摇了文言文的统治地位，为最后在书面上取代文言创造了条件；另一方面，开展了"国语运动"，又在口语方面增强了北京话的代表性，促进北京语音成为全民族共同语的标准音。这两个运动互相推动，互相影响，使书面语和口语接近起来，形成了普通话。

中华人民共和国成立以后，由于国家的统一，人民的团结，政治、经济和文化的发展，对于民族共同语的进一步统一和规范化有了更高的要求，各地人民对学习普通话也有了迫切的需要。因此，在党和政府的领导下，中国科学院于1955年召开了现代汉语规范问题学术会议，确定了现代汉民族的共同语就是"以北京语音为标准音，以北方话为基础方言，以典范的现代白话文著作为语法规范的普通话"。从此，现代汉语，即普通话有了明确的含义，它不但是各方言区人民共同应用的交际工具，而且也是国内各民族之间的通用语言。同时，随着我国国际地位的提高，现代汉语普通话在世界上的影响也越来越大，现在已成为联合国的六种工作语言之一。

二、现代汉语的特点

各民族的语言都有自己独特的形成和发展过程，都有自己的特点。现代汉语与印欧语等语言相比较，也有自己显著的特点。

(一) 语音方面

(1) 音节结构以元音占优势。每个音节均需有元音作韵腹,由复合元音构成的音节较多见,因而乐音成分比例大,富有音乐性。

(2) 没有复辅音。在音节中没有两三个辅音相连的现象,因而音节的结构形式比较整齐,音节的界线比较分明。

(3) 每个音节均有声调,声调是属于整个音节的语音结构成分。声调的不同,能够区别语言单位的含义。

(二) 词汇方面

(1) 现代汉语词汇以双音节词占数量上的优势,并明显地具有双音化的趋势。虽然常用动词以及一些虚词是单音节的,但是新的单音词已很少产生;古代的单音词往往作语素构成众多的双音同族词;多音节的词语往往简缩成双音词,如"身体温度"缩成"体温"等。同时,新的双音词仍在不断产生。

(2) 广泛采用意合法构词。汉语中一个词根加一个词根,往往就能意合成词。由于语词没有形态变化,词根意合法成了最便捷、效能最好的构词方法,这样构成的词在词汇总数中占了最大的比例。

(三) 语法方面

(1) 印欧语用形态表达的语法意义,汉语用语序或辅助性词语表达。例如,英语的动词 to work(工作)有四个形式:work、works、worked、working,与之对应的汉语动词"工作"词形却始终不变。英语用词形变化表达的语法意义,汉语用助词或副词表达。试比较:

I am working.(我正在工作。)

I worked.(我曾经工作过。)

I have worked.(我工作了。)

I shall soon work.(我就要工作。)

又如,"我爱祖国"与"祖国爱我"这两个句子意义不完全相同,"我""祖国"是主语还是宾语全靠语序表现。俄语却不同,名词、代词有格的变化,语序不如汉语重要。如"我爱祖国",在俄语中可以是"Я люблю Родину",也可以是"Родину люблю я"。当然,汉语语序也有灵活性的一面,如"我爱祖国"可以说成"祖国我爱",但语序一变,结构关系也变了。

(2) 汉语的句子构造原则与短语的构造原则具有一致性。例如英语,句子与短语的构造原则不同:句子谓语部分必须有定式动词,短语的动词却只能是不定式或分词形式;汉语句子与短语的动词形式完全相同。试比较:

He flies a plane.(他开飞机。)

To fly a plane is easy.(开飞机容易。)

英语动词 fly 出现在句子谓语中是限定形式(flies),出现在短语里却是不定式(to fly);汉语中,"开"不管是用在谓语中,还是用在充当其他句法成分的短语中,形式始终不变。这体现了汉语语法的简易性特点。

（3）现代汉语大量形象化的量词是英语没有的。英语的数词与名词可以直接组合，汉语数词与名词之间须用量词，而且有约定俗成的搭配习惯。如"一头牛、两本书、三支钢笔、四张桌子"不能说成"一牛、两书、三钢笔、四桌子"，也不能说成："一张牛、两支书、三本钢笔、四头桌子"。

三、现代汉语方言分类

方言是全民共同语的地方分支。根据方言形成和发展的历史以及结构上的特点，现代汉语的方言可以分为十大类，每类大方言内，还可分出若干种次方言。方言之间的差异主要表现在语音上，词汇次之，语法的差异最小。十大方言概况如下。

（一）北方方言

北方方言也称"官话"，是现代汉民族共同语的基础方言，以北京话为代表。

北方方言可分为四个次方言：一是华北、东北次方言，分布在京、津两市，河北、河南、山东、黑龙江、吉林、辽宁省，还有内蒙古的一部分地区。二是西北次方言，分布在山西、陕西、甘肃等省和青海、宁夏、新疆、内蒙古的一部分地区。三是西南次方言（西南官话），分布在四川、云南、贵州等省及湖北大部分（东南角咸宁地区除外），广西西北部，湖南西北角等。四是江淮次方言（下江官话），分布在安徽、江苏两省的长江以北地区（徐州、蚌埠一带属华北、东北方言除外），镇江以西九江以东的长江两岸沿江一带。

北方方言是汉语通行最广、使用人口最多的一种方言，约占汉族人口的百分之七十，方言内部有很大的一致性。北方方言的主要语音特点是：（1）古全浊声母字清化读成清声母；（2）声调类别少，多数为4个调类。

（二）晋语

分布在山西省及其毗邻地区，使用人口约6 305万。主要语音特点是：（1）保留了古入声；（2）有系统的文白异读；（3）有入声音节的前缀，例如：圪洞、忽片、入能。

（三）吴方言

吴方言也称江浙话，以上海话为代表（从语音结构特点上看，以苏州话较为典型）。分布在上海市，江苏省的长江以南、镇江以东地区（不包括镇江），以及江西省东北部、福建省北部、安徽省南部和浙江省的大部分地区。使用人口约占汉族总人口的百分之八点四。吴方言内部可分太湖、台州、温州、婺州、丽衢五个次方言，主要语音特点是：（1）比较完整地保留了古浊塞音、浊塞擦音和浊擦音声母；（2）多数地点不区分z、c、s和zh、ch、sh；（3）复元音有单元音化趋势。（4）鼻韵尾大都只有-ng，而无-n；（5）保留了古入声；（6）声调分为5—8个调类，一般为7类。

（四）徽语

徽语俗称徽州话，主要分布在黄山以南的安徽旧徽州府全部，浙江旧严州府大部，江西省旧饶州府小部。使用人口300多万。主要语音特点是：（1）古全浊声母清化，以读送气清音为主；（2）声调大多为6个调；（3）连读变调较为常见，以前字变调为主。

(五) 湘方言

湘方言也称湖南话，以长沙话为代表。分布在湖南省大部分地区（西北角除外）。湘方言因受北方方言的影响而分化为新湘语（湘北）和老湘语（湘南）。使用人口约占汉族总人口的百分之五。湘方言的主要语音特点是：(1) 古浊音系统在老湘语中保留得比较完整；(2) f/hu 相混；(3) n/l 相混；(4) 无 zh、ch、sh；(5) 大部分地区不分尖团音；(6) 鼻韵尾多-n 少-ng；(7) 元音鼻化现象相当普遍；(8) 声调一般有 5—6 个调类，很多地方有入声，但入声字无塞音韵尾。

(六) 赣方言

赣方言也称江西话，以南昌话为代表。分布在江西省大部分地区（东北部沿长江地带和南部除外）。内部可分南昌、宜萍、吉莲、抚广、鹰弋五个次方言。使用人口约占汉族总人口的百分之二点四。赣方言的主要语音特点是：(1) 古浊塞音、浊塞擦音不论平仄声都念送气清音；(2) hu/f 相混，n/l 部分相混；(3) 声调一般有 6 个调类。

(七) 客家方言

客家方言以广东梅县话为代表。客家人分布在广东、福建、台湾、江西、广西、湖南、四川等省、区，其中以广东东部和北部、福建西部、江西南部和广西东南部为主。历史上客家人从中原迁徙到南方，虽然居住分散，但客家方言仍自成系统，内部差别不太大。使用人口占汉族总人口的百分之四。客家方言的主要语音特点是：(1) 送气音比较丰富，古全浊声母不分平仄一律变为送气清音；(2) z、c、s 和 zh、ch、sh 大都不分；(3) hu 变 [fu]；(4) 一部分 f 读为 b、p；(5) 把 j、q、x 三个声母发成 g、k、h；(6) 无撮口呼韵；(7) 声调一般为 6 个调类。

(八) 闽方言

闽方言也称福建话，分布区域跨越四省，使用人口约占汉族总人口的百分之四点二。

闽方言内部可分为五个次方言：一是闽东方言。以福州话为代表，包括以福安为中心的山区各县，以福州为中心的闽江下游地区。二是闽南方言。以厦门话为代表，分布在厦门、漳州、泉州和龙岩地区（一部分）及台湾地区，广东东部潮汕地区，海南岛大部分地区，浙江平阳、玉环等县。三是闽北方言。分布在建瓯、建阳、崇安、松政和浦城五县。四是闽中方言。分布在福建中部永安、三明和沙县一带。五是莆仙方言。分布在莆田、仙游一带。

闽方言的主要语音特点是：(1) 没有 f 声母；(2) zh、ch 声母读为 d、t；(3) 古浊塞音、塞擦音多变为不送气的清音；(4) 大都只有 z、c、s 而无 zh、ch、sh；(5) 部分地区无撮口呼；(6) 部分地区有丰富的鼻化韵；(7) 有入声，声调有 6—8 个调类。

(九) 粤方言

粤方言也称广东话，以广州话为代表。分布在广东中部、西南部和广西东部、南部约一百多个县。它也是香港、澳门同胞的主要交际工具。粤方言内部分歧较小，使用人口占汉族总人口的百分之五左右。

粤方言的主要语音特点是：(1) hu 声母大多读为 f；(2) zh、ch、sh 读为 z、c、s；

(3) j、q、x 读为 g、k、h；(4) 部分地区无撮口呼韵母；(5) 鼻音韵尾保留-m、-n、-ng，塞音韵尾保留古-p、-t、-k；(6) 声调为 8—10 个，一般是 9 个。

客家方言、闽方言、粤方言，都随着华侨传布到东南亚各地。

（十）平话

平话主要分布在广西中部地区，西部的百色、田林等县和北部的融水、临桂等县。平话内部分桂南平话和桂北平话。桂南平话以南宁亭子平话为代表。使用人口 200 多万。

在十大方言中，闽、粤方言和普通话差别最大，吴方言次之，湘、赣、客家方言和普通话差别最小。方言作为区域性的交际工具，发挥着很大的作用。调查和研究方言，找出方言和普通话之间的对应规律，对推广普通话有很大的实际意义。

四、现代汉语规范化

（一）现代汉语规范化的意义

现代汉语规范化要顺应汉语的历史发展规律和结合汉语的实际应用情况，在语音、词汇、语法方面确立明确的用法规范或标准，用以消除歧义，为语言的纯洁和健康发展发挥积极作用。汉语由于历史悠久、方言复杂、使用的人口众多，因而在应用中常会出现一些分歧现象。这就需要确立标准，加以规范，以维护汉语在应用上的统一。如果一个现代化的国家或社会没有一种高度一致的规范化的语言作为交际工具和传递信息的手段，那是不可想象的。不但国内人民之间的交际有这样的需要，而且国际交流中对汉语的应用也要求这样，不能将不规范的汉语教给外国人。

随着科学技术的发展，今天已进入广泛应用电脑、人机对话的时代。人工智能语言的发展也要求规范化，否则它将难以识别，对语文作自动化加工工作也会发生困难。所以，现代汉语规范化无论对人、对社会、对网络语言和人工智能，都是十分必要的。

（二）语音规范化

普通话的语音是以北京语音为标准音的。因而，凡是不合这个标准的，就是不规范的，应使之规范化。当然，这是就北京语音的整体而言的，不是说北京人嘴里讲的都是普通话的标准音。例如北京的一些土话、土音，是应当加以排除的。由于种种原因，普通话中还存在不少异读现象，这就需要选定一种规范的读音，废除另外一些不标准的读音。典型的北京话中，轻声和儿化的现象十分突出，这很难推广到全国，所以也要通过调查研究，在使用上加以限制。

（三）词汇规范化

普通话的词汇是以北方话词汇为基础的。北方话地域最大，使用人数最多，内部一致性较强，词汇也有较大的普遍性。但是，并不是说北方话里所有的词语都可以进入普通话。有许多词通用范围小，只有部分地区的人才懂，就不应吸收到普通话里来；同一事物，在北方各地区说法不一，如"马铃薯"一词，就有"土豆、洋芋、山药蛋"等说法。这些，也应予以规范，有所取舍。

此外，普通话的词汇也要从其他方言中不断吸收一些所需要的词，适当吸收一些古语词和外来词，以丰富和充实自己。

词汇规范化，也应注意抵制生造词，以消除词语应用上的混乱现象。

（四）语法规范化

普通话以典范的现代白话文著作为语法规范。不过，典范的现代白话文著作有一般用例和特殊用例。在具体作品中，特殊用例有它的存在价值，但是它不属于典范作品所提供的公用标准。例如："Ade，我的蟋蟀们！Ade，我的覆盆子们和木莲们！"表示复数的"们"用于动植物，这是鲁迅早期白话文中的特殊用例，作为语法规范，则应当重视的是一般用例。此外，有些方言说法，如"我好着呢么""他来快了"；有些欧化句式，如"外宾们被告知前面有个人工湖"等，都是不合规范的，应加避免。同时像"差一点跌跤""差一点没有跌跤"之类的歧义现象也应加以研究，确立规范的说法。当前，网络上、广告语里出现病句的现象屡见不鲜，语言应用中的这些混乱状况也应加以消除。

总之，现代汉语规范化是一项长期的细致的工作，很难毕其功于一役，现代化程度越高，对它的要求也就越高。在新的形势下，一方面要深入研究如何使规范更加明确，另一方面要采取切实有效的措施，使规范化工作更加普及、深入。

五、推广普通话

推广普通话是我国语言文字工作的基本方针。《中华人民共和国宪法》明确规定："国家推广全国通用的普通话。"逐步使普通话成为各级各类学校的教学语言、各级各类机关的工作语言、广播和影视领域的宣传语言、不同方言区之间的交际语言，或通用性语言。2001年1月1日起，《中华人民共和国国家通用语言文字法》施行，确立了普通话和规范汉字的"国家通用语言文字"的法定地位。

为了加快推广普通话工作的进程，1992年，国家语言文字工作委员会将新时期推广普通话工作的方针由20世纪50年代的"大力提倡，重点推行，逐步普及"调整为"大力推行，积极普及，逐步提高"。为了贯彻新时期推广普通话的方针，在推广普通话的过程中，要从实际出发，实事求是，针对不同地区、不同部门、不同行业、不同学校、不同年龄等情况，提出不同的具体要求。

根据实际需要和多年推广普通话工作的经验，国家提出抓好普通话水平的测试工作。普通话水平测试是推广普通话工作的重要组成部分，是使推广普通话工作逐步走向科学化、规范化、制度化的重要举措。1994年10月30日，国家语言文字工作委员会、国家教育委员会和广播电影电视部联合发出《关于开展普通话水平测试工作的决定》，包括三个附件：《普通话水平测试实施办法（试行）》、《普通话水平测试等级标准（试行）》、《普通话等级证书》（样本）。《普通话水平测试等级标准（试行）》共分为三级，每级又划分为甲、乙两等，不同的等级有不同的标准。《普通话水平测试实施办法（试行）》，对现阶段应该接受普通话水平测试人员的范围有具体规定，对他们的普通话水平等级提出了不同的要求，并按照国家语委组织审定的《普通话水平测试大纲》统一了测试内容和要求。从1995年起，对播音员、节目主持人、教师等岗位的人员，要逐步实行持普通话等级证书上岗制度。

2003年，教育部、国家语委正式公布新的《普通话水平测试大纲》。2004年，新的

《普通话水平测试实施纲要》出版，推进了普通话水平测试的标准化、规范化、科学化建设。2023年，国家语委普通话与文字应用培训测试中心印发通知，公开发行《普通话水平测试实施纲要（2021年版），自2024年1月1日起正式实施，普通话水平测试工作迈上了新台阶。

按照《中华人民共和国宪法》和《中华人民共和国民族区域自治法》的规定，少数民族地区也要重视推广普通话，在学校中应推行当地民族语言和汉语普通话的双语教学。推广普通话不是要禁止和消灭方言，也不妨碍各少数民族使用和发展本民族的语言。

> **思考和练习**
>
> 一、谈谈汉语的历史发展。
> 二、现代汉语在语音、词汇、语法方面有哪些特点？
> 三、现代汉语有哪些方言？
> 四、什么是现代汉语规范化？怎样进行规范化工作？
> 五、为什么要推广普通话？当下要怎样推广普通话？

第三节　现代汉语的教学

一、课程性质和教学目的

现代汉语是高等学校中国语言文学及相关专业的专业基础课，在高校中广为开设。它主要属于基础知识课，但也有基本技能的训练和基本理论方面的内容。通过对这门课的学习，学生能对现代汉语有一个系统的、理性的认识，能掌握现代汉语的语音、文字、词汇、语法和修辞等各方面的基础知识，从而提高分析和应用语言文字的能力，为日后从事语文教学、汉语研究和语言文字方面的工作打好坚实的知识基础。

二、教学内容和要求

现代汉语课的教学内容如本教材的目录所示，它是由普通话的语音、词汇、语法、文字、修辞和绪论六部分构成的体系。其中，语音是语言的物质材料，有生理和物理的属性，因而具有表达的职能；语义是和思维相联系的，是语音形式所表达的内容；音和义相结合，构成语词，语词集合成为词汇，是语言的"建筑材料"；词汇材料一旦受到语法规律的支配，构成句子，就成为完整的语言的使用单位。这四个部分既相互独立、各有职能，又相互关联、自成系统。同时，语言需将口头形式转变为书面形式，以便克服时、空的限制，流传久远，这靠的是文字；语言在应用时为了获取最佳的表达效果，需要修饰和调配文字词句、构成特殊的表达形式，这靠的是修辞；此外，绪论部分提供了关于语言、汉语、汉语方言一些最基本的理论知识。以上内容的教学要求是：

（一）绪论部分

要求能联系实际讲清有关问题，使学生通过学习掌握语言的特性：社会性、全民性和工具性；了解汉语的特点，汉语方言概况和有关汉语规范化的方针政策。

（二）语音部分

要讲清发音原理并作发音示范，要联系实际辨正方音，课堂教学要贯彻边讲边练原则，要抓紧课外作业并做作业评讲，教学重点是声、韵、调、音节四节。要求学生掌握以下内容：每个声母的发音部位和发音方法；每个韵母的发音、单元音韵母的舌位和唇形特点；辨明四声；根据方音和普通话语音的对应关系纠正自己的方音，提高普通话语音水平；掌握音节结构特点和拼写规则。

（三）文字部分

重点是分析汉字的结构，联系实际指导学生怎样正确使用汉字。要求学生掌握汉字的性质，了解现行的文字政策，懂得汉字的各种形体，能分析汉字的笔画、偏旁等构字部件，纠正错别字。

（四）词汇部分

重点阐释词义一节，并对词汇从多角度作系统的认识。要求学生辨明语素、词和短语之间的关系，掌握词义的各种类型和对词义作义素分析的方法，具有辨析同义词之间异同的能力，了解语词之间的多义关系、同音关系、同素关系和同族关系，了解词汇的构成和解释词语的方法。

（五）语法部分

教学的重点在构词法、短语和单句各节，应通过实例分析讲清语法单位的结构关系、句型、复句内部的关系和层次分析的方法。教学过程中应安排课堂练习、习题课和作业评讲。要求学生熟悉语法学的术语和中学教学语法体系，能辨析词类，具有分析短语结构类型和句型、句类的能力，也能辨析复句内部结构关系，较熟练地掌握语法分析方法，还能从应用的角度评改病句和了解语病产生的原因。

（六）修辞部分

从语言的应用和如何表达的角度讲授一般修辞的技巧和积极修辞的方法，教学重点可放在词语修辞和辞格方面，应安排运用各种辞格的造句练习。要求学生熟悉修辞的内容、目的和修辞的原则，懂得语音修辞、词语修辞、句式修辞的一般特点，能从作品中辨析各种辞格和语言表达的方式，能辨析有关辞格之间的异同，在说话和写作中提高修饰词句的能力和运用辞格获取最佳表达效果的水平。

三、学习方法

现代汉语课内容丰富，涉及面广。它的各个组成部分如果离析出来，都是相对独立的分支学科。因此，要根据不同的内容采用不同的学习方法。概括起来说，应注意以下几点。

（一）要注意理解

对教材中的学理和术语要注意理解。例如绪论部分讲的是关于语言和汉语的学理，各章的第一节讲的是各个分支学科的一般性知识和术语，这些不应是死记硬背的内容，而应重在理解，理解了才能掌握，才能灵活运用。对于各部分使用的术语、概念也应一一弄懂。术语、概念是具有概括性和准确性的专业知识的结晶，只有先弄懂它，然后才能读懂关于汉语或语言学的专业书籍。

（二）要注意记忆

教材中一些很基础的知识是要注意记忆的，记住了才能为己所用，才能进一步学习深一层的知识。例如语音部分中各个音的音值和发音特点（辅音的发音部位和发音方法、元音的舌位和唇形特点）是必须记忆的，只有记住了才算真正掌握了，也才有运用的可能。再如语法部分中词的分类和各类词的主要特点、短语的结构类型和结构关系、单句的主要句型、复句的类型和主要的关联词等，也是需要记忆的，记住才能够加以分析和应用。学习任何一门课程，对于其中的一些基础性知识都是要求记忆的，例如通过分析而得出的一些基本的单位、它的特点和分类，就是最基础的知识，就需要去记忆。

（三）要注意辨析

辨析是为了区别不同单位之间的异同，现代汉语教材中有许多内容是需要注意去辨析的。例如发音相近的音，需仔细辨析才能学会；字形相近的字，也只有辨析清楚异同，才不会写错；合成词的构词方式、同义词也需辨析才能正确掌握；某些句子成分如宾语和补语、某些短语的结构层次等也需要通过辨析才能知其异同；修辞上一些相近而有交叉情况的辞格，也只有通过仔细辨析其异同，才会真正掌握，才能运用得对。所以，辨析各种现象、单位之间的异同，从而纯熟地掌握住它，这是一个重要的学习方法。

（四）要注意练习和应用

现代汉语课是一门实践性很强的课程，学了以后要注意练习、反复应用才能掌握牢固。例如学了拼音字母，要按拼写规则反复练习，才能熟练掌握；又如学了语法分析方法就需应用它来分析句子，只有分析过许多句子之后，才能用得纯熟，掌握得牢固。此外如对短语的紧缩和扩展、句式的变换、语气的变换等等，也应如此。再如学了修辞，就需在写作时有意识地去应用各种辞格或表达的方式；或者选一篇课文，去作全篇的修辞分析，以巩固所学的知识。

（五）要注意查检

人脑的记忆容量是有限度的，不可能把一切知识都输入脑中，这就需要注意查检各种资料。本教材附有不少实用性很强的材料，可供平时查检之用；即使到了工作岗位上，也还会需要查阅它。此外，查检各种字典、词典，查检各种目录、索引等工具书，都能从中得到所需的知识，扩大自己的知识面，加深和丰富已学的内容。所以，学会查检、不断查检、在查检中学习，这也是学习的一项重要方法，学汉语课也是如此。

思考和练习

1. 你在日常生活中遇到过哪些与现代汉语相关的语言问题？
2. 你打算怎样学好现代汉语这门课？

第一章 语音

第一节 语音概说

一、语音的性质

语音是由人的发音器官发出的表达一定意义的声音,是语言的物质外壳,语言的交际作用是通过语音实现的。

语音和自然界其他声音一样,产生于物体的振动,具有一定的物理性质。但语音是人发出的,它又具有自然界其他声音所不具备的生理性质。更重要的是,语音还具有社会性质,因为语音和意义的联系是社会约定俗成的。社会性质是语音的本质特征。

(一)语音的物理性质

从物理角度进行分析,语音也是由音高、音强、音长、音色四个要素构成的。

1. 音高

音高指声音的高低,它决定于发音体振动频率的大小,即每秒钟内振动次数的多少。频率的大小和发音体的长短、厚薄、松紧有关。

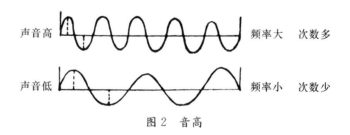

图 2 音高

声带是语音的发音体。语音的高低取决于声带振动的频率。声带短而薄,振动快,频率大,声音就高;声带长而厚,振动慢,频率小,声音就低。同一个人声音的高低是控制声带的松紧,调节振动的频率形成的。

在汉语语音中,音高很重要。普通话的语调、声调,主要由音高变化来决定。"我写。"和"我写?"两句话语调的差别,"衣、移、倚、意"四个字声调的差别,就是音高不同造成的。需要强调的是,声调的音高是相对的,声调高低升降的比例关系则是固定的。

2. 音强

音强指声音的强弱。它决定于发音体振动幅度的大小。振幅的大小是由作用于发音体的外力大小决定的。

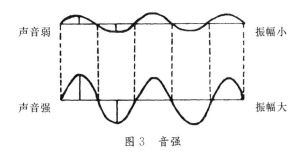

图 3　音强

语音的强弱是由发音时用力的大小，气流冲击声带力量的强度来决定的。用力大，呼出的气流冲击声带的力量大，音波的振幅大，声音就强；反之，声音就弱。

在汉语语音中，音强也有一定作用。朗读时的逻辑重音和感情重音，普通话中的轻声，如"帘子"（区别于"莲子"），都是音强造成的。

3. 音长

音长指声音的长短。它决定于发音体振动时间的长短。振动时间长，声音就长；振动时间短，声音就短。

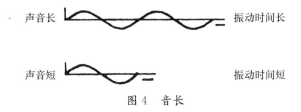

图 4　音长

在汉语的某些方言中，音长可以区别词义，如广州话的 sam（心）、fan（粉），其中的 a 读长音则是"三"和"饭"了。普通话中音长不区别意义，但可以表示不同的语气，例如，同是一个"啊"的声音，读短音可以表示应答，读长音则可表示沉思或感叹。

4. 音色

音色也叫音质，指声音的特色，即声音的本质。音色的差别决定于音波振动形式的不同，例如：

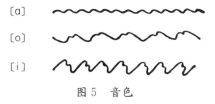

图 5　音色

图 5 中波形不同，音色也不同。

音色由三个方面的条件构成：

第一,发音体不同。如二胡和笛子的发音体不同,音色也不同。

第二,发音方法不同。同一个发音部位发出的音,发音方法不同就形成不同音色的音。

第三,发音时共鸣器形状不同。普通话韵母"o"和"e",发音时,口腔共鸣器呈不同形状,音色也就不同。

任何语音都是音高、音强、音长、音色的统一体。但四要素在各种语言(或方言)中的作用并不完全相同。在汉语中,音色是区别意义最重要的要素,构成声调的音高也特别重要,音强在轻声里起作用,音长在普通话里只是在语调中表达感情。

(二) 语音的生理性质

人的发音器官及其活动决定语音的生理性质,分析和研究语音就必须了解发音器官的活动部位、活动方式及其作用。人的发音器官可分为三部分:

1. 呼吸器官

气流是发音的原动力,肺就是呼吸气流的动力站,连接肺和口腔的气管、支气管是气流的通道。

肺是呼吸器官的中心。肺的呼吸是建立在肺容积改变的基础上的。肺虽有伸展性,但在胸腔中,肺容积的改变还要借助胸腔呼吸肌肉群的运动。

肺的下面有一层有弹性的膜——横膈膜。横膈膜的收缩又使胸腔容积扩大,从而促进呼吸运动量。

肺、胸腔、横膈膜是呼吸运动的联合体,有了它们的配合行动,才能输送气流,使发音体发出各种语音。

2. 喉头、声带

喉头是由甲状软骨、环状软骨和一对勺状软骨构成的一个圆筒形的筋肉小室,下连气管,上接咽头。甲状软骨上面还有一块会厌软骨,可以上下开合,是喉门的活盖。

图 6　喉头软骨图

1. 甲状软骨
2、3. 勺状软骨
4. 环状软骨
5. 会厌软骨

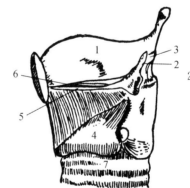

图 7　喉的侧面图

1. 甲状软骨
2、3. 勺状软骨
4. 环状软骨
5. 声　带
6. 声　门
7. 气管软骨

声带位于喉头中间,是两条弹性纤维组成的韧带,前端固定在甲状软骨角的内面,后端分别附在两块勺状软骨上。声带之间气流的通路叫声门。

声带是发音器官的发音体。借助于勺状软骨的牵引,声带或紧或松,声门或开或合。

呼吸或发噪音时，声带放松，声门打开，声带和勺状软骨联合成三角形，气流自由出入；发乐音时，声带和勺状软骨联合靠拢，声门关闭，呼出的气流冲击声门，使声带颤动发出声音。

1. 勺状软骨　2. 声带　3. 声门　　呼吸及发噪音时　　发乐音时

图 8　声带活动示意图

3. 口腔、鼻腔

声带发出的声音只有经过共鸣器的调节，才能获得响亮的复杂的音色。口腔是语音的主要共鸣器，变化腔形的主要机制是舌、唇、下颌和软腭的动作。舌可以前伸、后缩、升高、降低、平伸、翘卷，是口腔中最活跃的器官；唇可圆可扁；下颌可开可合；软腭可上升或下垂。

口腔的后面是咽头。咽头前通口腔，上通鼻腔，下接喉头，是个"三岔口"，也起共鸣作用。

鼻腔也是共鸣器。它靠软腭和小舌同口腔隔开。软腭和小舌上升，鼻腔通路关闭，气流在口腔发生共鸣，成为口音。软腭和小舌下垂，阻塞口腔通路，气流通向鼻腔，发出鼻音；不过，鼻音的形成，还需口腔发音部位的节制。

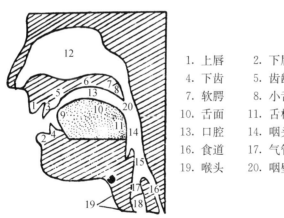

1. 上唇　2. 下唇　3. 上齿
4. 下齿　5. 齿龈　6. 硬腭
7. 软腭　8. 小舌　9. 舌尖
10. 舌面　11. 舌根　12. 鼻腔
13. 口腔　14. 咽头　15. 喉盖
16. 食道　17. 气管　18. 声带
19. 喉头　20. 咽壁

图 9　发音器官示意图

（三）语音的社会性质

从物理学和生理学的角度对语音进行分析是必要的，但也应重视语音的社会性质。语言属于社会现象，作为语言物质外壳的语音也是一种社会现象。语音具有表意功能，是由使用同一种语言的全体社会成员约定俗成的。比如，[lei]这样的声音，在汉语中可能是表达"雷"的意思，而在英语中却是"放"的意思，在别的语言中又可能被理解为别的意思。语音的这种社会属性是区别于自然界一切声音的本质特征。

不同的语言或方言具有不同的语音系统，这也是语音社会性的表现。比如，普通话中舌尖前音 z、c、s 和舌尖后音 zh、ch、sh 界限分明，而上海等地的某些方言里只有 z、c、s 一组声母。语音系统的这种差别，足以说明语音不是单纯的物理或生理现象，而且还具有社会性。

二、语音的基本概念

(一) 音节

音节是语音的基本结构单位。它是说话时的发音单位，也是听觉上自然感到的最小语音片段。一般来说，一个汉字就是一个音节。[①] 例如，"我们一定要学好普通话"。这句话书面上是 10 个字，语音上是 10 个音节。所以，汉语习惯上也称音节为字音。

(二) 音素

音素是构成音节的最小语音单位。分析音素的依据是音色。对音节进行音色分析时，划分出一个个各具特色的最小语音单位就是音素。例如，普通话的词"争气"和"整齐"，前两个音节和后两个音节音高虽各不相同，但音色相同，"争"和"整"都由"zh、e、ng"三个音素构成，"气"和"齐"都由"q、i"两个音素构成。

音素按发音情况的不同可分两大类：

一是元音。指气流振动声带，在口腔、咽头不受阻碍[②]而形成的音；

二是辅音。指气流在通道中受到阻碍而形成的音。

元音和辅音的区别主要有以下几点：

第一，气流是否受阻。发元音时，气流通过声门后，不受任何阻碍；发辅音时，气流通过咽头、口腔总要受到某种阻碍。这是两者的主要区别。

第二，声带是否颤动。发元音时，声带颤动，声音响亮；发辅音时，有的声带不颤动，声音不响亮。

第三，气流的缓急。发元音时，气流比较舒缓；发辅音时气流比较急促。

第四，发音器官的紧张状态。发元音时，发音器官持均衡紧张状态；发辅音时，发音器官成阻的部位特别紧张。

普通话语音共有三十二个音素，包括十个元音和二十二个辅音。

除了元音和辅音之外，还有一种在性质上很接近元音的半元音。半元音的发音特点是气流通过口腔时稍带摩擦成分。普通话中的半元音出现在 i、u、ü 开头的音节，如"衣、乌、鱼"等。用国际音标表示写作 [j]、[w]、[ɥ]，汉语拼音方案中，[j] 写作 y，[w] 写作 w，[ɥ] 写作 yu。

(三) 音位

语音系统中能区别词义的最小的语音单位就是音位。通常说一种语言里有多少音素，实际是指对音素归纳概括出的音位。

---

① 儿化音节例外。如"花儿"，即两个汉字代表一个音节。
② 但受节制，如圆唇与否，舌位高低，口腔开闭等。

音素是最小的语音单位。一种语言中，音素的数目总是多于音位的数目。一个音位可以只包含一个音素，也可以包括一组音色相似但不完全相同并不区别词义的音素。如普通话的"白""到"两个词，主要元音的舌位有前后的区别，用国际音标记录分别为［a］［ɑ］；它们并不区别意义，因此概括为一个语音单位——ɑ音位。［a］［ɑ］是ɑ音位的两个变体。

（四）声母、韵母、声调

把音节分析为音素，是一般语音学的分析法。把音节分成声母和韵母两部分，以及贯穿整个音节的声调，是汉语音韵学传统的分析法。

声母，指音节开头的辅音。"音节开头"和"由辅音充当"是两个不可缺少的条件。音节的开头没有辅音，就没有声母，习惯上称为"零声母"；辅音如果不在音节的开头，而在音节的末尾，如"弯（wan）"，这个音节中的辅音 n 就不是声母，而是韵尾。

普通话语音二十一个声母都由辅音充当，但辅音 ng 只作韵尾；辅音 n，既可作声母，又可作韵尾。辅音，是就音素性质而说的，声母，是对音节结构而言的，两者并不相等。

韵母，指音节中声母后面的部分。音节"大（da）"中，a 就是韵母。零声母音节整个由韵母构成，如"啊（a）"，也叫韵母自成音节。

韵母有由单元音、复元音构成的，如"i、u、ai、ei"，也有由元音带辅音构成的，如"an、ang"。韵母和元音也不相等。

声调是字音的调子，是指音节的高低、升降、曲直变化的形式，也和音长有关。如"好 hǎo"这个音节，先降后升的音高变化就是它的声调。现代汉语的音节，一般由声母、韵母、声调三部分构成。有的音节可以没有声母，即零声母音节；除极个别的音节（如"嗯 ng""呒 m"）外，不能没有韵母，更不可没有声调。

三、语音的符号

过去，我国曾用反切和注音字母等多种方法记音，现在，一般采用汉语拼音字母记音。为了标音的细致，或描写方音的需要，有时也用国际通行的记音符号——国际音标。下面分别介绍汉语拼音方案和国际音标。

（一）汉语拼音方案

《汉语拼音方案》是记录现代汉语语音系统的一套符号和拼写规则。1958 年 2 月，由第一届全国人民代表大会第五次会议批准推行，交由国务院正式公布。这套方案是我国语文工作者在政府的领导下，总结了我国注音识字和拼音字母运用的经验，集中了广大群众的智慧，吸收了世界各国拼音文字的长处而制定出来的，它准确、完善地反映了现代汉语语音系统。

《汉语拼音方案》的主要用途是给汉字注音和作为推广普通话的工具。此外，可用作我国各少数民族创制和改革文字的共同基础，帮助外国人学习汉语，翻译人名、地名和科技术语，用于电报、音序检字等，还可以作为研究、制订汉语拼音文字方案的基础。

《汉语拼音方案》由字母表、声母表、韵母表、声调符号、隔音符号五部分组成，用注音字母标注字母、声母、韵母的名称和读音，有的还辅以汉字说明，以便学习。

《汉语拼音方案》采用了国际通行的二十六个拉丁字母。需要说明的是，其中的 y 和 w 主要用来区分音节的界限；字母 v，只用来拼写外来语、少数民族语言和方言。为解决拉丁字母的不足，方案结合现代汉语语音系统的特点进行了调整加工：

以组合字母记录音素，有 zh、ch、sh、ng、er 五个；

采用加符字母，有 ê、ü 两个；

i 为兼职字母。即 i 字母在不同的条件下代表不同的音素。在 zh、ch、sh、r 声母后代表 [ʅ]，在 z、c、s 声母后代表 [ɿ]，在其他情况下是 i。

字母表采用了拉丁字母的体式及国际通用的顺序，还规定了国际化的汉语字母名称。

(二) 国际音标

国际音标是国际语音学协会于 1888 年制订的一套记音符号，后经多次增补、修改，得到各国语音学家的公认，成为国际通用的记音符号。

国际音标的形体以拉丁字母的小写印刷体为基础，用大写、草体、合体、倒排、变形、加符等办法加以补充，共一百多个。

国际音标的优点是，每一个记音符号只表示一个固定的音素。我国的语言学者调查方言或少数民族语言，阐述古汉语语音，进行语音研究，都使用国际音标。使用音标记音时要用方括号 [ ] 标明。

思考和练习

一、从物理性质看语音的四要素是什么？它们在普通话语音里有什么作用？

二、"门"和"闷"、"衣"和"鱼"、"木头"和"人头"的区别，主要取决于语音的哪一种物理性质？

三、绘制并默写发音器官示意图。

四、什么是音节、音素？举例说明二者的关系。

五、什么叫声母、韵母？能否说"声母等于辅音，韵母等于元音"？

六、下面的词各由几个音节构成？分别用音素分析法和声韵调分析法说明每个音节的构成。

à　　chē fū　　xiǎo shuō　　jiǎng zhāng　　diàn shì jī
啊　　车 夫　　小　说　　　奖　章　　　　电 视 机

七、熟记汉语拼音字母的名称，并按顺序默写。

八、《汉语拼音方案》为什么能用二十六个字母记录普通话的全部语音？

第二节　声　　母

一、声母的分类

普通话有二十一个辅音声母和一个零声母。辅音声母的发音是由发音部位和发音方法决定的。发音部位是指发音器官阻碍气流的部位。发音方法是指构成阻碍和克服阻碍的方式。

下面按发音部位和发音方法对声母进行分类。

(一) 按发音部位分类

根据发音部位的异同，普通话声母可分为七类。

1. **双唇音** b p m

上唇与下唇紧闭，形成阻碍，然后除阻。如"步兵""批评""迷茫"的声母。

2. **唇齿音** f

下唇接近上齿，留一条窄缝，气流从窄缝擦出。如"非凡"的声母。

3. **舌尖前音** z c s

舌尖顶住上齿背（z、c）或形成窄缝（s）造成阻碍，然后除阻。如"自尊""参差""思索"的声母。

4. **舌尖中音** d t n l

舌尖抵住上齿龈，形成阻碍，然后除阻。如"道德""探讨""牛奶"的声母。或舌尖抵住上齿龈，气流从舌的两边流出，如"理论"的声母。

5. **舌尖后音** zh ch sh r

舌尖翘起，抵住或接近硬腭前部，形成阻碍，然后除阻或气流擦出。如"茁壮""长城""山水""荣辱"的声母。

6. **舌面音** j q x

舌面前部抵住或接近硬腭前部，形成阻碍，然后除阻或气流擦出。如"积极""铅球""雄心"的声母。

7. **舌根音** g k h

舌根顶住或接近软腭，形成阻碍，然后除阻或气流擦出。如"改革""刻苦""欢呼"的声母。

声母发音部位在口腔上部的各点可用图10表示。

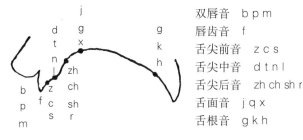

图10　声母发音部位图

(二) 按发音方法分类

普通话声母的发音方法包括三个方面：阻碍形成和克服的方式，解除阻碍时呼出气流的强弱，声带是否颤动。下面从这三方面对声母进行分类。

1. 成阻、除阻的方式

声母发音，气流通过发音器官受阻，一般可分三个阶段：成阻——发音部位开始闭合或接近，形成阻碍，是作势阶段；持阻——发音器官紧张，气流受到不同程度的阻碍，阻碍持续，这是发音的持阻阶段；除阻——发音器官恢复原来的位置，阻碍解除，这是发音的结束阶段。

根据成阻、持阻、除阻的不同方式，声母可分为五类。

(1) 塞音 b p d t g k。

成阻时，两个发音部位紧闭；持阻时，发音器官紧张，气流蕴蓄在口腔中；除阻时，阻碍部位突然打开，气流冲出，爆发成声。如图11：

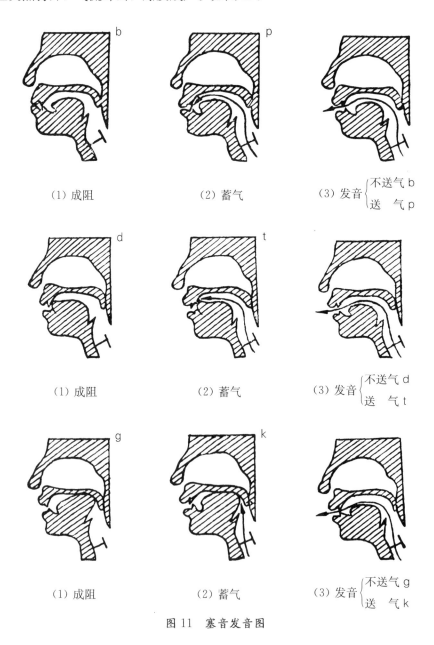

图 11　塞音发音图

(2) 擦音 f s sh x h r。

成阻时，发音部位接近，中间留有缝隙；持阻时，气流从缝隙中挤出，摩擦成声；除阻时，发音部位恢复原状。持阻情况如图12：

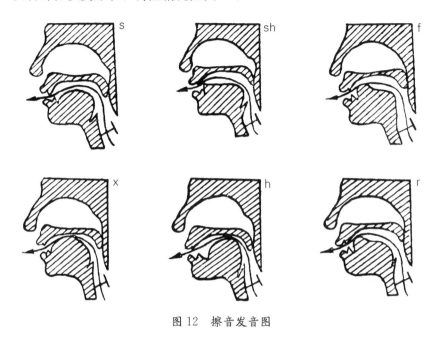

图12 擦音发音图

(3) 塞擦音 z c zh ch j q。

是塞音和擦音两种方法的结合。成阻时与塞音相同，两个发音部位紧闭；持阻时发音部分放松形成窄缝，气流摩擦成声；除阻时发音完毕，与擦音相同。如图13：

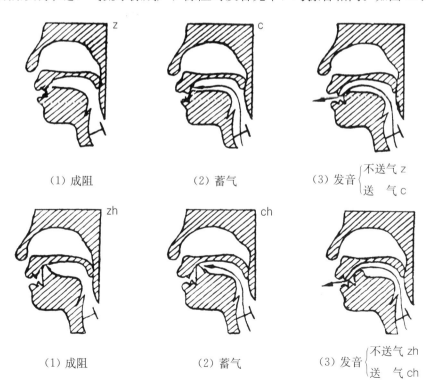

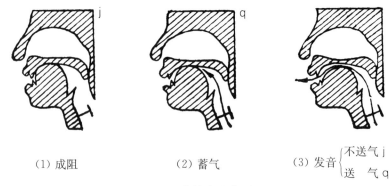

图 13　塞擦音发音图

(4) 鼻音 m　n。

成阻时，两个发音部位紧闭；持阻时，软腭下垂，气流振动声带后从鼻腔流出，发出鼻音；除阻时，打开口腔，发音完毕。如图 14（持阻）：

图 14　鼻音、边音发音图

(5) 边音 l。

成阻时，舌尖抵住上齿龈；持阻时，气流振动声带后，从舌头两边通过，发出边音；除阻时，舌尖离开齿龈，恢复原状，发音完毕。如图 14（持阻）。

2. 持阻时声带是否颤动

根据发音时声带是否颤动，普通话声母可分为浊音和清音两类。

(1) 浊音：发音时，声带颤动（m n l r）。

(2) 清音：发音时，声带不颤动（除四个浊音声母外，其余十七个声母都是清音）。

3. 除阻时呼出气流的强弱

根据发音时呼出气流的强弱，普通话声母中的塞音、塞擦音可分为送气音和不送气音两类。

(1) 送气音 p　t　k　c　ch　q，发音时呼出的气流较强。

(2) 不送气音 b　d　g　z　zh　j，发音时呼出的气流较弱。

根据声母的发音部位和发音方法，下面列出普通话声母的分类和发音要领总表，见表 1。

根据声母总表，我们可以了解每个声母的发音特点。例如，b 是双唇、不送气、清、塞音；l 是舌尖中、浊、边音，等等。表中的 ng，是舌根、浊、鼻音，在普通话中，只作韵尾，不作声母。

表1 普通话声母总表

发音部位	发音方法	塞音 清音 不送气音	塞音 清音 送气音	塞擦音 清音 不送气音	塞擦音 清音 送气音	擦音 清音	擦音 浊音	鼻音 浊音	边音 浊音
唇音 双唇音	上唇下唇	b [p]	p [pʻ]					m [m]	
唇音 唇齿音	上齿下唇					f [f]			
舌尖前音	舌尖上齿背			z [ts]	c [tsʻ]	s [s]			
舌尖中音	舌尖上齿龈	d [t]	t [tʻ]					n [n]	l [l]
舌尖后音	舌尖硬腭前			zh [tʂ]	ch [tʂʻ]	sh [ʂ]	r [ʐ]		
舌面音	舌面硬腭			j [tɕ]	q [tɕʻ]	x [ɕ]			
舌根音	舌根软腭	g [k]	k [kʻ]			h [x]		(ng)	

零声母也算作一种声母。普通话中有一些音节的开头没有辅音声母，习惯上称零声母。不过，从实际发音考察，以 i、u、ü 开头的零声母音节，i、u、ü 的发音都略带摩擦成分，称半元音 [j]、[w]、[ɥ]。i、u、ü 以外的元音开头的零声母音节，如"爱 ài""欧 ōu""鹅 é"等，有些人往往在音节开头加喉塞音 [ʔ] 或舌根浊擦音 [ɣ]；但是，这些零声母音节开头的摩擦音，常因人因时而异，没有区别意义的作用，与分析归纳普通话语音系统关系不大，可不必强调。

二、方音辨正

为了学好普通话，必须纠正方音。各地方言的语音系统与普通话语音系统不尽相同，然而有一定的对应规律。下面结合部分方音情况说明学习普通话声母的几个带普遍性的问题。

(一) 分辨舌尖前音 z、c、s 和舌尖后音 zh、ch、sh

普通话的舌尖塞擦音和擦音分为两套：z、c、s 和 zh、ch、sh。这两套声母在发音上只有平舌和翘舌的区别，但在普通话中却有区别意义的作用，如"诗人"（shīrén）不是"私人"（sīrén），"大山"（dàshān）不能说"大三"（dàsān），因此，两组声母是不容相混的。

普通话中的舌尖前音和舌尖后音,在方言中情况复杂。吴方言、闽南方言、闽北方言、客家方言、粤方言等一般没有舌尖后音,就是北方方言中的东北话、西南话等,有的也没有舌尖后音;有舌尖后音的方言区,与普通话两套声母所归类的字也并不完全一致;还有个别的方言中没有舌尖前音;闽、粤方言区及北方方言的某些地方,又常把这两套舌尖音与舌面音 j、q、x 混同起来。

分辨 z、c、s 与 zh、ch、sh,首先要依据发音条件学会发音,进行舌尖后音的定舌位强化练习和从舌尖后音到舌尖前音(或相反方向)的移动舌位的练习;其次,要逐步掌握常用字中哪些字的声母是读舌尖后音的。由于从舌尖前音中分化出舌尖后音并无严格的规律,所以要靠记忆。记忆的方法可利用汉字的偏旁,一般说来,声旁相同的字,声母往往是相同的,例如"挣"的声母是舌尖后音 zh,那么,"峥、狰、睁、筝、净"等声母也是舌尖后音 zh,因声旁都是"争"。这样,记住一个,就可以类推到好几个字。用这种根据声旁类推的方法,就能逐步掌握常用的声母为舌尖后音的字了。另外,根据声韵配合规律,ua、uai、uang 三个韵母是不和 z、c、s 拼合,只和 zh、ch、sh 拼合的,记住这一条规则,也能帮助掌握这三个韵的字音。下面,请反复练习几个词语的发音,辨别字音的差异,体会发音动作的变化。

z—zh:资源—支援　　自觉—知觉　　阻力—主力
c—ch:村庄—春装　　鱼刺—鱼翅　　一层—一城
s—sh:搜索—收缩　　近似—近视　　桑叶—商业
j—zh:实际—实质　　墨迹—墨汁　　几乎—知乎
q—ch:秋风—春风　　取决—处决　　姓秦—姓陈
x—sh:销毁—烧毁　　安心—安身　　昔人—诗人

(二)改尖音为团音

舌尖前音 z、c、s 与 i、ü 或 i、ü 开头的韵母拼合的音节叫尖音;舌面音 j、q、x 与 i、ü 或 i、ü 开头的韵母拼合的音节叫团音。

普通话声母 j、q、x 可与 i、ü 或 i、ü 开头的韵母相拼,z、c、s 却不能与之相拼,所以普通话中没有尖音,只有团音。而许多方言,尤其华东各省的方言,往往有尖音、团音之分。如"酒、秋、修、趣、需"属尖音,"九、丘、休、去、虚"属团音。有尖音的方言区的人学习普通话,要把与 i、ü 或 i、ü 开头的韵母相拼的 z、c、s 改为 j、q、x,即改尖音为团音。

(三)分辨鼻音 n 与边音 l

普通话和许多方言中,n 与 l 分得很清楚;但有些方言区,如西南、东北、福建、湖南和江淮一带,n、l 不分,或只有鼻音 n,或只有边音 l,或 n、l 部分相混。如"南京"与"蓝鲸"同音,"河南"与"荷兰"不分。

要分辨 n 和 l,首先要掌握发音要领,控制好软腭的升降和气流的不同通路,发准这两个发音部位相同而发音方法不同的音。还可以借助汉字声旁类推,也可采用记少不记多的办法，记住 n 声母的字，其余的就是 l 声母的字了。请练习以下几个词语的发音，并细加体会：

l—n：老路—恼怒　　拉手—拿手　　大梁—大娘
　　　刘郎—牛郎　　锡兰—西南　　蓝鲸—南京

（四）分辨唇齿音 f 和舌根音 h

闽方言、湘方言、粤方言以及安徽、湖北、四川等省的多数地区，普通话声母 f 和 h 都有相混现象，或有 h 无 f，或有 f 无 h，或 f、h 类属的字与普通话不同。如"发生"和"花生"混同，"非洲"和"徽州"不分。

f、h 都是清擦音，学习这两个声母的发音，要区别两者不同的发音部位，f 是上齿、下唇形成阻碍，h 是舌根和软腭形成阻碍。分辨 f 和 h，也可利用汉字声旁类推。试练习和体会以下几个词语的发音：

f—h：发凡—花环　　飞白—灰白　　恢复—挥霍
　　　摊贩—瘫痪　　离分—离婚　　芳草—荒草

（五）改浊音为清音

普通话塞音、塞擦音、擦音声母中，除一个浊擦音 r 外，都是清音；但吴方言、湘方言的部分地区有与清声母相对应的浊声母，因而清浊分明，如"杯·培""耽·谈""光·狂""娇·桥""诗·时"等，前一字是清音，后一字是浊音。

这类方言区的人学习普通话，应改浊音声母为相对应的送气或不送气清音声母。具体地说：一是方言中的浊音平声字，声母变为相对应的送气清音，读阳平，如"爬、牌、盘、台、谈、堂、齐、前、强"等；二是方言中的浊音上声、去声字，声母变为相对应的不送气清音，一般读作去声，如"罢、败、办、定、洞、豆、阵、郑、住"等；三是方言中的浊音入声字，声母变为相对应的不送气清音，一般读阳平，如"拔、别、夺、笛、掘、极"等。

（六）读准 r 声母字

普通话里 r 声母的字，在东北、山东等地方言里，或读作 l 声母字，或读成 i、ü 开头的零声母字。如将"人 rén"说成"yín"，"扔 rēng"说成"lēng"，"软 ruǎn"说成"yuǎn"等。在吴方言中，口语读成 [ɲ] 声母、书面语读成 [z] 声母等。

这些方言区的人学习普通话，要从 l 声母、i、ü 开头的零声母和 [ɲ]、[z] 声母的字中辨认出 r 声母字，可利用汉字声旁类推，如"刃 rèn"为声旁的字"忍、纫、韧"，声母都是 r；"柔 róu"为声旁的字"揉、蹂"，声母也是 r。由于普通话中 r 声母字数量不多，所以下功夫记忆，不难全部掌握。试练习和辨析以下词语的发音，并细加体会：

l—r：父老——富饶　　路子——褥子　　鸭笼—鸭绒
i—r：议程——日程　　眼红——染红　　颜料—燃料
ü—r：寓意——如意　　鱼网——入网
n—r：南宁——男人　　余孽——余热

> **思考和练习**
>
> 一、什么是发音部位？声母按发音部位可分为几类？
>
> 二、什么是发音方法？声母按发音方法可分为几类？
>
> 三、默写21个声母的发音部位和发音方法。
>
> 四、写出下面音节的声母，并按发音部位和发音方法排列成声母总表。
>
> 辨别　偏旁　面貌　奋发　带动　探讨　牛奶　磊落
> 改革　刻苦　欢呼　经济　请求　现象　主张　出差
> 事实　柔软　自尊　猜测　思索　泥泞　理论　洒扫
>
> 五、注明下列声母的发音部位和发音方法。
>
> l　m　n　r　f　z　x　ch　g　k　b　p
>
> 六、舌尖前音、舌尖中音、舌尖后音的"前、中、后"的含义是什么？
>
> 七、什么是零声母？
>
> 八、普通话声母的本音与呼读音有何不同？拼写出21个声母的呼读音。
>
> 九、用汉语拼音字母和国际音标，将普通话的21个声母列成对照表。
>
> 十、注明下面两段话里各字的声母，并练习朗读。
>
> ① 桃子、李子、栗子和柿子，
>   栽满了院子、林子和寨子。
>   锤子、斧子、锯子和凿子，
>   做出桌子、椅子、箱子和橱子。
>
> ② 四是四，十是十，十四是十四，四十是四十。谁说四十是细席，就打谁四十；谁说十四是四四，就打谁十四。

第三节　韵　母

一、韵母的分类

普通话音系里共39个韵母。拼音方案韵母表中列出了35个，此外，有加符字母表示的韵母ê，兼职字母i代表的韵母 [ɿ] 和 [ʅ]，以及组合字母表示的韵母er。

普通话韵母的主要成分是元音，也有的带有辅音n、ng。韵母的内部结构比较复杂，一般有韵头、韵腹和韵尾之分。韵腹是韵母的中心，在几个元音的比较下，由开口度较大、声音较响亮的元音充当，又叫主要元音；韵腹前可以有韵头，又叫介音，由 i、u、ü 充当；韵腹后可有韵尾，由元音 i、u[①] 和辅音 n、ng 充当。下面以几个韵母为代表说明韵母的内部结构：

---

① 韵母 ao、iao，发音时滑向舌面后高元音 u，《汉语拼音方案》不标作 u，是为了字形清晰，避免 u 和 n 相混。

表2　韵母的内部结构

结构 韵母举例	韵　头	韵　腹	韵　尾
a		a	
ia	i	a	
ai		a	i
ou		o	u
üan	ü	a	n
ueng	u	e	ng

根据韵母的内部结构情况，可分为单韵母、复韵母、鼻韵母三类。

(一) 单韵母

单韵母是由一个元音构成的韵母，又叫单元音韵母。单韵母的发音，除 er 外，都是一个单纯的动作，即舌位、唇形始终是不变位的。

普通话单韵母共十个。根据发音时舌头的部位和状态可分三类：舌面元音韵母、舌尖元音韵母、卷舌元音韵母。

1. 舌面元音韵母（七个）

舌面元音韵母发音时，舌面起主要作用。舌面韵母的不同音色，取决于不同形状的口腔共鸣器对音波的调节，共鸣器的不同具体地说由以下三方面造成的：

第一，舌位的高低。元音发音时，舌位的高低一般可划分为高、半高、半低和低四度。舌位的高低和口的开闭有直接关系：舌位高，开口度小；舌位低，开口度大。口腔的开闭也相应地分为闭、半闭、半开、开四度。

第二，舌位的前后。元音发音时，舌位的前后位置一般划分为前、央、后三种。

第三，唇形的圆展。元音发音时，唇形的差别一般划分为圆唇、不圆唇两类。

因而，描写元音韵母的发音特点，就必须从上述三方面去说明。现将舌面元音分述如下：

a　舌面、央、低、不圆唇元音。发音时，舌面中部微微隆起，舌位低，口腔大开，唇呈自然状态。例如"妈妈、沙发、大厦"的韵母。

o　舌面、后、半高、圆唇元音。发音时，舌面后部隆起，舌位半高，口半闭，呈圆形。例如"磨墨、薄膜、婆婆"的韵母。

e　舌面、后、半高、不圆唇元音。发音时，舌位高低、前后和开口度都与 o 相同，只是唇形不圆，嘴角略向两边展开。例如"特色、合格、客车"的韵母。

ê　舌面、前、半低、不圆唇元音。发音时，舌面前部隆起，舌位半低，口腔半开，嘴角向两边展开。例如"欸！快来。"这"欸"字就是 ê 的音。

i　舌面、前、高、不圆唇元音。发音时，舌面隆起部位在前，舌位高，口闭拢，嘴角向左右展开，上下唇呈扁平形。例如"笔记、立即、激励"的韵母。

u 舌面、后、高、圆唇元音。发音时，舌面隆起部位在后，舌位高，上下唇拢圆成一小圆孔，双唇向前突出。例如"初步、互助、鼓舞"的韵母。

ü 舌面、前、高、圆唇元音。与 i 的发音舌位相同，不同的是，ü 是圆唇。例如"区域、须臾、旅居"的韵母。

根据以上分析，普通话舌面元音的舌位变化如下。

图 15 表明了舌面元音在口腔中舌位高低、前后的位置，把各个元音舌位隆起的最高点连接起来，就是图 16 的简图。

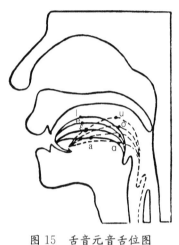

图 15 舌音元音舌位图

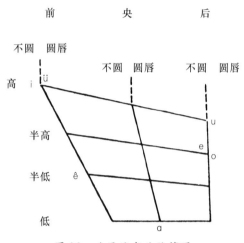

图 16 舌面元音舌位简图

2. 舌尖元音韵母（两个）

舌尖元音韵母发音时，舌尖起主要作用。舌尖韵母的不同音色，取决于舌尖位置的前后。如图 17。

-i（前）舌尖、前、高、不圆唇元音。国际音标用［ɿ］标写。发音时，舌尖前伸，对着上齿背，气流通道较窄，但不发生摩擦，唇形不圆。-i（前）在普通话语音里只和 z、c、s 三个声母相拼，例如"字词、自私、此次"的韵母。

-i（后）舌尖、后、高、不圆唇元音。国际音标用［ʅ］标写。发音时，舌尖上翘，靠近硬腭前部，气流通过时不起摩擦，唇形不圆。-i（后）在普通话语音里只和 zh、ch、sh、r 四个声母相拼。例如"知识、史诗、值日"的韵母。

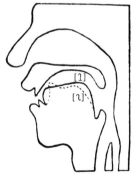

图 17 舌尖元音舌位图

3. 卷舌元音韵母（一个）

er 卷舌、央、中、不圆唇元音。发音时，在发 e［ə］的同时，舌尖向硬腭卷起，嘴唇略展，er 只代表一个音素，其中的 r 是表示卷舌动作的形容性符号。卷舌韵母不与声母相拼，只能自成音节，例如"二、耳、而"等；er 可以同其他韵母结合起来，用作儿化韵。书面上写作"r"，例如花儿 huar。

（二）复韵母

复韵母是由两个或三个元音组合而成的韵母，又叫复元音韵母。复韵母发音的特点是：

第一，复韵母不是所含单元音的简单相加，字母只是表示元音舌位移动动程的起止或曲折。

第二，复韵母中只有一个主要元音，即韵腹，它在整个音节中，开口度较大，声音响度最大。发音时要突出主要元音。

普通话复韵母共十三个，根据主要元音所在位置又可分为三类：前响复元音韵母、后响复元音韵母、中响复元音韵母。

1. 前响复元音韵母（四个）

主要元音在前，后面的韵尾音弱而短，音值不太固定，只表示舌位滑动的方向。

ai　例词：白菜（bái cài）　海带（hǎi dài）　拆台（chāi tái）

ei　例词：蓓蕾（bèi lěi）　配备（pèi bèi）　肥美（féi měi）

ao　例词：稻草（dào cǎo）　号召（hào zhào）　高潮（gāo cháo）

ou　例词：喉头（hóu tóu）　收购（shōu gòu）　欧洲（ōu zhōu）

实际发音是，ai 中的 a 是前 a [a]，收音不到 i，i 只是舌位移动的方向；ei 中的 e 是前 e [e]；ao 中的 a 是后 a [ɑ]，尾音接近 u；ou 中的 o 实际比 o 唇形略扁，发音时唇形要收拢。作图举例说明如图 18：

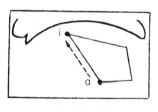 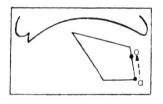

ai 的舌位动程　　　　　　　ao 的舌位动程

图 18　ai、ao 的舌位动程图

2. 后响复元音韵母（五个）

主要元音在后，前面的韵头发音轻短。

ia　例词：加价（jiā jià）　假牙（jiǎ yá）　押下（yā xià）

ie　例词：结业（jié yè）　贴切（tiē qiè）　铁鞋（tiě xié）

ua　例词：挂花（guà huā）　花袜（huā wà）　刷刷（shuā shua）

uo　例词：堕落（duò luò）　过错（guò cuò）　硕果（shuò guǒ）

　　　　　　　　　　què　yuè　　yuē　lüè　　jué　jué
üe 例词：雀　跃　　约　略　　决　绝

实际发音是，ia、ua 中的 a 是央 a，ie、üe 中的 e 是舌面前、半低、不圆唇元音 ê，因普通话 i、ü 不与 e 结合，方案写作 e，省去"＾"，不致混淆。uo 的尾音，舌位由 u 到 o。作图举例说明如图 19：

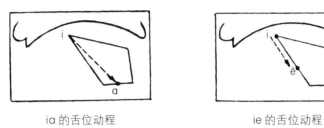

图 19　ia、ie 的舌位动程图

3. 中响复元音韵母（四个）

中间的元音是韵腹，发音响亮，而且稍长；前面的元音是韵头，最后的元音是韵尾。

　　　　　　xiǎo qiǎo　piāo miǎo　xiāo tiáo
iao 例词：小　巧　　缥　缈　　萧　条
　　　　　　yōu jiǔ　　yōu xiù　　xiù qiú
iou 例词：悠　久　　优　秀　　绣　球
　　　　　　wài huái　shuāi huài　wài kuài
uai 例词：外　踝　　摔　坏　　外　快
　　　　　　cuī huǐ　　zhuī suí　　shuǐ wèi
uei 例词：摧　毁　　追　随　　水　位

iao 中的 a 是后 a [ɑ]。uai 中的 a 是前 a [a]。iou 和 uei，由于受声调或声母的影响，韵腹 o 和 e 或弱化，或消失，方案规定，iou、uei 前拼声母时，都省写作 iu、ui，即按后响二合元音处理，声调标在 u、i 上。这样，既可反映部分发音的实际情况，又可使拼式简短。作图举例说明如图 20：

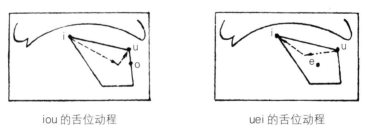

图 20　iou、uei 的舌位动程图

（三）鼻韵母

鼻韵母是由元音带鼻辅音韵尾构成的韵母，又叫带鼻音韵母。鼻韵母的发音要点是：

第一，从元音过渡到鼻音，也是舌位、唇形逐渐变化、滑动的过程。

第二，发好不除阻的鼻辅音韵尾 n 和 ng。n，舌尖中浊鼻音；ng，舌根浊鼻音，舌根抵住软腭，气流从鼻腔通过，声带颤动发音。要注意的是，n 和 ng 作为韵尾时的发音都没有除阻阶段。

普通话鼻韵母共十六个，根据韵尾鼻辅音的不同分两大类：前鼻音韵母、后鼻音韵母。

1. 前鼻音韵母（八个）

元音带前鼻音韵尾 n 构成。

an	例词：	gān dǎn 肝胆	càn làn 灿烂	tán pàn 谈判	
ian	例词：	yǎn biàn 演变	piàn miàn 片面	jiān xiǎn 艰险	
uan	例词：	wǎn zhuǎn 婉转	duǎn kuǎn 短款	guàn chuān 贯穿	
üan	例词：	xuān yuán 轩辕	yuán quán 源泉	juān juān 涓涓	
en	例词：	rén men 人们	gēn běn 根本	fèn mèn 愤懑	
in	例词：	yǐn jìn 引进	xìn xīn 信心	xīn qín 辛勤	
uen	例词：	kūn lún 昆仑	wēn shùn 温顺	chūn sǔn 春笋	
ün	例词：	jūn xùn 军训	jūn yún 均匀	yún yún 纭纭	

考察实际发音，前鼻音韵母的韵腹由于受前后音素的影响，舌位往往发生前后移动的变化；还要注意的是，in、ün 分别由 i、ü 和 n 组成，中间没有 e 元音，发音和书写时都不能加 e 作"ien、üen"；uen 韵母前拼声母时，受声母和声调的影响，韵腹弱化，方案规定省写作 un。作图举例说明见图 21。

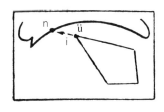 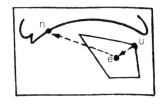

in、ün 的舌位动程　　　　　　uen 的舌位动程

图 21　in、ün、uen 的舌位动程图

2. 后鼻音韵母（八个）

元音带后鼻音韵尾 ng 构成。ng 的发音如图 22：

ang	例词：	cāng sāng 沧桑	chǎng fáng 厂房	táng láng 螳螂
iang	例词：	liàng qiàng 踉跄	xiǎng liàng 响亮	xiāng jiāng 湘江

uang 例词：狂妄 kuáng wàng　状况 zhuàng kuàng
　　　　　闯王 chuǎng wáng

eng 例词：风声 fēng shēng　更正 gēng zhèng　登程 dēng chéng

ing 例词：英明 yīng míng　姓名 xìng míng　清静 qīng jìng

ueng 例词：翁 wēng　蓊 wěng　郁瓮 yù wèng

ong 例词：共同 gòng tóng　从容 cóng róng　冲动 chōng dòng

iong 例词：炯炯 jiǒng jiǒng　汹涌 xiōng yǒng　茕茕 qióng qióng

图 22　ng 的发音图

发音时，韵腹受前后音素的影响，舌位也往往发生变化。还需要注意的是，ing 韵母中没有元音 e；ong 的发音，开头的元音实际是在 o 和 u 之间；ueng 的发音，口形明显地由小变大。ong 与 ueng 在用法上有明显的区别，ong 只能与声母相拼，不能自成音节，ueng 则相反；iong 发音时，唇形略圆。作图举例说明如图 23：

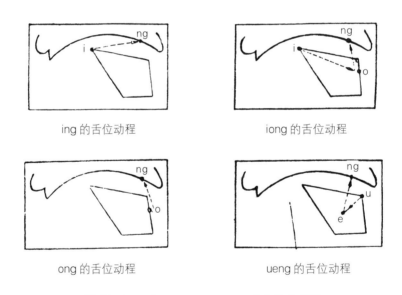

ing 的舌位动程　　　　　iong 的舌位动程

ong 的舌位动程　　　　　ueng 的舌位动程

图 23　ing、iong、ong、ueng 的舌位动程图

韵母的分类，也可按汉语音韵学传统的分法，根据韵头的情况分为开、齐、合、撮四类：

开口呼：没有韵头，韵腹又不是 i、u、ü 的韵母。
齐齿呼：韵头或韵腹是 i 的韵母。
合口呼：韵头或韵腹是 u 的韵母。
撮口呼：韵头或韵腹是 ü 的韵母。

下面将普通话三十九个韵母列表说明，见表 3：

表3 普通话韵母总表

按结构分 \ 按四呼分	开口呼	齐齿呼	合口呼	撮口呼
单韵母	-i [ɿ] -i [ʅ]	i	u	ü
单韵母	a	ia	ua	
单韵母	o		uo	
单韵母	e			
单韵母	ê	ie		üe
单韵母	er			
复韵母	ai		uai	
复韵母	ei		uei	
复韵母	ao	iao		
复韵母	ou	iou		
鼻韵母	an	ian	uan	üan
鼻韵母	en	in	uen	ün
鼻韵母	ang	iang	uang	
鼻韵母	eng	ing	ueng	
鼻韵母	ong	iong		

二、押韵

诗歌、戏曲、曲艺唱词等一般都要押韵。押韵就是把韵母相同和相近的字有规则地配置在诗文中，使它们经过一定距离的间隔之后，反复呈现出来，形成一种同素相应、前呼后应的音响效果。这样，就能使诗文具有音韵上的回环美。有了这种回环呼应的特点，诗句和文字就凝聚成为一个音韵谐和的整体，不但使内容的表达增加了感染力，而且还有易诵易记的功效。所以，诗人作诗、戏曲家作唱词时对于选字用韵都很重视。押韵也叫压韵，在句末押韵的字叫韵脚。能够互相押韵的字，韵母中的韵腹和韵尾应当相同，否则就不谐和。押韵的距离可长可短，我国律诗习惯于偶句末字押韵（包括第一句末字入韵）。现举毛泽东《登庐山》诗为例，全诗八句如下：

一山飞峙大江边，跃上葱茏四百旋。

冷眼向洋看世界，热风吹雨洒江天。

云横九派浮黄鹤，浪下三吴起白烟。
陶令不知何处去，桃花源里可耕田？

这首诗押韵的字是边（biān）、旋（xuán）、天（tiān）、烟（yān）、田（tián），其韵腹和韵尾都相同；介音大多数是 i，一个是 ü；偶句末字押韵。完全符合上面所说的古诗押韵的要求。

唱词的押韵和现代新诗歌的押韵比旧体诗词要宽些。黎锦熙等编《中华新韵》，把普通话的韵母归并成十八类，又称十八韵，作新诗时可以在同一个韵类中选字押韵。明清以来的说唱文学把押韵叫作合辙（辙是车轮压出的痕迹，押韵就如前后车辙相合），把北京话韵母归并成十三辙，即十三类，属于同一类的字可以互相押韵。十三辙的辙用两个同韵字称呼，十八韵的韵名用一个代表字称呼。下面表 4 说明普通话韵母和十八韵、十三辙的对应情况。

表 4　韵辙表

十八韵	普通话韵母				例　字	十三辙
一　麻	a	ia	ua		他、吓、瓜	(1) 发花
二　波	o	uo			坡、罗	(2) 梭坡
三　歌	e				车	
四　皆	ê	ie	üe		欸、接、约	(3) 乜斜
五　支	-i〔ɿ〕				司	(4) 一七
	-i〔ʅ〕				志	
六　儿	er				二	
十一　鱼				ü	雨	
七　齐	i				衣	
十　模			u		书	(5) 姑苏
九　开	ai		uai		拍、淮	(6) 怀来
八　微	ei		uei		飞、回	(7) 灰堆
十三　豪	ao	iao			刀、郊	(8) 遥条
十二　侯	ou	iou			州、友	(9) 油求
十四　寒	an	ian	uan	üan	安、边、欢、宣	(10) 言前
十五　痕	en	in	uen	ün	分、民、存、寻	(11) 人辰

续 表

十八韵	普通话韵母	例 字	十三辙
十六唐	ang　iang　uang	方、阳、望	(12) 江阳
十七庚	eng　ing　ueng	丰、英、翁	(13) 中东
十八东	ong　iong	冬、兄	

三、方音辨正

学习普通话也必须纠正方音韵母。方言中的韵母与普通话韵母有许多差异，下面选择几个有代表性的韵母加以辨正。

(一) 分辨 o 和 e

北方方言区中，如东北、西南的大部，河北、山东的许多地方，o 与 e 不分，把 o 韵母变作 e 韵母或 uo 韵母，也有的将 e 韵母变作 o 或 uo 韵母。

纠正这类方音，可依据普通话的声韵配合规律。普通话的唇音声母 b、p、m、f 只能与圆唇元音 o 相拼，不与不圆唇元音 e 或复元音 uo 相拼（"么 me"除外），因此，凡是方言中与 b、p、m、f 相拼的 e、uo 韵母，应一律改为 o 韵母。试练习、体会以下词语的发音：

gē bo　gē pò　bò he　mò hé　hé zuò　kè zhuō
胳 膊　割 破　薄 荷　墨 盒　合 作　课 桌

(二) 分清 i 和 ü

有些方言，如闽方言、客家方言、西南一些地方的方言，没有单韵母 ü 和以 ü 为韵头的复韵母，而把普通话的 ü 韵母字都读作 i 韵母。如"寓、意"不分，"全、前"相混。

纠正这类方音，首先要学会 ü 的发音，此外可参看普通话声韵配合表，分清 i 韵母字和 ü 韵母字。在普通话中，撮口呼韵母的字比齐齿呼韵母的字少，因此可采用记少不记多的办法去学习。试练习、体会以下词语的发音：

xì shuō　xù shuō　lí zi　lú zi　dà yí　dà yú
细 说　叙 说　梨 子　驴 子　大 姨　大 鱼

jié jìng　jué jìn　jù jué　jì jié　yán fèn　yuán fèn
捷 径　掘 进　拒 绝　季 节　盐 分　缘 分

(三) 防止丢失韵头 u

普通话合口呼韵母的字，在上海、山东、安徽、浙江和西南等部分地区的方言中，常常丢失 u 介音，而读成开口呼韵母的字。例如，uo 韵母字"多、锅、昨、错"等，方言读作 o 或 u 韵母；uei 韵母字"堆、推、最、岁"等，方言读作 ei 或 e 韵母；uan 韵母字"端、团、钻、算"等，方言读作 an 或 [ø] 韵母；uen 韵母字"蹲、吞、尊、孙"等，方言读作 en 韵母。

防止韵头 u 的丢失，关键是掌握普通话声韵配合规律。例如，合口呼复韵母、鼻韵母都不与唇音声母 b、p、m、f 相拼合；uei 与 d、t 拼合，不与 n、l 拼合，而 ei 则相反（与 d 拼合的只限个别例外字"得 děi"）。试练习、体会以下词语的发音：

huì cuì	huì duì	cuī huǐ	guǐ suì	zuǐ suì	zuì kuí
荟萃	汇兑	摧毁	鬼祟	嘴碎	罪魁

wǎn huì	wǎn zhuǎn	zá luàn	lún huàn	kùn dùn	gǔn gǔn
晚会	宛转	杂乱	轮换	困顿	滚滚

（四）发好复韵母

普通话复韵母（ai、ei、ao、ou、iao、uai 等）的发音，有唇形、舌位逐渐移动变化的动程。但北方方言及吴方言的部分地区，复韵母的发音或者发音短促，没有明显的动程，或者单元音化。要学好复韵母的发音，必须分清复韵母与单韵母发音的区别，反复练习复韵母的发音。为体会复韵母发音口形变化明显、舌位动程大的特点，练习时可放慢速度，扩大音程。试练习、体会以下词语的发音：

fēn pài	fēn pèi	pāi zi	bēi zi	pēi tāi	gěi shéi
分派	分配	拍子	杯子	胚胎	给谁

pāo máo	sāo rǎo	lóu kǒu	dòu kòu	dōu shòu	niǔ kòu
抛锚	骚扰	楼口	豆蔻	兜售	纽扣

piāo miǎo	biāo jiāo	diào xiāo	tiāo jiǎo	piāo liú	jiù jiāo
缥缈	鳔胶	吊销	挑脚	漂流	旧交

（五）分辨 n 尾韵母和 ng 尾韵母

普通话里 n 尾韵母和 ng 尾韵母是区别意义的，但有的方言不分。或都以 -n 作韵尾，如四川、云南、陕西、广西等省、自治区的部分地区；或都以 -ng 作韵尾，如吴方言、闽北方言和宁夏、河北、安徽等的某些地区。前鼻音韵母和后鼻音韵母在方言中的混同现象，多数是 in 和 ing、en 和 eng 没有区别，如"红星"说成"红心"，"木棚"说成"木盆"；少数是 an 和 ang、ian 和 iang、uan 和 uang 相混，如"天坛"说成"天堂"，"开放"说成"开饭"。

分辨两类鼻韵母，首先要发准 n 和 ng 这两个不同部位的鼻音，然后再进一步记住普通话中以 n 和 ng 为韵尾的常用字。

在粤方言和客家方言中，一部分 n 尾韵母字变作了 m 尾韵母，学习时必须改 m 尾音为 n 尾音。试练习、体会以下词语的发音：

qīn jìn	qīng jìng	pín mín	píng mín	pīn mìng	yīng míng
亲近	清静	贫民	平民	拼命	英明

yīn yǔ	yīng yǔ	xīn shì	xǐng shì	tǐng jìn	líng tīng
阴雨	英语	心事	省视	挺进	聆听

fēn fù	fēng fù	rén shēn	rén shēng	zhěn zhì	zhěng zhì
吩咐	丰富	人身	人生	诊治	整治

思考和练习

一、按舌位的前后、高低和唇形写出单元音韵母的分类表。

二、按韵母的结构成分，分类写出普通话的复韵母和鼻韵母。

三、说明单韵母、复韵母、鼻韵母各自的发音特点。

四、什么是"四呼"？怎样按"四呼"给普通话韵母分类？

五、下面每组韵母的发音，主要区别是什么？

① i——ü　　　　　　② e——er

③ ei——ê——ai　　　④ ie——üe

⑤ e——o——uo　　　⑥ ian——üan

⑦ ün——in——ing

⑧ en——eng——ong——ueng——uen

六、分析下列韵母的韵头、韵腹、韵尾。

i [ɿ]、ê、er、ou、üe、iao、ün、iang、ong

七、汉语拼音方案为什么能用一个字母 i 代表三个音素？

八、注明下列音节的韵母：

日　司　发　波　特　欸　二　白　内　考　否　男　很　张　成

绒　迷　家　别　秒　牛　年　斤　良　兵　兄　布　花　多　快

对　团　尊　双　翁　女　掠　学　约　缺　宣　群

九、什么是押韵？诗歌中的"韵"和普通话的韵母有什么不同？

十、用拼音字母写出下面这首诗的韵脚，并指明属于哪一辙。

口占一绝　　李大钊

壮别天涯未许愁，尽将离恨付东流。

何当痛饮黄龙府，高筑神州风雨楼。

第四节　声　调

一、声调的性质

汉语字音高低升降的调子就是声调，也叫字调。声调与音长、音强都有关系，但本质上是由音高决定的。音高的变化，从生理性质的角度分析，是发音时声带的松紧造成的。声带松，气流冲击时音波颤动次数少，频率小，声音就低；反之则高。如果声带由松到紧，声音就由低变高；反之，声带由紧到松，声音则由高变低。因此，控制声带松紧就可以形成不同的音高，也就构成不同的声调。

声调的音高是相对的，是通过互相比较而区别出来的高低升降类型。如"吸收"和"细瘦"相比，前者声调高平，后者声调高降。这种音高与发音人起音的高低无关，与情绪的高涨或低落无关，也不因男女老幼语音的高低而影响理解，因而是相对音高。

声调音高的变化是渐变的，滑动的，而不是跳跃的，它类似在胡琴或提琴上拉出的滑音。

汉语是有声调的语言。声调是汉语音节结构中不可缺少的重要因素，它有区别词义的作用。相同的语音，声调不同，表达的意义就不同，例如衣 yī、移 yí、椅 yǐ、易 yì，就是由声调的不同来区分的，又如"死角 sǐjiǎo"和"四角 sìjiǎo"、"五一 wǔyī"和"武艺 wǔyì"等等，也要靠声调的不同来辨别。

二、调值和调类

调值是指字音高低、升降、曲直、长短变化的形式，也就是声调的实际读法。把调值相同的形式归纳成类，就是调类。因此，调值决定调类，调值是声调的"实"，调类是声调的"名"。普通话的声调共有四种基本的调值，因而也就有四个不同的调类：阴平、阳平、上声、去声。不同的方言，调值和调类也互有不同，例如根据河北滦县方言的调值，只能归纳出三个调类；根据广西博白方言的调值，可归纳出十个调类。

汉语声调的调值一般采用五度标记法来表示，即在一根竖线上分成四格五度，表示：高、半高、中、半低、低，然后再在竖线左侧用横线、斜线、曲线来表示声调升降曲直的实际类型。普通话的四声就表示为如下的形式。

从图 24 中可以看出：普通话的阴平，调值是高平调，用数字表示是 55，调号是 ˉ；阳平的调值是高升调，用数字表示是 35，调号是 ˊ；上声的调值是降升调，用数字表示是 214，调号是 ˇ；去声的调值是全降调，用数字表示是 51，调号是 ˋ。

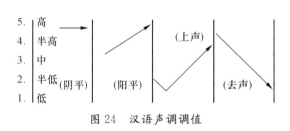

图 24　汉语声调调值

现代汉语的声调是由古代汉语声调发展变化而来的。古代汉语声调有平、上、去、入四个调类，调值则已不能确切地知道了。后来，四个调类又根据声母清浊不同而分化成阴声调和阳声调：古清音声母字的声调属于阴声调，古浊音声母字的声调属阳声调。这样，四声各分阴阳，就有了八个调类。由于声调的历史演变，普通话和各地方言的声调数目已互有差异，有的多，有的少，但都沿用了古汉语的调类名称，因而，普通话和各地方言，调类名称是统一的，实际的调值则是不尽相同的，例如"天"是阴平调，普通话的调值是 55，南京话的调值是 31，上海话的调值是 54，南昌话的调值是 42，长沙话的调值是 33……普通话和各地方言的调类名称保持统一，是为了便于了解古今声调的变化情况和规律。

三、古今声调的演变

汉语声调古今之间已发生了很大的变化，演变的规律可概括为三点：

第一，平分阴阳。古汉语的平声，普通话分化为阴平和阳平两个声调。古清音声母的平声字在普通话中是阴平；古浊声母的平声字，在普通话中是阳平。

第二,浊(全浊)上变去。古汉语的上声和去声,普通话一般还属上声和去声;但古汉语全浊声母的上声字,则演变为普通话的去声。

第三,入派三声。古汉语的入声字分别派入到普通话的平声(阴平、阳平)、上声、去声里去了。

普通话调类与古调类的对应关系见表5:

表5 普通话调类与古调类的对应关系表

古调类	古声母	普通话调类	阴平	阳平	上声	去声
平声	清		安开三			
	浊	次浊①		门龙云		
		全浊②		扶唐拳		
上声	清				纸短展	
	浊	次浊			米暖有	
		全浊				弟倦睡
去声	清					正汉试
	浊	次浊				帽路用
		全浊				饭健助
入声	清		黑出哭	节国竹	百笔尺	各却设
	浊	次浊				药木陆
		全浊		白读局		

从表5中可以看出,古代的平上去三声和现代的阴阳上去四声是对应的,其间的对应规律甚为整齐,不难掌握。只有古代入声中的清音声母字如何演变为现代普通话的阴阳上去四声,没有什么规律可循,因而讲不清哪些清音入声字现代应读阴平,哪些应读阳平或上声、去声,只有靠记忆和查阅资料。

掌握古今汉语声调的演变规律,不但对学习普通话有帮助,对辨认古代的声调也有帮助。我国古代的律诗是利用声调平仄的交叉配合构成格律的,古人把上声、去声和入声叫作仄声,仄是不平的意思,与平声相配,使诗句获得了抑扬有序、节奏鲜明的语音表达效果。例如唐诗《登鹳雀楼》(王之涣)及其平仄格式是:

---

① 次浊:声带振动的鼻音、边音、半元音。
② 全浊:声带振动的塞音、擦音、塞擦音。

白日依山尽，	仄仄平平仄，
黄河入海流。	平平仄仄平。
欲穷千里目，	仄平平仄仄，
更上一层楼。	仄仄仄平平。

这是一首合律的五言绝句，由两联四句组成，每句两字一拍，平仄交叉；每联上下两句，平仄相对；两联之间，平仄相粘（指相连两句第二、四字平仄相同）。既然古人作诗有平仄字声上的讲究，那么今人欣赏古诗，就需对此有所了解。古今声调的演变，主要是指古代的入声消失了，我们只要着重掌握哪些是古入声字，也就不难分辨声调的平仄。我国东南沿海省区的方言，仍保存了古代的入声，因而分辨平仄就更不会感到困难。

四、方音辨正

方言声调与普通话声调差别较大，因此进行方音声调辨正就十分必要。声调辨正可注意以下三方面：

（一）读准普通话四声的调值

普通话四个声调的特点是：调型分明，一平、二升、三曲、四降，抑扬有致，富有音乐美。方言区的人学习普通话声调，首先要把握四声的特点，要求看见调号，就能准确读出调值来。

（二）认清方言与普通话声调对应规律

方言和普通话同古四声的分合关系各不相同，但它们之间又有整齐的对应关系。现作如下说明：

1. 从方言的调类推知普通话的调类

方言和普通话的四个调类，阴平、阳平、上声、去声，一般是相对应的，因此，从方言的调类可以推知普通话的调类。

平声：绝大多数方言同普通话一样，平声分阴平、阳平两类。

上声：粤方言和吴方言的部分地区，上声分阴上、阳上两类，应把方言里零声母和有 m、n、l、r 声母的阳上字归入上声，其余的归入去声。多数方言，上声不分阴、阳，字的归类与普通话也大体一致。

去声：粤方言，闽方言、吴方言、湘方言等，去声分阴去、阳去两类，这些方言区的人只需将阴阳两类合并成一类。北方方言和客家方言同普通话一样，除包括去声外，还包括阳上声中的一部分字和半数以上的古入声字。

入声：汉语各方言区大都有入声。没有入声的方言，或把入声全归入阳平，如西南地区，或把入声分归阴、阳、上、去四类，但与普通话的归类不尽相同。

2. 从方言调值改普通话调值

除入声外，明确了方言与普通话调类的对应关系，就知道方言与普通话调值的差别，就可以按普通话的调值去读调类相同的字，即改方言声调为普通话声调。比如，"古"字是上声字，厦门话上声调值是51，那么改"古"字的51调值为214调值，就成为普通话的声调。

（三）辨清古入声字的归类和异读

古入声字的归类，各方言区和普通话都存在不同程度的差异，但是，无论有入声的方言区，或无入声的方言区，都要辨清古入声字在普通话中的类属。

六百多个常用古入声字在普通话里，据粗略统计，约有百分之四十归去声，百分之三十一归阳平，少数归阴平和上声。因此，可采用记少不记多的办法，记住归上声、阴平、阳平的，其他可一律读作去声。

普通话中古入声字的分化也有部分规律可循，掌握这些规律可以帮助纠正方音：

零声母和鼻音、边音、r 作声母的入声字在普通话里归去声。需要注意的例外字有阴平字"摸、曰"，阳平字"膜、额"等。

除上述声母以外的浊音入声字，在普通话里归阳平。常见例外字有：属（上声）、洽、涉、秩、术、述、特、剧、获、续（去声）。

入声有塞音韵尾和喉塞音韵尾的方言区，如江浙、福建、山西一带的人，学习普通话声调时，应有意识地丢掉入声韵尾。

入声字，除归类问题以外，一字多音现象也很复杂，概括主要类型说明如下：

一是辨义性异读：由于表示不同的意义而形成的异读。例如：

角　① jué　角色、配角

　　② jiǎo　牛角、角落

划　① huá　划船、划火柴、划得来

　　② huà　划分、计划、划一

没　① méi　没有、没趣

　　② mò　沉没、没收、没落、没世

二是"文""白"性异读：由"文""白"读音的不同而形成的异读。"文"读音，多用于带有书面语色彩的合成词、特殊的专名，也有的用于一般词语；"白"读音，多用于带口语色彩的单音节词、个别特殊的口语词以及一般词语。例如：

血（文）xuè 血债、血统、血清、血型

　（白）xiě 一点血、流了血

熟（文）shú 成熟、熟练、熟视无睹

　（白）shóu 饭熟了

迫（文）pò 压迫、迫使、逼迫

　（白）pǎi 迫击炮

绿（文）lù 鸭绿江、绿林好汉

　（白）lǜ 绿色、草绿

三是习惯性异读：纯粹出于人们习惯的异读。例如：

答　① dā　答应、答理

　　② dá　回答、问答、答辩、答复

骨　① gū　骨朵、骨碌
　　② gǔ　骨干、骨骼、骨灰、骨节

下面试练习一些发音，体会其声调上的差异：

zhēng xiān kǒng hòu	gāo yáng zhuǎn jiàng	fēng tiáo yǔ shùn
争　先　恐　后	高　扬　转　降	风　调　雨　顺
qiān chuí bǎi liàn	zhōng liú dǐ zhù	yīng xióng hǎo hàn
千　锤　百　炼	中　流　砥　柱	英　雄　好　汉
bì cǎo rú yīn	jù shǎo chéng duō	nì shuǐ xíng zhōu
碧　草　如　茵	聚　少　成　多	逆　水　行　舟
kè gǔ míng xīn	wàn gǔ cháng qīng	yì kǒu tóng shēng
刻　骨　铭　心	万　古　长　青	异　口　同　声
jiāng shān duō jiāo	chūn tiān huā kāi	ér tóng wén xué
江　山　多　娇	春　天　花　开	儿　童　文　学
hé píng rén mín	chǎn pǐn zhǎn lǎn	yuǎn jǐng měi hǎo
和　平　人　民	产　品　展　览	远　景　美　好
ài hù bèi zhì	yùn dòng dà huì	fēng yī zú shí
爱　护　备　至	运　动　大　会	丰　衣　足　食
gāo zhān yuǎn zhǔ	jīng xīn dòng pò	liáng mián fēng shōu
高　瞻　远　瞩	惊　心　动　魄	粮　棉　丰　收
yáo tóu bǎi wěi	qióng tú mò lù	wǔ cǎi bīn fēn
摇　头　摆　尾	穷　途　末　路	五　彩　缤　纷
yǒng wǎng zhí qián	jiǎo wǎng guò zhèng	wàn xiàng gēng xīn
勇　往　直　前	矫　枉　过　正	万　象　更　新
hè fà tóng yán	chèn rè dǎ tiě	yǐ shēn xùn zhí
鹤　发　童　颜	趁　热　打　铁	以　身　殉　职
zhí fǎ rú shān	yī chù jí fā	ǒu xīn lì xuè
执　法　如　山	一　触　即　发	呕　心　沥　血
fù tāng dǎo huǒ	bú sù zhī kè	rú yuàn yǐ cháng
赴　汤　蹈　火	不　速　之　客	如　愿　以　偿
xīn jí rú fén	cè mù ér shì	fú guāng lüè yǐng
心　急　如　焚	侧　目　而　视	浮　光　掠　影

思考和练习

一、什么是声调？声调的性质和作用如何？

二、什么是调值、调类？举例说明两者之间的关系。

三、标出下列词语的声调。

困乏　南北　调解　八百　教室　正直　倔强　逮捕　暂时
负隅　触及　薄荷　表述　祝贺　假若　哭泣　没有　虐待
集思广益　畏缩不前　循规蹈矩　怒发冲冠

四、将下列各字按普通话四声分组。

必北滴棘绰哭节切雪铁

克甲急复谷黑柏搏逼册

五、为下列拼音写汉字。

cáijué	cǎijué	shìmiàn	shímián	shīmián
shílì	shīlǐ	shīlì	shìlǐ	shìlì
shìlì	shíshī	shìshì	shìshi	shìshí
shìshī	shǐshí	shíshì	jīlì	jílì
tōngcháng	tōngchàng	tīxíng	tíxíng	tǐxíng
sōngshǔ	sōngshù	wúbǐ	wǔbì	wùbì

六、改正下列音节拼写中调号位置的错误。

coù qiǎo　　cùi weī　　daì dìan　　dùan júe　　dùo lùo
凑 巧　　　翠 微　　　带 电　　　断 绝　　　堕 落

七、列表对照说明普通话声调、本地方言声调和古汉语声调的分合情况。

八、举例说明调类相同、调值不同，或调值相同、调类不同的现象。能否说汉口话的去声（调值55）就是普通话的阴平？

九、试从本方言调类推出下列音节的普通话调类。

古　老　天　平　放　大　近　杂

第五节　音　节

音节是由音素构成的最基本的语音结构单位，一般地说，一个汉字的读音就是一个音节；只有在儿化音节中，两个汉字读一个音节，如"花儿"（huār）；在快速说话或朗读时，两个字也可能合成一个音节，如"我们"（wǒm）、"什么"（shém）。

用现代语音学的方法分析，音节是由音素（元音、辅音）构成的；用中国传统音韵学的方法分析，音节是由声母、韵母、声调组合而成的。下面用传统方法分析普通话的音节结构。

一、音节的结构

汉语音节一般由声母、韵母、声调三部分构成，韵母又可分为韵头、韵腹、韵尾。表6说明普通话音节的几种不同的结构方式。[①]

从表6可以看出普通话音节结构的特点：

第一，普通话音节的结构方式有八种：

各种成分俱全的，如"兄"（xiōng）。

缺韵头的，如"口"（kǒu）。

缺声母的，如"维"（wéi）。

[①] 为了便于看清音节的结构成分，表中不采用拼写形式。

表6 普通话音节结构表

结构方式 例字	声母	韵母				声调
		韵头 （介音）	韵身			
			韵腹（主要元音）	韵尾		
				（元音）	（辅音）	
兄 xiōng	x	i	o		ng	阴平
口 kǒu	k		o	u		上声
维 wéi		u	e	i		阳平
允 yǔn			ü		n	上声
低 dī	d		i			阴平
果 guǒ	g	u	o			上声
夜 yè		i	e			去声
乌 ū			u			阴平

缺声母、韵头的，如"允"（yǔn）。

缺韵头、韵尾的，如"低"（dī）。

缺韵尾的，如"果"（guǒ）。

缺声母、韵尾的，如"夜"（yè）。

缺声母、韵头、韵尾的，如"乌"（wū）。

第二，普通话音节构成的基本原则是，一个音节可以没有声母、韵头、韵尾，但不可缺少韵腹和声调。① diū（丢）、zhuī（追）中原韵腹o、e省写了，则将u、i视作韵腹。

第三，从音素的角度看，组成音节的音素，最多四个，最少一个。

第四，辅音位置固定，只出现在音节的开头（作声母）或末尾（作韵尾）。普通话音节没有两个辅音连续排列的形式。②

第五，元音占优势，少则一个，多则三个。三个元音必须连续排列，分别充当韵头、韵腹和韵尾。

第六，十个单元音韵母都可作韵腹；充当韵头的，只能是高元音i、u、ü；充当韵尾的，元音是i、u，辅音是n、ng。

二、声韵调的配合关系

普通话的音节是由声韵调组合成的。普通话22个声母（包括零声母）和39个韵母

---

① 表示感叹、应答的词或方言词，由鼻辅音单独构成音节，如"呒、唔"（ḿ、m̀），"嗯"（ń、ň、ǹ或ńg、ňg、ǹg），是个别的特例。

② 表示申斥或不满意、不相信的"噷"（hm）、"哼"（hng）是个别的特例。

可拼出约400个音节,加上四声的配合,共有1 200多个音节。这说明,声母和韵母的配合,声母、韵母和声调的配合都是有一定规律的,而不是随意性的。了解这种配合规律,便于整体把握普通话音节的概况,减少拼音、拼写的错误,同时有利于纠正方音,学好普通话。

(一)声母、韵母的配合关系

普通话声母和韵母的配合关系,大致可依据声母的发音部位和韵母的四呼来掌握。配合情况略如表7。

表7 声母韵母配合关系简表

声母\韵母配合关系		开口呼	齐齿呼	合口呼	撮口呼
双唇音	b p m	班	编	布(只限u)	
唇齿音	f	番		富(只限u)	
舌尖中音	d t	单	颠	端	
	n l	难	年	暖	虐
舌根音	g k h	干		官	
舌尖后音	zh ch sh r	占		专	
舌尖前音	z c s	赞		钻	
舌面音	j q x		坚		捐
零声母	ø	安	烟	弯	冤

表7反映出声韵配合关系的大致规律是:

1. **声母方面**

(1)零声母和舌尖中音 n、l 四呼齐全。

(2)双唇音 b、p、m 可以同开口呼、齐齿呼和合口呼的 u 拼合。

(3)唇齿音 f 只拼开口呼和合口呼的 u。

(4)舌尖中音 d、t 与开口呼、齐齿呼、合口呼拼合,不与撮口呼拼合。

(5)舌面音 j、q、x 只拼齐齿呼、撮口呼,不拼开口呼、合口呼。

(6)舌根音 g、k、h,舌尖后音 zh、ch、sh、r,舌尖前音 z、c、s 只拼开口呼、合口呼,不拼齐齿呼、撮口呼。

2. **韵母方面**

(1)开口呼的配合能力最强,除舌面音 j、q、x 外,与其他声母都能配合。

(2)齐齿呼韵母不能与唇齿音、舌根音、舌尖后音、舌尖前音配合。

(3) 合口呼韵母不能与舌面音配合，与双唇音、唇齿音配合只限于 u。

(4) 撮口呼的配合能力最差。除零声母外，只拼 n、l 和 j、q、x。

要了解普通话声母、韵母配合关系的全貌，可参见表 8《普通话声韵调配合表》。

汉语各地方言的声韵配合规律和普通话不完全一致，应比较其异同，掌握其对应规律。如普通话声母 d、t 不与 in、en 配合，而与 ing、eng 配合，根据这一规律，可将方言中的 din、tin、den、ten 音节纠正为 ding、ting、deng、teng 音节。

(二) 声母、韵母、声调的配合关系

普通话声母、韵母、声调三者配合起来就构成普通话的音节。分析研究一种语言的音节，这是汉藏语言学的特点。普通话的音节按声、韵、调配合表，约有 1 215 个，此外还有少量辅音音节，如：ḿ 呣（表疑问）、m̀ 呣（表应诺）、ń 嗯（表疑问）、ň 嗯（表出乎意料）、ǹ 嗯（表答应）、hm 噷（表申斥或不满）、hng 哼（表不信）等七个，大约 1 222 个。《现代汉语词典》附列音节表共为 1 332 个音节，因其中包括了轻声音节、一部分古汉语音节和方言音节。汉语由于历史悠久、词汇丰富，在音节分析上对古语和方言的因素不易准确地排除，所以音节总数的确切数据不易获得，一般可以说，现代汉语的音节共有 1 200 多个。下面是声韵调配合表，也即音节表。

表 8　普通话声母韵母声调配合表（音节表）

	一、开口呼																												
	a				o				e				-i (ɿ、ʅ)				ai				ei				ao			
	1	2	3	4	1	2	3	4	1	2	3	4	1	2	3	4	1	2	3	4	1	2	3	4	1	2	3	4
b	巴	拔	把	坝	波	博	跛	簸									掰	白	百	败	卑		北	贝	包	雹	宝	报
p	趴	爬		怕	坡	婆	叵	破									拍	排		派	胚	陪		配	抛	袍	跑	泡
m	妈	麻	马	骂	摸	磨		抹										埋	买	卖		枚	美	妹	猫	毛	卯	冒
f	发	伐	法	发		佛															非	肥	匪	费				
d	搭	达	打	大						得							呆		歹	代		得			刀		岛	道
t	他		塔	沓								特					胎	台		太					掏	逃	讨	套
n		拿	哪	纳															乃	耐			馁	内		挠	脑	闹
l	拉		喇	蜡							肋	乐						来		赖	勒	雷		泪	捞	劳	老	涝
g	嘎	噶	尕	尬					戈	格	葛	各					该		改	丐			给		羔		稿	告
k	喀			卡					科	咳	可	克					开		楷	忾					考		考	靠
h	哈	蛤		哈					喝	和		贺					嗨	孩	海	害				黑	蒿	毫	好	浩
j																												
q																												
x																												

续表

一、开口呼

	a				o				e				-i (ɿ, ʅ)				ai				ei				ao			
	1	2	3	4	1	2	3	4	1	2	3	4	1	2	3	4	1	2	3	4	1	2	3	4	1	2	3	4
zh ch sh r	渣叉沙	闸茶啥	眨衩傻	炸刹煞					遮车奢	折扯蛇惹	者彻射热	这	知吃师	直迟时	止齿史	志斥是日	斋拆筛	宅柴	窄	债晒				谁	招抄稍	着嘲勺饶	找吵少扰	赵炒哨绕
z c s	扎擦撒	杂		洒萨						责	仄侧色		姿疵丝	紫此词	字次死	字次四	灾猜腮	才	宰采	在菜赛		贼			遭操骚	凿曹	早草扫	造糙臊
ø	啊				喔				阿	额	恶	饿					哀	皑	矮	爱				欸	凹	敖	袄	傲

二、齐齿呼

	ou				an				en				ang				eng				ong				i			
	1	2	3	4	1	2	3	4	1	2	3	4	1	2	3	4	1	2	3	4	1	2	3	4	1	2	3	4
b p m f		剖哞	谋某否		班潘	盘蛮颠番	板满反	半判慢范	奔喷	盆门烦	本	笨喷闷奋	邦	旁忙房	榜	磅胖莽访	崩烹蒙丰	朋盟冯	绷捧猛讽	泵碰梦奉					逼批	鼻皮迷	比匹米	闭僻秘
d t n l	兜偷搂	斗投娄	豆透耨陋		丹贪男	谈坦蓝	胆坦揽	但叹难烂			扽	嫩	当汤狼	唐倘囊朗	党荡攮浪	登腾能棱			等冷	凳楞	冬通	同农龙	董统痛弄	动痛弄	低梯妮	敌提泥离	底体你李	弟替腻利
g k h	勾抠	狗口吼	够扣后	甘堪酣	敢砍喊	干看旱	根哏痕	艮肯狠	亘垦恨	刚康夯	港扛杭	杠抗巷亨	耕	更横	工空烘	巩恐哄	贡控江红											
j q x																									鸡欺希	及其习	己启洗	忌气戏
zh ch sh r	州抽收	轴仇熟柔	肘丑守	咒臭受肉	沾搀山	蝉馋然	展产闪染	战忏善	贞深	尘神人	诊审忍	镇慎任	章昌伤	长肠	掌厂赏壤	丈倡上让	争称升扔	成绳仍	整逞省	正秤圣	中充	虫	肿宠冗	仲冲				

(43 个音节)

续表

	二、齐齿呼																										
	ou				an				en				ang				eng				ong				i			
	1	2	3	4	1	2	3	4	1	2	3	4	1	2	3	4	1	2	3	4	1	2	3	4	1	2	3	4
z	邹		走	奏	簪	咱	攒	暂					脏		藏	葬	增						总					
c		凑			餐	蚕	惨	灿	参	岑			仓					层			聪	从						
s	搜	叟	嗽		三		伞	散	森				桑		嗓	丧	僧				松		耸	宋				
ø	欧	偶	沤		安		俺	岸	恩				摁	肮	昂				盎		鞥				衣	移	椅	异

	二、齐齿呼																								
	ia				ie				iao				iou				ian				in				iang			
	1	2	3	4	1	2	3	4	1	2	3	4	1	2	3	4	1	2	3	4	1	2	3	4	1	2	3	4
b					鳖	别	瘪	别	标		表	鳔					边		扁	变	宾			殡				
p									飘	瓢	漂	票					偏	便		片	拼	贫	品	聘				
m							乜	灭	喵	苗	秒	妙						眠	免	面		民	敏					
f																谬												
d						叠			刁					丢			颠		点	电								
t					爹		贴	铁	挑	条	窕	跳					天	田	舔	掭								
n							捏	聂			鸟	尿	妞	牛	纽	拗	拈	年	捻	念		您			娘			酿
l		俩					咧	列		撩	疗	料		流	柳	六		连	脸	练		林	凛	吝		良	两	亮
g																												
k																												
h																												
j	加	颊	甲	架	街		洁	解	介	交	嚼	绞	叫	揪		久	旧	奸		茧	见	金	锦	近	江		讲	匠
q	掐			恰			切	且	茄	敲	桥	巧	俏	秋	求		朽	千	钱	浅	欠	亲	秦	寝	沁	腔	墙	抢	呛
x	虾	狭		下	歇		写	屑	肖		小	笑		休		袖	先		闲	险	现	心		信	香	祥	想	向
zh																												
ch																												
sh																												
r																												
z																												
c																												
s																												
ø	鸦	牙	雅	亚	椰	爷	也	夜	妖	摇	咬	要	忧	由	有	右	烟	言	演	宴	因	银	引	印	央	羊	痒	样

续 表

三、合口呼

	ing				iong				u				ua				uo				uai				uei			
	1	2	3	4	1	2	3	4	1	2	3	4	1	2	3	4	1	2	3	4	1	2	3	4	1	2	3	4
b p m f	兵乒	平	秉	病命					逋扑模夫	醭蒲模扶	补普母府	布铺木付																
d t n l	丁听宁拎	亭宁灵	顶挺拧领	定锭佞令					都秃奴噜	独徒奴卢	赌吐努鲁	度兔怒路					多拖罗	夺挪逻	躲妥裸	舵拓糯洛					堆推	颓	腿	对退
g k h									姑枯呼	骨胡	古苦虎	故裤户	瓜夸花	华	寡垮	挂跨化	锅	国豁活	果火	过阔货	乖		拐蒯	怪快坏	归	回	鬼傀悔	桂愧会
j q x	京青星	情形	景请醒	镜庆性	兄	穷熊		窘																				
zh ch sh r									朱初书	竹除孰如	主楚暑乳	住处树入	抓刷		爪耍		桌戳说	浊		绰朔弱	拽揣		跩揣甩		追吹	垂谁蕤	水蕊	缀税瑞
z c s									租粗苏	族殂俗	组醋速						作搓梭	昨痤	左锁	坐措			崔虽		嘴随髓			最脆岁
ø	英迎影映	拥喁永用							乌无伍误	蛙娃瓦袜	窝我卧										歪		外威围伟畏				

四、撮口呼

	uan				uen				uang				ü				üe				üan				ün			
	1	2	3	4	1	2	3	4	1	2	3	4	1	2	3	4	1	2	3	4	1	2	3	4	1	2	3	4
b p m f																												

续 表

	四、撮口呼																							
	uan				uen				uang				ü				üe				üan				ün			
	1	2	3	4	1	2	3	4	1	2	3	4	1	2	3	4	1	2	3	4	1	2	3	4	1	2	3	4
d t n l	端湍	团	短疃暖卵	断疃乱	敦吞抡	屯伦		盾褪论							女旅	衄虑				虐略								
g k h	官宽欢		管款缓	贯换	昆昏		滚捆魂	棍困混	光筐荒	狂	广谎	逛矿晃																
j q x													居区虚	局渠徐	举曲许	句去序	撅缺瘸	决瘸学		倔却雪	捐宣	权玄	卷圈选	倦犬劝绚	君勋	群巡		峻殉
zh ch sh r	专川拴	船	转喘	撰串涮软	谆春唇		准蠢吮	状创爽	庄窗床		奘闯																	
z c s	钻蹿酸		纂攒	钻窜算	尊村孙	存	忖损	寸																				
ø	弯	完	宛	万	温	文	吻	紊	汪	王	往	忘	迂	余	羽	喻	约		唠	月	冤	元	远	愿	晕	云	允	运

注：此外，还有 ér 儿、ěr 耳、èr 二、uēng 翁、uěng 瓮、ē 欸（表招呼）、é 欸（表诧异）、ě 欸（表异议）、è 欸（表应诺）等三个韵共九个音节未列入表内。这样，音节数计为 1 210 个。

三、音节的拼读和拼写

（一）音节的拼读

音节的拼读是指按照音节的结构规律将声母和韵母拼合成音节。拼读时要注意：声母要读本音，即不带元音时的实际发音，不能用呼读音来拼，因呼读音是在声母后加上了元音的，已不是一个单独的声母，用它拼读会影响准确性。韵母的发音要重些、长些，韵头不可丢失或改变；声韵拼合时速度要快，中间不能有停顿，做到"前音（声）轻短后音（韵）重，两音相连猛一拼"。

音节拼读的方法主要有三种：

两拼法，将声母、韵母两部分拼成音节的方法。拼读时将韵母当作一个整体。

三拼法，即声母、韵头、后随韵母三部分连读拼音的方法。

声介合拼法，声母和韵头（介音）先行拼合（可称声介合母），再同后随韵母拼合的方法。

(二) 音节的拼写

音节的拼写必须按照普通话声韵配合规律进行，必须遵循汉语拼音方案制定的拼写规则。方案制定的拼写规则可概括为如下几方面。

1. y、w 的使用

y、w 使用的具体规则如表 9：

表 9 y、w 使用规则表

字母	韵母类型	用 法	条 件	音 节 形 式
y	齐齿呼	加 y	i 后无元音	yi yin ying
		i 改为 y	i 后有元音	ya ye yao you yan yang yong
	撮口呼	加 y，ü 上两点省略	无	yu yue yuan yun
w	合口呼	加 w	u 后无元音	wu
		u 改为 w	u 后有元音	wa wo wai wei wan wen wang weng

齐齿呼、合口呼自成音节使用 y、w，或加或改，其根据是保留韵腹。撮口呼韵母自成音节，一律加 y，无论有无韵腹。如 üe→yue，üan→yuan，如果因为有韵腹而改 ü 为 y，写成 ye、yan，就与齐齿呼音节相混。加 y 后 ü 上两点省略不会与合口呼混淆，因 y 后不会出现 u 韵母。

拼音方案规定 y、w 为音节开头的符号性字母，主要是使按词连写的音节界限清楚。使用 y、w，可避免 i、u、ü 和前面音节末尾的音素相连相拼。例如：

河沿 heyan——如不用 y，heian，可能误拼为"黑暗"。

新屋 xinwu——如不用 w，xinu，可能误拼为"息怒"。

言语 yanyu——ü 前如不用 y，yanü，可能误拼为"哑女"。

y、w 的使用也有半元音的理论根据。拉丁字母 y、w 一般是用作表示半元音的，普通话齐齿呼、合口呼自成音节时，开头的发音实际是半元音，因此，拼写形式以 y、w 开头也反映了普通话的实际发音。撮口呼自成音节时，前面加 y，则纯粹是音节开头的符号，因没有较 ü 稍带摩擦音的拉丁字母可用（国际音标是 [ɥ]）。

2. 隔音符号的使用

声母是按词连写时分隔音节界限的标志；齐齿呼、合口呼、撮口呼自成音节时使用 y、w 分隔音节；开口呼韵母连在别的音节后自成音节时，如果音节界限发生混淆，拼音方案规定使用隔音符号（'）隔音。例如：

激昂 ji'ang 不用隔音符号，可能拼为"江"。

生藕 sheng'ou　不用隔音符号，可能拼为"深沟"。
上腭 shang'e　不用隔音符号，可能拼为"山歌"。

开口呼自成音节的情况不多，连在别的音节之后成为一个词则更不常见，所以使用隔音符号的机会很少。一般掌握，即使连写时界限没有混淆，也可以加隔音符号，以便于认读。例如：和蔼 he'ai，木偶 mu'ou，差额 cha'e。

3. 省略

(1) ü 上两点的省略。

撮口呼韵母前拼声母 j、q、x 和自成音节加 y 时，上面两点省去不写。例如：

居 ju　　　群 qun　　　宣 xuan　　　约 yue

普通话的声韵配合关系表明，j、q、x 不能和合口呼拼合，所以 j、q、x 后，拼合撮口呼韵母，省去 ü 上两点也不会误认误读。至于头母 y 后省略 ü 上两点，也因为 y 后不可能出现合口呼韵母。

撮口呼韵母和声母 n、l 拼合时不能省略 ü 上两点，因为 n、l 声母都可与合口呼韵母相拼。例如：

nü 女——nu 努　　lü 吕——lu 鲁

(2) iou、uei、uen 的省写。

iou、uei、uen 三个韵母和大多数声母拼合时，中间的元音产生弱化现象，因此，拼音方案规定，复韵母 iou、uei，鼻韵母 uen，前拼声母时，省写中间的元音 o 和 e。例如：

d——iou——→diu（丢）

g——uei——→gui（规）

ch——uen——→chun（春）

省写的结果，既反映了发音的实际情况，又使拼式简短，且不致误读。[①]

需要注意的是，iou、uei、uen 自成音节时，只在前面改换头母，当中的 o、e 不能省写。

4. 音节连写

主要有以下几条规则：

(1) 同一个词的音节要连写，词与词分写。

(2) 句子开头的字母用大写，多音词移行书写时，以音节为单位，前一行的末尾加连接号。

(3) 专有名词、专有名称中的每个词，开头字母大写。例如：

Zhū Zìqīng　　Běijīng Shì
朱 自 清　　北 京 市

Zhōnghuá Rénmín Gònghéguó
中 华 人 民 共 和 国

(4) 标题字母可全部大写，或每个词的第一个字母大写。为整齐美观，音节一般不标调号。例如：

[①] 复韵母 iao、uai 不能省写。因它们发音动程长，中间元音没有弱化；假如省写就会误认误读。

```
XIANDAI       HANYU
Xiandai       Hanyu
现  代        汉 语
```

（5）诗歌每一行开头的第一个字母要大写。例如：

```
Qiū  dào  pú táo gōu
秋   到   葡 萄  沟，

Zhū bǎo  mǎn  gōu  liú
珠  宝   满   沟   流。

Tíng tíng  zuò zuò  zhēn zhū  tǎ
亭   亭   座  座   珍   珠   塔，

Céng céng  dié dié  fěi cuì  lóu
层   层   叠  叠   翡  翠   楼。
```

思考和练习

一、列表分析下列各音节的结构方式：

啊 á　　　耳 ěr　　　魄 pò　　　页 yè　　　鞍 ān
觉 jué　　样 yàng　　导 dǎo　　酒 jiǔ　　对 duì

二、简述普通话音节结构的主要特点。

三、熟读普通话声韵配合表，并根据配合表总结普通话声韵配合的主要规律。

四、你方言中有哪些声韵配合规律与普通话不同？试对比说明。

五、根据普通话声韵配合关系，指出下列音节拼写上的错误。

龙 luéng　　嗡 ōng　　　人 lén　　　眷 tén
蹲 dēn　　　非 fī　　　 下 xà　　　姐 jě
基 zī　　　　新 sīn　　　秋 ciū　　　听 tīn
丁 dīn　　　坡 puō　　　泼 pē　　　佛 fé
对 dèi　　　揣 cuāi　　　刷 suā　　　庄 zuāng

六、根据拼写规则改正下列音节拼写中的错误（包括调号）：

包子 baōzǐ　　　　边缘 biānuán　　　回忆 huéi'ì
国徽 guóhuēi　　　山崖 shānyiá　　　尘埃 chénāi
友爱 yiǒuài　　　　文雅 uéniǎ　　　　昏暗 hūnàn
滚圆 guěnyán　　　月亮 yuèliàng　　造物 zàoù
流水 lióushǔi　　　学习 xuéxí　　　　掠夺 luèdúo

七、举例说明学习拼音应注意哪些问题。

八、拼写出21个声母的呼读音。

九、运用拼写规则拼写下列词语。

嫩叶　　　学业　　　原因　　　语言　　　玷污

给养	要挟	永远	意义	句读
酝酿	深奥	妨碍	龟裂	因而
和蔼	酗酒	畜牧	优秀	方案

十、举例说明 y、w 以及隔音符号的用法。

十一、运用音节连写拼写下面一段话。

生活赋予我们一种巨大的和无限高贵的礼品，这就是青春：充满着力量，充满着期待、志愿，充满着求知和斗争的志向，充满着希望、信心的青春。

十二、快速认读下列词语，并注上汉字。

① zònghéng bǎihé　　　② Bān mén nòng fǔ
③ dàyǒu zuòwéi　　　④ àn bù jiù bān
⑤ yì chóu mò zhǎn　　　⑥ xiāng xíng jiàn chù
⑦ sì wú jì dàn　　　⑧ xún guī dǎo jǔ
⑨ xìnggé cūguǎng　　　⑩ fènfā tú qiáng
⑪ xǔxǔ rú shēng　　　⑫ ǒu xīn lì xuè

第六节　音变和语调

一、轻声

(一) 轻声的性质

在语流中，由于音节相连，有的音节失去固有调值，变成一种轻短模糊的调子，这就是轻声。如"子"的声调是上声，在"桌子、椅子、本子、杯子"等词中变读成了轻声。轻声是一种语流音变（或连读音变）的现象，在北京话语音中比较突出，它的具体特点可说明如下：

第一，轻声音节既然是变读，就总有本调。例如，表示灵活、随机应变意思的词"活泛"，轻声音节"泛"的本调是去声；形容热闹、旺盛的词"红火"，轻声音节"火"的本调是上声。

第二，轻声音节没有固定的调值，它的音高随前一音节的声调而变化。一般说来，在上声之后音最高，用五度标记法可表示为·｜（4度），在阴平、阳平之后读中调，可表示为·｜（3度），去声之后音最低，为．｜（1度）。例如：搞头（·｜），砖头、石头（·｜），木头（．｜）。汉语拼音方案规定轻声不标调。

第三，轻声所表现的物理性质与声调不同，声调的性质取决于音高的变化，轻声的形成则取决于音强的减弱。① 所以它不是一种独立的调类。

---

① 有的音节变读轻声后，音色也发生相应的变化。如"豆腐"的"腐"变读轻声后，失去韵母。但拼写音节时不必标出。

(二) 轻声的作用

1. 分辨词义

$$\begin{cases} 帘子（liánzi）：门帘或窗帘。\\ 莲子（liánzǐ）：莲的果实。\end{cases}$$

$$\begin{cases} 瞎子（xiāzi）：失去视觉能力的人。\\ 虾子（xiāzǐ）：虾的卵。\end{cases}$$

$$\begin{cases} 编排（biānpai）：指捏造。\\ 编排（biānpái）：把好些项目按一定目的排列先后。\end{cases}$$

$$\begin{cases} 照应（zhàoying）：照料。\\ 照应（zhàoyìng）：配合、呼应。\end{cases}$$

2. 辨析词性

$$\begin{cases} 利害（lìhai）：形容词，同"厉害"（这人太利害）。\\ 利害（lìhài）：名词（我们不计利害）。\end{cases}$$

$$\begin{cases} 大意（dàyi）：形容词（你太大意了）。\\ 大意（dàyì）：名词（概括本文的大意）。\end{cases}$$

3. 区分词和短语

$$\begin{cases} 下水（xiàshui）：食用牲畜的内脏。词。\\ 下水（xiàshuǐ）：进入水中。短语。\end{cases}$$

$$\begin{cases} 兄弟（xiōngdi）：弟弟。词。\\ 兄弟（xiōngdì）：兄和弟。短语。\end{cases}$$

(三) 变读轻声的规律

变读轻声与词汇、语法有一定联系。一般说来，以下的一些词语常读轻声：

1. 助词"的、地、得、着、了、过"等

   读书的　　紧张地　　学得好

   研究着　　研究了　　研究过

2. 语气词"了、的、啊、嘛、呢"等

   干净了　　好的　　多美啊　　很好嘛

3. 语素"子、头"和表示多数的"们"等

   园子　　砖头　　孩子们

4. 表示方位的语素或词"上、下、里、边"等

   桌子上　　地下　　教室里　　上边

5. 表示趋向的动词"来、去、上来、下去、起来、出去"等

   走来　　跑去　　爬上来　　走下去

6. 叠音词和动词重叠形式的后一个音节

   爸爸　　妈妈　　奶奶　　爷爷　　猩猩

   跳跳　　唱唱　　商量商量　　活动活动

7. 某些量词
    好一些   写封信
8. 大多数双音节单纯词的后一个音节
    葡萄   玻璃   萝卜   葫芦   蜈蚣
    喇叭   哆嗦   吩咐   伶俐
9. 习惯上第二个音节读轻声的词
    明白   清楚   漂亮   凉快   聪明
    新鲜   喜欢   规矩   客气   扎实
    太阳   月亮   先生   编辑   核桃
    打听   告诉   商量   唠叨   溜达

凡轻声音节应当读轻声，即使是习惯上的轻声词语也要轻读，因为，它关系到北京语音的纯正、悦耳。

二、儿化

(一) 儿化的性质

儿化是指卷舌元音 er 附加在一个音节的韵母之后，而使韵母发生音变的现象。因儿化音变而成的卷舌韵母就是儿化韵，包含儿化韵母的音节是儿化音节。

儿化音节用汉字书写是两个字，如"把儿、盖儿"，用汉语拼音字母拼写是在音节后面加字母"r"。如"把儿"拼写作 bǎr，"盖儿"拼写作 gàir。

"r"在儿化音节中不代表辅音，只是表示卷舌动作的字母。儿化音节的发音，是在发原音节韵母的同时进行卷舌，er 与原韵母融合为一个新的儿化韵。如"哪儿"，就是在发韵母 a 的同时加卷舌动作而发出的一个音。因此，儿化的基本性质是卷舌。

普通话的 39 个韵母，除 ê、er 外，都可以儿化。

(二) 儿化的作用

普通话的儿化现象，同词汇、语法、修辞意义的表示都有密切的关系。它的作用主要有：

1. **区别词义**

    信（信件）   信儿（消息）
    眼（眼睛）   眼儿（小孔、小洞）
    一块（表数量）   一块儿（一同）
    头（脑袋）   头儿（首领）

有的词儿化后具有比喻义，如上例"眼儿、头儿"等。

2. **改变词性**

    盖（动词）   盖儿（名词）
    画（动、名）   画儿（名词）
    黄（形容词）   黄儿（名词，指蛋黄）
    活（动词、形词）   活儿（名词，泛指工作）

个（量词）		个儿（名词，身材）	
手（名词）		（他有一）手儿（量词）	

较常见的是动词、形容词儿化后改变为名词。

3. **有时能表示小、亲切、喜爱的感情色彩**

小王儿　　　　　　小孩儿

白白净净儿　　　　脆生生儿

4. **在韵文中可以扩大押韵的范围**

小刘、小陈打扫完了院子挑完了水儿，

原来皮带轮儿是这样安装上去的。

突然里飞出来一只黑母鸡儿。

你看它，扑棱着翅膀张着嘴儿，

哏哏嘎，嘎嘎哏地出了村儿。

由于儿化，"水、轮、嘴、村"这些本不同韵的字，都押韵了。

(三) **儿化的发音**

韵母儿化音变主要是加卷舌动作。由于原韵母末尾的音素与卷舌动作相适应的情况不同，儿化音变的情况也不同。一般地说，韵尾的发音便于卷舌，原韵母不变，直接加卷舌动作；韵尾的发音不便于卷舌，就要变更音色，增、删某个音素。韵母儿化音变的实际发音有以下几种情况：

1. **韵母或韵尾是 a、o、e、ê、u 的，韵母直接卷舌**

页码儿	a→ar	杏核儿	e→er
鸭儿梨	ia→iar	叶　儿	ie→ier①
短褂儿	ua→uar	月　儿	üe→üer②
肉末儿	o→or	小兔儿	u→ur
小勺儿	ao→aor	火候儿	ou→our
柳条儿	iao→iaor	短袖儿	iou→iour
大伙儿	uo→uor		

2. **韵母是 i、ü 的，儿化时增加元音 e，同时卷舌**

豆粒儿	i→ier	蛐蛐儿	ü→üer

3. **韵尾是 i、n 的，儿化时失落韵尾，主要元音卷舌**

女孩儿	ai→ar	心眼儿	ian→iar
一块儿	uai→uar	羊倌儿	uan→uar
小一辈儿	ei→er	包围圈儿	üan→üar
烟嘴儿	uei→uer	份儿饭	en→er
被单儿	an→ar	冰棍儿	uen→uer

---

①② ie、üe 中的 e 实为 ê。

in、ün 两韵丢失韵尾加 er。如：

手劲儿　　　　in→ier　　　连衣裙儿　　　ün→üer

4. 韵母是 -i [ɿ]、-i [ʅ] 的，儿化时原韵母变作 e，同时卷舌

瓜子儿　　　　-i [ɿ]→er　　柳枝儿　　　　-i [ʅ]→er

5. 韵尾是 ng 的，儿化时失落韵尾，主要元音鼻化，同时卷舌

偏方儿　　　ang→ãr　　　瓮　儿　　　ueng→uẽr

树阴凉儿　　iang→iãr　　　胡同儿　　　ong→ũr①

镜框儿　　　uang→uãr　　　小熊儿　　　iong→ũr②

板凳儿　　　eng→ẽr

ing 韵母儿化时，失落韵尾，增加鼻化元音 ẽ，同时卷舌。如：

眼镜儿　　　　ing→iẽr

三、变调

音节和音节相连时，由于相互影响而使某些音节的声调发生变化，这种现象叫变调。普通话的变调，主要有以下几种。

（一）上声的变调

上声是降升调，语音曲折，在任何声调之前都难以发出全上（214）的调值，因而需要变调。变调情况如下：

1. 上声音节与非上声音节相连，上声变半上，调值由 214 变为 21

上声＋阴平：首都　　广播　　展开　　普通

上声＋阳平：彩旗　　草原　　厂房　　阐明

上声＋去声：法律　　党派　　产地　　阐述

上声＋轻声：尾巴　　耳朵　　走着

值得注意的是，上声＋轻声时，倘若轻声原调是上声，则有两种变化：

一种变读为半上，21 的调值，如：稿子、姐姐、奶奶、马虎、好了。

一种变读为 34 的调值，近似阳平，如：打手、想起、哪里、等等。

2. 两个上声相连，前一个上声变得近乎阳平，调值由 214 变为 34

影响　　永远　　指导　　爽朗　　首长

如果三个上声音节相连，一般是前两个上声变为近乎阳平，最后一个不变。如：

苦水井　　保管好　　总统府　　展览馆

有时是第二个音节变成阳平，如"好领导"。主要看词语的结构。

三个以上上声音节相连，可以根据词语的意义分组变调。如：

请你｜买把伞。　　找水桶｜打桶水。

---

① ong 中的 o 更接近 u。
② iong 儿化时，io 变 ü。

(二) 去声的变调

两个去声音节相连，前一个变半去，调值由 51 变为 53。如：

　　创造　　世界　　照相　　正确　　报告

(三) "一、不"的变调

"一、不"是古入声字，在音节相连时往往变调。

1. "一"的变调

"一"的本调是阴平，单独使用，或在词语末尾，或表序数时，声调不变，变调的条件是：

(1) 在去声前变阳平。

　　一个　　一架　　一律　　一阵　　一见如故

(2) 在阴平、阳平、上声前变去声。

在阴平前：一生　　一般　　一杯　　一厢情愿

在阳平前：一齐　　一行　　一时　　一得之愚

在上声前：一起　　一准　　一览　　一语破的

(3) 在重叠动词之间读轻声。

　　看一看　　跳一跳　　听一听　　跑一跑

2. "不"的变调

"不"的本调是去声，单独使用，或在词语末尾，在非去声前，声调不变；只有在去声前变阳平，在词语之间变轻声。

在去声前：不错　　不但　　不过　　不会

在词语之间：想不想　　好不好　　看不清楚

四、语气词"啊"的音变

句末的语气词"啊"，在语流中受前一个音节末尾音素的影响，往往发生音变现象。

"啊"的音变规律如下：

第一，前面音素是 a、o（ao、iao 除外）、e、ei、i、ü 时，"啊"变读 ya，可写作"呀"。如：

用劲儿拔呀！

阅览室里书真多呀！

快来喝呀！

重要的问题是好好学呀！

你还写不写呀？

要努力争取呀！

第二，前面音素是 u（包括 ao、iao）时，"啊"变读 wa，可写作"哇"。如：

大声读哇！

我们快点儿走哇！

她的手多巧哇！

第三，前面音素是 n 时，"啊"变读 na，可写作"哪"。如：

他真是个不知疲倦的人哪！

你走路可要小心哪！

这道真难哪！

第四，前面音素是 ng 时，"啊"变读 nga，仍写作"啊"。如：

这样办成不成啊？

请大家静一静啊！

这副担子可很重啊！

第五，前面音素是 -i [ɿ] 时，变读为〔za〕；是 -i [ʅ] 时，变读为"ra"，仍写作"啊"。如：

你去过北京几次啊？

他就是我的老师啊！

我不认识这个繁体字啊！

这究竟是怎么回事啊？

五、语调

语调是说话时贯串整个语句的音调，它的作用是帮助人们更好地表情达意，并使言语获得特定的神态。如果说话没有带上合适的调子，听起来就会感到生硬、呆板、不自然，以至可笑；这样，言语的表情达意就会受到很大的影响。语调是由说话人发音的断续、轻重、快慢、升降诸因素综合形成的，而以轻重和升降为主。

（一）停顿和快慢

说话的断和续主要表现为如何使用停顿和掌握快慢。

停顿是指语句之间或语句内的词语之间出现的短暂的间歇。停顿的作用，一是为了换气，二是为了让听话者更好地听清或领会所说的内容。

停顿可分为语法停顿和强调停顿。语法停顿是反映一句话里面的语法关系的，在书面语言里就用标点符号来表示：顿号的停顿最短、逗号稍长、分号又稍长、句号（及问号、感叹号）则更长一些。强调停顿是为强调一句话中的某一点而作的停顿，也就是在书面上没有标点符号指明的停顿。例如："指挥员的正确部署来源于正确的决心，正确的决心来源于正确的判断，正确的判断来源于周到的和必要的侦察，和对各种侦察材料的连贯起来的思索。"这句话中用了三个"来源于"，"来源于"的前后均应作强调停顿，以突出"什么来自哪里"。当然，强调停顿的选定是有伸缩性的，可因各人对句意的领会不同和强调之处不同而有差异。

快慢是语言的速度问题。语速的快慢包括两个方面：每个音节发音的长短和音节与音节间连续的紧密程度。

语速的快慢要与内容、形式、感情相适应，一般说来，叙述急剧变化的情况，表达激动、兴奋、欢快、惊恐的心情，刻画活泼开朗、聪明机警或狡猾奸诈、鲁莽急躁的人物，表现争辩、质问、欢呼、畅谈的声态，宜用快速；叙述痛苦、悲伤的情况，表达低沉、忧伤、庄重、肃穆的感情，刻画憨厚老实、迟缓愚钝的人物，表现日常生活闲谈絮语，宜用慢速；一般性的记叙、说明、议论或交代，感情无大变化时，宜用中速。

语速快慢的处理并没有固定的模式，而要根据感情脉络的起伏、语言环境的变化、人物年龄和性格的特点等去灵活掌握。语速太快会使听者来不及领会和思考，引起精神疲劳；语速太慢会使听者感到心焦，引起腻烦而生厌倦，效果都是不好的。

(二) 轻重

轻重是发音的强弱差别造成的。重音是语句中增加强度而发出来的音，轻音则相反。说话或朗诵需有轻有重、轻重谐和地配合成调，才能避免言语的呆板、单调，而富有情感。由于说话时重音较为突出，所以一般将其分为两种，即语法重音和强调重音。

语法重音是根据句子的语法结构特点而重读的，例如短句中的谓语常需要重读（这个人真好、笼子里的鸟儿飞了）；表示性状和程度的状语常常是重读的（他激动地告诉我们、对落水狗要狠狠地打）；表示结果和程度的补语，也常常读重音（这个孩子聪明极了、敌人被我们打败了）；名词前的定语也常常重读（白杨树是不平凡的树、这是鸟语花香的季节）；等等。当然，语法重音也不能完全脱离开句意。

强调重音也叫逻辑重音，是根据说话人表情达意的要求而将所需强调之处读成重音，重音的位置是随强调之点的变化而变动的。例如："我们要学会正确的思想方法"（不是指别人）、"我们要学会正确的思想方法"（不能半途而废的）、"我们要学会正确的思想方法"（不是错误的）、"我们要学会正确的思想方法"（不是工作方法）。同一句话，强调之点不同所表达的意思也就有不同之处，这是强调重音在表达上的发挥出来的效用。

句中有了强调重音，语法重音也就自然消失，语法重音是要服从于强调重音的。如果是诵读别人写的作品，那么就必须认真钻研、深刻领会作品的内容和作者的写作意图，只有这样，才能正确掌握好强调重音，取得良好的诵读效果。

(三) 升降

升降是指语句音调的高低变化，也称句调。句调是贯串全句的，但有时在句末的语词上表现得最为明显。句调升降一般可分为四种基本的类型：

1. 升调

句子语势逐渐上升（可在句末用↗号表示）。表示疑问、反问、惊异、命令、号召等语气，或心情激动时，多用升调。例如：

他分析得多么深刻、透彻！↗他怎么会懂地质的呢？↗又怎么懂得这么多？↗

2. 降调

句子语势逐渐下降（可用↘号表示。）表示感叹、祈求、自信、肯定等语气或心情沉重时，多用降调。例如：

的确，谁要没见过石油城，谁就不知道现代工业的雄伟的气概！↘

这种故事也正在各处市镇上表演着，真是平常而又平常的。↘

3. 曲调

句子语势有曲折变化，或先升再降（↗↘），或降后又升（↘↗）。表示讽刺、反语、幽默、夸张或某种特殊感情的句子，往往用曲调。例如：

他记得最清楚的却是当船长的痛苦——那就是：只要他在海外显示出一点文化教养和科学水平时，外国人就要问他："是日本人吧？"↗

4. 平调

句子语势平稳舒缓，无明显的高低变化（用→表示）。表示庄严、肃穆、冷淡、迟疑的情态或一般叙述、说明的句子，多用平调。例如：

三月十四日下午两点三刻，这位当代最伟大的思想家停止了思想。→

雨大起来了，我们拐进王母庙后的七真祠。这里供奉着七尊塑像，正面当中是吕洞宾，两旁是他的朋友李铁拐和何仙姑，东西两侧是他的四个弟子，所以叫作七真祠。→

上面简略地讲述了汉语的语调，对语调作了最概括的分类，在实际的言语中，由多种因素综合而形成的语调则要复杂得多。语调或句调和字调（声调）相比，字调是很具体的，易于辨析和掌握；而语调或句调则会令人感到不易捉摸，要辨析和掌握好它往往还和提高自己的语文素养和口语表达能力有密切的关系，所以学习的难度也大一些。

> **思考和练习**

一、什么是音变？普通话的音变现象主要有哪几种？

二、下列句中带着重号的音节，在语流中会发生哪一种音变现象？

① 幼稚的心灵上，每每萌发起一种庄严肃穆、慷慨激昂的情怀。
② 我们走啊走的，忽然间，柯瓦连科骑着自行车来了。
③ 井冈山的翠竹啊！去吧，去吧，快快地去吧！
④ 不用说，我指的是那位老向导。
⑤ 两个人拿着十个鸡子儿，边走边说进了村儿。

三、什么是轻声？下列各对词语有何差异？

① 地下 dìxià　　　　　② 自然 zìrán
　 地下 dìxia　　　　　　自然 zìran

③ 照应 zhàoyìng　　　④ 口音 kǒuyīn
　 照应 zhàoying　　　　口音 kǒuyin

四、什么是儿化、儿化韵、儿化音节？分析儿化的作用，并举例说明。

五、上声为什么要变调？在什么情况下变调？

六、语气词"啊"为什么要变读？变读的规律是什么？

七、朗读下列词语，并说明音变情况。

教室里	这边	跑出来	行啊	走吗	好得很
椅子	两本书	大方	苦头	妈妈	告诉	水手长
一起	试一试	不同意	不是	不至于	电影儿
药丸儿	伙伴儿

八、什么是语调？语调是由哪些因素形成的？

九、什么是强调重音？找出下文中的强调重音，并说明你选择的表现方法。

① 啊，昆仑的形象，是多么伟大的形象啊！

② 它长期经历着狂风的鞭挞，暴雪的搏击，而它坚贞不屈、屹然挺立，它是永恒的战斗者。

③ 它那样圣洁，如洁白莲花；山崩地裂，飞沙走石，它永远亭亭玉立。

④ 它凝聚在冰川雪窟之中，封锁在凛冽严寒之下，但它的心永远跳荡着火的熔焰，喷吐出温暖的大河。

十、综合运用重音、停顿、速度、升降读下面的两段话。

① 我认为严厉并不是什么愤怒，也不是什么歇斯底里的叫喊。完全不是这样的。严厉这个东西只有当它并不具有歇斯底里的任何特征的时候才是有效的。

② 我在自己的实践当中学会了怎样在非常慈爱的口吻中保持严厉。我能够十分温和、慈爱而又冷静地说出一些话，但是我的学生们会由于这些话而变得脸色苍白起来。严厉不一定是以大喊大叫为前提的。这是多余的。你们的镇静、你们的信念、你们的坚定的意志，即使你们表现得很慈爱，同样会造成强烈的印象。"出去！"——这会造成这种印象；如果说："请你离开这里。"——也同样是造成那种印象，或许，甚至会造成格外强烈一些的印象。

第二章 文字

第一节 文字概说

一、文字和语言的关系

"文字"有两种含义:一是指一个个的字,二是指用来记录语言的书写符号体系,这里指的是后者。文字和语言的关系十分密切。

(一)文字是在语言的基础上产生的

语言是一种社会现象,是和人类社会同时产生的,自从有了人类,就有了语言;从语言的内部结构看,语言是音、义结合的一种符号体系。人们只凭口、耳进行交际,要受到时间和空间的限制,有它的局限性。为了克服这种局限性,进一步扩大语言的交际工具的作用,使语言能传远、传久,以适应日趋复杂的交际需要,人们经过长期的摸索,创造了文字。文字的出现,使语言除了说和听的形式外,又增加了写和看的形式。所以说,文字是社会发展到一定阶段的产物,是在语言的基础上产生的,文字依赖于语言。没有语言作基础的文字,就像无源之水、无本之木,实际上是不存在的。

文字的发明是人类社会发展中的一个重要的里程碑。有了语言,人类脱离动物界而走上独立发展的道路;有了文字,人类社会才脱离了史前时期而进入有史时期,从此人类才能在前人所取得的全部经验的基础上继续前进。

(二)文字是记录语言的书写符号体系

语言是一种音、义结合的听觉符号,文字把语言变成了看得见的视觉的书写符号。文字产生后,就具有负载语言的职能,把语言记录和保存下来,使之不再受到时间和空间的限制。语言中的语素、词这些单位包括音和义两个方面;记录语言的文字,有字形、字音和字义三个方面。文字符号的音、义是以语言符号的音、义为基础的,和语素、词等单位的音、义基本一致,而字形是文字符号所特有的。世界上不管文字的性质如何,都有书写形体。文字是用"形"通过"音"来表达"义"的。比如同是表示"成本的著作"这个意义,汉字用"书"这个字形通过[ʂu]这个音来表示,英文用"book"这个字形通过[buk]这个音来表示。

与语言符号相比,文字是符号的符号。文字作为符号体系就必然包含着它的结构系统和结构方式。例如汉字包括笔画、偏旁、部件等,英文、俄文等表音文字包括字母、字母顺序、拼写规则等。通过这样的书写符号体系可以把语言符号记录下来,使语言的口头形式书面化。文字既然是记录语言的书写符号体系，每一种文字都必须适应自己所记录的语言的结构特点和语音特点。与语言无关的，即使是书写符号，也不能视为文字。语言要求文字正确地记录它，但文字和语言毕竟不是一回事，用什么形式去记录语言，其间没有必然的联系。不同的语言可以采用相同的文字形式，同一语言也可以采用不同的文字形式。

二、汉字的性质

根据记录语言的方法的不同，世界上的文字基本上可以分为两大类：一类是表音文字，一类是表意文字。表音文字是以语音为基础确定下来的文字，它用数目不多的符号来表示一种语言里有限的音位或音节，作为拼写词语声音的字母。一般说来，一定的音就用一定的字母来表示，一定的字母表示一定的音。人们掌握了字母的读音和拼写规则，听到了一个词的声音，大体上就能写下来；看到了一个词（字），一般也能读出它所代表的语音。英文、俄文、法文、德文、阿拉伯文和我国的蒙文、藏文、维吾尔文等都是这样的表音文字。表意文字是以意义为基础确定下来的文字，它不是用直接表示音位或音节的字母，而是用大量表意符号来记录语言里的词和语素，从而间接代表词和语素的声音。

汉字是表意体系的文字。严格说来，汉字中真正的表意字只有一小部分。它们以自己独特的形体结构来表示词和语素的意义。这种独特的形体结构也规定了汉字的表意文字的性质。汉字表意性的这一特点，从现行汉字是不容易看得出来的。但是如果追溯到三千多年前的古代汉字上去，就比较容易理解了。那时一些汉字是用象形法来表示意义的，这些字从字形就可以联想到它的意义。如"山"字，当时画成"凶"，见到这个形体，人们就容易联想到"山"这个意义。有些汉字是用指事法来表示意义的。如"本"字，当时画成 ，见到这个形体，人们就容易明了这是在"木"字下面加上符号，表示木的根，有"根本"的意思。还有一些字是用会意法来表示意义的。例如"采"字，上面是一个手爪，下面是一棵树，爪在木上，表示有所摘取的意义。但占汉字百分之八十以上的则是形声字，都是表意兼表音的字。例如："江""河""湖"三个字，左边的"氵（水）"表示它们都与水有关，是表意部分；右边的"工""可""胡"跟它们各自的字音相近或相同，是表音的部分。汉字中还有些字，没有专门的符号，而是借用了一个音同或音近的字来表示，久而久之，这个借用的字反而成了它的专用字。例如："然则"的"然"（"燃"的本字）等。这些字完全成了表音的符号。因此，也有人把现行汉字叫作意音文字。但是，汉字不能像表音文字那样明确地表示出读音。汉字同意义直接联系，同汉语语音只是间接的联系，同一个汉字，各地方的人都能认识，读音可以很不一样，它可以用不同时代、不同地域的音来读，这是汉字和汉语的关系不同于表音文字的一个重要特点。例如，"人"这个字，现代汉语普通话念 rén，方言可以念成其他的音，有读 yín 的，有读 nin 的，有读 len 的，等等。读音虽然不同，但并不影响我们对"人"字的含义的理解，也不影响人们用汉字交流思想，所以汉字又有超方言的性质。

三、汉字的简化

汉字是世界上历史最悠久、使用人数最多的文字。作为记录汉语的工具，在过去的不同历史阶段里,汉字曾经为发展民族文化、促进思想交流、维护国家统一作出过重大的贡献。在现在和将来的漫长时期,汉字仍将是重要的书面交际工具,在社会生活的各方面继续发挥作用。

几千年来,汉字经历了几次重大的变革,形体和结构都发生过很大的变化。但是,它始终没有能够脱离表意文字的系统。表意系统的文字跟表音文字相比,存在着重大的缺点。因此,清末以来,不断有人提出过改革文字的主张。新中国成立以后,国家设立了中国文字改革委员会(后改为"国家语言文字工作委员会"),制定了积极而稳重的文字改革方针,确定了简化汉字、推广普通话、制定和推行《汉语拼音方案》三大任务。1958年,周恩来总理在《当前文字改革的任务》这一报告中说:"汉字在历史上有过不可磨灭的功绩,在这一点上我们大家的意见都是一致的。至于汉字的前途,它是不是千秋万岁永远不变呢?还是要变呢?它是向着汉字自己的形体变化呢?还是被拼音文字代替呢?它是为拉丁字母式的拼音文字所代替,还是为另一种形式的拼音文字所代替呢?这个问题我们现在还不忙作出结论。"周恩来的这些话,正确地指导了当时的文字改革工作,至今仍有重大意义。一般说来,语言文字如果一成不变,就会因为脱离社会的发展而失去效用;但如果经常变动,则会在社会上造成混乱。语言文字工作必须遵循语言文字的演变规律,顺乎自然,因势利导,做促进工作。

根据我国的实际情况,文字改革必须稳步进行,不能急于求成。当时的改革工作在简化汉字方面取得了显著的成绩,简化汉字包括简化笔画和精简字数两大内容:

(一) 简化笔画

汉字简化笔画的工作,新中国成立不久就开始了。1955年10月召开了全国文字改革会议。1956年1月,国务院公布了《汉字简化方案》,中国文字改革委员会将《汉字简化方案》中的简化字分四批加以推行。经过几年试用后,文字改革委员会、文化部、教育部根据国务院的批示,于1964年3月7日发出了《关于简化字的联合通知》,公布了由文字改革委员会编制的《简化字总表》(也称《简化字表》)。《简化字总表》包括三个字表:第一表是不作简化偏旁用的简化字和简化偏旁,第二表是可作简化偏旁用的简化字和简化偏旁,第三表是应用第二表所列简化字和简化偏旁类推出来的简化字。三个字表共收简化字2236个。1986年,为纠正社会用字的混乱,便于群众使用规范的简化字,经国务院批准,国家语言文字工作委员会重新发表了《简化字总表》。在重新发表时,对个别简化字做了调整。调整后的《简化字总表》共有简化字2235个。当前,社会用字应以1986年重新发表的《简化字总表》为标准。

《简化字总表》所用的简化方法,主要包括以下六种:

1. **简化偏旁**

    优(優)　粮(糧)　担(擔)　怜(憐)
    轩(軒)　讨(討)　绢(絹)　饭(飯)

2. **保留局部**

    飞(飛)　习(習)　广(廣)　声(聲)

夺（奪）　齿（齒）　粪（糞）　垦（墾）

3. 符号代替

汉（漢）　欢（歡）　凤（鳳）　聂（聶）

赵（趙）　风（風）　办（辦）　枣（棗）

4. 同音代替

才（纔）　丑（醜）　曲（麯）　千（韆）

干（乾、幹）纤（縴、纖）蒙（矇、濛、懞）

5. 草书楷化

学（學）　东（東）　尽（盡）　乐（樂）

书（書）　孙（孫）　继（繼）　专（專）

6. 另造新字或采用古字

响（響）　惊（驚）　肤（膚）　义（義）

体（體）　灶（竈）　尘（塵）　头（頭）

（二）精简字数

精简字数就是废除异体字和淘汰生僻字。

1. 废除异体字

汉字在发展过程中，产生了不少异体字。产生的原因大致有：① 繁简两体并用，如"貓"和"猫"、"僊"和"仙"；② 古今字体并用，如"采"和"採"、"志"和"誌"；③ 偏旁变动，如"凉"和"涼"、"糖"和"餹"；④ 偏旁位置不固定，如"绵"和"緜"、"峰"和"峯"；⑤ 笔画笔形变化，如"冰"和"氷"、"埰"和"埰"；⑥ 造字方法不同，如"膻"和"羴"、"丫"和"椏"等。

为了减轻人们认读和书写的负担，纯洁印刷用字，节省物力和财力，必须整理异体字。1955 年 12 月，中国文字改革委员会和文化部公布了《第一批异体字整理表》，列出异体字 810 组，共 1 865 个字。根据从简从俗的原则，每组选定一种形体作为规范字，其余的 1 055 个作为异体字予以废除。1956 年 3 月，文字改革委员会和文化部发出补充通知，恢复两个异体字为选用字。这样，实际废除了异体字 1 053 个。1988 年 3 月国家公布了《现代汉语通用字表》，表中废除的异体字为 1 027 个。2013 年，《通用规范汉字表》发布，《现代汉语通用字表》停止使用。

2. 淘汰生僻字

从 1956 年到 1964 年，经国务院批准，以常用的同音字代替地名中的生僻字，更改了黑龙江、新疆、江西、贵州、陕西等省、区 35 个县级以上的地名用字，淘汰了相应的生僻字，计 34 个。例如黑龙江省铁骊县改为铁力县、江西省雩都县改为于都县等。

另外，在《简化字总表》里，用同音代替的方法简化汉字，也淘汰了一些繁体字。除此之外，1959 年国务院还发布《统一我国计量制度的命令》，初步废除了"瓩、粨、瓩、瓱"等部分特殊用字。1977 年 7 月，中国文字改革委员会和国家计量局联合发出《关于部分计量单位名称统一用字的通知》，淘汰了部分计量单位的旧译名。随之，旧译名中使用的生僻字或复音字也被淘汰，如"浬、瓩、呎"等。该通知要求所有出版物、打印文件、设计图表、商品包装以及广播等，一律使用规定译名，如"瓩"改用"千瓦"，"浬"改用"海里"等。

汉字简化方面所做的工作，是顺应汉字发展的必然趋势，在科学分析汉字的基础上进行的。实践证明，汉字的简化适应了亿万人学习文化、掌握文化的合理要求，因而受到广大群众的欢迎。现在，已为具有各种文化程度的人所接受，并渐为各个使用汉字的国家、地区的人认可，已成为联合国使用中文的规范。不过，作为交际工具，汉字不能经常处于变化之中，必须有相对的稳定性。因此，1986年召开的全国语言文字工作会议明确宣布："根据我国实际情况，文字改革必须稳步前进，不能急于求成。如果脱离实际，超越人们现实的认识水平，必然得不到大多数人的支持。"目前的主要任务是加强社会上用字的管理，推广应用简化汉字。

四、汉字的标准化

汉字的标准化，是指在对现行汉字进行全面、系统、科学整理的基础上，做到字有定量、定形、定音和定序。

（一）定量

定量就是对现代汉语用字作一个全面、精确的统计，确定现代汉语常用、通用汉字的数量。1988年1月，国家语言文字工作委员会和国家教育委员会联合发布了《现代汉语常用字表》，该表第一表收常用字2 500个，第二表收次常用字1 000个。这个字表为语文教学、辞书编纂、汉字机械处理和信息处理等确立了常用字的依据和标准。1988年3月，国家语言文字工作委员会和新闻出版署联合发布了《现代汉语通用字表》，共收通用字7 000个，主要是为了适应出版印刷、信息处理以及其他方面的用字需要而研制发布的。2013年《通用规范汉字表》共收字8 105个，其中一级字表收字3 500个，是使用频度最高的常用字。有了这个表，大家使用一定数量的现代汉语通用汉字，就可以避免学习大量汉字的麻烦。

（二）定形

定形就是规定汉字使用的统一字形。定形工作主要包括异体字的整理和异形字的整理两个方面。1965年1月30日，文化部和中国文字改革委员会联合发布了《印刷通用汉字字形表》，规定了6 196个字的标准印刷字体，为现代印刷通用汉字提供了字形规范。1988年3月，国家语言文字工作委员会和新闻出版署联合发布的《现代汉语通用字表》，依据《印刷通用汉字字形表》确定的字形标准，规定了7 000个通用字的字形结构、笔画数和笔顺。此后，印刷通用汉字字形就有了明确的标准。

汉字定形与书法并不矛盾。书法作为一种艺术，可以不必受规定形体的限制，不过我们希望书法家能按规定字形书写，提高通用字的艺术水平。

（三）定音

定音就是规定每个现行汉字规范化的标准读音。普通话虽确定以北京语音为标准音。但是北京音在实际使用中，还存在一字多音的现象。因此，要选定异读字的一种读音作为标准音。普通话审音委员会曾在1957年到1962年分三次发表了《普通话异读词审音表初稿》，又在1963年辑录了《普通话异读词三次审音总表初稿》。为了进一步做好现代汉语读音规范化和推广普通话工作，普通话审音委员会从 1982 年下半年开始对《普通话异读词三次审音总表初稿》进行了修订。1985 年 12 月，国家语言文字工作委员会、国家教育委员会和广播电影电视部联合公布了修订后的《普通话异读词审音表》，并要求全国文教、出版、广播及其他部门涉及普通话异读词的读音、标音时，均以这个新的审音表为准。这样，现行汉字就有了共同遵照的读音规范。

(四) 定序

定序就是确定现行汉字的排列顺序，规定标准的检字法。各种字典、词典的编写，目录、索引的编制，书籍资料的存档检索，都希望有一个统一的排列顺序标准。有了标准的字序和检字法，才能使汉字容易查检，方便使用。目前，常用的检字法有音序法、部首法、笔画法、笔形法和号码法五种，都还存在着一些值得研讨的问题，需要进一步标准化，以便做到每一个通用汉字都有一个固定的序位，不和其他字发生错乱。

汉字标准化工作，是我们国家现代化的基础。它不但是教育、科学、文化事业发展的需要，也是当今信息时代对文字提出的要求。

思考和练习

一、文字和语言的关系怎样？

二、为什么说汉字是意音文字？

三、汉字的简化包括哪些内容？分析下面这些简化字，指出它们是用什么方法简化的。

只（隻）	谷（穀）	出（齣）	长（長）	为（爲）
尧（堯）	鸡（鷄）	戏（戲）	邓（鄧）	亏（虧）
奋（奮）	灭（滅）	泪（淚）	体（體）	笔（筆）
扑（撲）	猫（貓）	并（併、並、竝）	窗（窓、窻、牕、牎）

四、汉字标准化的内容是什么？

第二节 汉字形体的演变

汉字形体的演变，包含着字体和字形两个方面的内容。从殷商时代起，三千多年来，汉字在形体方面发生过多次的重大变化，出现过甲骨文、金文、篆书、隶书、楷书，另外有草书和行书等（见表10）。

一、甲骨文

甲骨文是殷商时代刻在龟甲兽骨上的文字。古代把刻称为"契"，甲骨文是殷人刻的字，所以又称为"殷契"，它是我国现在能见到的最早的汉字，距今已有三千多年。甲骨文多数是占卜的记录，也称"卜辞"，也有少数是记事的。这种文字有 4 600 多个，但目前能认出来的还不过 2 000 多个字（据胡双宝《汉字史话》）。从字数和结构方式来看，甲骨文已是一种相当完备的文字。因为它是用刀刻在坚硬的龟甲兽骨上的，所以笔势方折，笔画单瘦，一般都是细线条。同后代的篆、隶、楷比较，甲骨文在很大程度上还沿用图画写实的手法，有不少字保留了图画文字的特点：形体结构没有定型化，同一个字有多种写法；书写款式没有一定规范，可以正写，也可以反写，还可以倒写、斜写；有的字偏旁不固定，可以更换。

二、金文

古人把金属叫做"金"，这里指铜。金文又称钟鼎文，是周代刻铸在青铜器物上（以钟、鼎居多）的文字。经整理，约有四千个不同的字，已认出来的近一半。金文和甲骨文是同一系统的文字。金文的形体结构与甲骨文相比，没有太大的变化，不过变得更加方正，匀称、简化。金文多是制铜器时用模型铸成的文字，既有方的转折，也有圆的笔画，并且有粗有细，常用肥笔。

三、篆书

篆书包括大篆和小篆。大篆又称籀文，因著录于字书《史籀篇》而得名，是晚周时代的文字。大篆同金文相近，但略有改变，结构更加匀称、整齐，笔画更趋线条化。小篆是由大篆发展而来的，是秦统一六国后通用的文字。春秋战国时代，各国"文字异形"。秦朝统一六国以后，实行"书同文"政策，废除六国文字中与秦篆不合的，规定一种标准字体，这种字体就是小篆。小篆比大篆更加简化、整齐，形体趋于固定。这就奠定了方块汉字的基础。

四、隶书

隶书原是写得潦草一点的小篆，是由小篆减省而成的一种应急字体。据说，在秦代，开始时只是普通管文书的小吏（当时称"徒隶"）所用，所以叫作"隶书"。到了汉代，才成为通用的文字。隶书比篆书简化，字形由小篆的长方变成扁平，笔画由小篆的线条化圆笔变成有波磔的方笔；从繁杂的结构中归纳出偏旁，打破了篆书的结构。隶书的产生，减少了汉字象形的意味，奠定了现行汉字的基础，是汉字发展史上由古文字演变成现代文字的一个转折点。隶书以后，汉字的形体就基本上稳定下来了。

五、楷书

楷书又名真书、正书，是从东汉末年开始通用的字体，盛于魏晋南北朝。楷书是从隶书演变而来的，隶书的某些特点如方块形、直线笔画、偏旁系统，都在楷书中得到保留和定型。楷书改变了隶书的有波磔的笔势，笔画又有所简化，结构比隶书方正，书写也更加方便。楷书出现后，方块汉字就定型了，一直沿用至今。楷书是现阶段汉字的标准正式字体。

六、草书

草书产生于汉代。草书是各种字体的自然简化，主要由简笔和连笔写成，只要求粗具轮廓，不要求一笔一画都写得很清楚。草书书写速度快，但字形潦草，不便于认，也不容易学。"草书"，包括"章草"（隶书加以变化）、"今草"（楷书的快写）和"狂草"（今草的恣意连写）。

七、行书

行书产生于魏晋，是一种介于楷书、草书之间的字体。行书以楷书为基础，又加入了一些草书的写法。近楷不拘，近草不放，笔画连绵，各字独立。写得稍微规矩一些，接近楷书的叫作"行楷"；写得放纵一些，接近草书的叫作"行草"。行书兼有楷书、草书的优点，好写好认，切合实际应用，自魏晋以来，它就成为我国广泛使用的一种手写体。

从甲骨文、金文到楷书、行书的整个演变过程，可以看出汉字形体是不断发展的。由甲骨文到小篆是汉字形体发展的一个重要阶段，由小篆到隶书则是一次大变革，由隶书到楷书、行书又是进一步的简化。汉字三千多年来的发展过程，是一个由繁趋简的过程。汉字的形体从有一定图画性的甲骨文、金文、篆书，逐渐演变成符号性的隶书、楷书，形体越来越简化，书写越来越简便。演变的总趋势是在表意明确的前提下由繁趋简。

表10　汉字形体演变表

印刷体	甲骨文	金文	小篆	隶书	楷书	草书	行书
虎							
象							
鹿							
鸟							
鼎							
高							
壶							
尊							
受							
兴							

思考和练习

一、汉字形体的演变大体上经历了哪几个阶段？

二、从汉字形体演变的角度谈谈汉字发展的趋势。

第三节 汉字的结构

关于汉字的结构,传统一直沿用"六书"的说法,是从造字法的角度进行分析的。由于汉字形体的演变,现代汉字已与造字阶段的汉字在形体上大相径庭,因而,现代人转而从实际字形来分析汉字的结构。

一、笔画

所谓笔画,就是用笔写字时,在纸上所画的点或线,从落笔到抬笔叫"一画"或"一笔"。笔画是字形的最小结构单位。现代汉字的笔画以印刷宋体楷书为标准。汉字的基本笔画是由各种点和线构成的,点和线的具体形状叫作笔形。传统汉字的基本笔形有8种,即点、横、竖、撇、捺、提、折、钩,又称"永"字八法。现代汉语有5种基本笔形,即点、横、竖、撇、折,又称"札"字法。这5种笔形又可以分为两大类:点、横、竖、撇为平笔笔形,折为折笔笔形。在不同的字里和字的不同部位上,这5种笔形又有若干变化,形成变体。5种基本笔画和它们的变体构成了现代汉字的笔画系统;汉字的数量成千上万,但构成汉字形体的笔画则是有限的,不过几十种(见表11)。

表11 汉字笔画表

笔画	名 称	例字	笔画	名 称	例字	笔画	名 称	例字
丶	点	义	㇇	横钩	冗	㇅	横折折折	凸
`	左点	办	⺄	竖钩	水	㇋	横折折折钩	乃
丶	长点	刈	㇉	弯钩	豕	㇌	横撇弯钩	队
一	横	三	㇂	斜钩	式	㇗	竖提	氏
丨	竖	卅	㇃	卧钩	心	㇄	竖折	巨
丿	撇	彳	㇇	横撇	又	㇄	竖弯	西
丿	平撇	禾	㇕	横折	丑	㇄	竖弯钩	己
丨	竖撇	月	㇊	横折提	计	㇄	竖折撇	专
㇏	捺	大	㇆	横折钩	丹	㇅	竖折折	鼎
㇏	平捺	之	㇡	横折弯钩	凡	㇄	竖折折钩	弓
㇀	提(挑)	江	㇍	横折折	凹	㇋	撇折	丝
			㇈	横折折撇	及	㇋	撇点	女

每一个规范汉字的笔画是有定数的,最少的只有一画,最多的字则有二十几画。笔画数不对,就会写成错字或不规范的字。

正确计算笔画数目,对于汉字教学、查字典和索引、排列姓氏笔画的次序等,都是十分必要的。《印刷通用汉字字形表》和《现代汉语通用字表》公布之后,计算汉字笔画数有了统一的依据，算法不一的分歧现象已逐渐消除。

二、偏旁和部首

（一）偏旁

汉字有独体字和合体字之分。象形字和指事字为独体字，会意字和形声字为合体字。偏旁是合体字的结构单位，是合体字进行第一次切分而产生的两个部分。过去称合体字的左方为"偏"，右方为"旁"。现在习惯上把合体字的左右、上下、内外任何一方统称为偏旁。如"打"字的"扌"和"丁"，"崮"字的"山"和"固"，"国"字的"囗"和"玉"，"戆"字的"赣"和"心"，等等，都是偏旁。

汉字的数量很多，但偏旁却是有限的。熟悉汉字的偏旁对掌握汉字很有好处，可以收到以简驭繁的效果。

（二）部首

部首是汉字检索中的一个概念，它是汉语字典、词典里属于同一形体偏旁的部目，是在分析字形、字义的基础上归纳而成的，凡是含有同一形体偏旁的字隶属其下，这就是一部。部目字（有些部目字现在不成字了）放在一部的开头作为一部之首，所以叫部首。例如"炒、炉、炮、炬、烽、烟、烧、烤"等，都带有"火"字，就以"火"作为这些字的部首。合体字的形旁大多可作为部首。独体字由于不包含偏旁，只能分析其笔画。为了分类方便，就把它的起笔笔形标为部首，例如"久、乎"等以撇为部首，"丁、七、不、上"等以横为部首，等等。

部首是东汉许慎创造的。他作《说文解字》共分540部，每部把共同所从的形旁字列在开头，这个字就称为部首。1983年6月，当时成立的统一汉字部首排检法工作组曾参照《康熙字典》《辞海》和《新华字典》三部辞书的部首，制订了一个草案，共设部首201个。

部首和偏旁不能等同，部首大都是偏旁，以独体字充当的部首为数不多。但偏旁只有一部分是部首，它的数量比部首要多得多。

三、构字部件

部件是一个借用的术语，构字部件是指合体字中由笔画相交或相接而组成的构字单位。有的字有两个构字部件，如"旦"字由"日"和"一"构成；有的字如果形体比较复杂，可以进行多次切分，那么就可以有大小不一的多种构字部件。例如"障"字可切分出"阝"和"章"两个部件，"章"又可以切分出"立"和"早"两个部件。较小的部件互相配合就可以构成较大的部件，最后构成字。

构字的部件在字里各有一定的位置。有时部件相同而位置不同，可能是异体字，如"群"和"羣"、"拿"和"𢪕"、"够"和"夠"、"峰"和"峯"、"阔"和"濶"等；也可能是根本不同的两个字，如"呆"和"杏"、"杳"和"杲"、"帛"和"帕"等。从汉字的字形结构来说，构字部件的配合方式对于这个字的面貌是十分重要的。按照第一次切分得出的部件配合关系大致可归纳为如下几种：

（一）左右关系

如："羽、明、徐、性、剖、都"，见图25。

（二）上下关系

如："吕、霜、章、安、想、堃"，见图26。

图25　左右关系的构字　　　　图26　上下关系的构字

（三）半包围关系

如："厕、庸、途、廷、勾、气、闹、周、画、凶、匠、匹"，见图27。

（四）包围关系

如"国、回"，见图28。

图27　半包围关系的构字　　　　图28　包围关系的构字

如果多次切分，部件组合的图形就会出现很复杂的形式。但就汉字的组合形式而言，左右关系的字最多，约占百分之六十；上下关系的字也不少，约占百分之二十；其余几种关系组合而成的字，就比较少了。

汉字部件的配合有一个重要的原则，即一个字，不论是由多少大小部件构成，都要在同样大的一个方块形状内妥善安排，不可以越格或破格。因而，同一个部件在不同层次的不同位置上，可以缩小，也可以扩大。例如："口"在"只、问、品、器"中，大小比例是不同的。这样，从书写汉字的角度说，大小部件的配合就有一个是否平衡的问题，不能因部件复杂就写得很大，也不能因部件的笔画少就写得很小，而是要辨认字形结构，从各个部件所占的位置来决定写法。

四、笔顺

笔顺是汉字笔画的书写顺序。一个字只要不是单笔字，就有一个书写先后的笔画顺序问题。笔顺规则是汉民族人民在长期使用汉字过程中根据汉字笔画及其结构的特点总结出来的。现代汉字的笔顺规则大致如下：

先横后竖：十、干。

先撇后捺：八、人。

从上到下：三、豆。

从左到右：川、对。

从外到内：同、句。

从内到外：函、凶。

先里头后封口：日、国。

先中间后两边：小、水。

以上这几条是基本的，多数字的写法是以上规则的综合运用，也有少数的结构特别，笔顺不好掌握，例如"凹、凸、世、兜"等。

掌握正确的笔顺十分重要。汉字的笔顺以前并不完全一致，《印刷通用汉字字形表》的公布，实际上也统一了汉字的笔顺，所以也是汉字笔顺规范的依据。写字按照笔顺规范书写，顺手、方便，容易把字写好、写快。

思考和练习

一、什么是笔画？谈谈汉字的基本笔画及其变形情况。

二、为什么说偏旁和部首不是一个概念？下列汉字该属于哪一部首？

纳 驰 好 弦 玲 刑 亿 兆 朵 净 忽 祠
破 党 咸 冗 认 卯 队 邢 贴 岳 役 狂
饮 怜 韧 轩 戳 琵 雅 眉 思 监 钠 短
季 栽 蚯 竿 息 羚 翌 闷 泳 宙 过 尾
剪 动 地 芊 拆 吃 瓯 欣 爬 肿 爹 歌
鹄 皎 疗 衬 究 卧 唇 酊 鲈 靴 章 巢

三、什么是构字部件？部件构字有哪几种基本格式？举例说明。

四、什么是笔顺？写出下列汉字的笔画顺序。

墨 承 肃 班 母 闻 区 回
然 幽 势 忑 秉 丰 至 进

第四节　正确使用汉字

当前社会上用字混乱现象相当严重，应当引起高度重视。我们应当正确使用汉字，使规范汉字在当代社会交际中更好地发挥作用。正确使用汉字，一是要使用规范汉字，二是要纠正错别字。

一、使用规范汉字

国家有关部门明确规定：社会用字如出版物、影视屏幕和计算机等应使用规范汉字。现行汉字的字形有明确的规范。所谓规范汉字，是指经过整理简化并由国家以字表形式正式公布的简化字，以及正体字和未经整理简化的传承字。

当前通用的规范汉字的形体是以国家正式公布的《简化字总表》《第一批异体字整理表》和《印刷通用汉字字形表》为依据的。

（一）使用简化字，不用繁体字

1956年，《汉字简化方案》公布并分批推行以后，繁体字的使用范围受到限制，即：凡面向公众的社会用字必须规范化，要使用国家公布的简化字，已被简化了的繁体字，只能用于古籍整理出版、文物古迹、书法艺术方面。现在社会上滥用繁体字的现象十分多见，这显然不符合国家上述政策。繁体字泛滥所造成的严重后果，不容低估。1986年，国家语言文字工作委员会重新发表《简化字总表》，明确规定社会用字以《简化字总表》为标准。凡是在《简化字总表》已经被简化了的繁体字，应该用简化字而不用繁体字。

要使用简化字，必须认真学习《简化字总表》。学习《简化字总表》，除了学习表中的正文，还要注意表中对某些有特殊情况、容易混淆的简化字所作的注解。学习《简化字总表》，要注意以下几点：注意类推简化的范围，注意简化字的细微差别，注意一些简化字和简化偏旁的笔画和笔顺，注意简化字的一般用法与特殊用法。

在使用简化字的同时，不用繁体字，不生造简化字，也不得使用已经废止的《第二次汉字简化方案（草案）》中的简化字，因为这里面的简化字也是不合规范的。

（二）使用正体字，不用异体字

1955 年国家公布了《第一批异体字整理表》，正体字以《第一批异体字整理表》中选用的字为准（该表公布后又作了几次调整，一共恢复使用了 28 个被淘汰的异体字，所以，实际上被淘汰的异体字是 1 027 个），与此相对的异体字停止使用。但姓氏用字可以使用被淘汰的异体字。如"仝"作姓不写作"同"，"邱"作姓不写作"丘"（邱、丘是两个姓）。

要使用正体字，必须掌握《第一批异体字整理表》，必须了解整理异体字从俗从简和照顾书写方便的三个原则：

从俗。就是选定通用较广的，废除比较生僻的。如"冰（氷）、并（併、並、竝）"等。有的字虽然比同组的其他字笔画多些，但是通行范围广，因此也选定为规范字，如"草（艸）、同（仝）"。

从简。在通用的前提下，选定笔画少的，废除笔画多的。如"冗（宂）、岳（嶽）"等。

书写方便。有上下和左右两种部位格式的字，为了便于书写，一般选定左右式的字为规范字。如"略（畧）、峰（峯）"等。也有少数几个上下部位的字如"岸、拿、蟹"，因为群众习用，仍选定为规范字。

（三）使用规范汉字新字形，不用旧字形

汉字的形体有新旧字形的差别。有些字，比如"既"，书报上有时印成"旣"，"真"有时印成"眞"，这就是新字形和旧字形的不同。人们习惯上把 1965 年发布《印刷通用汉字字形表》以前印刷物上使用的字形称为旧字形，将《印刷通用汉字字形表》发布之后印刷物上使用的字形叫做新字形。

《印刷通用汉字字形表》为 6 196 个通用汉字确定了标准字形，规定了表内字的笔画数目、笔画形状、笔画顺序和构件部位。它既是印刷字体的标准，也是写字教学的依据。要使用规范汉字的新字形，必须学习《印刷通用汉字字形表》。《印刷通用汉字字形表》的新字形有以下几个特点：

笔画省简：道（道）、既（旣）、郎（郞）、者（者）、蚤（蚤）、吕（呂）、争（爭）、巨（巨）、黄（黃）。

笔画连接：草（草）、着（着）、鬼（鬼）、捷（捷）、敢（敢）、片（片）、牙（牙）、制（制）。

笔画延伸：角（角）、灰（灰）、拔（拔）、黾（黽）。

调整部位：默（默）、鼬（鼬）。

其他：全（全）、佘（佘）、录（彔）、丰（丰）、平（平）、爱（愛）、吴（吳）、羽（羽）。

了解了新字形的特点之后，我们使用汉字时，要改变原有的、不合规范的书写习惯，改按新字形来写。

《现代汉语词典》和《新华字典》前面附有《新旧字形对照表》，表中列的例字，基本上概括了印刷体新旧字形的调整情况。2013 年《通用规范汉字表》发布，规范汉字的字形则以此为准。

表 12　常见异体字对照表

正确的写法	已废除的写法	正确的写法	已废除的写法	正确的写法	已废除的写法	正确的写法	已废除的写法
霸柏背杯绷遍冰并脖布采彩草册插肠撑痴吃耻匆厨窗床	霸栢揹盃繃徧氷併頸佈採綵艸冊挿膓撐癡喫恥怱廚窓牀	捶锤唇村耽荡吊堤炉朵鹅罚凡泛仿峰佛附糕够雇挂果馆	搥鎚脣邨耽蕩弔隄爐朶鵞罸凢汎彷峯佛坿餻夠僱掛菓館	哄花恒迹鉴缄减叫脚笺剑秸捷杰韭净决巨考裤款况阔	閧芲恆跡鑑緘減呌腳牋劍稭捷傑韮淨決鉅攷褲欵況濶	捆昆泪厘犁炼邻梁凉柳略骂麻脉猫秘命拿周纸你捏念暖	綑崑淚釐犂煉隣樑涼桞畧駡痳脈貓祕命拏週紙妳捏唸煖

续表

正确的写法	已废除的写法	正确的写法	已废除的写法	正确的写法	已废除的写法	正确的写法	已废除的写法
嫩	嫰	任	任	妊	姙	绣	繡	绣	繡	异	異	異	異
迫	廹	志	誌	诞	誕	锈	鏽	铺	舗	游	遊	遊	遊
炮	砲	群	羣	窜	竄	凶	兇	兑	兌	咏	詠	詠	詠
碰	踫	绕	繞	散	散	弦	絃	绝	絕	涌	湧	湧	湧
匹	疋	冗	冘	异	異	闲	閒	闰	閏	冤	寃	寃	寃
飘	飃	散	散	屈	屈	线	綫	赏	賞	岳	嶽	嶽	嶽
铺	舗	升	昇	笕	筧	煮	煑	注	註	的	旳	额	額
栖	棲	尸	屍	扡	拕	注	註	谊	誼	扎	紮	絷	縶
弃	棄	笋	筍	托	託	叙	敍	巡	廵	噪	譟	谋	謀
旗	旂	它	牠	同	仝	喧	諠	烟	煙	灾	災	灾	災
琴	琹	托	託	席	蓆	巡	廵	茶	苶	占	佔	佔	佔
强	強	铨	銓	修	脩	烟	煙	燕	讌	针	鍼	铖	鍼
枪	槍	却	卻			夜	亱	茬	苴	专	專	盉	盉

使用规范汉字,除了认真学习上述的《简化字总表》《第一批异体字整理表》《印刷通用汉字字形表》和《通用规范汉字表》外,还要掌握经国家批准的《部分计量单位名称统一用字表》和三十多个县级以上地名中的生僻字改用的常用字。此外,还要掌握《现代汉语常用字表》和《信息交换用汉字编码字符集·基本集》,它们也都是现行规范汉字的依据。

表 13 新旧字形对照表

(字形后圆圈内的数字表示字形的笔数)

旧字形	新字形	新字举例	旧字形	新字形	新字举例
⺿④	⺿③	花	屯④	屯④	纯
辶④	辶③	连	瓦④	瓦④	瓶
开⑥	开④	形	反④	反④	板
直⑧	直⑧	值	丑④	丑④	纽
黾⑧	黾⑧	绳	示⑤	礻④	礼
咼⑨	咼⑧	蜗	犮⑤	犮⑤	拔
丰④	丰④	艳	卬⑤	卬⑤	鲫
巨⑤	巨④	渠	耒⑥	耒⑥	耕

续 表

旧字形	新字形	新字举例	旧字形	新字形	新字举例
吕⑦	吕⑥	营	骨⑩	骨⑨	滑
亻⑦	亻⑥	修	鬼⑩	鬼⑨	槐
争⑧	争⑥	净	爲⑬	为⑨	伪
产⑥	产⑥	彦	旡⑪	既⑨	溉
䒑⑦	䒑⑥	养	蚤⑩	蚤⑨	搔
并⑧	并⑥	屏	敖⑪	敖⑩	傲
吴⑦	吴⑦	蜈	荓⑪	荓⑩	溑
角⑦	角⑦	确	眞⑩	真⑩	填
奂⑨	奂⑦	换	致⑨	致⑩	致
肖⑧	肖⑦	敝	䍃⑩	䍃⑩	摇
耳⑧	耳⑦	敢	殺⑪	殺⑩	撖
者⑨	者⑧	都	黄⑪	黄⑪	横
垂⑨	垂⑧	睡	虚⑫	虚⑪	觑
食⑨	食⑧	饮	異⑫	異⑪	戴
郎⑨	郎⑧	廊	象⑪	象⑪	橡
录⑧	录⑧	渌	奥⑬	奥⑫	澳
昷⑩	昷⑨	温	普⑬	普⑫	谱

二、纠正错别字

笔画正确，符合规范的标准字，是正字。《简化字总表》《第一批异体字整理表》《印刷通用汉字字形表》《通用规范汉字表》所规定的形体，都是正字。和正字相对而言的是错别字。错别字是错字和别字的总称。具体地说，汉字的形体有书写的规格，如果写错了形体，违反了书写规格，这便是"错字"；应该使用这个字，却使用了另外一个字，这便是"别字"，也叫"白字"。例如"染"字加一点写作"㮤"，"直"字减一横写作"直"，都是错字。又如"克"和"刻"是同音字，但意义完全不同。一个是"克服"的"克"，一个是"刻苦"的"刻"。如果把"克服"写成"刻服"，把"刻苦"写作"克苦"，那就是把字写别了。广义地说，别字也属于错字，是用错了的字。写错别字会影响意思的表达，因此，必须努力纠正错别字。

（一）**容易引起写错字别字的原因**

为什么会出现错别字的现象呢？从主观方面看，一种是由于文化程度不高，驾驭文字的能力较差；一种是对文字交际的重要性认识不足，只顾信手乱画，不管别人是否认得清、看得懂，是思想上不够重视，态度上不够认真。从客观方面看，是因为汉字结构复杂，难认、难记、难写，出错率自然会较高，如下：

1. 由于形体相似引起的

　　照（照）顾　　精神（神）　　迎（迎）接
　　等（等）待　　真（真）假　　汔（汽）车
　　沾（玷）污　　赔赏（偿）　　钩（钓）鱼

2. 由于字音相近引起的

　　减（简）化　　交待（代）　　防（妨）碍
　　按（安）装　　长（常）用　　题（提）要
　　急燥（躁）　　枉（妄）想　　手绪（续）

3. 由于误解意义而引起的

　　拢（垄）断　　牵（迁）就　　专（钻）研
　　供（贡）献　　经长（常）　　体材（裁）
　　冒（贸）然　　坐（座）位　　住（驻）军

4. 由于偏旁类化而引起的

　　狭猛（隘）　　恻愐（隐）　　模（模）糊
　　吵吐（嚷）　　面豹（貌）　　犹（犹）豫

（二）纠正错别字的方法

要想避免和纠正错别字，首先要从思想上重视起来，树立严肃认真的态度，养成一丝不苟的习惯，把消灭错别字当作一件重要的事情对待。其次，既然产生错别字的原因主要是对汉字形音义三方面掌握不够，理解不透，因而平时学习和使用汉字时，就要多从字的形音义三方面去观察分析，注意区别，把握特点，这样，错别字还是可以消灭和纠正的。具体的方法略述如下：

1. 分辨形声字

汉字中形声字最多。利用形声字的特点，从形旁和声旁辨认它，可以帮助我们掌握汉字字形的结构，区别很多容易混淆的字。比如形旁与字义有关，形旁"目"表示眼睛或看的动作，凡是意义同眼睛和看有关的字都从"目"，如"睹、瞻、睐、眯"等字；形旁"贝"有财物的意思，"赌、赡、贼、购"等字都与财物有关，因此都从"贝"。明白了这一点，就不会把"目睹"的"睹"写成"赌"，把"赡养"的"赡"写成"瞻"了。

形声字的声旁虽然不能完全正确地表明字的读音，但一些形声字的声旁仍然有分辨字音的作用。因此，可以用声旁来纠正错别字。例如："滔、韬、蹈、稻"等字，都从"舀"，读音和 dao 相同或相近；"陷、焰、馅、阎"等字，都从"臽"，读音和 xian 相同或相近，辨明了声旁的不同，写起来就不会相混淆。

2. 弄清同音字

汉字是形、音、义的统一体，弄清同音字形、义的不同，也是纠正错别字的有效办法之一。例如"代、戴、带",三个字读音相同,但形体和意义都不一样。表示替代的意思用"代",如"代表、代办";表示佩戴的意义用"戴",如"戴耳环,戴眼镜";表示携带一类的意义用"带",如"带钱、带队"。因此,我们在写字的时候,千万不要只顾字音而不顾字形和字义。

3. 认清形体相近的字

汉字中有些字形体非常相近,稍不留神,就容易写错。下边是一些形体相近容易混淆的字:

博—搏　　　戳—戮　　　辑—缉

沓—杳　　　隐—稳　　　徒—徙　　　敞—敝

己—已—巳　　戊—戌—戍—戎

4. 注意读音的规范

有些别字是由读错了字音造成的。如"草菅人命"的"菅"（jian）误读为"管"（guan）,于是也就写成"草管人命"。下面是一些容易读错字音的字:

"刚愎"的"愎"容易误读为"复"。

"破绽"的"绽"容易误读为"定"。

"斡旋"的"斡"容易误读为"干"。

"膏肓"的"肓"容易误读为"盲"。

"晌午"的"晌"容易误读为"响"。

有些别字则是由混淆了方言和普通话的读音造成的。例如许多地方方言中-n、-ng不分,就往往把"声明"和"申明"混用;有些地方 n、l 不分,于是会把"拦阻"写成"难阻"。可见,学好普通话,注意读音的规范,也是纠正错别字的有效方法之一。

总之,汉字既有形、音、义三个方面,从这三个方面下一番功夫,多观察、多辨认、多练习,遇到没有把握时,勤查字典或请教别人,不写错别字或少写错别字是能够做到的。

思考和练习

一、为什么必须正确使用汉字?

二、举例说明什么是规范字、什么是不规范字。

三、改正下列词语中的错别字,并加以说明:

庆祝　　纪念　　步伐　　政策　　旅游

衰失　　作祟　　减化　　假如　　针炙

疲癆　　恣态　　高梁　　协助　　按排

第三章 词汇

第一节 词汇概说

词汇涉及语言中三种结构单位，这就是语素、词和短语（又称词组）。

一、语素

语素是构词的要素，它是最小的语音和语义相结合的单位。一个语句从大到小切分，分到不能再分的时候，获得的就是语素。例如"中国人民站起来了"这句话分到"中、国、人、民、站、起、来、了"以后，就不能再分了，因而分出来的这八个单位就是最小的了，即语素。所谓"不能再分"，所谓"最小"，依据的是语义标准，看分了以后，语素包含的意义能否保持。单音节语素如果从语音上再加切分，所包含的意义就不能保持；有些双音节语素，如葡萄、蝴蝶、沙发等，如果再加切分，也不能保持原有的语义，所以，它们都是最小的、不能再分的单位。

语素根据所含意义的虚实，分为实语素和虚语素。上例中的"中、国、人、民、站、起、来"意义都是实的，是实语素；句末的"了"，意义较虚，只表达了一种语气，是虚语素。又如："由于他和她对办学都很热心，所以深受人们好评。"这句中的"由于、和、对、所以"或者表示因果关系，或者表示并列关系，或者表示对象关系，含义较虚，也都是虚语素。

现代汉语的语素也可以根据音节的多少分类：只有一个音节的是单音节语素，由两个或两个以上音节构成的语素是多音节语素。

（一）单音节语素

一个音节代表一个语素，写下来是一个汉字，例如：天、地、坐、站、的、了、吗、呢等。汉语从古代到现代一直都是以单音节语素为主的，多音节语素的数量较少，而且许多都是外来的，所以，单音节是汉语语素的基本形式。从语素在应用上的自由与否来看，又可以分为自由语素、半自由语素和不自由语素三种。

1. 自由语素

这是能独立运用的，因而能自成为词；也能和别的语素自由地组合成词，例如：

人：人民　　人才　　人道　　人工　　人类
　　人生　　人性　　人情　　人权　　人格
　　工人　　女人　　主人　　法人　　熟人

白：白菜　　白卷　　白话　　白银　　白眼
　　白描　　白费　　白痴　　白露　　蛋白
　　灰白　　空白　　明白　　清白　　花白
落：落后　　落实　　落伍　　落成　　落拓
　　落款　　落难　　落魄　　衰落　　没落
　　破落　　下落　　村落　　失落　　流落

2. 半自由语素

本身不能独立成词，但是能和别的语素自由组合成词。例如：

民：民间　　民生　　民心　　民主　　民族
　　民众　　民权　　民兵　　农民　　牧民
　　渔民　　回民　　公民　　贫民　　居民
习：习气　　习题　　习作　　习俗　　习性
　　复习　　见习　　学习　　练习　　演习
　　实习　　温习　　补习　　自习　　预习
明：明亮　　明灯　　明镜　　明朗　　明确
　　明显　　明星　　明智　　明珠　　光明
　　聪明　　英明　　精明　　失明　　分明

3. 不自由语素

跟别的语言单位组合时，位置是固定的，没有自由移动的能力，从语法上说，这是一种虚语素，包括"了、着、呢、吗"之类以及前缀和后缀。在汉语中，这种语素的数量很少，前缀更少。例如：

第：第一　　第二　　第三
阿：阿爸　　阿哥　　阿斗　　阿飞　　阿姨
老：老大　　老虎　　老婆　　老师　　老总
子：桌子　　法子　　妻子　　杯子　　面子
头：石头　　骨头　　劲头　　甜头　　花头
者：作者　　学者　　记者　　读者　　弱者
员：演员　　会员　　委员　　议员　　团员
性：人性　　个性　　党性　　药性　　弹性
化：美化　　绿化　　激化　　恶化　　丑化

以上是单音节语素的三种类型。在汉语语素中，单音节语素在数量上占了绝对多数。单音节语素是构词的基础。两个单音节语素连在一起，意义上结合起来，能构成一个双音词。在词汇结构趋向双音化的过程中，自由的单音节语素（即单音词）在应用上的活力逐渐削弱，数量逐渐减少，半自由的单音节语素则逐渐增多，从而促成汉语词汇以双音词占数量优势的格局。

(二) 多音节语素

这是由两个和两个以上音节构成的语素。多音节语素数量很少，构词能力不强，但大都能独立成词，是自由的语素。这种语素主要包含联绵字和外来语素两类。

1. 联绵词

联绵词基本上是古汉语遗留下来的一种双音节语素，由两个字表达，能独立成词。两字相连生义，分用无义，联绵不绝，不能拆开。联绵词的两个字都是只表示语音的，两个音节合起来才表达一个意义。这种语素按声韵关系分为三种：

（1）双声联绵词。如：

蜘蛛　　枇杷　　流连　　玲珑　　犹豫　　仿佛
惆怅　　伶俐　　参差　　忐忑　　坎坷　　崎岖

（2）叠韵联绵词。如：

葫芦　　蜻蜓　　玫瑰　　逍遥　　朦胧　　伶仃
徘徊　　哆嗦　　彷徨　　肮脏　　怂恿　　窈窕

（3）非双声叠韵联绵词。如：

蝙蝠　　珊瑚　　鹧鸪　　妯娌　　嘀咕　　囫囵

2. 外来语素

用音译的办法，把外国和外族的语词转写成汉字，就成了汉语中的外来语素。外来语素大都能独立成词，即外来词。外来语素的音节数多少不一，按汉语的习惯也可分为双音节的和多音节的两种来举例：

（1）双音节的外来语素。如：

石榴　　葡萄　　菩萨　　罗汉　　玻璃　　玛瑙
安培　　马达　　咖啡　　吉他　　扑克　　卢布

（2）多音节外来语素。如：

婆罗门　　白兰地　　巧克力　　模特儿
凡士林　　安乃近　　尼古丁　　马拉松
脱口秀　　三明治　　木乃伊　　迪斯科
马赛克　　比基尼　　麦克风
布尔乔亚　　孟什维克　　歇斯底里　　罗曼蒂克　　盖世太保
阿司匹林　　奥林匹克　　可口可乐　　盘尼西林　　卡布奇诺
布尔什维克　　斯德哥尔摩
英特纳雄耐尔　　布宜诺斯艾利斯

以上是多音节语素的类型。多音节语素主要是名词，尤其是地名、人名，用汉字译音，音节数就多了。

二、语素、音节和汉字的关系

语素和音节、汉字有密切的关系。语素是由音节表达的，音节是用汉字记录和书写出来的。三者之间主要关系是：

第一，一个语素由一个音节表达，写成一个字，例如：舨、雹、督、缚、痕、滔等语素。单义字属于这一类。

第二，几个语素由一个音节表达，写成一个字，例如：打（打人、打官司、打包裹、打问号、打灯笼、打电话、打水、打柴、打滚），白（雪白、明白、空白、白跑、白眼、表白、独白、白字）。这种字包含的意义不是单一的，因而表达了多个语素。多义字属于这一类。常用的字、表示动作和性状的字，往往是多义字。

第三，几个语素由一个音节表达，但分别写成几个不同的字，例如：

bó：脖（脖子）、勃（勃然）、博（博士）、薄（薄命）、搏（搏斗）、伯（伯母）、驳（驳斥）、泊（停泊）、帛（布帛）、舶（船舶）。

这是同音字。现代汉语中音节数量不过一千多，一般字典收字则有一万多个，因而有很多同音字。

第四，几个语素由几个不同的音节表达，但写成同一个字，例如：

{chēng——称赞
{chèn ——称心

{bì——复辟
{pì——开辟

{zhe——为着
{zhuó——着落

{jiǎo——牛角
{jué——角色

这是多音多义字。可根据它的读音确定它的含义，也可根据该语素的含义确定它的读音。

语素和音节、汉字之间还有少数特殊的现象，不能纳入上列类型，这包括儿化，还有所谓合音字、省音字等。儿化音节表达的是两个语素，写成两个字。合音字如"甭、孬"等，各写成一个字，由两音切成一音，表达的则是一个语素。省音字如"俩、仨"等，各由"两"和"三"省去韵尾，是一个音节，写成一个字，表达一个语素。

综合以上各点，语素和音节、汉字的关系可列表如下：

表14　语素、音节和汉字的关系

语素数	音节数	字　数	例　　　释
1	1	1	"舨、缚"是单义字
多	1	1	"打（打人/打水/打滚）"是多义字
多	1	多	"脖子、勃然、博士"中，"脖、勃、博"是同音字
多	多	1	"为着、着落、着凉"中，"着"是多音多义字

三、词和词汇

词是由语素构成的、能独立运用的、最小的结构单位。一个词可以只包含一个语素，这就是单纯词，是由语素独自成词；也可由两个以上的语素构成，这就是合成词。例如：

人生｜的｜道路｜是｜漫长｜的，但是｜紧要｜之｜处｜只｜有｜几｜步，而且｜这｜几｜步｜是｜在｜青年｜时期。

在这个句子中，用竖线分开的都是词，其中有些是只由一个语素自成为词的，有些是由两个语素构成一个词的。又如：

我们｜要｜把｜祖国｜建设｜成为｜社会主义｜的｜现代化｜国家。

在这个句子中，"现代化、社会主义"等词是由三个语素构成的。

在词汇中，语素是小于词的一个结构层次，比词大的是短语，短语也是一种能独立运用来造句的结构单位，但它是由词构成的，不是最小的单位。例如"青年时期""现代化祖国"都是短语，它们都还是可以分割的，不是浑然一体。至于词，就不能再行分割了，分割开以后就不再是原来的那个词了，例如把"青年"分割成"青"和"年"两部分，那么"青年"一词表达的完整的意义也就解体了。有的词分割开以后，两个部分都不再是独立运用的单位了，例如"绚丽"分成"绚"和"丽"。所以，从短语和句子的结构来看，词是浑然一体的不能分割的最小的结构单位。当然，从构词的角度，合成词是可以继续分割为各个语素的，但这样一分，原词在意义上和结构上的完整性也就解体了。

此外，从词这种结构单位的构造看，词是语音和语义的结合体。每一个词一般都具有完整的固定的语音结构形式，据此，人们才能准确地认识它。同时，在认读时，词的语音结构内部是不能停顿的，只有在其末尾才可有小的停顿，否则就会读破词。例如"这几步是在青年时期"，读时不能停顿为：这几、步是、在青、年时、期。

从语音结构形式所表达的内容看，每一个词一般都具有完整的和确定的意义，实词表达词汇意义，虚词表达的是语法意义，即词和词之间的语法关系。词义是不能任意分割的，例如"青年"一词的词义是专指某个年龄段的人的，不能分开理解为"青的年纪"；"开关"一词的词义是专指某种控制电流或其他流体的装置，不能分开理解为"开"和"关"。词在语句组织中所表达的意义都是明确的、确定的。虚词也是这样，例如在"人生的道路"中，它表示的是前一成分修饰、限定后一成分这种语法关系，含义不是游移不定的。

由语音和语义结合而成的词，既是词汇的单位，有遣词造句表达思想的功能；又是语法的单位，在语法结构中有担任句子成分的能力或形成句法关系的作用。

许多词集聚起来，就成为词汇。词汇是语言的建筑材料，是词的汇集，它是一个群体性的概念，所以，单个的词不能称作词汇。每一种语言都是自己的词汇，例如现代汉语词汇、现代英语词汇等等。如果从某个角度出发把语言中某一部分词汇集起来，就形成为各种分词汇。例如把常用词集中起来，就成为常用词词汇；把外来词集中起来，就成为外来词词汇；把各个学科的专业词汇集到一起，就有诸如：语言学词汇、政治学词汇、物理学词汇、生物学词汇等等；甚至还可以把一个著名作家或一部著名作品所用的词汇集起来，编成作家作品词汇，如鲁迅词汇、茅盾词汇、《红楼梦》词汇等。

任何一种现代语言的词汇总量都是很大的，汉语也是这样。词典是反映词汇的状况的，但它是为了实用而编的工具书，不可能也不必要将语言中所有的词全部收录下来。

所以，词典的词汇量总是小于实际语言的词汇总量，比如，《现代汉语词典》第 7 版收词 69 000 多个，这远不是现代汉语词汇的总数。从词的音和义、词的结构特点、词的来源和演变、词的使用和规范化等角度，研究分析全部语词，这是词汇学的任务，词汇学是语言学的一个分科。

四、词和短语

短语是由词构成的、未成句子的结构单位，又叫词组。两个或两个以上语词按一定方式组合起来，即成短语。短语里可以带虚词，例如：

看戏　　瓜熟　　杭州人　　渡长江　　我和你

伟大祖国　　勇敢的人　　刻苦钻研

说不明白　　表彰先进　　农业现代化

提高教育质量　　路线方针和政策

我们的那位有四十年教龄的语文教师

以上这些都是短语，有的短，有的长，有的结构简单，有的结构复杂，但都未成句。

短语和词是不同层次的结构单位，应当加以区分。区别开短语和词对于词典编纂、语法分析和词语的运用都有重大的意义。在现代汉语中，大部分短语跟词的界限是分明的，比如由双音词为单位构成的短语、含有虚词的短语和结构复杂的多重短语等，不难辨认。但是，有些双音节的词和短语之间，界限并不分明，例如"是非""开关""长短"是词还是短语？又如"黑板"和"黑布"、"门户"和"门窗"、"头痛"和"手痛"，如何确定一个是词而另一个是短语？这就需要深入一步认识短语和词这两种结构单位的差异。

短语和词比较起来，有三方面的不同：

第一，从表义上看。词有明确的意义，两个单音节语素的含义是融合在一起的。有的有转义，不是字面意思的简单相加。短语则不然。例如"黑板"指的是某种教学用具，不是泛指黑的板，意义已融成一体，是词；"黑布"指的是"黑的布"，是字面意义相加的结果，是短语。"门户"可用来指"派别、门第、出入口岸"，这就不是字义简单相加，是词；"门窗"则是指"门"和"窗"两物，是短语。"头痛"用来指"感到为难、伤脑筋"，是词；"手痛"并无转义，是短语。一般说来，如果两字相连，既有字面意义，又有转义，那么用转义时是词，用字面意义时是短语。例如"头痛难忍"，这"头痛"是两个词的组合。"是非、开关、长短"等等，也是如此，有时用作词，有时可用作短语。

第二，从结构关系上看。词的结构关系是紧密的，一般不允许拆开来用，也不能插入别的成分。例如"门户"不能拆成"门和户"，"黑板"不能说成"黑的板"。短语则不然，结构关系比较松散，因而可以拆开来解释，也可以插入别的词。有些双音节短语由于意义融合了或产生了转义，不再能插入别的成分，就成为词。例如上文举过的"头痛"，用转义时不能拆开，是词；用本义时能拆开来讲，是短语。"是非"用转义时不能拆开，是词；用本义时，是指正确和错误两个意思，能拆开，是短语。

第三，从语音上看。词的内部是不容许有停顿的，短语因结构较松，容许有短暂的停顿，例如"门户"中间不能停顿，"门窗"就能说成"门、窗"；又如"东西"作为词用时，中间不能停顿；作为短语就能停顿。

通过上述三点，大部分词和短语都能得到辨别。但是，汉语的书面语往往古今混杂，词和短语极易互相转化，不少双音结构往往既是词，也可以是短语，因而还有必要从句子结构的角度来考察。

思考和练习

一、什么是语素、词、短语？

二、语素有哪些种类？

三、语素的基本形式及其特点是什么？

四、词和短语有什么区别？

五、划出下文中的词，注明构词语素的类型：

俄国学者罗蒙诺索夫曾说："在俄语中能发现西班牙语的壮丽宏伟，法语的生动活泼，德语的坚强刚毅，意大利语的温柔优雅，除此之外，还具有希腊语和拉丁语的丰富和极其简洁的表现力。"我们说，俄语的这些特点，汉语同样是具备的。除此之外，汉语又因有元音占优势和声调起伏变化的特点，它的语音响亮而有节奏，还富有音乐美。

六、下面的话有没有错？如果有，错在哪里？

①"祖国"，这是一个多么壮丽而激动人心的词汇啊！我愿为她奉献自己的青春。

②他说出了"我是革命的干部"七个单词，就昏迷了过去。

③迪斯科舞这四个语素，青年人个个都很熟悉，也都会跳。

第二节 词 义

一、什么是词义

词义是外在的事物或现象在人类意识中的反映。人们通过感官感知这些事物或现象之后，由大脑加以分析和综合，形成一种认识，同时用语音形式将其记录和固定下来，这样，就构成了词义，即语词所表达的意义内容。每一个实词都包含有一个以上的意义，每一个虚词也都有自己的含义（语法意义）。词的意义和声音的结合不是天生的，以什么样的声音表达什么样的意义，是这个词在产生时由人们规定的，这种规定具有任意性质。例如同是猫，汉语用 māo 这一声音来表达，英语则用［kæt］这样的声音来表达。但是，音义之间的这种联系一旦为语言使用的群体确立起来以后，就获得了社会约定性，任何个人都不能再任意地改变它，再不能用别的声音形式去表达它。

在语言中，词的音和义是互相依存的，任何一个语词都要有一个特定的声音形式去表达它的含义，而不包含任何意义内容的声音形式也就不能成为语言的一个结构单位。

在一般情况下，语音表达语义不是一对一的，同一个语音形式可以用来表达多种不同的意义，造成语言中的同音现象和多义现象，产生了同音词和多义词；同一个意义内容也可以用几个不同的语音形式来表达，造成语言中的同义现象，产生很多的同义词。

二、词义的性质

语词的意义具有概括性、民族性、准确性和模糊性等特点。

（一）词义的概括性

词义反映外在的事物、现象都具有概括性特点。外在的事物、现象是纷繁复杂的，必须经过人脑的分析综合，舍弃一些表面的特征，概括出共同性特征，才能形成为词义。例如"人"的词义，已经舍弃掉了男人和女人、大人和小孩、中国人和外国人、工人和农民等的差异，表达了区别于动物的最一般的特点，概括程度是很高的。合成词的词义也是概括性的，例如"工人"的词义，已经舍弃掉了不同工种、不同性别和年龄、不同地域、不同肤色等各类工人之间的具体差异，只反映了区别于农民、学生等人们的特点。再如"矿工"的词义也是概括性的。其中已舍弃掉了金矿、铜矿、煤矿等各种矿工的不同特点，舍弃掉了矿工们各自所有的具体特点，只反映了"采矿者"这一最一般性的特点。

从词义的概括性看，它和概念有相似之处，许多实词的词义就是表达一个概念的，如"人、工人、矿工"都同时是一个概念。但词义和概念又不全相同，词义有时还带有感情色彩、语体色彩、形象色彩等，概念则是抽象性的，没有这些附加的因素。同时，概念既可以用单词来表达，也可以用短语来表达，如"中国"是单词，"中华人民共和国"是短语，所表达的概念是一样的。

（二）词义的民族性

词义概括地反映外在事物、现象是随民族语言的不同而异的，所以具有民族性特点。如对光谱的表达，不同的民族就往往不同：

表 15　不同民族语言对光谱的表达

	紫	蓝	绿	黄	橙	红
英语	purple	blue	green	yellow	orange	red
沙那语	cipswuka	citema		cicena		cipswuka
巴萨语	hui			ziza		

从上表可见，英语用六个词表达，非洲的两个民族的语言中只用了二个或四个词来表达。这样，词所包含的语义域就有大小宽窄的不同，语义域的不相同，也就说明了词义具有民族性特点。再如英语用 brother 表达了汉语的"哥哥"和"弟弟"，用 sister 表达了汉语的"姐姐"和"妹妹"，语义域也互不相同。词的语义域宽的语言在表达较窄的语义时，可以加上修饰语，用短语来表达其含义，表达的效果则是一样的。如英语用

elder brother 表示"哥哥",用 younger brother 表示"弟弟"。

(三) 词义的准确性和模糊性

词义在表达上有准确性,也有模糊性。许多语词的词义在表达上是准确的,如数词"一"就不是零点九九,代词"我"就不是你或他,名词"杭州"就不是指苏州或湖州,动词"走"就不是指跑、爬或飞,等等。但也有许多语词的词义在表达上有模糊性,如时间名词"早晨、清晨、黄昏、傍晚",所表达的时间界限就不大清晰;形容词如表示物体的大小长短、时间的快慢多少、空间的高低宽窄、性质的好坏优劣,也是如此。

词义的模糊性是由一些客观因素和主观因素造成的。从客观上说,大千世界中确有各种类型的连续性现象存在着,人们不易界限清楚地将其划分开来。例如人的生命过程是有连续性的,虽然可以划分出童年、幼年、少年、青年、中年、壮年、老年等年龄段,但是各段之间的区别远不是一清二楚的。老年是从几岁到几岁,谁也说不清楚;三十岁出头了,有时仍被称作青年;五十岁出头的人,有人说是壮年,年富力强,可参加体育运动会时却被划入老年组。其他如:好和不够好、聪明和不太聪明、慢和不算慢、冷和不很冷……,也都是难以截然划分清楚的。

从主观上说,不同的人对于外界现象的感受是不同的。一个弱女子提皮箱,喘息不止说其重,一个壮汉接手一提,说很轻。可见,"重"和"轻"还决定于人的力气大小和对物的主观感受,不全是语言和词义的问题。这就是造成词义模糊性的主观因素。

词义的模糊性和准确性都适应了语言表达的需要。我们既可以避开模糊用语而将意思表达得十分准确和确切,也可以利用这种模糊性而有意把意思表达得含混而令人易于接受,这都要根据交际情况来作选择。所以,词义的准确性和模糊性两者并不是相克的,而是互相补充的。

三、词义的类型

词义的类型一般可分成本义、基本义、引申义和比喻义四类。这些是词的理性意义。

(一) 词的本义和基本义

词的本义就是词在产生时就包含的意义。一个词若有多项意义,其中总有一个是它的本义,其他几项意义则都是由本义直接或间接滋生而来的。基本义是词的常用义,不一定是本义。例如:"兵"的本义是"武器",这项词义见于"短兵相接、秣马厉兵"等成语中;"兵"的基本义则是"兵士",是现代汉语常用的意义。又如"领"的本义是"脖子",如《国语·楚语》中"缅然引领南望";它的基本义则是"带领""领取",是很常用的。从词源学和古汉语的角度看,本义又称古义,是最古的那个意义;但从现代汉语的角度看,许多新产生的语词,它们的本义并不古,例如"广播",它的本义是:电台发射电波,播送节目,这是现代才有的;"扫描",本义是:利用一定装置使电子束、无线电波等左右移动而描绘出图形来,也不是古代所能有的。所以,词的本义是这个词产生时就包含着的意义,词的基本义则是由本义滋生而来的,例如"兵"是由"武器、兵器"的含义滋生出"拿武器的人"来的;"领"则由"脖子"滋生出"衣领"的含义,由衣领滋生出"带领"的含义,由"带领"滋生出了"领取"的含义。

在词汇的历史演变中，本义不一定总是常用义。有些词的本义也可能逐渐不为人们使用而被后人遗忘，由本义滋生出来的意义反而十分常用，成了它的主要的含义，因此，人们称之为基本义。"兵"和"领"的情形就是如此。至于现代新产生的语词，情形则不同，本义和基本义大都是一致的。从对现代语词的学习和应用来说，掌握好它的基本义是很重要的；从对古代语言文化的学习和研究来说，关于词的本义或古义的知识是不可少的，不然就难以正确理解古代作品中的语言文字。

研究词的本义是我国传统语文学的重要内容，早在东汉就有了许慎编的《说文解字》，从字形的角度探讨了九千多个汉字（大都也是单音词）的字义，重在解释本义。此后，历代学者所编的字典、词典和训诂书籍，也都是研讨词义及其本义的重要资料。现在，又有了《辞源》和《汉语大词典》《汉语大字典》等工具书，要查知一个词的本义就比较方便了。

(二) 词的引申义

在语言的应用中，语词是不断演变着的，词义方面的演变往往是在具体语境的影响下由一个含义滋生出另一个含义来，这种新产生的词义就是词的引申义，与本义相对而言，则是转义。

词义的引申是词义演变的基本方式，是一个语词移用到新的语境中去时在意义上产生的变动。这种语义变动的特点是从原义出发，通过某些联系或关系，过渡到新义，以使自己的实际含义和新的语境相谐相融，协调一致。所以，这样引申出来的新义和原义总有相通之处，总有特殊的联系或关系。例如单音词"放"的含义是"解除约束、使之自由"。从这个意义出发移用到"放牛、放羊、放鸭"一类语境中去，它就滋生出了"放牧"的引申义。因为把牛羊等放出去，是解除了约束，但仍需处在人的看管之下的，晚上仍需赶回。所以，这类语境使"放"的原义产生了变动，滋生出了"牧"的含义。如果再把"放"移用到处理问题和办事务一类语境中去，就又引申出了"搁置"的意义。因为"搁置"就是不处理、不办理，使其处在自由和自在的状态。如果再把"放"移用到表示人小宽窄的语境中去，（如"上衣的身长要放一寸"），就又引申出了"扩展"的含义。因为这"放"就是要解除原来的尺码对身长的约束，放而大之。由此可见，语境的改变，词义也会产生一些变化，引申出新的含义来，以适应变化了的语境。但是，不管怎样变化，原义和引申义之间总是有或明或暗的关系的，人们的思维能力和联想能力总会联系不同的语境而将其发现出来。

但是，由于汉语的历史十分悠久，词义的引申过程一般不会有文献记载下来，所以，对每个词的词义是如何引申的，多项词义之间确凿而又具体的关系如何，不可能都是一目了然的。例如"戚"的本义是古代的兵器，是斧的一种，后来怎么会引申出"亲戚"的含义来？这就不是很容易解答的，又如"木"的本义是"树"，后来又怎么样引申出了"呆笨"的含义来，其间的过程难以找到可靠的资料作为证据，也是不易具体回答的。这些都是事实。然而，本义和引申义之间必有联系这点，仍是不能否定的。

词义的引申使词不断增加新义、扩大意义的容量，同时也不断使一些单义词变成了多义词。在汉语中，单音词（尤其是动词和形容词）最易引申出新的含义，词义的含量很大。在词典中像"对、发、放、老、花、打"等词都分立出十五项以上的含义。由两个以上语素构成的合成词，词义是由语素义组合或融合而成的，几个语素义互相制约着，使词义的演变受到限制，不易滋生新义，词义的含量也较少，有许多则是单义词。所以，词义引申能力的强弱和词义含量的多少，跟语词结构的繁简有密切的关系。

（三）词的比喻义

比喻义是通过语词的比喻用法形成的新义，即根据所比的两种现象间的相似之处，以此喻彼而获得的含义。例如："大炮"，原义是"口径大的炮"，比喻为"好说大话或发表激烈意见的人"；"辫子"：原义是"把头发分股交叉编成的条条儿"，比喻为"把柄"；"包袱"，原义为"包衣服的布"，比喻为"精神上的负担"；"烟幕弹"，原义是"爆炸时能形成烟幕的炮弹和炸弹"，比喻为"掩盖真相和本意的言语或行为"；等等。比喻义和原义所指的是本无联系的两物，但人们根据联想发现了其间有一个相似之点，于是就以此去喻彼，从一义跳跃到了另一义。

由于比喻义的产生是跳跃式的，不像引申义是从原义出发逐步演变而成的，所以，比喻义的独立性较弱。如果脱离开它所依附的具体的文句，那么就往往不易为人意识到。例如，词典中对下列语词都列出了它的比喻义：宝库、草包、冰山、西风、春风、套子、弹丸、登台、跌跤、垫背、画卷、浪花、迷雾、风尘、熔炉……，但是，对于这些词的比喻义是什么，人们未必都能一见自明。同时，比喻义的时间性也较强，它处在不断的自生自灭的状态之中，往往在某一个时代某一些词产生了某一种比喻义，而到下一个时代，这个比喻义就被人们遗忘了。因此，古代词汇中所产生过的比喻义，到今天仍在应用的并不多；新中国成立初期有许多词曾经产生过的比喻义，能巩固下来并载入词典的也并不很多。例如："卫星"曾有"高产量或优异成绩"的比喻义，然而这些词的这些比喻义只广为使用于一时，时过境迁，到了现在，几乎就销声匿迹，不为人们熟知了。可见，比喻义的独立性较弱，须经过长期使用才能巩固在词中。

比喻义的特点是以物比物、以此喻彼的，所以，表示名物的词较能产生比喻义。其次，成语也往往有比喻义。比喻义的应用能使语文表达取得生动而富有启发性的效果。

四、词义的色彩

词除了理性意义之外，有时还会带有一些附属性质的含义，即色彩义。词义中反映出的色彩主要有感情色彩、语体色彩和形象色彩。

（一）感情色彩

有一部分语词在表义的同时还能表露出说话人的感情倾向或主观态度，从而使词义具有一定的感情色彩。带有肯定性的或褒扬的感情倾向的就是褒义词。例如：英雄、烈士、成果、成就、壮丽、公正、忠诚、积极、嘉奖、表彰、牺牲、指引等；带有否定性的或贬斥的感情倾向的就是贬义词，例如：奴才、叛徒、诡计、伎俩、奸商、虚伪、卑劣、残暴、肮脏、丑陋、糟蹋、豢养、颠覆、勾结、虐待等。除此之外，大部分语词则并无褒或贬的感情色彩，例如：天、地、山、水、轻、重、快、慢、工作、学习、出来、进去等，这种语词也就是没什么感情色彩的中性的语词。

(二) 语体色彩

有一部分语词由于经常在某一种语体中使用，因而会带上这种语体特有的色彩。语体是语言应用中形成的体式，书面语体和口语语体就是差别十分明显的两种言语体式。因而能使一些专用的或常用的语词带上书面语色彩或口语色彩。这在称谓用语上最为突出，例如口语中用"爸爸、妈妈、爷爷、奶奶"，书面语中则用"父亲、母亲、祖父、祖母"等，由于经常这样使用，所以就能使人感受到有色彩上的不同。在一般性语词中，有些也有语体色彩的不同。例如：脑袋、疙瘩、体面、款子、闲钱、家当、茅房、茅坑、造化、使唤、撒谎、溜达、担待、倒腾、兜底、搅和、害臊、使坏、数落、耳坠子、身子骨、哭鼻子、纳闷儿，这些词就使人感受到带有口语色彩。又如：尘埃、土地、冲突、协调、抽象、充沛、敦厚、慈祥、阐明、篡改、缔结、筹备、出席、逝世、承担、奋进，这些语词就带有书面语色彩。

(三) 形象色彩

有一部分语词，如果深入辨析其词义内部的组合关系，就能发现其间具有形象性特点。例如"猫头鹰"，用"猫头"描述这种鹰的头形而组合成词，以表达这种鸟（也叫"鸱鸺""夜猫子"）。所以，这个鸟名是相当形象化的。词义的形象性是造词时从外形、动态、声色等角度描述事物的特点而产生的。例如：冰棒、冰花、带鱼、岛国、血书、盆地、轿车、火山、雪花、蜂窝煤、凤尾鱼、木头人、鸡冠花、牛毛雨、鸡毛信等，这些是以物状物，描写事物的外形的。又如：唱片、炒货、立方、骑墙、飞弹、跳蚤、断头台、含羞草、卷心菜、脚踏车、啄木鸟、落汤鸡、拦路虎、摇钱树等，这些是以动作状物，描写事物的动态的。再如：青梅、黄花、白杨、红缨枪、蓝宝石、紫药水、黑眼珠、墨水瓶、滴答、叮当、轰隆、淅沥、布谷鸟、乒乓球等，这些是从色彩、声音的角度来描写的，并给人以形象感。词义的这种形象色彩的产生，源于造词的这种特点：以其所知喻其不知，拿本来熟悉的来描述说明不熟悉的事物。分析词义的形象色彩对于教学和理解语词是很有实用意义的。

五、词义的构成

词义从构成上看，可分为单纯义和复合义。单纯义是由单语素构成的词义，复合义是由两个或两个以上的语素义组合而成的词义。语素义或单纯词的词义则是由一些最小的语义要素即义素组成的，因而，仍是可以分析的。同时，在实际言语中，语词通过词义还会形成用法上的一些特点或搭配特点，也是必须了解的。

(一) 义素和义素分析

义素是语词中包含的最小的语义要素，也可称为语义特征。语素义或单纯义并不是浑然一体的，而是可以分析出若干数量的义素或语义特征来的。例如"太阳"一词的含义，至少可以分析出"圆形、能发射出强光高热、银河系的恒星"等义素来，少了其中一项，解释就不完善。宋代诗人苏东坡在《日喻》中写一个盲人不知太阳为何物，就去问人，别人对他说："太阳的样子像铜盘。"盲人就敲敲铜盘，听其响声。以后，外面传来了钟声，盲人听了以为是太阳在发着声响，这就是只用一个义素去理解一个词的含义所闹出的笑话。

义素和义素分析方法是从外国语言学中引进的。分析时，首先要透彻了解语素、词的含义，从中分析出各方面的特点来；其次，要与同类的语素、词的含义作比较，找出其间的相异点，作为其间的区别性要素。例如，对英语的 chair（椅子）、bench（长凳）、stool（凳子）、hassock（草垫）等可以这样分析其义素（见表16）：

表16　几个英语单词的义素分析表

义　素 \ 词	chair 椅子	bench 长凳	stool 凳子	hassock 草垫
1. 一人坐	＋	－	＋	＋
2. 有靠背	＋	±	－	－
3. 有　腿	＋	＋	＋	－

注：＋，表示有此义素；－，表示无；±，表示可有可无。

又如对亲属名词的含义分析。父亲：长辈、直系、男性；母亲：长辈、直系、女性；儿子：晚辈、直系、男性；女儿：晚辈、直系、女性；舅父：长辈、旁系、男性；舅母：长辈、旁系、女性……其中的义素如辈分、亲属关系、性别等也就是一种区别性要素，凭着它将不同的意义区别开来。

许多词典的释义中也体现了义素分析的精神。如"吃"的释义为"把食物等放进嘴里经过咀嚼咽下去"，其中包含下列义素：以食物为动作对象；放进嘴的动作；咀嚼的动作；下咽的动作。凭这些特点就和同类的一些单纯词区别了开来，例如："吞、咽、嚼、咬"等等。所以，采用义素分析对于辨析词义的异同就比较细致、确切，也比较客观。在词语教学中可以避免解释不具体、含混和笼统的缺点。

（二）语境特点

语境特点是词在特定的语境中所具有的特点。语境在这里是指词所出现的环境，即上下文，或它的前言后语。特定的语境会对词义产生影响，例如"煎鱼"和"观鱼"的"鱼"就不同，前者是已经杀好的，死的鱼，后者则是活的鱼。同时，词义对于语境也有自己的要求，它可以和一些词搭配，却不可以和另一些词搭配。例如"鱼"就不能和"读"搭配成"读鱼"。这就是词义对于词的前言后语应是什么样的用语具有选择性要求。词的语境特点实际上就是词的用法特点，一般语词在应用上都会有一个特定的适用范围和搭配特点，这是由言语习惯形成的。例如"凋谢"的意思是"脱落"，它只适用于和草木花叶一类词搭配，不适用于和人或动物搭配。词的语境特点或用法特点不属于词义本身，是属于词的外部关系方面的特点；但是，它却主要决定于词义，和词义的关系十分密切。所以，许多词典对语词往往既解释词义，又提示该词的语境特点或用法特点。例如：

陨落：（星体或其他在高空运行的物体）从高空掉下。

坑害：（用狡诈、狠毒的手段）使人受到损害。

篡夺：用不正当的手段夺取（地位或权力）。

阐明：讲明白（比较深奥的道理）。

上面四例都是动词，既解释了词义，又提示了语境特点。第一例限定了适用的动作主体，第二例提示了这一动作的方式，第三、四例补述了与此类动作适合的客体。用括弧括出是认为它不是词义本身的内容，而是这些词对搭配对象的选择性要求。又如：

简朴：（语言、文笔、生活作风等）简单朴素。

珍闻：珍奇的见闻（多指有趣的小事）。

顿时：立刻（只用于叙述过去的事情）。

咱们：总称己方（我或我们）和对方（你或你们）。

罢了：用在陈述句的末尾，有"仅此而已"的意思，常跟"不过、无非、只是"等词前后呼应。

以上是形容词、名词、副词、代词、助词的例子。对于虚词，指出语境和用法特点往往更为重要，因为词义本身是虚的，只有说明这些特点，才便于人们理解和掌握。

思考和练习

一、什么是词义？词义和词的语音形式有什么关系？

二、词义的性质有哪些？

三、词的本义、基本义、引申义、比喻义有什么区别？词义中附加的色彩有哪些？

四、什么是义素？分析义素有何积极作用？

五、什么是词的语境特点？词典在解释语词时是否应当加以提示说明？

六、解释下列各句中带点的语词，指明其词义所属的类型。

① 如果和平谈判能够成功，那么双方就不需兵戎相见了。

② 世界上最长的是什么？是路，路是永远走不完的。

③ 设计室的青年胃口很大，都要求评为工程师，经过反复讨论之后，都被冷处理了。

④ 我们对提意见的人实行三不主义，就是不抓辫子、不戴帽子、不打棍子。

第三节 同义词、反义词、单义词和多义词

一、什么是同义词

词与词之间发生同义关系，这是各种语言中普遍存在的现象。凡是意义相近或相同而语音形式不同的词，就是同义词。汉语中同义词十分丰富纷繁，大致可分为两类：

第一类是意义相同的，如：

演讲·讲演　　　互相·相互　　　灵魂·魂灵
玉米·苞谷　　　知道·晓得　　　太阳·日头
诞辰·生日　　　妻子·老婆　　　齿龈·牙床
马达·发动机　　水泥·士敏土

这类也有人称作"等义词"，意义确是相同的，但由于词的来源不同，仍有若干差别。其中第一种是"同素异序词"，所用语素相同，语素次序不同，应用上也就有细小差异。例如俄国小说《死魂灵》，改换为《死灵魂》，后者书面色彩较浓。第二种是由方言来源造成的同义词，虽然同指一物，如"玉米、苞谷"，但语义结构有差别，前者从"米"的角度来指称的，后者从"谷"的角度来形容的，所表达的地方色彩也就不同。第三种是由书面语和口头语的差异造成的，语体色彩、感情色彩就不全一致，例如："孩子的生日"和"孩子的诞辰"难以混用；"他的妻子"和"他的老婆"也有不同。第四种是由外来词造成的。"发动机"具有可解释性；而"马达"则没有，是不可分析的，其间就有差异。

第二类是意义相近的，如：

坚定·坚决　　　关心·关怀　　　边境·边疆
顽强·坚强　　　怀念·想念　　　误解·曲解
企图·打算　　　骄傲·自豪　　　快活·高兴
规范化·标准化　战斗性·斗争性

这类是近义词，以近义关系反映外界的事物、现象、关系、动作等等的细微差别。第一种是中心语素不同的，因而意义也就有大同小异。例如"坚决"指态度、行动，表示一个人的决心很大；"坚定"指立场、观点，表示不可动摇、不可移易。第二种是修饰性语素不同的，意义也就有了差异。例如"误解"是指理解上有错误，"曲解"是指故意歪曲地去理解，两者显然不能相混。第三种是没有共同语素的同义词，语素不同，意义也不会全同。例如，"企图"是企望而图谋，"打算"只是计算着考虑。第四种是多音节同义词，意义也不尽相同。例如"规范化"是使之合乎某种标准，"标准化"是使之遵守某种法定的统一的标准。

所谓等义词和近义词，可以统称为同义词。同义词的产生和大量存在是人类语言要准确反映外在世界的结果。在自然界和人类社会中，各种现象是千差万别的，人类的认识能力也是不断发展和由粗到细、由浅入深的，因此，要如实地反映其间的细微差别，就需有丰富纷繁的同义词。例如，人们求之于人时，有各不相同的求法，有"要求、请求、恳求、乞求、哀求"等，语言中就需有不同的词来表达差异，这样就有了按词义聚合起来的同义词。其次，同义词的产生也和来源不同的词并存并用有关，例如"苞谷"是来自方言的说法，跟普通话的"玉米"一词并存并用，就成了同义词。又如沿用下来的古语词"拂晓"和现代词"清晨"并存并用，也就成了同义词。甚至有些来自专业领域的术语也有可能和生活中的用语成为同义词，如"乙醇"和"酒精"、"氯化钠"和

"盐"等。所以，同义词的产生，具体的原因是各种各样的。

与同义词有关的，还有类义词。类义词的类是根据词义的逻辑范畴划分的语词种类，也可称为义类，属于同一义类的词就是类义词。例如："父母、子女、兄弟、姊妹、叔伯、姑舅"……是属于"亲属类"的类义词，"红、黄、蓝、白、黑、紫、青"……是属于色彩类的类义词。类义词包括了同义词，其范围比同义词大得多，而同义词则必是类义词。类义词和义类的划分对于研究汉语词汇有一定的实用价值，在中国古代的"训诂书""类书"的编纂上也曾发挥过很好的作用。此外，类义词在构成语言的对偶、律诗的对仗上具有重要的作用，因为同义词是不适合用来对偶和对仗的，同义相对会造成语意雷同、同义反复的毛病，是为诗家所忌的，而运用类义词就能避免这个缺点。

二、同义词的作用

同义词在语言表达上有极大的积极作用，它能够为所要表达的思想内容提供最恰当的用语，为人们的交际提供选词择语的广大余地。丰富的同义词的存在是一种语言发展水平高、表现能力强的标志。在汉语中，同义词十分丰富纷繁，同一个意思往往可以找到几个、十几个同义词来表达，它在语言中发挥的作用十分明显和突出。

（一）能使语言表达得精细、确切

同义词的意义特点既有大同又有小异，那么精心选用它，就能确切地表达出所写对象的细微差别来。例如："（彭参谋长）一会到上面看看水手们，望望放瞭望哨的警备员，一会瞧瞧前舱的人是不是休息了。"（刘白羽《海上遭遇》）这几句话中，"看看""望望""瞧瞧"三个同义词的换用，就描写出了眼部动作的细微差别，表达得更为确切了。如果都用"看看"，表达效果就不好。又如叶圣陶的童话《蚕和蚂蚁》中有三句描写蚕的动作，选用了三个同义的动词：

"蚕的灰白色的身体完全露出来，连成一个平面，在那里波动。""它从木架上往下爬，恨不得赶紧离开，脚的移动就加快，……""它觉得尾巴那儿一阵痛，身体不由自主地扭动一下。"

这样就把蚕的不同的动作细致地描写了出来，表达得确切而又恰当，生动具体而又形象化。

（二）能使语言活泼，避免单调和重复

例如："这只是我的心情改变了，因为我这次回乡，本没有什么好心绪。"（鲁迅《故乡》）这里"心情"和"心绪"的变换，语言表达就活泼流畅了，如果只用一个，就显得单调重复。又如："我们以我们的祖国有这样的英雄而骄傲，我们以生在这个英雄的国度而自豪。"（魏巍《谁是最可爱的人》）其中"骄傲"和"自豪"换用，表达上有了变化，语势上也有了加强，语意也比较完满了。

（三）能使语言表达委婉，减少刺激性

例如人们避免说到"死亡"而说"去世、升天"，不愿说"受伤"，就说是"挂花、挂彩"。近些年来，人们不说别人"落后"，而说"后进"，以使语言减少刺激性，增进融

洽的气氛。

但是，同义词之间因意义差别不大，如果辨析不清，用起来很容易出错。这样，就会使语言表达得不准确、不确切、不谐和，产生不好的效果。例如："我们应当大肆宣扬这种舍己为人、助人为乐的精神。"这句话中的"大肆"是贬义的，"宣扬"在这里也有了贬义，欲褒却贬，表达效果相反，使人莫名其妙。又如："隔壁的女孩是 2015 年诞生的，不幸也患癌症在昨天逝世了。"这句话中的"诞生、逝世"都具有十分庄严的气氛，通常用来叙述名人、伟人的生和死的，用于孩子，就很不和谐。再如："运动员迈着矫健的步伐，举着五彩缤纷的旗帜，穿过了检阅台。"这里把"通过"用成"穿过"，意思也就表达得不合情理了。所以，辨析同义词之间的差别，对于语言的运用十分重要。

三、辨析同义词的方法

要掌握和运用好同义词，使之在语言表达上发挥出很好的功效，就要研讨辨析同义词的方法。一般说来，可以从以下五个方面去辨析。

（一）从意义方面去辨析

1. 语意轻重不同

有的同义词所表达的意思有程度轻重的差别，例如："误解"和"曲解"都是指不正确的理解。但是"误解"仅仅是指理解错误，不是有意的；"曲解"则是歪曲地去理解或解释，不但解释得错了，而且是有意这样做的。属于这种差别的同义词如：

优良·优秀　　失望·绝望

改良·改革　　成绩·成就

明显·显著　　辩解·辩护

2. 词义褒贬不同

有的同义词在词义中融进了褒和贬的态度或爱和憎的感情，因而有褒义和贬义的差别，不褒不贬的则是中性词。例如"爱护·保护·袒护"这三个词中，"爱护"是褒义词，如：爱护花木、爱护公物等，指爱惜、保护，使之不受损害；"袒护"是贬义词，指无原则地保护错误的思想和行为；"保护"是中性词，泛指保全、维护、不使受到损害。属于这类差别的同义词如：

成果·结果·后果　　本领·技能·伎俩

果断·决断·武断　　鼓动·发动·煽动

团结·勾结　　　　　神秘·诡秘

顽强·顽固

意义上这种褒、中、贬的对立并不都是完备的，有的同义词也可能只有两项对立，也有的对立项可能又有一些同义词，如"成果·成效""结果·效果""后果·恶果"等。

3. 含义范围不同

有些同义词的差别主要表现在含义所指的范围有大小的不同。例如："边疆·边境"，"边疆"所指的地域比较广大，像我国新疆、西藏、内蒙古等都属于边疆之列；"边境"

所指的地域则较小，一般指靠近国境线或边界的那一条狭长的地段。属于这类差别的同义词如：

  战略·战术 灾难·灾荒
  局面·场面 时代·时期
  事件·事故 物质·物资
  安息·休息 时候·时刻

4. 词义的概括性不同

有些同义词的差别主要表现在对所指事物的概括程度不同。例如："船只·船"，"船只"有较大的概括性，不是指具体的一只船，它是一个表群体的概念；而"船"的概括性较小，可以只指具体的一只船，它是表个体的概念。这类词在结构上有包含关系，即一个是单纯词，一个是包含这个单纯词的合成词，所以和一般的同义词不尽一致。属于这一类的如：

  花卉·花 信件·信 纸张·纸
  马匹·马 树木·树 书籍·书

（二）从语体风格上去辨析

有些同义词由于经常使用的场合不同，因而在语体色彩或风格气氛上产生了差别。例如："夫人·妻子·老婆"，"夫人"有庄重的气氛，"妻子"带有书面语的语体色彩，"老婆"是带有口语特点的用语。如果混用，就十分不协调。属于这一类的同义词如：

  会见·相见 逝世·去世
  部署·安排 女士·女子
  擅自·私自 母亲·妈妈
  散步·溜达 理发·剃头

（三）从词的搭配上去辨析

许多同义词在搭配关系上都有差别。词和词的搭配是有选择性的，不是任意配合的。这种选择性特点的产生既受制于词义本身，更决定于用词的习惯。例如："交换·交流"，"交换"着重在"换、互换"，常跟礼物、物品、纪念品、图书、资料、产品、商品、俘虏等较具体的名词搭配，跟抽象名词（如意见、看法）搭配较少；"交流"着重在"流、对流"，常跟：思想、经验、文化、物资等较抽象的名词结合，应用上不如"交换"广。又如"繁华·繁荣"，都是形容词，"繁华"着重指市面的兴盛，常跟具体的城市、街道搭配；"繁荣"指经济或事业的兴盛，常跟市场、国家、社会、各种事业相配合，应用比"繁华"为广。多数同义词都有搭配关系上的差别。如：

  { 发挥：作用、力量、才能、积极性
    发扬：精神、传统、民主、优点

  { 侵占：土地、财产、利益
    侵犯：主权、权利、边境、领土

```
┌伤害：人、生物、自尊心、感情
└损害：事业、利益、名誉、健康
┌前途：光明、暗淡、黑暗
└前程：远大、万里、似锦
┌品德：高尚、崇高、宝贵
└品质：优良、低劣、好、坏
```

（四）从词的结构上去辨析

除了单纯词以外，所有的同义词在结构中都包含有相异的语素，这相异语素就是词义差别的主要体现者。因而辨析的时候，首先要抓住它，细加分析，比较出其间的差别。例如"轻便·简便"，中心意思相同，是指方便、便利。但"便"的状况有不同，"轻便"是因为分量不重，"简便"是因为手续不复杂。又如"掩盖·掩饰"，相异之处是一个用遮盖的手法，一个用粉饰的手法，使真相不暴露或显露出来。同义词也有全部语素都不同，如"笼罩·覆盖"，共同的含义是遮盖，但遮的方式、程度、对象都不同。"笼罩"指像笼子一样罩下来，能用来笼罩万物的则总是像"烟雾、月光、夜色、气氛"等物质，被笼罩的则总是大地、城市、人群等对象；"覆盖"就不同了，它指的是被某种实在的物体如油布、冰雪等压在下面，是很具体的。这种差别也必须通过分析相异语素和词的语义结构，才容易揭示出来。

（五）从词的语境中去辨析

把词从文句中分离出来，就词辨词，有时不易看出差别。通过语境的帮助去辨析，同义之中的差别就易于显示出来。例如"扶养·抚养·赡养"在《中华人民共和国民法典》中有如下语境："夫妻有互相扶养的义务""父母对子女有抚养教育的义务""子女对父母有赡养扶助的义务"。这三句话就把其间的差别显示出来了："扶养"是用于平辈亲属之间的扶助、供养，"抚养"是用于长对幼之间的爱抚、教养，"赡养"是用于晚辈对长辈亲属的照顾、供养。

又如"粗犷"："'大清早起，你咋呼什么！'随着宏壮粗犷的声音，周伯伯走进来。"（李英儒《野火春风斗古城》）可见，这里是指粗壮宏响的话声；"粗鲁"："谁都没有普通办丧事的那种沉痛的表情。有些不拘礼仪的粗鲁庄稼汉，还不严肃地笑着。"（柳青《创业史》），可见，"粗鲁"是指表现粗野而不拘礼仪的举止。两者一比较，其间的差别就显示出来了。当然，从一个例句中所得到的只是其间的一项差别或主要差别，要了解得完全，需要比较分析更多的资料。

四、反义词

（一）什么是反义词

凡是意义相反或相对的词，就是反义词。各种语言中都普遍存在着许多反义词。反义词的出现是反映外界现象的，在自然界和人类社会中都客观存在着大量矛盾对立的事物和状态。如：生和死、是和非、成功和失败、正确和错误等，反映到人们的意识中，就形成了互相对立的概念；用语词来表达，就成了反义词。反义词可按结构情况分两类来叙述。

1. **结构单纯的反义词**

    生·死　　动·静　　有·无　　曲·直
    大·小　　长·短　　高·低　　胖·瘦
    好·坏　　软·硬　　冷·热　　黑·白

2. **结构复杂的反义词**

    强者·弱者　　高等·低等
    先进·后进　　细心·粗心
    光明·黑暗　　快乐·痛苦
    浪费·节约　　民主·专制
    收入·支出　　进去·出来
    生存·死亡　　前进·后退

以上第一类是由单纯词构成的反义词，反义关系比较明显。其中有些是对立关系不可调和的，如"生·死"，从生命过程看，非生即是死，非死即是生，不会有既非生也不是死的第三种状态存在。这种反义词数量不多，也有人称之为"绝对反义词"。更多的反义关系不是非此即彼式的，可以存在第三种状态。如"长·短""冷·热""黑·白"等，可以有不长不短、不冷不热、非黑非白的情况出现。有人称这种词为"相对反义词"。第二类是由两个以上语素构成的反义词。其中有的是有相同语素的，如"先进·后进"，只有一个语素体现反义关系，比较简明。有的是没有相同语素的，又有三种情况：一种是各语素均有反义关系的，如"生存·死亡"，"生·死""存·亡"双重对立，反义关系十分鲜明。另一种是只有一个语素有反义关系的，如"痛苦·快乐"，只有"苦·乐"对立；还有一种是没直接对立的反义语素的，如"浪费·节约"等。

反义词的形成反映了客观存在的种种对立现象，但并不是一切对立的概念必然要构成反义词。反义词是一种语言现象，反义关系的形成还必须以语言习惯为基础。例如"春·秋""红·黑"并没有必然对立的关系，但是，语言应用的习惯使它们成了反义词。有些有对立关系的概念，如：警察和小偷、狼和羊等，在习惯上并不把它们看成反义词。也有一些词被对举应用，在文句中可以获得反义关系，离开文句就消失了，这种词也不能看成为反义词。例如："妥协还是抗战？腐败还是进步？"（毛泽东《论持久战》）这里，的确表达了相反的意义。但是"妥协"不会是"抗战"（抗日战争的缩语）的反义词，"腐败"也不能算是"进步"的反义词。反义关系的构成还要受意义范畴或义类的限制，不同范畴的词，如：大和细、宽厚和肤浅等，都不能算是反义词，词和词组、词和它的否定形式，虽然语意相反，也不能看成反义词。

在一般语言中，反义词不完全是一对一的，例如："开·关"（开门、关门）、"开·闭"（开幕、闭幕）、"开·合"（开口、合口），单音词"开"可以跟三个词构成反义词。如果一个词有多项意义，也可能不止一项意义有它的反义词。例如："白·黑"，（用于颜色）、"白·红"（用于思想政治领域）；又如："喜欢·厌恶""喜欢·憎恨""喜欢·忧伤"等，都是如此。词的反义关系和同义关系一样，是一个复杂的语义网络，掌握这个网络和网络中的各个语词，对学习、应用和研究词汇都有很大的帮助。

(二) 反义词的作用

反义词既然是反映矛盾对立的关系的，那么在语言表达上，连用反义词，能使语意通过对比、对照而获得鲜明、突出的效果。例如："黑暗即将过去，光明就在前头"，通过"光明·黑暗"的对照，表达鲜明有力，给人留下突出的印象，很不容易淡忘。又如：

> 我以这一丛野草，在明与暗，生与死，过去和未来之际，献于友与仇，人与兽，爱者与不爱者之前作证。

> 我们大家辛辛苦苦为的是什么？就为的一个心愿，要把死的变成活的；把臭的变成香的；把丑的变成美的；把痛苦变成欢乐；把生活变成一座大花园。

这两段短短的文字中，集中应用了多组反义词，语意的表达因对立、对照而更加鲜明突出了，语势的表达也因反义的不断连用而层层推进、大大加强了。

五、单义词和多义词

词是以一定的语音形式来表达意义内容的，表达的方式可以是一对一，也可以是一对多。一对一，即只表达一项意义的，就是单义词；一对多，即能表达互有联系的多项意义的，就是多义词。由于词的语音形式和意义内容之间没有必然的联系，同一语音形式既可以用来表达这样或那样的意义，也可以用来表达单一的或多项的意义。又由于在语言的应用中许多词的意义有滋生出新义的能力，有些词则没有滋生新义的能力，所以词的语义含量就有了多和少的差别，词就有了单义词和多义词的不同。

哪些词是缺乏滋生能力的单义词呢？第一，许多科学术语、专有名词、联绵词和有些常见的事物名称总是单义的，缺乏滋生新义的能力。例如：

函数　电子　音位　针灸　黄河
杭州　蜘蛛　桌子　铅笔　邮票

第二，三个以上语素构成的词和外来词，也往往是单义词。例如：

步话机　规范化　知识性　外国语
离心力　青春期　企业家　咖啡
巧克力　奥林匹克

至于滋生能力强的多义词则主要是由一个语素充当的单音词，尤其是单音的动词、形容词，往往能在长期的使用中滋生出很多的引申意义来。例如"分"一词有以下多项意义：

① 使整体拆成几个部分（跟"合"相对）。
② 分配，如：这个工作分给你。
③ 辨别，如：分清敌我。
④ 时间单位：是一小时的六十分之一。
⑤ 货币单位：是一元的百分之一。
⑥ 评定成绩的单位，如：六十分及格。

⑦ 分数，如：约分、通分、百分比。
⑧ 重量单位：是一两的百分之一。
⑨ 弧或角的单位：是一度的六十分之一。
⑩ 姓。

在《现代汉语词典》第七版中，列出十项以上意义的单音词并不少见，如"头"分列出了十四项意义，"好"分列出了十五项意义，"对"分列出了十六项意义，"发、放、花"等词分列出了十八项意义，"下、打"词分列出了二十多项意义，等等。这些都是比较突出的例子。

许多合成词也有一定的滋生能力，但滋生出的新义较少，不像单音词那样突出。例如：

空气：① 气体；② 气氛，如：政治空气浓。

宽大：① 面积或容积大；② 对犯错误或犯罪的人从宽处理。

利落：① 灵活敏捷，如：动作挺利落；② 整齐有条理，如：身上干净利落；③ 完毕，如：事情已经办利落了。

问题：① 要求回答或解释的题目；② 要解决的矛盾或疑难；③ 关键、重要之点，如：重要的问题在善于学习；④ 事故或意外，如：那部车床又出问题了。

在汉语中，词的语义含量多少，一般是和词的结构长短成反比例的。由单个语素充当的单音词，滋生能力强，往往是多义词；由几个语素构成的多音词，滋生能力弱，往往是单义词。这是因为，单音词词义的演变比较灵活，容易受语境的影响而产生语义上的差异，不断滋生出新义；多语素的多音词，它的词义是由语素义组合或融合而成的，几个语素的意义互相制约着，使其词义演变受到了严格的约束，不容易自由地随语境影响而滋生出新义来。

六、多义词的语义关系

多义词的多项意义都是由它的某一个意义经过引申或比喻性的用法滋生出来的，因而其间总是有或明或暗的联系的，只要通过它的语境去细心观察，就一定能够发现。例如"对"的本义是"回答"，回答时是面对着面、话对着话的，由此就引申出了许多相关的含义：① 对待、对付（如：对症下药）；② 朝着、向着（如：对着镜子理头发）；③ 两者相对（如：对调、对立）；④ 对面的、敌对的（如：对岸、对方、作对）；⑤ 投合、适合（如：对劲儿、对脾气）；⑥ 比较两物是否符合（如：校对、对笔迹）；⑦ 相合、正确、正常（如：说得对、数目不对、神气不对）；⑧ 平均分割（如：对半儿、对开纸）；⑨ 量词，成双（如：一对夫妇）；等等。这些引申出来的含义都和本义有密切的关系，是本义为适应不同的语境而演变出来的。

又如"意思"的含义是指语言文字所表达的意义内容。由此引申出：① 意见、愿望（大家的意思是一起去、你有没有跟我合作的意思）；② 指礼品所代表的心意（这不过是我的一点意思，你就收下吧）；③ 某种趋势或苗头（天有点要下雨的意思）；④ 情趣（这个故事编得很有意思）。所以，通过语境的帮助去理解多义词内部的语义关系，指明其语义引申和变动的路向和特点，这对于透彻地去领悟词义、准确地应用语词是有很多的帮助的。

多义词在表面上和同音词有相同之处，即都用同一个语音形式表达不同的意义内容。但是，两者在实质上是不同的。同音词是几个不同的词表达几个不同的意义，其间在词义上没有引申的关系，例如"田"和"甜"、"蛋"和"淡"……，在词义上互不相干，毫无联系，只是在语音形式上偶然相同而已。

当然，汉语由于历史长，有时理不清一个词内部的意义关系，把多义词混成同音词，这是不容易避免的。例如作动词用的"刻"和作时间单位讲的"刻"，这两个意义之间是有引申关系的，因古代曾以漏壶来计算时间，漏壶内竖一根标杆，上面刻上一百格，水每漏下一格为十四分二十四秒，与今天算法大致相当。由于标杆上的格子是用刀刻出来的，所以表示动作的"刻"就被引申为表示时间的"刻"，据此把"刻"看成多义词也不是没有根据的。

同时，汉语又由于方言复杂，有时用同音字写的方言词会造成意义关系上的混淆。例如"引诱、挑逗婴孩"义被看成"漏"一词的一项意义。例证是："武松道：'我是斩头沥血的人，何肯戏弄良人！我见阿嫂瞧得我包裹紧，先疑忌了，因此特地说些风话，漏你下手'"（《水浒传》第二十七回）、"却恨吴山偶然撞在他手里，圈套都安排定当，漏将入来，不由你不落水"（《古今小说》第三卷）。但是，这一项意义和"漏"的基本意义显然没有什么联系，怎么会是它的词义呢？原来，这是用同音字写的方言词语。浙江吴语中把"引诱、挑逗婴孩"叫"漏"，如"漏得孩子笑了"。方言中有音无字，借用了"漏"字来表达，这样一来，混淆成"漏"一词的一项新义。实际上，这是同音词，一个是方言词，一个是普通话的词。

由此可见，辨别同音词和多义词的差别，关键不在语音，而在语义。只有辨析出各项意义之间是否有引申和被引申的关系，才能确定。

思考和练习

一、什么是同义词？同义词有哪些种类？同义词是怎样造成的？

二、辨析以下各组同义词的主要差别：

成绩——成就　　辩论——争论

壮丽——华丽　　鼓动——煽动

技巧——技术　　恐怖——恐惧

去世——逝世　　美丽——漂亮

打算——企图　　部署——布置

三、改正下列各句中用得不适当的词语：

① 金生媳妇觉得这话也有道理，所以就撤销了自己的意见。

② 许多人都以月缺花飞来陪衬悲痛的心境。

③ 一晃就是十五年，这时间我参加保卫延安、解放大西北等战役。
④ 要织出这条美丽的地毯，需要有一双灵便的手。
⑤ 我们的农垦战士在北大荒已经开发出数万亩良田。
⑥ 我觉得有一股热流经过我的全身。
⑦ 几万人从四面八方向会场簇拥而来。
⑧ 一条小火轮缓缓地突破那光滑的水面。
⑨ 汽车在望不到边际的高原上奔腾。
⑩ 我并非卖弄技巧，我不过想用辛勤的劳动来补偿自己作品的漏洞。

四、什么是反义词？反义关系是怎样形成的？

五、为什么单音词往往有较多的含义？而多音的合成词含义较少？

六、多义词和同音词的主要区别是什么？

第四节　同音词、同素异序词、同族词和词族

一、同音词

同音词是意义完全不同而语音形式相同的词。在现代汉语中，不同词之间的同音现象十分多见，同音词的数量很多。按书写形式分，有同形的同音词和异形的同音词两类，例如：

（一）同形的

bié　别 ┬ 分离（别了，同志们）
　　　　├ 插挂（把校徽别在胸前）
　　　　└ 不要（你别闹了）

děng　等 ┬ 等级（分及格不及格两等）
　　　　 ├ 等候（等他回来再说）
　　　　 └ 助词（上海、杭州等地）

xīn shēng　新生 ┬ 新入学的学生
　　　　　　　 └ 刚产生的

bái huà　白话 ┬ 无根据的（空口说白话）
　　　　　　　└ 近代汉语的书面形式

（二）异形的

diào 调、掉、吊、钓

lù 路、露、鹿、陆

hàn 汉、汗、旱、焊

bān 班、搬、扳、斑

yìyì 意义、意译、异义、异议

gōng shì 公事、公式、工事、攻势

rén shì 人士、人氏、人事、人世

以上第一类同音词并不多见，尤其是双音节的合成词，同音同字的情况是不多的。第二类不同字形的同音词，单音节的十分多见，双音节以上的合成词，同音的机会就少得多了，数量很有限。

同音词的存在是语言中一种必然性现象，因为语言的音节结构形式是有限的，所要表达的意义要素是无限的。以有限的音节表达无限的词义，势必会有同音现象产生。所以，同音词也是各种语言普遍存在的事实，汉语中则数量多一些。其次，汉语同音词的增多和语音的历史演变有直接的关系。古代不同音的许多单音词，演变成了今天的同音词。例如，古汉语尖团音分明，现代汉语合二而一了，结果出现了一大批同音词，如：

① 挤、煎、妻、签、西、绝、蛆、全、雀、需、询、宣……

② 几、间、欺、牵、希、决、区、权、却、虚、驯、轩……

古汉语清浊声母有别，现代汉语合而为一了，结果又造成了大批同音词，如：

① 拜、扮、带、担、店、翻、吉、见、配、欺、舍、仗……

② 败、办、代、淡、电、帆、极、件、佩、期、社、丈……

再次，汉语借用外族和外国的语词，音译而成的语音形式和汉语原有的一些词偶同。例如：蒙古语的 jam，译成"站"，表"车站"，与汉语动词"站"同音；metre 译为"米"，表长度；tin 译为"听"，计量单位；pound 译为"磅"，表重量单位等，也都和汉语某一词成了同音词。又如法语的 salon，译成"沙龙"表"客厅"，就和汉语的"纱笼"同音了。但是，这样造成的同音词，数量是不多的。

在语言表达上，同音词的存在有好的作用，也有不好的作用。好的作用是可以利用同音关系构成一些修辞格，如："双关、飞白、歇后"等，使语言表达增加风趣。不好的作用是同音足以混意，容易造成误解，例如"骄气和娇气""期中和期终""邮票和油票"……单独说的时候，不免会引起混淆。为了让对方听准，要多费口舌，解释自己的所指是哪一个字（如：是"骄傲"的"骄"，不是"娇嫩"的"娇"）这当然不很方便。在现代汉语中同音词的数量大约占词汇数的百分之十，《汉语拼音词汇（初稿）》收词 20 133 个，其中同音词是 2 100 多个。有些同音词是词性不同的，如"英武和鹦鹉""会演和慧眼"等；有些是义类不同的，如"树木和数目"等，都是不太会混淆的。单说时容易混淆的同音词在文句中借语境的帮助，也是能够分辨清楚的。容易发生混淆的主要是同音的单音词，随着汉语词汇发展和运用中双音节化趋势的出现，单音词正在分化，形成相应的双音词，如把"优"说成"优异、优秀、优良"等，这样，同音混意的消极作用在很大的程度上得到了限制。

二、同素异序词

同素异序词是构词语素相同而语序相异的合成词，都由两个实语素构成，是汉语词汇中的一种富有特色的双音词。例如："式样/样式、裁剪/剪裁、药膏/膏药、黄昏/昏

黄、演义/义演"等,其间在结构上的差异仅在于语素顺序的变换,如果以前者的顺序为正,则后者的顺序就是倒,以颠倒语序的办法构词,从而充分利用了语序在汉语词汇中的价值。从结构关系上看,同素异序词大致有如下几种类型。

并列式:感情、语言、背脊、粮食、笨拙、直爽、要紧、合适、代替、讲演、寻找、补贴、洗刷、并吞。

偏正式:蜜蜂、人证、国王、纱窗、油灯、火柴、黄土、白银、红眼、黄金、黑漆、白灰、绿豆、蓝天。

支配偏正式:译音、为人、救急、流水、装假、抓瞎、译笔。

补充偏正式:扣回、升高、议和、收回、评定、放下。

陈述偏正式:性急、眼花、心细、脸红、夜深、命苦、胆大。

支配陈述式:动心、喘气、会意、伤心、虚心、尽兴。

以上这些例子若将两个语素的顺序倒一下,均能成词。并列式的语素顺序倒换后仍是并列式,偏正式语素顺序倒换后可以是偏正式、支配式、补充式、陈述式,支配式的语素顺序倒换后是陈述式。结构关系的变化是双向互换的。

同素异序词的产生有以下原因:第一,在它产生和使用的初期,语素的顺序是不固定的,并列式结构就是如此。例如:慰安、绍介、运命、魂灵、壮健、康健……在五四时期是和安慰、介绍、命运、灵魂、健壮、健康……并存并用的。第二,由于方言的影响,如南方人说:气力、闹热、欢喜、道地、妒忌、花菜……,北方(或普通话)说:力气、热闹、喜欢、地道、忌妒、菜花……,从而造成了并列式中的许多同素异序词语。第三,由于汉语没有形态变化,两个实语素连在一起可以意合成词,偏正式、支配式、主谓式、补充式的合成词就是如此;而一将语素顺序倒换过来,又能意合成词。这样就自然构成了不少同素异序词语,大大丰富了汉语词汇。

从词的意义和用法上看,并列式的同素异序词是同义词,其词义基本相同,例如:讲演和演讲、总共和共总、要紧和紧要、微细和细微等。但是,它们既然能够并存并用,在应用中多少会产生出一些差别来,例如搭配关系、语境特点、词义色彩,未必能完全相等。有一些则由于异序,词义上也会在应用中发生若干分化,例如:兄弟和弟兄、灵魂和魂灵、语言和言语、洗刷和刷洗、觉察和察觉等。至于其他各种结构关系的同素异序词,在词义和用法上就有明显的差别了。例如:"蜜蜂"是指"蜂","蜂蜜"是指"蜜";"救急"词义重在"急","急救"词义重在"救",结构上也由支配式变成了偏正式;补充式"放下",以"下"补足了"放"的内容,而"下放"则以"下"修饰了"放"的方位;"脸红和红脸""喘气和气喘"等也由于结构关系的变换,发生了能使人感知的词义变化和用法差异。此外,语素顺序变换之后,许多词在词性上也会发生变化,例如"黄金"是名词,指金属物质;"金黄"是形容词,是指颜色。"译笔"是名词,指译文的风格;"笔译"变了动词,指与"口译"的区别。"扣回"是动词,"回扣"变成了名词,词义和用法也就有了不同。"急性"是名词,"性急"变成了形容词,含义也就很不一样等。

由上所述,可见变换语素顺序来构词,这是汉语构词法的一个不容忽视的特点,它是属于合成词复合构词法（即意合法）中的一个重要部分。了解和掌握这种由变序而构成的同素异序词，对于深刻认识汉语词汇、灵活应用汉语的词语是很有助益的。

三、同族词和词族

同族词是以一个共同的语素为基础而构成的一群合成词。根据这个共同语素在词中的位置，可以分成两类：一类是共同语素在前的，例如"情"在前，后接其他语素，可以构成：情报、情操、情敌、情调、情感、情节、情景、情境、情理、情面、情趣、情势、情思、情愫、情绪、情谊、情态、情意、情愿……；另一类是共同语素在后的，前加其他语素，可以构成：爱情、表情、病情、常情、痴情、传情、敌情、动情、感情、行情、豪情、交情、领情、留情、人情、深情、盛情、抒情、私情、温情、性情、友情……。这两类同族词由于都含有一个共同语素，因而在语义上都有一定的联系，形成了它们的共同点；又由于这个共同语素在词中的位置前后不同，因而在词义上或结构关系上都会有一定的差别，形成了它们的相异点。但是，不管它们之间的差异有多大，它们都属于一个共同的词族，是"情"族词中的两类同族词。

在汉语中，由于语词缺少形态变化，两个或多个语素相碰，就很容易意合成词。所以，词族、同族词的现象十分普遍地存在着。几乎每个语素（主要是实语素）都能作为构词的基础，构成一串串的同族词，形成一个个的词族。例如上面所举的与语素"情"合成为词的那些语素，也都可以构成自己的同族词和词族："报"族词、"操"族词、"爱"族词、"表"族词……。这一串串的同族词、一个个的词族又可以因含有一个共同语素而互相串联起来，这结果，几乎可以使所有的合成词都互相联系了起来，形成一个同族词和词族的复杂的网络。这个词族之网的覆盖面是很大的，除了单纯词之外，很少有"漏网"的、完全孤立着的语词了。所以，词汇材料虽然是比较零碎的，不像语音和语法有严密的系统性，但是，我们只要从这个角度看问题，就能群体性地理解和把握住它，不再使它成为分散的一堆造句的材料了。

对词汇进行同族和词族关系的研究分析，在语文工作中有很大的实用价值。现行的汉语词典大多是按照合成词的第一个语素（即汉字）编排词语的次序的，也就是以第一类同族词为排列词语的依据的，查检起来十分方便，例如只要查到"情"字，就可以找到以语素"情"开头的全部词语。也有一些词典（有的叫逆序词典，有的叫倒排词典）是根据第二类同族词来编排词语的次序的，只要查到"情"字，就可以找到以语素"情"结尾的所有词语。如果将这两种类型的词典并用，就能轻而易举地见到一个个词族所包含的全部同族词。所以这两类词典是教学和研究汉语词汇不可缺少的工具书，它们的编纂正是研究分析同族词和词族的结果，是有很大的实用价值的。

> **思考和练习**
>
> 一、同音词有哪些类型？造成同音现象的原因有哪些？
> 二、同音词在语言中有哪些积极作用和消极作用？

三、什么是同素异序词？它的结构类型有哪些？

四、在汉语中同素异序词较多，原因有哪些？

五、词的语素顺序变换后会出现哪些方面的差别？

六、什么是同族词？试述"语""言"的同族词。

七、研究同族词和词族有什么实用意义？

第五节 词汇的构成

词汇是语词的总汇，也有人称为"词库"。它是造句的材料。按照词语的性质和作用，词汇可分为两部分：基本词汇和一般词汇。一般词汇又包括古语词、新语词、方言词、外来词、术语词、特殊语词、简缩语词、成语、惯用语、歇后语等。

一、基本词汇和一般词汇

任何一种现代语言，语词的数量都是很多的，一般要在十万、二十万以上。学习一种语言，不可能要求一下子掌握这么多的语词，只能先掌握它的基本词汇中的语词。基本词汇是词汇的核心部分，它是在发展变化面前最稳定、应用范围最广泛、构成新词的能力最强的那些语词，大多数也就是所谓"根词"。这种词数量并不很大，但在进行社会交际时是最必需的。例如：

反映自然界的名词：天、地、山、水、泥、沙、江、河、雷、电、风、雨、云、雾……

反映生物界的名词：花、草、树、牛、马、羊、鱼、虫、鸟、头、手、脚、皮、毛……

反映生产、生活的名词：车、刀、犁、锹、油、盐、酱、醋、门、窗、饭、煤、布……

反映时空方位的名词：年、月、日、春、秋、早、晚、上、下、前、右、东、南……

反映动作、行为的词：吃、喝、走、跑、来、去、飞、流、想、读、写、听、说……

反映性质、状态的词：大、小、长、短、轻、重、深、浅、冷、热、红、绿、苦……

反映数量的词：一、二、百、千、万、丈、尺、寸、个、双、斤、两、双、件、条……

像上面列举的词都是基本词汇中的词。基本词的特点：第一是稳定性，因为它所反映的是一些不大会变化的事物、概念、行为动作、性质和状态等，所以是很稳定的。有些词虽然在词义上因引申而发生一些变化，例如"红、白、冷、热"等，但是仍是古今通用的，只是含义有多和少的差异而已。第二是应用范围广泛，不同地方、不同职业、不同性别……凡是要说话、写作，都离不开这些词；不同文体如小说、散文、戏剧……也都要使用这些词，所以它具有全民通用性。第三是构词能力强，能以基本词作构词的基础配以不同的语素，构成许多同族词，形成一个个的词族。

除了基本词之外，就都是一般词汇。其中包括以基本词为构词基础的同族词，如以"白"为基础构成的"白菜、白话、白净、白蚁、白字、清白、花白、灰白……"，也包括以半自由语素为基础而构成的一族族合成词。例如以"民"为基础构成的"民警、民俗、民意、民航、民兵、民愤、公民、农民、牧民、选民……"，以及附加虚语素而构成的"读者、学者、作者、患者、记者、笔者、侍者、长者、使者、来者……",还包括单纯词和多音词,以及下文所述的各种不同来源的语词。所以,一般词汇的数量是很多的,表达的范围很广、无所不包。人们说话、写作是不可能光使用基本词汇的词的,因为不使用一般词汇就说不成成篇的话、写不成成篇的文章。

二、古语词和新语词

古语词是通过文献材料流传下来的、现代已经少用了的古汉语语词,也叫文言词。其中有一部分是历史词语,是反映或指称历史上的事物和现象的。例如封建社会中的职名官名"天子、诸侯、太傅、太尉、丞相、尚书、状元、进士、举人、太守、知州、知县、太子、驸马"等,此外如古代关于宫室、车马、饮食、衣饰、器皿等方面已不为今人习用的名词。这些语词随着社会的发展变化已淹沉于古代文籍之中,只有在我们叙述历史事实、写作历史题材的作品时,才会使用,一般情况下已很少会用到它们。另一部分古语词是古代常用而现代罕用的一般语词,如"迎迓、盘桓、契阔、顿首、臧否、将养、发凡、击水、附丽、造化……";还有古汉语中的一些代词、文言虚词等。这些词在口语中基本不用了,只在书面语中和学者群中偶尔使用。

汉语是具有悠久历史的语言,不同时代的人都在使用过程中创造出许多新词,充实了汉语的词汇。同时,也不断淘汰着古语词中缺乏生命力的词使其不再通用了,如像沉淀物淹沉于辞海之中,从而实现了词汇的更新。但是,在需要的时候,它们仍能泛起,偶尔供人一用,取得很好的表达效果。所以,古词语并非只是一种陈旧的、没有积极作用的语词,仅仅是由于社会的发展、时代的前进,古语词的应用范围日渐缩小、使用频率逐渐降低而已。

在语言各构成部分中,词汇是直接反映社会的,一种新的事物、现象出现了,在语言中就会产生新的语词去反映它。因此它是处在经常不断发展变化之中的,不停地产生着新词。现代汉语新词词汇是指汉语发展到现代阶段出现的新词的汇集。从汉语史的分期来说,20世纪20年代,或1919年"五四"运动开始,汉语进入了现代的阶段。这以后产生的语词(主要是复合词)都属于新词词汇。多年来,现代汉语新词的数量是很多的,人们对新词的适应速度也很快,因而大多数新词已为人们习用,不易觉察或辨认。例如"火车、轮船、飞机、机枪、电话、电炉、纸烟、练习生、服务员、规范化、革命性、无线电、原子弹、火箭炮、计算机……",在当时来说,都是新词。从新词的词性上看,一般都是名词,动词、形容词要少得多,虚词则很少有新词产生。

此外,由于政治和社会制度的原因,现代汉语被分割在两个地区内发展,即中国内地和香港、澳门、台湾地区。港澳台地区的汉语是现代汉语的一部分,几十年来,港澳台地区的汉语也产生了大量的新词。例如:陆桥、出生纸、耕耘机、太空人、计程车、和平岛、康乐队、斑马线……随着这些地区和内地的不断沟通和人员往来,这些新词也逐渐为人们熟悉,并和有关的词构成同义词供人选用。例如,人们既可说出租汽车,也可因某种需要而说成"计程车";既可说"横道线、文工团、安全岛、宇航员、拖拉机",也可因某种需要而说成"斑马线、康乐队、和平岛、太空人、耕耘机"。这些同义词虽然总的意思相同，但构词所用的语素不同，仍能带来意义上的微小差别和色彩上的差异，因而是会并存并用的。当然，也会有一些不能适应大陆社会生活需要的语词，则不能转而成为现代汉语的新词，而只能仍在这些地区使用。

三、方言词

汉语自古以来，方言复杂，各个地方不但"言语异声"，而且词汇也都互有不同，因而就有方言词乃至方言词汇。凡是普通话中不通用而在方言地区使用的词，就是方言词。各地方言词差别很大，例如"母猪"，温州话叫"猪娘"，长沙话叫"猪婆"，广州话叫"猪乸（ná）"，厦门话叫"猪母"；例如"他"，上海话叫"伊"，广州话叫"佢"，客家话叫"其"等，不一而足。这种方言词，只能在方言地区通用。但是，因为方言之间是相互影响的，普通话也需从方言中吸收有用的成分来丰富自己，所以，方言词也必有一部分通过口头的和书面的方式进入普通话词汇，成为普通话的一般通用词。这里所谈的方言词正是指这种为普通话吸收了的方言词。

方言词以名词和形容词较能为普通话吸收，数量也较多。例如"花头、噱头、垃圾、名堂、搭档、锅贴、窝窝头、二流子"等，这些都是名词；"龌龊、坍台、蹩脚、过硬、窝囊、歹毒、尴尬、别扭"等，都是形容词。动词则较少，如"搞、弄、倒腾、磨蹭"等。其他几种词类的词也很少吸收，有的甚至基本不吸收方言词，如人称代词；有的则方言之间基本一致的，如数词、连接词等。这是因为名物的称呼、性状描述各地差异较大，即使词义相同，附带的色彩也并不一样。例如"猫头鹰"和"夜猫子"虽然同指一物，但由于构词所用的语素不同，使用起来也就有细微的差别。又如"花头"和"花招儿"虽然基本意义相同，但是也有明显的不同，"花头"可以指"新奇的主意和办法、奥妙之处"，"花招儿"则不能；"花招儿"可指"练武术时变化灵巧、姿势好看的动作"，"花头"则不能。形容词如"蹩脚、窝囊"等也是如此，普通话中以不同语素构成的词很难恰当表达出它们的含义。所以，吸收方言词是有积极作用的，它可以加强语言的表现力。

吸收方言词很难确立一个明确而具体的标准，大致的原则是：表达上确有必要；已有一定的通用性。20世纪二三十年代有许多小说不用"他"而用入方言词"伊"或"佢"，这就既无表达上的必要性，也无通用的可能。20世纪50年代的名作《暴风骤雨》（周立波），一开头写工作队在进村路上看见牛在地里吃庄稼，作者曾用了东北方言词："牤子吃庄稼啦！"后来出版的版本中，作者把"牤子"改成了"牛"。这也说明了这一点。

四、外来词

外来词是从外族或外国语言中吸收进来的词。不同的民族、国家之间要互相交往，不同的语言之间会相互影响，结果就出现了语词的互相借用，各自从外族语、外国语中吸收自己需要的成分。所以，外来词又叫借词。现代汉语外来词的借用方式有如下几种：

（一）音译的外来词

根据原语的发音，用汉字记录成词，汉字不表义，以音明义。例如英语的 radar，用汉字译写成"雷达"。这种外来词为数不少。如：

  雅克西（维吾尔语） 锁呐（维吾尔语）
  哈达（蒙语）   福晋（满语）
  萨奇马（满语）   扑克（英语）
  尼龙（英语）   托拉斯（英语）
  歇斯底里（英语） 咖啡（法语）
  蒙太奇（法语）   布拉吉（俄语）

（二）音译加义类的外来词

音译词不显露词意，音译之后再添加一个表示义类的语素，就更易于理解。例如英语的 beer，音译成"啤"，再加表示义类的"酒"字，成了"啤酒"。这种外来词数量很多。如：

  白脱油（英语）   吉普车（英语）
  雪茄烟（英语）   芭蕾舞（法语）
  香槟酒（法语）   沙皇（俄语）

（三）音译兼义译的外来词

根据原语发音用汉字译写时兼顾到词义，是一种音义双关性的外来词。例如英语的 index，音义兼译成"引得"。index 是"索引"，译成"引得"既好理解，又近发音，十分巧妙。这种翻译法难度较大，因而用得较少，又如：

  幽默（humour）   引擎（engine）
  俱乐部（club）   绷带（bandage）
  佃农（tenant）   抬头（title）
  维他命（vitamin）   浪漫史（romance）

（四）移植的外来词

日语借用了汉字，在文字上与我国有相通之处，对于一些用汉字书写的日语词，汉语往往可以用移植的办法加以吸收。例如：

  场合 道具 保健 勤务 距离
  目标 复习 解决 手续 支部
  大本营 不景气 派出所 辩证法
  导火线 博览会 放射线

这些词是来源于日语的，移植过来使用，词义是可以理解的，也就逐渐成了汉语的了，使用者往往意识不到它们实际上是外来词。这种词的数量不少。

此外，用意译方法构造出新词，成为意译词。这种词的词义是外来的，构词的语素和构造的方式是中国的，所以已不能称作外来词了。意译词的数量很多，很易为人接受和使用。如："手杖"译自英语的 stick、"水泥"译自英语的 cemet；又如"马力"译自英语 horse power 这个词组、"蜜月"译自英语 honey moon 这个词组等。

吸收外来词，除了从日语移植的以外，都要受汉语结构规律的制约，以使同化于汉语、异化于原语。外来词在语音方面的变化是音节结构形式的汉语化，把外语的音节改造成汉语的音节，如 radar 的 ra 改成了 lei（雷）、dar 改成了 da（达）；同时，在改造过程中往往会增加音节，如 trust（托拉斯）是一个音节，音译成 tuo la si 三个音节。在语法方面也有改变，即取消了外语语词的词形变化特点，改成为一个不变的单词，例如俄语的 трактор（拖拉机）有单数和复数的词形变化，单数和复数又各有六种格的词形变化，译成"拖拉机"以后，就只有一个不变的词形了。在语义方面，外来词的意义也不等于原语，往往会缩小原词的意义范围。例如 poker（扑克）在英语中有"火钳、烙饼用具、妖怪、纸牌"等词义，但是汉语中的"扑克"只有"纸牌"一项意思了。

最近一百多年来，由于跟外国交往增加，引进了大量的外来词。起初往往采用音译法用汉字直写外语词的发音，成为音译词，如"版克、集纳、赛因斯、狄克推多、德谟克拉西、伯里玺天德……"。但是，音译词不能见字明义，有的则词形过长，不适合我国的言语习惯，所以，有了音译词以后，又往往构造出一个意译词来，并存并用。有很多音译词经过一个时期以后，则往往被意译词所取代，例如上文所举的音译词现在已被意译词"银行、新闻、科学、专制、民主、总统……"代替了。不能取代的音译词往往是些专有名词、货币名词、度量衡名词、术语名词。此外，还有些货名、物名，如"沙发、坦克、巧克力、白兰地"等。由此可见，吸收外来词要受汉语结构规律的制约，要重视我国的语言习惯。

五、术语

术语是各门科学的学者从事研究工作所必需的专用语词，也属于一般词的范围，但通用的范围较狭。术语主要是名词，是表达科学概念的。例如：

"整数、分数、约数、平方、开方、函数"等，这是数学方面的术语；"频率、共鸣、波段、磁场、引力、电子、光速、惯性"等，这是物理学的术语；"元素、氧化、分解、中和、化合、盐酸"等，这是化学的术语；"海拔、丘陵、盆地、冰川、赤道、北极、经度、纬度"等，这是地学的术语；"元音、辅音、语素、成语、熟语、本义、转义、虚词、动词"等，这是语言学的术语；"价值、价格、商品、货币、预算、决算、贷款、赤字、指数、通货"等，这是经济学的术语；"血型、休克、脱水、理疗、感冒、癌症、骨折、针灸"等，这是医学的术语，如此等等。现代科学的发展，对研究对象的划分越来越细，术语的数量也越来越多，术语的内涵也越来越专门，在社会上的通用性则越来越窄，往往这门科学的这些术语，只为这门科学的学者所理解和应用。只有少数术语才会进入人们的日常生活，成为常用的词语。

与术语近似的还有行业语词。行业语词是社会上各行各业从事职业活动时应用的一些专门性语词，不同行业的人并不熟悉对方的行业语。例如：经商的人离不开各种商品的名词，离不开"畅销、脱销、滞销、旺季、淡季、货源、盘点、店面、市场、毛利、纯利"等，办工业的人离不开各种工业产品的名词，离不开"厂房、车间、车床、磨床、模具、部件、焊接、原材料、热处理、冷处理"等；做木匠的离不开各种木材、木材制品的名词和各种木工工具的名词，做泥水匠、裁缝、鞋匠、理发师的，也各有各的职业用语。总之，三百六十行，行行都有自己的一些专用语词。但是，行业语和人们的生活有较密切的关系，往往不如科学术语专门或难以掌握。科学术语则大多需要经过专业的学习才能掌握齐全。其次，科学术语还往往具有国际性，是各国通用的，行业语的国际通用程度较低。行业语是从职业活动的角度说的，术语是从学术研究的角度说的，从词的定义、解说和应用上说，术语都要比行业语更严密和严格些。

六、特殊词语

特殊词语是社会不同层次的人群为表达特殊的内容而形成的习惯语，包括敬词、谦词、詈词、隐语。

敬词是对人表示尊敬、客气意味的语词，一般用于对长辈、师长、朋友、客人说的，或是下面的人对上级和同事说的。常用的是"尊、贵、大、高、恭、敬、谨、惠"等一类词。例如问人姓氏称"尊姓、贵姓"，祝愿他人称"敬祝、谨祝"，等候时称"恭候"，称他人的文章为"大作"，称他人的见解为"高见"，称别人赠送为"惠赠"，等等。

谦词是对人表示谦逊、客气意味的语词，把自己放在人尊我卑的位置说话。常用的谦词有"敝、愚、小、拙"等一类词。例如称自己的著作为"敝作、拙作"，称自己的见解为"愚见"，称自己的侄儿为"小侄"，等等。

詈词是粗俗的骂人话，与敬词和谦词相反，常常在发生争执、冲突时，用来发泄感情的。此外，在不同阶级层次的人群中，互用一些蔑视对方的词语，也具有骂人话的性质，例如在旧社会，老百姓把警察叫"黑狗"（因穿黑色警服），把士兵叫"丘八"，把工头叫"拿摩瘟"，而资本家把煤矿工人叫"煤黑子"，等等。

隐语是社会上特殊层次的人群中使用的秘密词语，一般不为外人所知。例如，从前的商人把港币叫"咸龙"，把货币叫"湿柴"，把三叫"横川"，把四叫"侧目"，把八叫"分头"等。隐语是语词的扭曲表达形式，是不正常的语言现象。

此外，在不同的社会群体中，还可能形成一些较特殊的习惯语。例如，学生把熬夜学习叫"开夜车"，干部把去外单位学习经验叫"取经"，等等。也有些会引起人们不悦的现象，要加以避讳，形成一些禁忌语词，例如人们忌"死"一词，往往说成"身后"或其他用语，以减少刺激性。忌说生病看病，而说"看医生"。这些都属特殊词语，因特殊的需要而采用的。在词汇中，这种语词数量不多，也不占重要的地位，但确实存在着的。

七、简称

词语的简缩，是把一个较大的语言单位简化或紧缩成一个较小的语言单位。简缩以后，内容不变，形成一种特殊形式的语词，即简称和缩语。词语简缩的原因是表达上有避繁趋简的要求，有许多专名的全称很长，例如英国的全称是"大不列颠及北爱尔兰联合王国"，民进的全称是"中国民主促进会"。如果用到这些专名时，一句一个全称，说起来不便，听起来也觉啰嗦。简缩以后意思不变，就自然易为人们所用了。所以，在汉语中简缩的词语很多。按简缩的方法，大致可分为以下三类：

(一) 抽取法

即在全称中抽取代表性语素而成的。例如：

支部书记——支书　　科学技术——科技
北京大学——北大　　人民警察——民警
对外贸易——外贸　　华侨事务——侨务
人民代表大会——人大
北京电影制片厂——北影
高等学校招生考试——高考

(二) 标数法

即在全称中选取代表性成分标明数目或概括所列事物属性后标明数字来表达，如：

广东和广西——两广
秋收、秋耕、秋播——三秋
论语、孟子、大学、中庸——四书
苍蝇、蚊子、老鼠、蟑螂——四害

(三) 减缩法

即缩去全称各段中一二个共同的语素，使表达得更加简练和紧凑些。例如：

工业农业——工农业　　中学小学——中小学
动物植物——动植物　　病害虫害——病虫害
国内国外——国内外　　各省各市——各省市
指挥员战斗员——指战员

简缩词能否通行除了决定于表意是否明确、使用频率是否高之外，主要决定于语言习惯，习惯不同于逻辑规律，它容许有"通而不惯"和"惯而不通"的情形存在。例如："劳动模范"可以简为"劳模"，"战斗英雄"却不能简为"战英"；又如："人民银行"可以简为"人行"，"人民政府"不能简为"人府"；等等。这都说明，词语简缩的可行性在于习惯成自然，别的条件倒是居于次要的地位的。

八、成语

成语是熟语的一种，它是意义完整的、结构上定型的、在语法上与单词等价的固定性短语，是现成的或既成的习用语。例如"鼠目寸光"是比喻眼光短、见识浅，并不是四个字字面意义的简单相加；结构上则不能改变字眼或改变顺序；在句中则起一个单词的语法作用，例如"在战略问题上，他是一个鼠目寸光的武夫；但在耍阴谋诡计方面，他的确比同类高出一筹"，在这里，"鼠目寸光"是"武夫"的定语；"阴谋诡计"也是成语，是"耍"的宾语。

成语作为一种特殊的习用语，主要来源有：

(一) 古代寓言

寓言是一种短小的文学体裁，它以假托的故事寄寓深刻的道理，常含有劝诫或讽刺的意味。我国古代往往将一个寓言故事概括成四个字来表达，并为人们习用，这就变成了一个成语。例如：

滥竽充数：来自战国末期韩非《韩非子·内储说》。书中说：齐宣王爱听吹竽，每次要三百人一齐吹奏，不会吹竽的南郭处士跑来要求参加乐队，齐宣王收下了他，并给他很多赏赐。齐宣王死后，他的儿子即位，却要每个人单独吹给他听，于是南郭处士混不下去了，只好逃跑。这样，就产生了"滥竽充数"这个成语，意谓没有本事的人混进去充数，或以次货冒充好货。

属于这一类的成语，数量不少。例如：

守株待兔：来自《韩非子·五蠹》。
刻舟求剑：来自《吕氏春秋·察今》。
愚公移山：来自《列子·汤问》。
曲高和寡：来自《文选·宋玉对楚王问》。
得意忘形：来自《庄子·山木》。
杞人忧天：来自《列子·天瑞》。
南辕北辙：来自《战国策·魏策》。
画蛇添足：来自《战国策·齐策》。

（二）历史故事或事件

卧薪尝胆：春秋时代，越国被吴国打败之后，越王勾践立志报仇，为了激励斗志，他晚上睡柴草堆，室中挂苦胆，在吃饭和睡觉之前都要尝一尝苦味。经过长期准备，越国终于打败了吴国。后来，这个故事就被概括成了"卧薪尝胆"，意谓刻苦自励，发奋图强。

夜郎自大：汉朝使者到滇和夜郎，滇王、夜郎侯都问：汉与它们比起来谁的疆域大。滇王、夜郎侯都只是一州之主，竟不知道汉朝国土的广大。后来就概括出"夜郎自大"这一成语，意指孤陋寡闻而妄自尊大。

属于这一类的成语也不少。如：

望梅止渴：来自《世说新语·假谲》。
破釜沉舟：来自《史记·项羽本纪》。
完璧归赵：来自《史记·廉颇蔺相如列传》。
三顾茅庐：来自诸葛亮：《出师表》。
毛遂自荐：来自《史记·平原君虞卿列传》。

（三）古代诗文

来自古代诗文中的语句，后来定型而为成语。其中有的是引用原话，有的是简缩而成的。如：

老骥伏枥：来自曹操《步出夏门行》："老骥伏枥，志在千里；烈士暮年，壮心不已。"后比喻人虽老了，仍有雄心壮志。

择善而从：来自《论语·述而》："三人行，必有我师焉，择其善者而从之。"简缩而成成语。

属于这一类的成语也不少。如：

发号施令：来自《尚书·囧命》。
教学相长：来自《礼记·学记》。
舍生取义：来自《孟子·告子》。
困兽犹斗：来自《左传·宣公十二年》。
敬而远之：来自《论语·雍也》。
锦囊妙计：来自《三国演义》。

(四) 民间口语

上述三种都是来自书面语的，从古至今沿用了下来。也有不少成语是来自民间口语的，有些见于白话小说，有些则无从查考出处。例如：

　　一清二楚　　七拼八凑　　千真万确
　　心直口快　　看菜吃饭　　拿手好戏
　　死去活来　　披头散发　　明争暗斗
　　零敲碎打　　杀鸡取卵

成语的结构是可分析的，大致有：

并列关系（内部又分陈述、支配、偏正）：心直口快、兴高采烈、人老珠黄、仁至义尽、移风易俗、标新立异、怨天尤人、丧权辱国、青梅竹马、轻描淡写、明争暗斗、深谋远虑。

陈述关系：叶公好龙、胸有成竹、唇齿相依、啼笑皆非、耳目一新、老少无欺。
支配关系：顾全大局、横扫千军、饱经风霜、泄露天机、虚张声势、另起炉灶。
偏正关系：庞然大物、不速之客、世外桃源、一得之见、嫣然一笑、百折不挠。

九、惯用语

惯用语是口语中习用的一种熟语，大多是动宾结构的短语，并且大多是有转义的，因而在语义上具有完整性。一个短语产生自己的转义，总有特殊的原因或过程。惯用语这种特殊的形成过程往往是事出有因而查无实据的，是流传于口头而不见于经传的事，因而属于"俗词源学"的范畴，不易查考确凿。只有少数古已有之的惯用语，偶能找到文献记载。如"抱佛脚"见清人张世南《游宦纪闻》，"掉书袋"见北宋马令《南唐书·彭利用传》。但是大多数日常使用的惯用语都不能找出它们的出处，说清它们的词源。

惯用语的结构大多是三个字的支配式短语，既有转义，也可用本义。例如：

　　摆擂台　　避风头　　炒冷饭　　触霉头
　　吹冷风　　打圆场　　敲边鼓　　掉枪花
　　走后门　　踢皮球　　唱高调　　抓辫子
　　穿小鞋　　捞稻草　　泡蘑菇　　放空炮
　　咬耳朵　　走过场　　磨洋工　　碰钉子
　　挖墙脚　　钻空子　　打游击　　抱佛脚

非支配式短语的惯用语数量较少，例如"包打听、连窝端"，是限制关系的短语；

"天晓得、鬼知道",是陈述关系的短语;"对得住、对不起",是补充关系的短语;等等。

惯用语是词语的一种习惯性组合,随着习惯的改变,也可能被人们遗忘,因而它有较强的时代性。例如"走后门"一语是近几十年流行起来的,它反映了物资不足和作风不正的现象。将来,如果生产力发展到物资充足、供过于求了,人们的作风更好了,社会上没有走后门的现象了,这个惯用语也就会逐渐不为人用。经过几代人的更替之后,也许就被人们遗忘了。古书中载录的一些古人的惯用语,例如上面举的"掉书袋",今人就未必熟悉,就是这个道理。

十、歇后语

歇后语是由近似谜面和谜底两部分组成的带有隐语性质的口头用语,前一部分是一个比喻性的语句,后一部分是谜底,是真意所在。两个部分之间有间歇,后一部分也可以不说出来,让人去猜想或体会。

歇后语分两类,一类喻意,一类谐音。

喻意的如:

芝麻开花——节节高。

八仙过海——各显神通。

飞蛾扑火——自取灭亡。

擀面杖吹火——一窍不通。

泥菩萨过江——自身难保。

诸葛亮皱眉头——计上心来。

黄鼠狼给小鸡拜年——没安好心。

谐音的如:

旗杆顶上绑鸡毛——好大的掸(胆)子。

小葱拌豆腐——一青(清)二白。

窗口吹喇叭——鸣(名)声在外。

膝盖上钉掌——离蹄(题)太远。

上鞋不用锥子——针(真)好。

孔夫子搬家——尽是书(输)

无论是喻意的还是谐音的,由于它表意的特点不是直露的,而是曲折的,要叫人想一想才能恍然大悟。所以,歇后语的应用能使人觉得妙趣横生,能使语言表达生动活泼。在文学作品中,恰当地应用它,表达效果是积极的。但是,对于某些思想内容不健康的或者很粗俗的歇后语,则应当排斥,以免损害应有的语言美。

思考和练习

一、基本词汇有哪些特点?

二、古语词指哪些?新语词指哪些?

三、应当怎样使用方言词？
四、汉语吸收外来词的方法有哪几种？
五、术语和行业语有什么区别？
六、特殊词汇指的是哪几种？
七、词语简缩的方法有哪些？
八、成语是什么？有哪些来源？
九、惯用语是怎样形成的？
十、歇后语有哪些类型？

第六节 词语的解释和查检

一、怎样释词

释词主要指解释生词、难词，这是语文教学中的一个重要的环节。教师对课文中的词语解释得准确、清楚，不但可以帮助学生深刻地理解课文的内容，而且可以使学生不断地熟悉、掌握更多的词汇量，从而有效地提高其阅读和写作的水平。

语文教学中解释词语的方法，常用的有以下几种。

（一）用释字解词的方法去解释

大多数词语的含义都离不开它的组成成分即语素的含义，因此，解释词义也就必须讲清各个语素义（即字义），尤其是一些不熟悉的语素，这样，对词义的解释才有基础，易于理解。例如："跋涉"，"跋"是在山路上走，"涉"是蹚水走，意思是指旅途的艰苦。这样解释到字，对词义的理解有了着落，不但容易懂，而且懂得比较透彻，比不加分析，囫囵吞枣地学和记，效果要好得多。所以，凡是含有生字、难字的词语，解释时就要抓住疑难。事实上有许多词语，只要一解决生字、难字，也就不讲自通了。例如：

翔实：详尽而确实。翔，同"详"。
缄默：闭口不说话。缄，封口。
晋级：升到较高的等级。晋，同"进"。
方兴未艾：正在发展，未到止境。艾，停止。
含辛茹苦：忍受辛苦。茹，吃。
不能自已：不能抑制自己的感情。已，停止。

（二）选用同义词语来解释

语言中广泛存在着同义现象，因而，利用同义关系来解释生词难词，也是一种常见的方法。在语文教学中，这种方法颇为师生所熟悉，应用起来也比较简便。同义相释，一般是以容易的解释难的。例如：

眩目：耀眼。　　稽首：磕头。
不题：不是。　　浑家：妻子。

酒肆：酒家。　　擢升：提升。

憧憬：向往。　　休憩：休息。

不过，同义词之间的意义并不是完全相同，选用同义词来解释有时难以解释得完全准确，即使选用两个来解释一个，也是如此。例如课本中注释"邀"为"阻留，拦截"，仍未能将"邀"的感情色彩表达出来；注释"搅混"为"混合、掺杂"，仍未能将"搅"的动作表达出来。同时，如果教师的语文素养不够，很容易出错，例如释"后裔"为"后代"，就有错，因为"后裔"是指已经死去的人的子孙，"后代"则不是专指已死者的后人。

（三）用描写、说明的方法来解释

有许多词语不是只用片言只语所能解释清楚的，而是需描述其的内容，说明其的含义。但描述和说明的用语应力求简练，紧扣词义。例如：

踮：提起脚跟，用脚尖着地。

口技：运用口部发音技巧来模仿各种声音的一种杂技。

放风：监狱里，定时让坐牢的人到院子里作短时间的活动。

天堑：天然形成的隔断交通的大沟。

阙疑：有怀疑的事情暂时不下断语，以留待查考。

上面前两例是描述，后三例是说明。这种解释方法，表达起来比较自由，也易于解透词义，是语文教学中常用的释词方式。

（四）用形容和比喻的方法来解释

不直接描述、说明词义，而是离开原词，去形容它是怎样的，去比喻它像是什么或如何状况。例如：

缥缈：形容隐隐约约，若有若无。

矍铄：形容老年人精神健旺的样子。

桀骜：形容性情暴烈，不肯服从。

燕雀：比喻见识短浅的人。

敲门砖：比喻借以求得名利的手段。

庸人自扰：比喻没事，自找麻烦。

这种解释方法比较具体和形象，效果较好，但是，主要用于解释一些形容词和一些有比喻意义的词语。在语文教学中，这种方法也是经常应用的。

（五）用介绍有关知识的方法来解释

许多名物性的词语，解释时必须介绍有关的知识才能了解，因而，就需结合所释词语，用简练的语言讲解有关的知识。例如：

破天荒：唐朝时荆州每年送举人去考进士都考不中，当时称天荒（天荒：从未开垦过的土地），后来，刘蜕考中了，称为破天荒。比喻事情第一次出现。

经过这样的解释，词义本身以及有关的知识都比较清楚明白了。光解释词义则是不够的，只有带出有关的知识，才能使人较为透彻地了解并掌握这个词。成语、惯用语的解释，往往需要采用这样的办法。在语文教学中，对这类词语作这样的解释，颇能吸引学生的注意力，取得很好的效果。

（六）用下定义的方法去解释

下定义是解释科学术语的方法。给术语下定义需较为准确、完全地概括出术语的内容，用简练的文字加以表述。例如"颤音：由带有弹性的舌尖或小舌多次颤动而构成的一种辅音"。这句话概括指出了颤音的本质特点：是辅音，以舌尖或小舌为颤动体，需发生多次颤动。这三个特点也就是"颤音"这个词的语义特征，缺一不可的。这种方法也可以用来解释一般的语词，以取得准确、确切的效果。例如：

奢侈：花费大量钱财追求过分享受。

自新：自觉地改正错误，重新做人。

隐衷：不愿告诉人的苦衷。

门风：旧时指一家或一族世代相传的道德标准和处世方法。

二、怎样查词

词典、字典等语文工具书收录的词语条目都是数以万计的，要使读者迅速地从中找到所查的词语，就要讲究如何编排好词语条目的前后顺序。目前，我国词典、字典编排词语的方法大致有以下几种。

（一）音序法

音序法是按字音确定前后顺序的排列方法，编排时需先用汉语拼音字母拼写词语，然后，按声调阴阳上去的次序将声母韵母相同的字排定顺序，再按字母表的次序将领头字相同的词语排定顺序。多音词语的排列，第一个字（音节）如果相同，就以第二个字为依据；第二个字如果也相同，再以第三个字为依据，依次类推。例如：

① tāo 叨　　　　　　⑨ tǎo 讨
② tāojiào 叨教　　　　⑩ tǎo lun 讨论
③ tāorǎo 叨扰　　　　⑪ tǎo pián·yi 讨便宜
④ táo 逃　　　　　　⑫ tào 套
⑤ táobēn 逃奔　　　　⑬ tàojiān 套间
⑥ táobì 逃避　　　　　⑭ tào jiāo·qing 套交情
⑦ táocuàn 逃窜　　　　⑮ tàokù 套裤
⑧ táopǎo 逃跑　　　　⑯ tàolí 套犁

这样编排的顺序，查起来十分容易。只要知道字音，就能按序查到。例如从《现代汉语词典》中查"楷模"一词，先翻到 K 开头的地方；再找 ǎi，在第几页；再逐条看下去，就见到了这个词。也可以查音节表，找到 kǎi，在第几页，再翻到该页找到这个词。

音序法是一种比较科学的排列词语的方法，查词的速度也较迅速，是新型词典应采用的方法。不过，它也有缺点，即如果不掌握正确的字音，就难以查找。所以，以音序法排列的词典还需附录部首法，以备应用。

（二）部首法

部首法是按汉字的部首异同来排列字词顺序的方法。编排时先选定每个字的部首，同部首的字再按笔画多少排定前后顺序。部首自身的顺序按笔画数确定，笔画数相同的部首则按横竖撇点折的顺序确定。部首的选取，现在已不统一，这使少数字的归部发生差异，使查索增加了一点困难。

按部首查字，大致可以遵循如下步骤：

1. 部首的选取

先在所查字的上、下、左、右、外等部位寻找部首。例如：今（人部），部首在上；眉（目部），部首在下；临（丨部），部首在左；昶（日部），部首在右；固（囗部），部首在外。如果这些部位没有部首，就查中坐，如夹（大部）、办（力部）、世（一部）；如果中坐没有部首，就查左上角，如整（束部）、嗣（口部）。如果部首无从选取，就查起笔，如东（一部）、目（丨部）、长（丿部）等等。

2. 多部首字的部首选取

上下均有部首的字，取上不取下。如：含，取人部；厴，取厂部。

左右均有部首的字，取左不取右，如：相，取木部；魁，取鬼部。

内外均有部首的字，取外不取内，如：闷，取门部；因，取口部。

中坐和左上角均有部首的字，取中坐，如：坐，取土部；头，取大部。

下、左上角或右、左上角均有部首的，取下、取右，如：渠，取木部；楚，取疋部。肄，取聿部。隶，取隶部。

同一部位有多笔和少笔几种部首互相叠合的，取多笔画的部首。如：章、竟、意，部首有丶、亠、立、音四种，取音。

单笔部首和复笔部首均有的字，取复笔部首，如：旧，左右都有部首，取复笔的日。

根据以上这些规定，选取部首查字或词，就不会有太多的困难了。

部首法是我国传统的排列字词的方法，应用甚广。使用《辞海》《辞源》等工具书就需掌握部首法。

（三）笔画法和号码法

笔画法是根据汉字的笔画数、起笔笔形和字形结构来编排和查检的方法。查检时，先数所查字的笔画数，如"蓁"字，共十三画，翻到《笔画查字表》（辞海）十三画处；再看这个字的起笔和第二笔的笔形，是一横一竖，找到"一丨"类；再看这个字的字形，是上下结构，在左右结构后查，就查到"蓁 603"，然后翻到 603 页，就见到"蓁"字及带"蓁"的复词。笔画法是一种辅助性的查字方法，一般字典、词典都未采用这种方法来排列字词，只在部首法后附录《笔画查字表》备用。这种方法的优点是简便，易于掌握，但第一、二笔的笔顺不能有错，笔顺一错就查不到字了。

号码法是用数码代表汉字来编排和查检的方法。目前通行的四角号码检字法就是将汉字左上、右上、左下、右下四角的笔形归纳成十类，每类用一个数字表示，每个字由四个数字表达，查字时就在字的四角辨认笔形，转换成数码，然后按数码找到所查的字词。例如"端"的左上角是㇐，号码为 0；右上角是丨，号码为 2；左下角是㇀，号码为 1；右下角是⺄，号码为 2，全字的数码为 0212，根据这个数码就很快能找到这个字了。四角号码检字法如能掌握纯熟，应用起来十分便捷，往往能一见到字，就得出四个数字，翻开词典，马上就能依号查到。但是，辨准四角的笔形，有一定的难度。十类笔形均有不少变形，必须下一番功夫去学习和记忆，才能掌握。

三、词典和字典

词典和字典都是为读者解疑释惑、提供知识的工具书。词典以收录和解释语词为主，但为了引出语词条目来，也要收录相当数量的字；字典以收录和解释汉字为主。词典和字典从注音、释义、引例、编排和查检等方面看都是相类似的工具书。下面选择一部分常用的和较为重要的词典、字典作简略的介绍。

(一)《现代汉语词典》

《现代汉语词典》（第 7 版）是中型的以记录普通话语词为主的描写性词典，共收字词条目 69 000 余条，由中国社会科学院语言研究所编纂。这部词典是新型的为现代汉语规范化服务的词典，按音序法编排，注音准确、细致，全部字词语条目都用拼音字母拼写，并在拼写形式上用连写、分写、加符号的办法反映了词语内部结构松紧的情况。对形同而音义不同的（如好 hǎo 和好 hào）、形义同而音不同的（剥 bāo 和剥 bō）、音形同而意义不同的（如白[1]、白[2]、白[3]）都能用分列条目的办法加以表达，充分重视了音义两方面的微小差别在词汇和语法上的价值。在释义方面，突出地注意了时代界限，以现代的规范化的普通话为准，不详列古词、古义；对词义的收录比较齐全，对各项意义之间的差别表述得较为细致，对基本义、引申义、比喻义之间的关系通过排列的次序作了反映，释义用语比较准确和简练。因而，这部词典较准确地反映了汉语词汇的现代面貌和语言研究的现代水平，是兼有科学性和实用价值的、便于读者使用的较好的词典。

(二)《辞海》

《辞海》是一部大型的、兼收普通词语和百科词语的综合性辞书，1999 年版共收单字 17 523 个、词语 105 400 余条，包括成语、典故、人物、著作、历史事件、古今地名、团体组织、科学术语等。《辞海》收词比较完备，释义比较确切，引例比较丰富，百科知识也提供得比较详尽，颇受读者欢迎，在国内外影响较大。

(三)《辞源》

《辞源》是按部首法编排的大型的古汉语词典，主要是普通词语，因而对古代语词的收录比较完备。《辞源》对词义内容的解释比较详尽，较注意叙述语词的来源和语义的历史演变；引例丰富、翔实，力图提供出最早的或较早的书证。这样，它对于研究古汉语、探讨汉语发展史均颇有参考价值，对于研习中国古代文化的学者，也是不可少的工具书。它和《辞海》一样，在国内外也有较大的影响。

(四)《汉语大词典》

《汉语大词典》（2008 年版）是一部古今词语兼收、释义源流并重的历史性大词典，全书共十二卷，另加"索引·附录"一卷，收词总数 37.5 万条，总字数达 5 000 余万。

1975年起,由上海、山东、安徽、江苏、浙江、福建六省市的学者协作编纂,罗竹风任主编,历时十八年完成。1986年起由上海汉语大词典出版社陆续出版,1993年出齐。这部大词典是迄今为止中国最大的一部词典,凡是别的词典中查不到的词语,一般说来,都能从这部词典中查到。它的学术价值和实用价值都是极大的。

(五)《汉语大字典》

《汉语大字典》(1990年版)是一部收字最多的历史性大字典,全书共八卷,收录汉字56 000多个,总字数2 000万字。1975年起由湖北、四川两省的学者协作编纂,徐中舒任主编,历时十五年完成,1986年起由湖北辞书出版社、四川辞书出版社陆续出版,1990年出齐。这部大字典是迄今为止中国最大的一部字典,凡是别的字典(包括《康熙字典》在内)中查不到的字,一般说来,都能从这部字典中找到。

> **思考和练习**
>
> 一、常见的解释词语的方法有哪几种?你认为哪种解释方法较好?
>
> 二、词典排列和查检词语的方法有哪几种?你习惯使用的是哪几种?
>
> 三、常用的和较重要的词典和字典有哪些?除了《现代汉语词典》外,你还用过哪些?
>
> 四、什么叫逆序词典?逆序词典对语文教学和词汇研究有什么用处?

第四章 语法

第一节 语法概说

一、语法的性质

语法是语句中各种单位的组合规律。任何语言的内部结构都有规律可循，人们掌握它往往是不自觉的。儿童习得语言的过程，总是贯穿着语法规则的学习。如一个刚学话的汉族孩子若说了"糖吃我"或"我糖吃"，大人就会纠正他，教他说"我吃糖"或"糖，我吃"。这说明汉语中词的次序排列有规律，是汉语语法的一个组成部分。另外，虚词也是汉语语法的一个重要手段，如"生物和历史""生物的历史"，词和词之间的虚词不同，它们的结构关系就不同。又如"﹡我糖吃"（凡标﹡号的，是指有毛病的短语或句子，下同），不符合汉语语法的语序规则，但只要加上虚词，说成"我把糖吃了"就能成立了。

比词小一级的语言单位语素之间的组合也有规律可循，如从"亭子、房子、盖子、铲子、尖子、圆子"这些词中可以找到一条语素构词的规律，即不管语素是名词性的（亭、房），是动词性的（盖、铲），还是形容词性的（尖、圆），一旦在后面加个虚语素"子"，即构成一个名词。

为了交际需要，人们只要掌握词语之间的组合规律，就不需要一个句子一个句子地去学习。这就是说，语法具有概括性的特点，语法对于语言的学习有着以简驭繁的作用。

语言结构规律是客观存在的，一种语言只能有一套语法。但"语法"这个词有时用来借指"语法学"，因而有"这家的语法不同于那家"的说法。"语法学"含义的"语法"难免带上语法学家描写解释语法的主观色彩，因此可以是各有所见的。

二、五种语法单位

语法既是由较小语言单位组合成较大语言单位的方式，因此要进行语法结构的分析，首先得确定语言的单位。由于是从语法的角度确定语言单位，这些语言单位可称为语法单位。现代汉语的语法单位有五种：语素、词、短语、句子、句群。

语素是最小的语音语义结合体。

词是造句的基本单位，包括实词和虚词。大部分词能单说，有的能在语法单位的组合中单用。如"蓝的天","蓝"与"天"能单说,剩下的"的"虽不能单说,但在组合中独立表示语法意义,也应看作"在造句中能独立运用"。不成词的语素不是造句单位;比词大一级的短语是造句单位,但不是最小的,可以再作分析。

短语也称词组。是由词和词组合而成的语法单位。可以是实词和实词的组合,如"前途光明",也可以是实词与虚词的组合,如"送行的"。

短语与词都是造句的材料,但构成成分不同:短语由词构成,词由语素构成。语法单位中有一个组成成分是个不成词的语素,这个单位可断定是词不是短语,如"日出、白昼、近视、报捷、补遗、查阅、人民、心悸、学习"。当组合成分都是能成词的语素,如"大衣、大手",就应该从意义和结合程度两方面来鉴别:短语的意义是词义的总和,如"大手"是"大"和"手"的意义相加;而词是作为整体表示一个概念的,不是构词语素意义的简单相加,如"大衣"不能理解为"大的衣服",而是"一种较长的西式外衣";词的内部凝结得紧,它不像短语那样能插入其他造句成分,如短语"打骂"可以扩展成"打和骂、打或骂",而词"打扮"不能说成"打和扮、打或扮"。

句子是语言使用的基本单位。照五种语法单位的顺序看,似乎句子是比短语高一级的语法单位。实际上它们之间并不是单纯的上下级层的关系,而是从静态单位到动态单位的实现关系。词、短语是静态的备用单位,句子却是动态的使用单位。词或短语一旦带上语调,所表达的内容跟现实语境发生了联系,它就有了交际职能,成为句子。句子包括单句和复句。说句子是基本的使用单位,是指与句群比较而言的。句群也是语言的使用单位,但它是比句子大一级的使用单位。

句群也称句组或语段。是围绕一个明晰的中心意思,由两个或两个以上意思互相联系的句子组合而成的使用单位。例如:

① 沙漠是人类最顽强的自然敌人之一。② 有史以来,人类就同沙漠不断地斗争。③ 但是从古代的传说和史书的记载看来,过去人类没有能够征服沙漠,若干住人的地区反而为沙漠所并吞。

这里有三个句子围绕一个意思,即由第①句提出的"沙漠是人类最顽强的自然敌人之一"。第②句讲人类同沙漠的斗争,第③句讲过去人类在沙漠面前的失败,这两句显然也在说明沙漠是人类的敌人。三句阐述的角度虽不同,但围绕一个意思展开,可看作一个句群。

句群与句子用相同的语法手段来组合下级单位,如用语序和虚词。上例②句与③句靠关联词语"但是"表示转折关系;①句与②③句的并列关系,是靠语序表示的。句群是一篇讲话、一篇文章的基础单位。句群教学有利于学生把握句子间的联系,对学生组织句子的能力培养,对句子连贯性的理解,都有实用意义。

三、语法单位的分类

语法结构是指语言单位间的组合方式,要讲语法结构,需要给语法单位分类。语法单位分类有两种:内部关系分类与外部功能分类。

(一) 内部关系分类

这是从语言片段再分割的角度给语言单位分类,是"向下看",即分析一个语言单位是怎样由下一级层单位组成的，也就是考察结构体内部结构成分的组成方式。例如"中国人民"这个短语由"中国"和"人民"两个词组成，"中国"限定"人民"。我们就把这个短语称为"偏正短语"，短语的成分为"定语"（中国）和"中心语"（人民）。又如"祖国伟大"；主语（祖国）是被陈述的对象，谓语（伟大）是对主语进行陈述，称为主谓短语。

对合成词也可以进行结构关系分类。如："国歌"，前一语素"国"限定后一语素"歌"，称"偏正式"；而"日出"，语素间关系是"对象——陈述"，称"陈述式"，等等。

（二）外部功能分类

这是从语言片段再组合的角度给语言单位分类，是"向上看"，即根据一个语言单位在跟别的语言片段组成更大单位时的语法功能特点进行分类。

语素是最小的语法单位，不能再分割，因而只能根据它的外部功能特点分类。如看它能否成词，位置是否固定等，分出来的类是语素的外部功能类别。

词也可以根据语法功能特点分类。如"飞机、木头、司机"能同数量短语组合，而与"很、最、非常"等则不能组合；前者同"好"组合是主谓关系，后者同"好"组合却是偏正关系，可见"飞机、木头、司机"具有共同的语法功能特点，是同类，而"很、最、非常"是另一类。本章第三、四节是给词作外部功能分类。

短语也可以作外部功能分类。如可分为名词性短语、动词性短语、形容词性短语。

四、语法分析方法

（一）层次分析法

结构复杂的语法单位都是逐层组合的结果，因此，分析时应有层次观念，一层一层地分析下去。例如：复杂短语"中国人民从此站起来"并非是五个词在一个平面上串成，而是从小到大有层次地组合而成，示例如下：

可见，这个复杂短语内部的结构成分之间并非全有直接关系，有的只是间接的关系。我们把具有直接关系的组成成分叫作直接组成成分，简称直接成分。如这个复杂短语直接成分是"中国人民""从此站起来"，两个短语之间是被陈述与陈述的关系，因而"中国人民从此站起来"是个主谓短语。具体分析时，可以分层逐次找出语言片段的直接成分，通常称之为直接成分分析法，又叫层次分析法。如上例还可作第二层次的切分："中国人民"由"中国"和"人民"按偏正方式组成，"从此站起来"由"从此"和"站起来"按偏正方式组成；第三层次，"从此"，由"从"和"此"按介宾关系组成，"站起来"由"站"与"起来"按补充关系组成。

层次分析法能揭示语言句法结构的层次组合关系，也能用来分析各种不同层次的结构单位，即从简单到复杂的各种短语，是一种有解释力的分析方法。分析的程序有从小到大和从大到小两种：

1. 从小到大的分析

（1）在参加句法分析的每个词下面画横线；
（2）用线条连接有直接组合关系的词，并在连接线内写上词与词的结构关系；
（3）再用线条连接有直接组合关系的短语，并在连接线内写上短语与短语的结构关系；
（4）用以上方法一直到揭示出整个语言片段的结构关系为止。

示例如下：

2. 从大到小的分析

（1）在语言片段的直接成分下画横线，直接成分之间的结构关系用符号表示，下面加注文字；有的结构关系不用符号，仅注文字。如：

（2）直接成分若是短语，则再找短语的直接成分，在下面画横线，并标出直接成分之间的结构关系。
（3）用以上方法一直分析到词为止。示例如下：

旧毡帽下面是浮现着希望的酱赤面孔

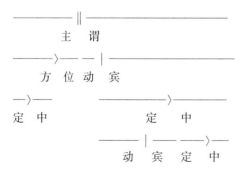

（二）简易标记法

除了上面所说的层次分析法之外，还有一种在句子中间和下面加符号和线条的分析法，可称为简易标记法或符号法，操作的方法如下：

对主谓句，先用双竖线"‖"隔开主语和谓语。

若谓语是个动宾短语，则视宾语的不同情况分别图示：宾语若是一个定中短语，则用"（　　）"标示出定语，在中心语下标"～～～"；宾语若是一个主谓短语，则在主语下画"———"，在谓语下画"———"；宾语若是其他非名词性短语，则在整个宾语下画"～～～"。

谓语若是个动补短语，补语用"〈　　〉"标示。

谓语若是兼语短语，兼语用"～～～"，兼语后的陈述部分用"———"。

谓语若是连动短语，在每个动词词语下用"———"。

此外，状语用"〔　　〕"标示，定语用"（　　）"标示。

主谓短语作句子成分，用"———"和"———"标示短语成分主语和谓语。其他短语作句子成分，无须再作内部结构成分的分析。句子附属成分，在下面画"△"。例如：（敌人）的（三个）碉堡‖〔被我们〕攻〈破〉了两个。

对非主谓句，只需用单竖线隔开第一层次即可，结构关系用文字说明。例如：这｜模样了！（定中关系）

这种分析和标记的方法比较简易，但是，句子结构的层次关系则难以表示清楚，因而只可作为一种辅助性方法来使用。

> **思考和练习**
>
> 一、"语法"一词有哪些含义？
>
> 二、语法单位有哪几种？你认为哪一种最重要？
>
> 三、"理发、睡觉、值班、打仗、洗澡"从意义上看只表示其整体义，但有时可以扩展，如"值了一夜班"等，你认为这类语法单位是词还是短语？
>
> 四、指出下列语法单位是词还是短语：
>
> | 开学 | 开门 | 买菜 | 卖花 | 卖乖 |
> | 买卖 | 鱼虾 | 渔夫 | 四海 | 五人 |
> | 黑布 | 黑板 | 猪羊 | 鸡鸭 | 牛马（比喻义） |
> | 道路 | 泥路 | 马路 | 猪肉 | 骨肉（比喻义） |
> | 喝醉 | 喝彩 | 骂哭 | 骂架 | 回音 |
> | 回家 | 红军 | 红布 | 湖边 | 湖泊 |
> | 晒化 | 美化 | 剩余 | 剩菜 | 绿茶 |
>
> 五、试用层次分析法和符号法分析下列句子，体会这两种方法在分析上的差异：
>
> 你刚才看的那本书我只看过目录。
>
> 住在温泉的人多半喜欢吃这种蜜。
>
> 六、怎样对语法单位进行分类？分类的标准是什么？

第二节 构词法

一、单纯词

词由语素组成。由一个语素构成的词叫单纯词。现代汉语的单纯词大致有以下几个方面：

（一）单音词都是单纯词

例如：

人　　水　　坐　　走　　美　　硬

你　　的　　啊　　从　　一　　不

（二）联绵词是双音的单纯词

联绵词是古汉语遗留下来的，古人称"连语"或"联绵字"，是指一些用两个音节表示一个整体意义的双音词。联绵词尽管有两个音节，写成两个汉字，但只包含一个语素，因此属单纯词。例如：

恍惚　　玲珑　　仿佛　　慷慨　　缠绵

蜿蜒　　葡萄　　蜈蚣　　囹圄　　踌躇

（三）音译外来词都是单纯词

外民族语言的词用音译的方法介绍到汉语中来，常常是多音节的，写成几个汉字。这些汉字只起记录声音的作用，整个词义同每个汉字的意义无关。因此音译词只包含一个语素，属单纯词。例如：

咖啡　　扑克　　哈达　　沙发　　吉他

模特儿　　托拉斯　　巧克力　　高尔夫　　歇斯底里

（四）拟声词是单纯词

记录自然界声音的词应该作为一个整体来理解，只包含一个语素，因此也属单纯词。如：

砰　　乒乓　　哗啦啦　　劈里啪啦　　吱吱嘎嘎

（五）少数叠音词是单纯词

现代口语中有少数叠音词只有两个音叠在一起才有意义，属单纯词。例如：

猩猩　　狒狒　　蝈蝈　　蛐蛐　　姥姥

二、合成词

（一）合成词的构成

由两个或两个以上语素构成的词叫合成词。构成合成词的语素之间有多种组合关系，考察这些语素按什么结构方式组成，能从中探究出语素组合成词的规律，并有助于对词义的理解。

1. **复合型**

复合型是指构成合成词的语素全是实语素。根据实语素之间的结构关系，复合型合成词可分以下五类：

(1) 并列式。由意义相近或相对的语素并列组成，例如：

a. 朋友　　选择　　永久　　刚才　　稍微
b. 是非　　买卖　　迟早　　反正　　彼此
c. 河山　　骨肉　　笔墨　　尺寸　　眉目
d. 好歹　　国家　　窗户　　忘记　　人物

a组语素意义相同或相近，互相说明、互相补充；b组语素意义相反或相成；c组语素意义相关，结合后产生新义；d组语素意义相反或相关，但只取其中一个语素的意义，又称偏义词。

(2) 偏正式。以后一个语素为主体，前面的语素对它加以修饰或限制。例如：

皮鞋　　国歌　　密植　　跑道　　鹿茸
函授　　滚烫　　京剧　　春耕　　四海
血红　　万恶　　书包　　手机　　向日葵

前面语素对后面语素修饰、限制的方面很多，有：原料、性质、状态、领属、用途、方式、处所、时间、数目等。

(3) 补充式。以前一个语素为主体，后面的语素起补充、说明的作用。例如：

a. 说明　　改正　　摧毁　　压缩　　认清
b. 花束　　诗篇　　人口　　船只　　房间

a组前一语素表示动作，后一语素是动作的结果；b组前一语素表示事物，后一语素是事物的单位。

(4) 支配式。语素间的关系是"动作——对象"。例如：

司炉　　动员　　干事　　宣誓　　起草
知己　　绑腿　　管家　　举重　　立夏

(5) 陈述式。语素间的关系是"对象——陈述"。例如：

日出　　地震　　月蚀　　心悸　　冬至
胆怯　　脉搏　　政变　　性急　　肉麻

2. 附加型

附加型是指合成词由虚语素附加于实语素构成。虚语素的位置是固定的，根据它的分布情况，附加型合成词可分成以下两类：

(1) 虚语素在前。这类虚语素常见的有：老、阿、第、初、可。例如：

老：老师　　老虎　　老鹰　　老百姓　　老乡
阿：阿姨　　阿哥　　阿妹　　阿大　　阿斗
第：第一　　第二　　第十
初：初一　　初二　　初十　　初等　　初稿
可：可耻　　可怜　　可贵　　可恨　　可观

(2) 虚语素在后。这类虚语素常见的有：子、儿、头、者、员、家、性、化、然、度。例如：

子：帽子　　垫子　　傻子　　命根子　　亭子
儿：盆儿　　活儿　　错儿　　白面儿　　伴儿
头：锄头　　甜头　　劲头　　苗头　　　木头
者：记者　　强者　　读者　　工作者　　作者
员：学员　　演员　　会员　　服务员　　团员
家：画家　　船家　　儒家　　书法家　　外交家
性：酸性　　慢性　　弹性　　艺术性　　人民性
化：美化　　简化　　僵化　　现代化　　标准化
然：突然　　固然　　泰然　　悻悻然　　飘飘然
度：强度　　硬度　　高度　　透明度　　精确度

大多数虚语素是从实语素演变过来的，如"子""家"在古汉语中意义较实，能独立运用，是能成词的实语素，如"子曰""大方之家"。但到了现在，它们已失去原有的词汇意义，在构词中位置固定，成为虚语素。虚语素演变的程度不一：有的虚化程度深，只剩下语法意义，如"子、儿、头、老、阿"；有的还残存某些词汇意义，如"者、员、家、性、化、然、度、可"等。有的语素在表示某一意义时是虚语素，而在表示另一个有联系的意义时却是实语素，例如：

虚语素		实语素	
女子	房子	子女	虾子
盖儿	花儿	儿女	健儿
纸头	看头	烟头	头等
职员	教员	复员	员工
作家	画家	国家	大家
软性	硬性	男性	性质
老乡	老师	老人	徐老

（二）合成词的结构层次

合成词一般由两个语素构成，少数也有由三个甚至三个以上的语素构成。如：鹅卵石、向日葵、乘务员、电视机、人造革、语言学。这些语素并非是在一个平面上串成，而是有层次地组合而成的。示例如下：

a 例实语素"向"与"日"先按支配式组合，再与实语素"葵"按偏正式组合；b 例实语素"冰"与"箱"先按偏正式组合，再与实语素"电"按偏正式组合。

（三）合成词构词方式与功能类别的不一致性

复合型合成词的构词方式是从语素之间的内部关系角度分析的，得出的是它的内部关系类别。复合型合成词的结构关系类别与功能类别缺乏对应性。如并列式的合成词可以是名词（如：道路），也可以是动词（如：游泳）、形容词（如：伟大）、代词（如：多少）、副词（如：稍微）、介词（如：自从）、连词（如：因为）等。而且，并列式合成词的整体词性与构词语素功能也不一致。如构成并列式名词的语素可以是名词性的，也可以是动词性或形容词性的。举例如下：

由名词性语素并列构成的名词：

山河　　法则　　国家　　窗户　　眉目

由动词性语素并列构成的名词：

开关　　裁缝　　出纳　　警察　　忘记

由形容词性语素并列构成的名词：

英雄　　破烂　　好歹　　长短　　干净

同样，偏正式合成词也既可以是名词（如：皮鞋），又可以是动词（如：重视）、形容词（如：雪白）、副词（如：非常）等；偏正式合成词的整体功能也并不一定与主体语素的功能一致。例如：

名词而以动词性语素为主体的：

新闻　　小说　　外交　　电视　　游击

名词而以形容词性语素为主体的：

大寒　　小满　　肉松　　桂圆　　淤青

形容词而以动词性语素为主体的：

健忘　　难看　　反动　　达观　　自动

另外，补充式合成词既可是动词（如：打倒），也可是名词（如：花朵）；支配式合成词既可是动词（如：鼓掌），也可是名词（如：干事）、形容词（如：丢脸）；陈述式合成词既可是名词（如：日蚀），也可是动词（如：口吃）、形容词（如：年轻）。

可见，语素的功能类别无法从复合型合成词的内部关系方式中归纳，还得看它在古汉语中的用法。短语就不同，内部关系类别与功能类别有对应性，如动宾短语是动词性的，复指短语、的字短语是名词性的，这是词与短语的重要区别之一。

思考和练习

一、指出下列词是单纯词还是合成词：

巧克力　　糖果　　药片　　安乃近

蒙太奇　　手法　　卡车　　酒吧间

扩音器　　电话　　芭蕾　　麦克风

麻醉剂　　叮当　　哗啦啦　　尴尬

斧子　　作者　　老乡　　维他命

二、指出下列合成词的构词方式：

习性　　知县　　就义　　锋利　　自主

形容 立春 主席 电烫 尾随
清楚 雷动 铁青 顾问 行政
眼热 薄暮 耐烦 厌恶 社稷

三、现代汉语中有一些同素异序词（合成词内部语素相同而语素次序不同）在词性、构词方式上有所差别，如：青年（名词）——年青（形容词），开展（并列式）——展开（补充式）。你还能举些例子吗？

四、说说下列几组合成词结构方式的区别：

飞机——司机 跑道——跑腿 围巾——围腰 报表——报名
笔谈——笔误 雪崩——雪白 墙壁——碰壁 墨水——墨黑
渴求——央求 优良——优质 拖鞋——挂靴 水库——仓库

五、在下边的语素后添上一个语素，使第一组成为并列式合成词，第二组成为偏正式合成词，第三组成为支配式合成词，第四组成为陈述式合成词，第五组成为补充式合成词。

困 保 领 清 善
外 火 课 密 游
放 司 顶 站 管
胆 体 自 年 头
阐 立 缩 诗 车

六、用图示法分析下列合成词的结构层次。

鹅卵石 乘务员 人造革 二人转 自行车

七、指出下列合成词的构词方式。

熊猫、犀牛、蜗牛、鲸鱼、脸蛋、耳朵

第三节 词 类（一）

一、词类划分的标准

语法上的词类划分指的是词的语法功能分类，即根据词在跟别的词组合时表现出来的语法功能特点进行分类。所谓功能特点，主要指组合能力与产生结构关系的能力，即指某个词可以同哪些词组合，不能同哪些词组合，并能产生哪类结构关系的能力。划分词类的目的是讲述词的用法，说明语句结构规律。

根据词的语法功能给词分类，同类词必须有共同的语法功能，异类词必须有互相区别的语法功能。应该注意的是，说同类词有共性，并非指同类词语法功能全部相同；说异类词有互相区别的个性，也不是说异类词之间毫无共同点。由于同类词也有不同的个性，所以大类之下还可分出若干小类。例如"说、爱、是、游行"都受副词"不"修饰，都能用肯定否定相叠的形式表示疑问，都能同一个位于它前面的名词组成主谓短语，这说明了这几个词有共性，可以归成一类。但它们又各自具有个性：如"爱"能受副词"很"修饰，其他词不能；"是"不能带动态助词"着、了、过"，其他词却能够；"游行"不能带宾语，其他词能带宾语。根据这些个性，它们可以分属不同的小类。

另外要注意的是，确定一个词的词性应全面考察它的语法功能，不能只根据该词在某一具体条件下所表现的功能。例如"爱"可以出现在以下组合中：①"很爱"，②"爱祖国"，③"爱是奉献"。不能根据①就认定"爱"是形容词，根据②认定"爱"是动词，根据③又认定"爱"是名词。只有通过全面考察才能知道"爱"同其他动词具有足够多的共同点，而同形容词或名词的共同点较少，如"爱"能在带宾语的同时受"很"的修饰（如：很爱祖国），"爱"出现在主语位置上要有一定的条件。因此可以得出结论，"爱"应属动词。

词类的划分是根据语法功能而不是词汇意义，但根据语法功能分出来的类却往往能概括出共同的抽象意义。如能同数量短语组合而不同副词组合的词，共同的抽象意义是"人或事物"，通常就称这类词为"名词"，为通俗起见，可以对名词下这样的定义："表示人或事物的词。"但这并不意味意义是划分词类的出发点，抽象意义只能作为划分词类的参考。

二、名词

名词是表示人或事物的词。

（一）名词的语法功能

1. 可以受数量短语修饰

不同事物的名词用不同的量词。例如：

　　一支<u>钢笔</u>　　一列<u>火车</u>　　一位<u>老师</u>

2. 不能与副词构成定中短语

例如：

　　*不钢笔　　*很钢笔　　*已经钢笔
　　*不老师　　*很老师　　*已经老师

3. 经常作主语或宾语

例如：

　　<u>钢笔</u>很新　　<u>老师</u>上课（作主语）
　　修理<u>钢笔</u>　　尊敬<u>老师</u>（作宾语）

4. 能与介词组成介词短语

例如：

　　对<u>老师</u>　　比<u>火车</u>　　关于<u>和平</u>

（二）名词的小类

1. 普通名词

例如：

　　人　　学生　　鲁迅　　树　　老虎　　房子

2. 抽象名词

表示抽象的观念。例如：

道德　和平　品质　风气　文化
政治　理由　交情　恩情　观念

3. 时间名词

表示时间或节令。例如：

今年　春天　早晨　星期天
立秋　现在　刚才　国庆节

4. 处所名词

表示处所。例如：

上海　亚洲　远处　里屋

5. 方位名词

也称方位词，表示位置。

(1) 单纯方位词。例如：

上、下、前、后、左、右、东、西、南、北、里、内、中、外、间、旁。

(2) 合成方位词。

① "以"（或"之"）＋方位语素。例如：

以上　以前　之东　之中

② 方位语素＋"边"（或"面""头"）。例如：

下边　左面　外头

③ 方位语素＋方位语素。例如：

上下　前后　左右　里外

方位词常与别的词语组成方位短语，如："树上、抽屉里、开会以前、三十上下、长江与黄河之间"。

方位名词、时间名词、处所名词经常修饰动词，这是它们区别于普通名词之处。

三、动词

动词是表示动作、行为或存在、变化的词。

（一）动词的语法功能

1. 能受副词修饰

例如：

走　不走　都走　马上走
想　不想　都想　马上想
来　不来　都来　马上来

2. 大部分动词能带宾语

例如：

走路　想他　来客人

3. 经常充当谓语、起陈述作用

例如：

　　大家<u>走</u>　　我<u>想</u>　　他们<u>来</u>

(二) 动词的小类

1. 动作动词

表示动作和行为。例如：

　　走　看　说　飞　研究　实现

这类动词能带动态助词"了""过"，有的能带"着"。例如：

　　<u>走了</u>　<u>走过</u>　<u>走着</u>

　　<u>飞了</u>　<u>飞过</u>　<u>飞着</u>

　　<u>研究了</u>　<u>研究过</u>

大部分动作动词能带宾语，其中能带受事宾语的动词叫及物动词。少数动词如"偷懒、游泳、游行、咳嗽、退却、休息、失败"等不能带宾语的动词和只能带施事宾语的动词叫不及物动词。

2. 心理动词

表示心理活动。例如：

　　想　爱　怕　希望　惦念　讨厌

　　担心　尊敬　想念　相信　热爱

这类动词不同于动作动词，能受程度副词"很"等修饰。例如："很<u>想念</u>他，非常<u>怕</u>出事"。

3. 使令动词

表示吩咐、命令。例如：

　　让　请　使　派　叫　命令　禁止

这类动词所带的宾语常兼作后一动词的主语。例如："<u>使</u>人高兴、<u>命令</u>我们出发"。

4. 能愿动词

表示可能、愿意又称助动词。例如：

　　能　会　能够　可以　愿意　要

　　肯　敢　应该　应当　得（děi）　应

这类动词常修饰动词词语，可作状语。例如："<u>能</u>完成、<u>会</u>下雨、<u>可以</u>离开、<u>敢</u>冒险、<u>应该</u>回去"。

5. 趋向动词

表示动作的趋向。例如：

	上	下	进	出	回	过	开	起
来	上来	下来	进来	出来	回来	过来	开来	起来
去	上去	下去	进去	出去	回去	过去	开去	

趋向动词同动作动词一样，能作谓语，如"小王<u>进来</u>""你<u>过来</u>"；但又常用在动词、形容词后作补语，读成轻声，例如："小王跑<u>进来</u>、你跨<u>过来</u>、天气热<u>起来</u>、会场静了<u>下来</u>"。

6. 判断动词"是"

不能带动态助词"着、了、过"，所带宾语与主语大都是同一关系或从属关系。例如：

<u>中国的首都</u>是<u>北京</u>。（同一关系）

<u>鲁迅</u>是<u>绍兴人</u>。（从属关系）

四、形容词

形容词是表示性质或状态的词。

（一）形容词的语法功能

1. 大都能受程度副词修饰

例如：

  红 很<u>红</u> 极<u>红</u> 非常<u>红</u>

  慢 很<u>慢</u> 极<u>慢</u> 非常<u>慢</u>

  勇敢 很<u>勇敢</u> 极<u>勇敢</u> 非常<u>勇敢</u>

2. 主要作谓语或定语，少数能作补语或状语

例如：

  节奏<u>慢</u> 战士<u>勇敢</u>（作谓语）

  <u>慢</u>节奏 <u>勇敢</u>的人（作定语）

  走得<u>慢</u> 打得<u>勇敢</u>（作补语）

  <u>慢</u>走   <u>勇敢</u>地战斗（作状语）

（二）形容词的小类

1. 一般形容词

例如：

  红 热 仔细 干净 恭敬

  大 慢 繁华 艰巨 严格

这类形容词中能重叠的，单音节重叠式是"AA儿"，如"慢慢儿"；双音节重叠式是"AABB"，如"仔仔细细"。

2. 含程度意义的形容词

例如：

  煞白 喷香 慢腾腾 脏里呱唧

  冰凉 稀烂 绿油油 可怜巴巴

这类形容词不受程度副词修饰；双音节重叠式是"ABAB"，如"煞白煞白"。

3. 非谓形容词

例如：

  单 横 巨额 多项 自动

夹　　竖　　大型　　单项　　无记名

这类形容词能修饰名词作定语，如"巨额存款"，也能修饰动词作状语，如"巨额投资"，这同一般形容词功能相同；但不能直接作谓语，这区别于一般形容词。

五、数词和量词

数词是表示数目的词。

(一) 数词和数目的表示

数词如："一、四、八、十、千、百、万、亿、零"，可以单独表示数目，也可由数词的组合来表示数目，如："十五、一百五十一、三百零一"。在数词、数词短语的基础上还可以表示序数，如："第一、第一千零一"（有时"第"可省略）；表示倍数，如："三倍、五十倍"（用于数目的增加）；表示分数，如："二分之一，百分之二十"；表示小数，如："零点五、零点零一"；表示概数，如："一百多、五十左右"。概数也可用数词连用来表示，如："三五〔个人〕、七八〔块钱〕、十五六〔岁〕、三十五六〔万字〕"。

(二) 数词的语法特征

一般不直接同名词组合，须先同量词组成数量短语再修饰名词。成语和书面语中，数词直接修饰名词是古汉语语法特点的残留，如："千山万水、一心一意、共缺三人、三线并行"。

(三) 量词的类别及用法

量词是表示计算单位的词，又叫单位词，可分为两类：

1. **物量词**

表示人或事物的单位。

个体单位：个、位、只、件、枚、根、枝、条、张、面、颗、粒、本、卷、封。

集体单位：双、套、对、群、伙、帮、批、副、堆、串。

度量衡单位：尺、寸、斤、两、里、亩、顷、吨、磅、米。

不定单位：点儿、些。

由数词和物量词组成的数量短语主要用作定语，如"一位教授、一件衣服"，在一定语境条件下中心语可以省略，如"二位〔先生〕请坐"，"买了一件〔衣服〕"。

2. **动量词**

表示动作行为的单位。例如：

次　　遍　　回　　趟　　顿　　下　　番

由数词和动量词组成的数量短语，主要用在动词后面作补语，如"解释一遍、去了三趟"。

名词或动词对量词具有选择性，如细长的物体选用"条、枝、根"，宽大平面的物体选用"张、面"，小而圆的物体选用"颗、粒"。有时，同一个名词或动词可跟几个量词配合，表示的意义不同。如"解释一下"，解释时间短暂；"解释一番"，解释时间长些；"解释一遍"指从头到尾解释。

（四）量词的语法特征

同数词或指示代词组成量词短语（包括数量短语、指量短语）充当句法成分。

部分单音节量词可以<u>重叠</u>。作定语、主语表示"每一"或"全部"，例如："<u>块块</u>石头都露出笑脸"，"<u>个个</u>都是英雄汉"。重叠式作谓语表示"多"，例如"歌声<u>阵阵</u>、繁星<u>点点</u>"。

跟数词"一"组成的数量短语作宾语，数词可以省略。例如"拿〔一〕本书过来"，"买〔一〕支钢笔"。

六、代词

代词是起代替、指示作用的词。

（一）代词的类别

以所起作用来分，可分三类：人称代词，主要作用是代替；指示代词，主要作用是指称；疑问代词，主要作用是询问。

从语法功能出发，可分两类：一类相当于名词，主要作主语和宾语，代替或询问人、事物、处所、时间、数量等；另一类相当于动词、形容词，主要作谓语，代替或询问性状、方式或程度。

表 17 代词类别表

语法功能	人称代词	指示代词	疑问代词
（相当于）名词	我、你、您、他、她、它、我们、咱们、你们、他们、人家、别人、大家、自己	这、那、每、各、某、另、别	谁、什么、哪
处所名词		这儿、那儿、这里、那里	哪儿、哪里
时间名词		这会儿、那会儿	多会儿
数量短语		这么些、那么些	多少、几
动词、形容词		这么、那么、这样、那样	怎么、怎样、多少

（二）代词的任指、虚指用法

任指，即代替任何人或事物，表示没有例外；虚指，即所代替的人或事物是不确定的。

例如：

<u>谁</u>都不甘落后。（任何人）

他<u>什么</u>也不知道了。（任何事）

他们像是在商量<u>什么</u>。（不确定的事）

哪天有空请来玩。（不确定的日期）

人称代词、指示代词的虚指用法一般是在对举的语境下，例如：

你看看我，我看看你，都不开口。

看看这，瞧瞧那，什么都新鲜。

七、副词

副词是从程度、时间、范围、情态、语气等方面限制动词、形容词的词。

(一) 副词的语法特征

1. 除了少数副词（极、很）能作补语，大多数副词只能作状语

例如：

  很好   不答应   亲自来

  极美   已经去   也许赞成

2. 除了少数副词（不、没有、也许），大部分副词不能单独回答问题

3. 部分副词能连接动词、形容词或短语、分句，起关联作用

例如：

(1) 单用的：

  说了又说   站起来就走

  等一会再去   组织起来才有力量

(2) 成套用的：

  又……又   越……越   也……也

  不……不   既……又   非……不

(3) 同连词配合用的：

  不但……还 只有……才

  既然……就 不论……都

  除非……才 即使……也

  虽然……却 如果……就

(二) 副词的小类

1. 程度副词

"最、极、顶、极其、太、非常、十分、万分、格外、分外、很、挺、更、较、越加、越发、相当、尤其、稍微、略微"等。这类副词不修饰动作动词，修饰形容词或心理动词。

2. 时间副词

"已经、曾经、立即、当即、正在、马上、立刻、就要、将、刚刚、一向、往往、常常、终于、始终、偶尔、仍旧、永远、从来、又、再、也、还、不断、屡次、再三、重新"等。这类副词以修饰动词为主，有的也修饰形容词。

3. 范围副词

"都、全、统统、仅仅、只、单、一共、一概、一律、一齐、总共"等。

4. 否定副词

"不、没有、别、甭、不必、未、勿"等。

以上两类副词能修饰动词，也修饰形容词。

5. 情态副词

"忽然、猛然、公然、悄悄、互相、亲自、竭力、陆续、大肆、擅自"等。这类副词修饰动词，一般不修饰形容词。

6. 语气副词

"难道、究竟、到底、也许、莫非、偏偏、大概、居然、果然、竟然、幸亏、反倒、索性、简直、横竖、明明、恰恰、反正、至少、何尝、却"等。这类副词有时用在句首，起修饰全句的作用。

(三) 副词的位置与表达

副词在句中的位置发生变化，意思常常会跟着改变。例如：

他就一个人干起来了。（表示承接）

就他一个人干起来了。（表示范围）

二十岁才结婚。（前提：结婚应在二十岁之前）

才二十岁就结婚了。（前提：结婚应在二十岁以后）

(四) 副词与形容词的鉴别

副词与形容词都能作状语。但形容词除了能作状语，还能作定语、谓语；副词除了"极、很"能作补语，绝大多数只能作状语。根据这，可以区分副词与形容词。例如：

	作状语	作定语	作谓语
一致	一致否定	一致的意见	意见一致
一概	一概否定	*	*
迅速	迅速解决	迅速的动作	动作迅速
马上	马上解决	*	*

可见，"一致、迅速"是形容词，"一概、马上"是副词。

思考和练习

一、划分词类的标准是什么？

二、把下面的词分为名词、动词、形容词三组。

学习	学问	好学	歌颂	颂歌
充裕	充分	充满	创举	创造
愿意	意愿	自愿	向导	引导
美丽	美食	美化	喜欢	喜悦
进行	进步	进展	合适	适合
腐败	腐烂	腐臭	约束	拘束

三、动词可以用重叠式表示"短暂"或"尝试"意。单音节动词重叠式为"AA",双音节动词重叠式为"ABAB"。指出下列句中的动词重叠式表示什么意义。

① 他这里<u>瞧瞧</u>,那边<u>看看</u>,什么都新鲜。
② 为什么不到抗日的战线去<u>显显</u>身手呢?
③ 这事儿让我们来<u>合计合计</u>。

四、形容词重叠的作用有:表示程度加深,表示程度适中,带有喜爱的色彩,带有贬义。指出下列句中形容词重叠式的作用。

① 我<u>长长</u>地吁了一口气。
② 这个人办事总是<u>马里马虎</u>的。
③ 山间的夜风吹得人脸上<u>凉凉</u>的。
④ 事情的真相已经<u>清清楚楚</u>。
⑤ 小女孩伸出<u>胖胖</u>的小手。
⑥ 她依然拿着针,<u>细细</u>地、<u>密密</u>地缝着那件衣服。

五、把下面加点的量词分成物量词和动量词两组。

咬一口　　一口钟　　看一眼　　一眼井
一挑水　　一捆柴　　踢一脚　　一脚烂泥
开一枪　　见一面　　画几笔　　一笔好字

六、区分下列的时间名词和时间副词。

从来　近来　向来　现在　正在
将来　即将　时常　平时　同时
刚刚　刚才　早已　早上　马上

七、区分下列的形容词和副词。

偶然　偶尔　竭力　努力　立即
迅速　非常　平常　居然　泰然
忽然　突然　果然　必然　悄悄

八、下列句中的代词表示什么意义?

① 这是<u>什么</u>?
② 我倒没<u>什么</u>损失。
③ 他<u>什么</u>都好奇。
④ 说穿了现在<u>谁</u>怕<u>谁</u>呀?
⑤ 你进去是找<u>谁</u>吧?

九、下面两组例句副词位置不同,指出它们在表意上的区别:

甲 ① 这个人我<u>不太</u>了解。
　　② 这个人我<u>太不</u>了解。

乙 ① 这本书我才找了五分钟就找到了。
② 这本书我找了五分钟才找到。

十、下列句中的副词"就"在表意上有何不同？
① 他就有一支钢笔。
② 你不让我去，我就要去。
③ 既然同意，就这样办吧。

第四节 词 类（二）

八、介词

介词常位于名词词语前，把这个名词词语"介引"给后面的动词或形容词。

(一) 介词的语法功能

介词不单独作句法成分，必须同其他词语组成介宾短语。介宾短语在句中主要作状语，有的还作补语、定语。例如：

向那声音走去　　在北京学习（作状语）
出现在眼前　　　奉献给人民（作补语）
对形势的看法　　同群众的关系（作定语）

(二) 介词的类别

(1) 表示时间、处所："自、从、当、在、到、于、向、朝、赶、乘、趁、沿着、顺着、当着、随着"等。

(2) 表示对象："对、对于、关于、由、把、将、被、让、叫、给、和、同、跟"等。

(3) 表示方式："按、按照、根据、通过、用、靠、就、经过、拿、凭、以"等。

(4) 表示目的："为、为了、为着"等。

(5) 表示比较、排除："比、除了"。

(三) 介词与动词的关系与区别

现代汉语的介词大部分从古代汉语的动词虚化而来。有的介词现已不再有动词的用法，与动词的界限较清楚，如："从、被、对于、关于"。有的介词还兼属动词，这就需要鉴别。鉴别的根据是：能单独作谓语，能用肯定否定相叠的方式提问，或能带补语的是动词，不具备这些功能的是介词。例如：

动词　　　　　　　　介词
他在不在家？　　　　他在明天动身。
我们来比比。　　　　我比他高。
请向前一点。　　　　向沙漠展开攻势。
请给我那本书。　　　请给我递本书过来。

这<u>由</u>不得你。　　　　这事<u>由</u>你负责。

我<u>为</u>人人。　　　　　我<u>为</u>你骄傲。

九、连词

连词是具有连接作用的词。

(一) 连词的语法特点

连词只起连接作用，表示各种逻辑关系；不起修饰作用，不充当句法成分。

根据这点，连词区别于有关联作用的副词：

<u>无论</u>走到哪里，我们<u>都</u>要同人民群众紧密相连。

句中副词"都"除跟连词"无论"配合起关联作用外，还从范围上修饰谓语中动词"要"；而连词"无论"仅表示排除任何条件，起连接作用，没有修饰作用。

(二) 连词的分类

根据所连接成分的不同，连词可分两类：

第一类，主要用来连接词或短语的，如：

　　和　　跟　　同　　与　　及

　　或　　而　　并　　以及

第二类，主要用来连接分句的，如：

　　不但……而且　　　或者……或者

　　要么……要么　　　虽然……但是

　　因为……所以　　　与其……不如

　　然而　因此　　　　因而　于是

有些是同副词配合使用的，如：

　　如果……（就）　　只有……（才）

　　只要……（就）　　即使……（也）

　　无论……（都）　　不管……（也）

(三) 连词"和、跟、同、与"跟介词"和、跟、同、与"的区别

首先，连词连接的前后二项是并列关系，位置可以调换，基本意思不变。例如：

<u>母亲和宏儿</u>都睡着了。

<u>宏儿和母亲</u>都睡着了。

其次，介词后的介宾语是动作的客体，前边的词语是动作的主体，位置不能颠倒。如下面两例介词"和"前后项目颠倒，意思相反：

这件事<u>我和他</u>说过的。

这件事<u>他和我</u>说过的。

再次，介宾短语作状语时，前面还可以出现其他状语，连词前则不能插入状语。例如：

这件事我曾经和他说过。（"和"是介词）

最后，介词前的动作主体可以省略，因而介词"和、跟、同、与"可以出现在句首，

连词不能。例如：

　　<u>跟</u>他们谈话就是我的工作。（"跟"是介词）

十、助词

助词是附着于其他语法单位表示附加意义的词。

（一）助词的语法特征

附着性强，不单独作句法成分。

一般念成轻声。

（二）助词的分类

1. 结构助词

是表示结构关系的。如："的、地、得、所、似的"等。

"的、地、得"都念轻声的 de。定语与中心语之间用"的"，状语与中心语之间用"地"，中心语与补语之间用"得"。如：

　　紫色<u>的</u>圆脸　　群众<u>的</u>支持

　　高高<u>地</u>擎着　　相当<u>地</u>庞大

　　记<u>得</u>很清楚　　热<u>得</u>直冒汗

"的"还有一个作用是附在词语后，合起来指称人或物，成为具有名词功能的"的字短语"。如"先进的""送行的""看门的"。

"所"的作用是附在及物动词前，构成名词性的所字短语，如"所见"指见的内容；"所"字前还可以出现动作的发出者，如"他们所见"。这类短语用作定语，中心语则是动作的受事者，如"他们所见的情景"。

"所"有时同"为、被"配合使用，构成"为……所""被……所"格式，这是从古汉语传承下来表示被动的格式，只用于书面语。"所"起强调动词的作用。如"<u>为</u>沙漠<u>所</u>并吞""<u>为</u>他的精神<u>所</u>感动"。

"似的"附在词语后组成比况短语，表示比喻。作用相同的助词还有：也似、样的、一样、一般、般等。例如：

　　细雨<u>似的</u>　　飞<u>也似的</u>　　箭<u>一般</u>

　　银龙<u>样的</u>　　大海<u>一样</u>　　响雷<u>般</u>

2. 动态助词

"着、了、过"等。

表示动作或状态，附在动词或形容词后面。"着"表示持续态（动作或状态正在持续），"了"表示完成态（动作已经完成或某种状态已经出现），"过"表示经历态（曾经有过的动作或状态）。例如：

　　正是这千百万人创造<u>了</u>和创造<u>着</u>中国的历史。（了：动作完成，着：动作持续）

　　灯亮<u>着</u>。（状态持续）

　　不一会儿，北风小<u>了</u>。（状态已出现）

　　后来他给我来<u>过</u>许多信。（曾有的动作）

从来没有那么热过。(曾经有的状态)

3. **语气助词**

"的、了、吗、呢、吧、啊"等。

是用以辅助语气的。出现在句子末尾或句中停顿处。有时单用，有时连着用。按连用时出现的次序，可以分成三组：

(1) 的。

表示陈述语气。加强肯定的语气，表明确实如此。例如：

我爸爸一定会回来的。

他日里亲自数过的。

(2) 了。

也表示陈述语气。着重说明变化。例如：

她儿子是个工人，出来好几年了。

别吵吵，分马了。

(3) 吗、呢、吧、啊。

"吗、呢"主要表示疑问语气。"呢"还可表达略带夸张的陈述语气。例如：

二十分钟以后能做手术吗？(疑问)

粮食交给谁呢？(疑问)

你们看，那东西还在呢。(陈述)

"吧"用于疑问句表示估计猜测，用于祈使句表示催促或商量。例如：

单调，有一点儿吧？(估计)

你就尝尝吧。(商量)

我已经吃了，同志们快吃吧！(催促)

"啊"的作用是增强感情色彩，用在感叹句中最常见，也用于陈述句、祈使句、疑问句，作用是使语气和缓。由于受前一音节影响，"啊"有不同的语音形式，书面上有"啊、呀、哇、哪"等写法。例如：

无耻啊！(感叹)

宁愿顿顿缺，不愿一顿无啊！(陈述)

同志们快来呀！(祈使)

鸡还没打鸣儿哪？(疑问)

语气助词的连用。如："的了、的吗、的呢、的吧、的啊、了吗、了呢、了吧、了啊(啦)、呢啊(哪)"。连用时，后一个语气助词对全句语气起决定作用。例如：

这么的吧，青骡马开春下了崽，马驹子归你。("的"表示肯定，"吧"表示商量，连用后既肯定又带一些商量，是陈述语气)

又如：

爹，您饿了吧？("了"强调状态发生，是陈述语气；"吧"是带猜测的疑问语气，对全句起决定作用)

十一、叹词

叹词是表示感叹、呼唤、应答的词。

感叹主要用于表达多种感情，如喜悦、得意、惊讶、恐慌、失望、不满、醒悟、怀疑等，常用的叹词有："哈哈、嘿、哎呀、呀、唉、哼、呸、哦、哟、噢、咳"等。

表示呼唤的叹词有："喂、嘿、嗳"等。

表示应答的叹词有："嗯、唔、哎"等。

（一）叹词的语法特征

一般不同别的词语发生结构关系，可以独立成句，也可以作独立成分。例如：

<u>喂</u>！等等我。（独立成句）

<u>嘿</u>，告诉你们，我又梦见我妈妈啦！（作独立成分）

（二）叹词与语气助词的分辨

有的词兼属叹词与语气助词，如："啊、呀、哇、哟"。二者区别在于：叹词不和句中其他成分发生结构关系，语气助词则一定附在其他词语后面。例如：

<u>哟</u>，二嘎子那件小褂儿还没上领子呢！

瞧赵大爷<u>哟</u>！

上述第一个例句中的"哟"是叹词，第二个例句中的"哟"是语气助词。

（三）叹词的运用

同一个叹词可以在不同场合表示不同感情，例如：

<u>哎呀</u>，真是美极了！（表赞美）

<u>哎呀</u>，我的衣服哪儿去了？（表惊恐）

<u>哎呀</u>，还香呢。（表惊喜）

<u>哎呀</u>，你这是干什么！（表不满）

<u>哎呀</u>，原来是这样！（表醒悟）

叹词的写法不很固定，同一个声音可以用不同汉字表示，如"hè，真棒！"可以写成"嗬、喝、吓"等，又如"啊"有时写成"呵"，"哎"有时写成"嗳"。

十二、拟声词

拟声词是模拟各种声音的词。如："砰、咚、扑通、哗啦啦、滴滴答答、喊喊喳喳"等。表意作用是使语言具体形象，给人如闻其声的实感。

拟声词常作句子的独立成分，有时也作状语、定语、补语、谓语等句法成分。例如：

<u>轰隆隆</u>，我们的大炮响了。（作独立成分）

屋顶上鸽子<u>咕咕咕咕</u>地低声叫着。（作状语）

摇动的车轮，旋转的锭子，争着发出<u>嗡嗡</u>、<u>嘤嘤</u>的声音。（作定语）

他累得<u>呼哧呼哧</u>。（作补语）

泉水<u>叮咚</u>。（作谓语）

十三、词性的辨识和词的运用

(一) 兼类与活用、同音

1. 兼类

汉语中大部分词都可以根据它的语法特征归属某一词类。也有少数词在某一意义上具备甲类词的语法特征,在另一意义具备乙类词的语法特征,两个(或两个以上)意义有密切联系,这种现象叫作兼类。例如:

上级已<u>决定</u>送他去进修。

这是一个重要的<u>决定</u>。

第一个例句中"决定"受时间副词"已"修饰,带宾语,具备动词的语法特征;第二个例句中"决定"受数量短语"一个"限定,具有名词的语法特征。两个"决定"前者指行为,后者指事物,在词汇意义间有密切联系。可以认为,"决定"兼属名词、动词两类。

常见的兼类词有:

动/名:"编辑、代表、领导、工作、计划、裁判、组织、参谋、病、圈"等。

形/名:"道德、科学、精神、经济、标准、文明、矛盾、规矩、左、锈"等。

形/动:"丰富、方便、繁荣、健全、密切、端正、明白、明确、破、忙"等。

动/介:"在、比、朝、向、为"等。

介/连:"和、跟、同、与"等。

兼类必须具备两个条件:一是经常地具备两类(或两类以上)词的语法特点,二是词汇意义有密切联系。

2. 活用

如果某个词不是经常地,只是偶然地当作另一类词用,这不算兼类,只是活用。如"悲剧"是个名词,但下例出于修辞的需要,偶然地用作形容词,这是活用。如:

所以我顶<u>悲剧</u>,顶痛苦,顶热烈,顶没有法子办。

3. 同音

如果甲乙二词词性不同,字形读音相同,但词汇意义没有密切联系,这也不算兼类,是同音。如:"<u>别</u>动——<u>别</u>上一朵花"。两个"别",前者表示"禁止或劝阻",后者表示"用别针等把物体固定在某处",词汇意义没有联系。因此,尽管两个"别"词性不同,还是不算兼类,是同音同形。

(二) 词类划分的意义

词类讲的是词的聚合,给词分类便于说明词的组合规律。

实词与虚词的划分有助于短语结构的分析。以上列举的十二类词,可以按照它们在更大语法单位——短语中的地位和作用分成两大类:实词与虚词。例如:

<u>伟大</u>的祖国

这个短语由三个词组成,但在分析它的内部结构时,"的"并不看成短语的结构成分,它只是一种结构关系的标志(定语的标志)。显然,三个词在短语中地位是不同的。

"伟大、祖国"这类能充当短语的结构成分,即能充当句法成分的词叫实词,实词都有较实在的词汇意义;"的"之类不单独充当句法成分的词叫虚词,虚词主要表示语法意义,意义较"虚"。这样,十二类词分属实词的有:名词、动词、形容词、数词、量词、代词、副词,属虚词的有:介词、连词、助词、叹词、拟声词。

虚词中叹词和拟声词较为特殊:叹词虽不作句法成分,但能独立成句;拟声词常作独立成分,也能作句法成分。按理,叹词既非实词也非虚词。拟声词在有的语法书中并入形容词。但拟声词与形容词也有不同,而且拟声词的形式和意义不够固定明确,甚至读音和书写都不一致,因此,暂列入虚词类。

词性的辨识有助于避免词的误用。词类和句法成分有一定的对应关系,如名词常作主、宾语,作谓语须有一定的条件;动词、形容词常作谓语,作主、宾语须有一定的条件。因此,掌握各类词的语法特征,有助于正确判断某个词的归属,避免词的误用。

(三) 常见的词类误用等语病

1. 名词、动词、形容词的误用

严顺开对热情的观众表示十分<u>歉意</u>。

"歉意"是名词,不能受程度副词"十分"修饰,这里是误作形容词用了,可改为"抱歉"。

这是毛泽东同志为纪念孙中山先生<u>诞辰</u>九十周年写的文章。

"诞辰"是名词,意为生日,不能带宾语,这里是误用为动词了,可改为动词"诞生"。

乐曲一结束,不仅听众报以热烈<u>鼓掌</u>,连演员们也纷纷拍击手中的乐器以示祝贺。

"鼓掌"是动词,不能和介词"以"组成介宾短语。应改为名词"掌声"。

不少导演说要改编我的小说,我起初是十分激动与<u>合作</u>。

"合作"是动词,不能和"激动"一样受"十分"修饰。可改为"十分激动并合作得很好"。

人们提了意见后,火车站<u>简单</u>了一些托运手续。

"简单"是形容词,不能带宾语,可改为动词"简化"。

谨借贵报一角,为我们师生呼吁,尽快解决我们的<u>健康</u>!

"解决"要求带名词宾语,而"健康"是个形容词,可改为"健康问题"。

2. 及物动词与不及物动词的误用

我明白了用光学上的原理,可以<u>分层</u>各种自然颜色。

"分层"是不及物动词,不带宾语,应改为:"……可以将各种自然颜色进行分层。"

凡报考文史类的,<u>考试</u>政治、语文、历史、地理、外语等五门。

"考试"是不及物动词,不能带宾语,可改为及物动词"考"。

这几天,我看书也<u>懒得</u>。

"懒得"是个必须带宾语的及物动词。可改为"看书也懒得看"或"懒得看书"。

3. 数词、量词使用不当

听了这种话,我们<u>俩个</u>大概谁也不会高兴。

"俩"意为"两个"。因此可删去"个";或保留"个",把"俩"改为"两"。

文章一般不要超过三千字<u>左右</u>。

"左右"是约数,指三千字多一<u>些</u>或不到一<u>些</u>,句中同前面的"不要超过"自相矛盾。可按需要删去"左右",或把"不要超过"改为"要求"。

他买了<u>二</u>条鱼,一大块肉。

"二"和"两"用法不全相同:在度量衡单位前,"二"和"两"都可以用;在其他量词前,用"两"不用"二"。这里"二"应改为"两"。

那大嫂衣衫褴褛,挑着一<u>担</u>破箩筐。

量词不当。应改为"对"或"副"。

4. 代词使用不当

使用代词主要应注意指代对象要明确,防止远指代词与近指代词误用或人称代词前后不统一。

他的死,是为人民而死,人民永远不会忘记<u>你</u>。

前后人称不统一。应把"你"改为"他"。

你留在这里看电视吧,<u>咱们</u>回去了。

"咱们"包括对方,用在这里与句意不符。可改为"我们"。

选举时我挨着爹坐。爹指着我说:"小菊<u>那</u>丫头,办事不牢靠,还是另选一个吧。"

"小菊"即"我",坐在爹身边,该用近指代词"这"。

5. 副词使用不当

维修组的师傅一发现<u>稍微</u>的故障便立即排除,保证了机器的正常运转。

"稍微"是副词,不能作定语,应改为形容词"微小"。

明明白白是一个人,又<u>似似乎乎</u>有一个壳。

"似乎"是副词,不能像形容词"明白"那样重叠。

读一读小说《围墙》,难道对我们<u>不无</u>一点启发吗?

句中有"不""无"两个否定副词,加上反问句也表否定成为三重否定,三重否定表达的意思是否定,与句子原意不符,可去掉一重否定。

6. 介词的误用

介词在运用中应注意介词、介宾语、动词之间的语义关系。

因为火炉里的火星溅出来,<u>被</u>炉前没有收拾干净的柴禾点燃了,房子就着了火。

"被"介引的词语是施事者,而"炉前没有收拾干净的柴禾"是"点燃"的受事对象。应把"被"改为"把"。

如果国家有计划地多生产这类配件,就可<u>把</u>节省下来的外汇,进口我们暂时还不能生产的仪器。

"把"的介宾语是动作的处置对象,而句中的介宾语是动作的工具,"把"可改为"用"。

工程技术人员<u>对</u>火箭起飞前进行了最后的检查和操作,随即撤离了现场。

"对"的介宾语是它的涉及对象，句中"火箭起飞前"却表示动作发生的时间，应把"对"改成"在"，并在"进行"前加"对它"。或保留"对"，将介宾语改为"起飞前的火箭"。

7. 连词使用不当

连词在使用时应注意：连词所连项目应在一个概念的层次上，不能互相包含；不同连词对所连项目有不同要求。

他喂过牛，种过菜，做过饭并养过牲口。

"喂过牛"的内容包含在"养过牲口"中，应删去其中一项。

这个故事发生在宋朝和元朝。

一个故事不可能既发生在宋朝，又发生在元朝，这里应用表示选择关系的连词"或"。

作者通过新媳妇这一人物的塑造，反映了千百万劳苦大众对敌人的愤恨，对革命战士的热爱，和反映了军民团结一致的关系。

误用"和"连接分句，可删去或改成"并"。

8. 助词使用不当

哈哈镜有的把我照的像一个踏扁了的灯笼，有的把我照的像一根细竹竿。

"像一个踏扁了的灯笼""像一根细竹竿"分别是两个"照"的补语，应用助词"得"。

尤其是她们身上表现出来的抗争精神，一直启迪、鼓舞了广大妇女的解放斗争。

"一直"表示动作处于持续态，动态助词"了"却是表示完成态的，前后矛盾。可将"了"改为"着"。

思考和练习

一、把下面两段话中的词划开，并指明词性。

从潼关到宝鸡的列车到达郭县站的时候，天色暗下来了。在两分钟之内，列车把一些旅客抛在淋着雨的小站上，就毫不迟疑地顶着雨向西冲去。

淡黑的起伏的连山，仿佛是踊跃的铁的兽脊似的，都远远地向船尾跑去了，但我却还以为船慢。他们换了四回手，渐望见依稀的赵庄，而且似乎听到歌吹了，还有几点火，料想便是戏台，但或者也许是渔火。

二、各举一例说明兼类、活用与同音的区别。

三、比较下列各组句子中加点的词，说明它们的词性、作用有何不同。

甲 ① 周总理，你在哪里？
② 我们在静静地听老师讲课。
③ 四把旧椅子放在桌子旁边。

乙 ① 他一向过着朴素的生活，从没有乱花过钱。
② 运动员们走过主席台前。

丙 ① 他的手艺和他师傅不相上下。
② 我很愿意和大家谈谈这个问题。
③ 闰土要香炉和烛台的时候，我还暗地里笑他。

四、下面这段话中加点的"的"词性、作用是否一样？

在停船的匆忙中，看见台上有一个黑的长胡子的背上插着四张旗，捏着长枪，和一群赤膊的人正打仗。双喜说，那就是有名的铁头老生，能连翻八十四个筋斗，他日里亲自数过的。

五、下面句子的虚词使用不当，请改正，并说明理由。

① 贾平凹对我们并不陌生。他是个年轻多产的作家，好学、勤奋。
② 开放政策深入人心，它对今后经济的发展得到了根本的保证。
③ 我们做任何工作，都要对于人民负责。
④ 记叙文中，抒发感情和议论都必须以叙事为基础，离开叙事，就无从抒发感情，阐发议论。
⑤ 熟悉他的工人、干部、技术人员摸到了一条规律，有事找郝振贵，别到书记办公室，而要到现场和图书资料室去。
⑥ 对古代文学遗产，应剔除其封建的糟粕，批判地吸收了对我们有用的东西。

六、检查下列句子是否有词性误用等语病。

① 这幅画不正寓意文艺工作者在浓墨重彩地描绘我们生机勃勃的春天吗？
② 我们国家生产力还不发展，有些东西在相当大的程度上要靠农民家庭副业来生产。
③ 黏结法又有胶带贴补与胶水修补两种，两种都必须先将表面清洁、干净。
④ 他踌躇在车站里，终于提着简单的行囊走到舅父家里。
⑤ 焦裕禄有严重肝病，他却不放在心上，别人有了病，却三番五次地催他去治疗。
⑥ 我对这副对联含义的理解比以前有所深刻了。
⑦ 我班和二班协作了一个宣传新时期总任务的文艺节目。
⑧ 海鸥的主要食物是鱼类。当轮船航行时，船尾激起水花，常把海里的鱼跳上水面，这样也就成了海鸥追逐的对象。

第五节　短　语（一）

一、短语的类型

短语是比词大的造句单位，由两个或两个以上的词组合而成。短语以实词作为短语的成分，有两种构成形式：

一种是由实词与实词直接组合而成的短语，主要靠词序表明组成成分之间的关系。词序变了，成分之间的关系就会变动，短语的意义也随之改变。如"伟大祖国"这个偏正短语词序改成"祖国伟大"，就成了主谓短语。又如"人民中国"词序变动成"中国人民"，"人民"就从修饰地位变成被修饰地位，"中国"就从被修饰地位变成修饰地位，短语的结构类型没有变，但意义却完全不同了。

另一种是借助虚词组合而成的短语，是依靠虚词作为结构手段，起黏合作用，使实词与实词发生语法和意义上的联系。如"我的钢笔"，结构助词"的"表示"我"和"钢笔"有领属关系；"讨论并通过"，连词"并"表示"讨论""通过"是并列关系，并且有先后关系。

短语也可以由虚词作为短语成分的一方，和实词组合而成。主要有：介宾短语、的字短语、比况短语和所字短语。

汉语的句子除了语调、语气助词、独立成分等超短语成分以及省略、变式等句法特有的现象之外，构造原则与短语是一致的。因此，搞清了短语的结构方式，也就打开了句子分析的大门。从功能看，在一般情况下短语充当句子里的句法成分，造句作用相当于词；当短语配上一定的语调，也可以单独成句。因此，短语作为词和句子之间的中间环节，是句子分析的中心部分。短语的分析在语法研究中有举足轻重的地位。

短语的分类可以从两个角度着手：

第一，从考察短语内部词与词的结构关系着手，分出的类型是短语的结构关系类别，有：偏正短语、并列短语、主谓短语、动宾短语、补充短语、复指短语、连动短语、兼语短语、的字短语、介宾短语、比况短语、所字短语等十二类。

第二，从考察短语在更大语法单位中的语法功能着手，分出的类型是短语的功能类别，有：名词性短语、动词性短语、形容词性短语等三类。

二、并列短语

并列短语是由两个或更多的直接成分平等地组合而成。这种组合有时依靠连词，有时可以不用连词。

（一）并列短语的小类

1. 名词性并列短语

由名词、人称代词或名词短语组合而成。例如：

  牛郎织女 风俗习惯
  我和老余 论点与论据
  穿的跟用的 义理、考据和辞章

2. 动词性并列短语

由动词或动词短语组合而成。例如：

  调查研究 跳着、笑着
  走或者留 赞成还是反对
  又悲又喜 形容、限制和补充

3. 形容词并列短语

由形容词或形容词短语组合而成。例如：

  机智勇敢 温和美丽

  黑而且瘦 平常而又平常

  又阴又冷 又绿又嫩又茁壮

(二) 并列短语的语法功能

并列短语的语法功能跟它的组成成分的功能一致。由名词或名词短语组成的并列短语具有名词的语法特征：不受副词修饰，在句中主要作主语、宾语。例如：

蹲着的、坐着的、站着的都有。（作主语）

看到的只是万紫千红的丰收景色和奋发蓬勃的繁荣气象。（作宾语）

多少曾调朱弄粉的手儿，已将金黄的小米饭，翠绿的油菜，准备齐全。（作介宾语）

动词或动词短语组成的并列短语具有动词的语法特征，如受副词修饰，在句中主要充当谓语动词，带宾语等。例如：

他们都叹息而且表同情。（受"都"修饰）

虽然自己不富裕，还周济和照顾比自己更穷的亲戚。（作谓语中的"动部"，带宾语）

形容词或形容词短语组成的并列短语具有形容词的语法特征，如受程度副词修饰，在句中主要充当定语、状语和谓语。例如：

那手也不是我所记得的红活圆实的手。（作定语）

雨点轻柔而又均匀地洒落在树叶上。（作状语）

天山蘑菇又大又肥厚。（作谓语）

这雨来得又突然又猛烈。（作补语）

三、偏正短语

由两个短语成分组成，它们之间是修饰与被修饰的关系。修饰语分"定语"和"状语"，被修饰语称"中心语"。

(一) 偏正短语的小类

1. 定中短语

中心语一般由名词充当。整个短语的语法功能与中心语一致。定语从领属、性质、状态、时间、地点、数量等方面对中心语加以修饰或限定。充当定语常见的有形容词、名词、代词、动词和数量短语，例如：

  小麻雀 坚强的战士

  布衣服 松树的风格

  什么人 我们的老师

  有的人 议论的内容

  几张纸 七根火柴

在一定条件下，即整个偏正短语的语法功能为名词性时，动词或形容词充当的中心语也可受定语修饰。例如：

他的迁渐渐地改变起来。

大家更加佩服贺龙同志的机智、勇敢了。

她对我的接近文学和爱好文学，是有着多么有益的影响。

2. 数量短语

以量词为中心语，数词作定语组成的短语也是一种偏正短语，又叫数量短语。根据量词的不同小类，又可分：

（1）物量短语：数词＋物量词。例如：

  一个 两张 三尺 一群

  三堆 一双 一桶 一盒

物量短语语法功能接近于名词，在句中主要充当定语，有时也作主、宾语。例如：

十几位勇士都在外面。（作定语）

一公斤等于二市斤。（作主、宾语）

（2）动量短语：数词＋动量词。例如：

  一次 一下 一遍 一趟

  三拳 两脚 几笔 一眼

动量短语语法功能接近于形容词，在句中主要充当补语、状语。例如：

写完后至少看两遍。（作补语）

他一脚踢开了大门。（作状语）

3. 指量短语

中心语由量词或数量短语充当，定语由指示代词充当的偏正短语又叫指量短语。例如：

  这间 那本 这次 那回

  这三间 那五本 这一回

指量短语的语法功能跟中心语一致。即中心语是物量词或物量短语，整个指量短语是名词性的；中心语是动量词或动量短语，整个指量短语的功能接近于形容词。

4. 方位短语

以方位名词为中心语，名词或其他词语作定语组合而成的偏正短语又叫方位短语。例如：

  山路上 娘子关前 大门外头

  抽屉里 国庆前后 挥手之间

方位短语的语法功能相当于方位名词。常与介词组成介宾短语，还能充当主语、定语、状语等句法成分。例如：

院子当中摆着一张长方桌子。（作主语）

对面山坡上的松树林子浮起一层苍苍茫茫的烟雾。（作定语）

半个月以后，黄狮就死了。（作句首状语）

5. 状中短语

中心语一般由动词或形容词充当。整个状中短语的语法功能与中心语一致。状语从时间、处所、方式、对象、范围、程度等方面修饰或限定中心语，常作状语的词语是副词、形容词、时地词语、介宾短语。例如：

　　都去　　　十分雄伟　　　慢走　　　严肃地说
　　中午来　　北京见　　　　向沙漠进军　　从哪里来

当整个偏正短语的语法功能相当于动词或形容词，并能在句中充当谓语时，状中短语的中心语可以由名词性词语充当。例如：

　　才早晨　　简直废物
　　刚三天　　不过十多处

6. 能愿短语

中心语主要由动词充当，状语由能愿动词充当的偏正短语又叫能愿短语。能愿短语的语法功能相当于动词。例如：

　　应该去　　会回来　　愿意改正
　　肯帮忙　　敢冒险　　能够成功

四、主谓短语

由两个短语成分组成，它们之间是被陈述和陈述的关系。被陈述的短语成分叫"主语"，对主语进行陈述的短语成分叫"谓语"。

（一）主谓短语的构成

大多数情况下，主语由名词性词语充任，谓语由动词性词语或形容词词语充任。例如：

　　小二黑结婚（主：名词，谓：动词）
　　散文重要（主：名词，谓：形容词）
　　死海不死（主：名词，谓：状中短语）
　　愚公移山（主：名词，谓：动宾短语）

少数情况下，主语也可以是非名词性词语，谓语也可以是名词性词语。例如：

　　浪费粮食可耻（主：动宾短语）
　　今天星期天（谓：名词）
　　新闻两篇（谓：数量短语）

（二）主语的意义类型

以动词性词语充当的谓语来说，主语有三种意义类型：

1. 施事主语

主语是动作、行为的发出者。例如：

　　梁生宝买稻种　　　林黛玉进贾府
　　食物从何处来　　　我歌唱延安

2. 受事主语

主语是动作、行为的承受者。例如：

　　早饭没吃饱　　　鞋底磨去不少
　　白杨礼赞　　　　事事关心

3. 中性主语

主语既非施事，也非受事。例如：

　　谁是最可爱的人　　效率就是生命

　　宇宙里有些什么　　桌上放着花瓶

（三）主谓短语的功能

主谓短语带上语调就成为句子，这种句子就是主谓句。例如：

这很陡的山爬完了。

这是哪里来的？

同学们快吃吧！

我们顶着天啦！

此外，主谓短语还可以在句子中充当各种句法成分。

1. 主谓短语作谓语

例如：

牛骨头炖野菜，营养好得很。

哪一号烈马，我没有骑过？

2. 主谓短语作主语

例如：

你们红军早些来就好了。

老通宝恨洋鬼子不是没有理由的。

3. 主谓短语作宾语

例如：

我只觉得呼吸紧迫。

上级规定每人要准备两双鞋。

4. 主谓短语作补语

例如：

在进军路上，打得国民党军队望风而逃。

老孙头吓得脸像窗户纸似的煞白。

5. 主谓短语作定语

例如：

是的，老根据地人民做的鞋是"量天尺"。

唉，种田人吃不到自己种出来的米！

6. 主谓短语作状语

例如：

叶子本是肩并肩密密地挨着。

可以看到，主谓短语是一种多功能的短语，既能独立成句，又能充当各类句法成分。比较起来，这种短语的功能与动词的功能接近，因此一般的看法是把它看成动词性短语。

五、动宾短语

由两个短语成分组成，它们之间是支配与被支配的关系。支配的是动词，表动作；被支配的是宾语，指动作支配的对象。

(一) 动词对宾语的选择性

汉语的动词对宾语的要求是不同的，可以分以下几种情况：

大多数动词要求带名词性宾语，不带非名词性宾语。这类动词最为常见，无须举例。

少数动词要求带非名词性宾语，例如："主张、禁止、感到、严加、予以、加以、觉得、渴望、提议、从事、声明"等。

有些动词既可带名词性宾语，也可带非名词性宾语。例如："是、知道、爱、怕、恨、喜欢、开始、停止、有、研究"等。

一部分动词可带双宾语。例如："给、送、赔、输、教、交、还、拿、收、赚、赢、问、借、欠、取、奖、罚、告诉"等。

(二) 宾语的构成

由于动词对宾语的不同要求，充当宾语的词性有各种类型的。

1. 名词性宾语

宾语由名词、人称代词、定中短语、物量短语、的字短语、复指短语、名词性并列短语等充当。例如：

  回<u>延安</u> 告诉<u>他们</u> 抱着<u>小的</u>

  改造<u>我们的学习</u> 发表<u>两篇</u>

  记念<u>刘和珍君</u> 有<u>米、盐巴</u>

2. 非名词性宾语

宾语由动词、状中短语、动宾短语、补充短语、动词性并列短语、主谓短语等充当。例如：

  开始<u>说</u> 学<u>种菜</u> 显得<u>更加高大</u>

  觉得<u>吃不消</u> 喜欢<u>唱唱跳跳</u>

  望见<u>平桥内泊着一只航船</u>

(三) 宾语和动词的意念关系

把宾语说成是"动作支配的对象"是笼统的说法，其实汉语中动词与宾语的语义关系十分复杂：

1. 宾语是动作的受事对象

例如：

  挖荠菜 吃面条

2. 宾语是动作的结果

例如：

  写小说 挖防空洞

3. 宾语是动作的处所

例如：

    写黑板　　坐火车

4. 宾语是动作的工具

例如：

    写毛笔　　吃大碗

5. 宾语是动作的方式

例如：

    写草体　　吃劳保

6. 宾语是动作的发出者

例如：

    出太阳　　来客人

7. "是"所带宾语与主语是同一关系或从属关系

例如：

    鲁迅是周树人　　鲁迅是作家

（四）动宾短语的语法功能

动宾短语跟短语的主体（动词）语法功能一致。主要在句中作谓语，也能作补语、定语。在一定条件下，也能作主语、宾语。作状语则较为少见。

1. 作谓语

例如：

你们等谁？

2. 作补语

例如：

天热得发了狂。

3. 作定语

例如：

我问那个卖牡蛎的人。

4. 作主语

这类句子的谓语一般是描写性或判断性的。例如：

种花好，种菜更好。

5. 作宾语

带宾语的动词多半是表示心理感受或判断的。例如：

他酷爱养狗。

我们每天的事情大概是掘蚯蚓。

六、补充短语

由两个短语成分组成，前一部分是动词或形容词，可称中心语，后一部分从某个角度对前面的动作或性状进行补充说明,称作补语。

(一)补语的构成

补语由动词词语或形容词词语充当,有动词、趋向动词、形容词、副词("很、极")、介宾短语、状中短语、动宾短语、补充短语、主谓短语、动量短语等。例如:

搬<u>走</u>　　抬得<u>动</u>　　爬<u>上</u>　　吃得<u>下去</u>

吃<u>饱</u>　　熏得<u>乌黑</u>　　气<u>极</u>　　美得<u>很</u>

嵌<u>在门上</u>　　累得<u>直喘气</u>　　冻得<u>打哆嗦</u>

乐得<u>跳起来</u>　　羞得<u>脸通红</u>　　换<u>四回</u>

(二)补语的意义与类别

1. **结果补语**

补语是动作的结果。与动词直接组合,当中不用结构助词"得"。由动词、形容词充当。例如:

说完　　赶跑　　骂哭　　穿破

擦干　　盛满　　喝醉　　洗干净

2. **趋向补语**

补语说明动作的方向或状态的发展。与动词或形容词直接组合,当中不用结构助词"得"。由趋向动词充当。例如:

拿出　　滑下　　走进　　挤上来

答应下来　　高兴起来　　平静下去

3. **情态补语**

补语描写动作结果的情状,由形容词重叠式或动词短语、形容词短语充当。补语前必须用结构助词"得"。例如:

看得清清楚楚　　挤得紧紧的

脏得不成样子　　绿得发亮

瘦得叫人担心　　累得喘息起来

4. **程度补语**

前一部分一般是形容词或心理动词。补语说明性状或感受的程度,由"极、很、多、透"以及"要死、要命、一些、一点"等充当。如:

气极　　糟透　　好得很　　高得很

吓得要死　　恨得要命　　浓一些

5. **数量补语**

补语说明动作的次数或动作延续的时间。与动词直接组合,当中不用结构助词"得"。由动量短语、"数词+时间名词"短语充当。例如:

看一眼　　去过三次

住三天　　活了二十年

6. 时地补语

补语说明动作发生或到达的处所或时间，与动词直接组合，当中不用结构助词"得"，由介宾短语充当。例如：

  出现在梨树林边 趴在地上
  生活在八十年代 冲向天空

7. 可能补语

补语与动词间插入助词"得"或"不"，表示动作的结果是可能的或不可能的。例如：

  寻得见   寻不见
  拿得出   拿不出
  坚持得下去 坚持不下去

情态补语与可能补语的肯定式都用"得"，可以从以下三方面去分辨：

(1) 可能补语由单个的动词、形容词充当；情态补语由于有描述性特点，一般不用单个的动词、形容词，而是用重叠形式或带附加成分。试比较：

  可能补语：挤得紧
  情态补语：挤得紧紧的、挤得很紧

(2) 可能补语的否定式是"V不C"式，情态补语的否定式却是"V得不C"式。试比较：

  可能补语：挤不紧
  情态补语：挤得不紧、挤得不很紧

(3) 情态补语在一定语言环境里可以省略，只出现"V得"；可能补语也有省略式：肯定式"V得"的动词只限于单音节的，否定式是"V不得"。试比较：

  看你头发乱得〔像个草窠了〕！
  把他骄傲得〔连老朋友都不认了〕！
  这东西晒得还是晒不得？
  老虎屁股摸不得

动词与补语之间是否用结构助词"得"，跟补语的意义类型有一定的关系：结果补语、趋向补语、数量补语、时地补语不用"得"；情态补语、可能补语的肯定式须用"得"；程度补语中一部分（如"极、透"）不用"得"，一部分（如"很、要死"）要用"得"。

结构助词"得"有时可用同义形式"得个、个"等替代。例如：

  看个清楚 喝个痛快
  闹得个鸡犬不宁

(三) 补充短语的语法功能

补充短语的语法功能跟短语主体动词或形容词一致：主要在句中作谓语，也作定语、补语；作主语、宾语受一定条件限制；作状语不多见。例如：

1. 作谓语

例如：

一座草顶、竹篾泥墙的小屋<u>出现在眼前</u>。

2. 作定语

例如：

<u>住在温泉</u>的人多半喜欢吃这种蜜。

3. 作补语

例如：

他快乐<u>得跳起来</u>。

4. 作主语

这种句子的谓语有判断、说明的性质。例如：

<u>说少了</u>不行，<u>说多了</u>也不行。

5. 作宾语

带宾语的动词多半表示心理、感受，例如：

我当时虽然觉得<u>圈得可笑</u>，但是毫不介意。

6. 作状语

例如：

衣服<u>被叠得整整齐齐</u>地存放起来。

(四) 补充短语与动宾短语的区别

宾语、补语都位于动词之后，有一个区别的问题。区别可以从以下几方面着眼：

1. **看构成成分**

名词、人称代词、物量短语只作宾语；介宾短语、动量短语只作补语；动词、形容词一般作补语，少数充当宾语。

2. **看结构助词"得"**

出现助词"得"，则后面的附加成分是补语。但应注意，有的"得"不是助词而是合成词的构成语素，如"觉得、取得、获得"。

3. **看时间词语**

时间词语的情形较复杂，有作补语的，也有作宾语的，可以用适当的变换来鉴别。如：

{ a. 过去了三年 —→ 三年过去了
{ b. 成立了三年　＊三年成立了

{ a. 浪费三小时 —→ 把三小时浪费了
{ b. 苦干三小时　＊把三小时苦干了

a 式是动宾短语，颠倒词序变成主谓短语，并可变换成把字式；b 式是补充短语，不能作以上变换。

七、复指短语

复指短语由两个或更多的成分组成，各成分之间是同一关系，即从不同的角度指同一个人或同一事物。

(一) 复指短语的构成

组成复指短语的主要是名词、代词或名词短语。前一部分若是动词短语，后一部分要用指量短语和名词组成的短语来指称。例如：

养蜂员老梁　　你们红军　　他自己

从实际出发这句话

不食嗟来之食这个故事

有的复指短语的两部分是总分关系，总分关系也是一种同一关系。例如：

饿饭、吊起、关黑房间等方法

各种野菜：雪蒿、马齿苋、灰灰菜……

复指短语的各个部分必须相连，中间不能被别的词语隔开。如果意念上是复指但不相连，不是复指短语。例如：

这个人我认得他。

他的两个姐姐，一个是医生，一个是演员。

如果意念上是复指，但不作同一个句法成分，也不是复指短语。例如：

秋天，这是丰收的季节。

大雪纷纷扬扬，这在春城昆明是多年没见的景象。

(二) 复指短语的语法功能

复指短语的语法功能相当于名词。在句中主要作主语、宾语，也可以作定语或介宾语。例如：

养蜂员老梁领我走进"大厦"。（作主语）

我们常常听说"从实际出发"这句话。（作宾语）

这就是他，一个坚强的共产党员，在生命最后时刻的遗言。（作定语）

他这话是向垫在他下面的伙伴大大小小的石块说的。（作介宾语）

(三) 复指短语与并列短语的区别

并列短语的各项所指对象是不同的，复指短语的各项却是指同一个对象。如"学生老师"是并列短语，直接成分所指对象各不相同；"学生赵平"是复指短语，所指的是同一对象。

构成并列短语的各项应是互不包含的，复指短语的各项却可以互相包含。如"赵平他们"是复指短语而不是并列短语，"他们"包含"赵平"。

> **思考和练习**

一、汉语中短语在语法上的重要性体现在哪些方面？

二、划出下列各句中的并列短语，说明其构成，并指出其在句中充当的句法成分。

① 许多人烦得叫起来，骂起来。

② 孔乙己是站着喝酒而穿长衫的唯一的人。
③ 李毛驴又悲又喜。
④ 在月光下或者繁星下，你可以朦胧地看见牧群在夜的草原上轻轻游荡。
⑤ 在旧社会，多少从事科学文化事业的人们，向往着国家昌盛、民族复兴、科学文化繁荣。
⑥ 说话声、欢笑声、唱歌声、嬉闹声，响遍了整个的海滩。

三、划出下列各句中的定中短语，并说明定语的构成和作用。
① 夜风轻轻地吹拂着，空气中飘荡着一种大海和田禾相混合的香味，柔软的沙滩上还残留着白天太阳炙晒的余温。
② 那些在各个工作岗位上劳动了一天的人们，三三两两地来到了这软绵绵的沙滩上，他们浴着凉爽的海风，望着那缀满了星星的夜空，尽情地说笑，尽情地休憩。
③ 一片片坐着、卧着、走着的人影，看得清清楚楚了。
④ 我很欣幸他的得释，就赶紧付给稿费，使他可以买一件夹衫。

四、比较下面几组短语，说说"的"对短语的意义或结构有何作用。
① 生物历史——生物的历史
② 有人——有的人
③ 温度下降——温度的下降
④ 呢子大衣——呢子的大衣
⑤ 我们学校——我们的学校
⑥ 小姐脾气——小姐的脾气

五、划出下列各句中的状中短语，说明状语的构成和作用。
① 愉快的笑声，不时地从这儿那儿飞扬开来，像平静的海面上不断地从这儿那儿涌起的波浪。
② 远处，庙里的钟声在薄暮中响起来。羊儿咩咩地叫着，由放羊的孩子赶着回圈了。
③ 立春过后，大地渐渐从沉睡中苏醒过来。
④ 唐三抓子天天装穷，一声接一声地叹气。
⑤ 前面尽地雷，不能走了。

六、划出下列各句中的主谓短语，指出它们在句中充当什么成分。
① 大家亲眼看见自己惹不起的厉害人受了碰，觉得老杨同志真是自己人。
② 他们三个一群，五个一簇，拖着短短的身影在狭窄的街道上走。
③ 朝霞在西，表明阴雨天气在向我们进袭；晚霞在东，表示最近几天里天气晴朗。

④ 海水，也特别地清，清得海边水底的石头、水草、小鱼都看得清清楚楚。

⑤ 被冲锋枪打伤的德国兵一个跟着一个地倒下了。

七、划出下列各句中的动宾短语，说说动词与宾语的语义关系。

① 三四人径奔船尾，拔了篙，点退几丈，回转船头，架起橹，骂着老旦，又向那松柏林前进了。

② 桥脚上站着一个人，却是我的母亲。

③ 穿一件破夹袄，盘着两腿，下面垫一个蒲包，用草绳在肩上挂住。

八、划出下列各句中的补充短语，指出补语的构成与意义类别。

① 鲁班苦学了三年，把所有的手艺都学会了。

② 于是大家放开喉咙读一阵书，真是人声鼎沸。

③ 说我们鲁镇的戏比小村里的好得多，一年看几回，今天就算了。

④ 总督府内熊熊的火焰冒向天空，总督府的牌子被打断在阶前，撕碎了的清朝的龙旗，被践踏在地下。

⑤ 我们的声音便低下去、静下去了。

九、划出下列各句中的数量短语，指出其在句中充当什么句法成分。

① 一阵凉风吹得他连打了几个寒战。

② 天地间雾蒙蒙的一片。

③ 于是架起两支橹，一支两人，一里一换，……飞一般径向赵庄前进了。

④ 他去了一刻，回来说："没有。日里倒有，我还喝了两碗呢。"

⑤ 为了不致一口吞下去，他把面团捏成了长条。

⑥ 他们换了四回手，渐望见依稀的赵庄。

十、划出下列各句中的复指短语。

① 马克思逝世的时候，他的伟大著作《资本论》还没最后完成。

② 要谈判，请他蒋介石自己到延安来。

③ 一直走了将近两个小时，才把他们母子送到家。

④ 茴香豆的"茴"字，怎样写的？

⑤ 作为争取民主的战士，青年运动的领导人，闻一多先生"说"了。

第六节 短 语（二）

八、连动短语和兼语短语

第五节列举的六种短语（并列、偏正、主谓、动宾、补充、复指）是由实词与实词组成的短语的基本类型。而连动短语和兼语短语是在动词短语（动宾、补充、主谓）的基础上，连用或套用构成的。

（一）连动短语

动词、动宾短语或补充短语连用，互相之间没有偏正、动宾、补充、主谓等关系，这种短语称为连动短语。组成连动短语的动词词语间没有语音停顿，也不用关联词语连接，跟同一主语发生主谓关系。连动短语可以由两部分组成，也可以由两个以上的部分组成，例如：

他<u>接过书翻了翻底页</u>。

他<u>披上大衣跳下地跑到外间</u>。

连动短语的语法功能相当于动词。在句中主要充当谓语，也可以作定语、补语。在一定条件下，可以作主语、宾语。例如：

老田头<u>牵着热毛子马回到家中</u>。（作谓语）

吴荪甫回头对<u>站在那里等候命令</u>的四个当差一摆手。（作定语）

修路的人饿得<u>成群地躺在路旁爬不起来</u>。（作补语）

<u>拿点米吃</u>是不犯王法的。（作主语）

最好的工作是<u>捉了苍蝇喂蚂蚁</u>。（作宾语）

（二）兼语短语

动宾短语跟主谓短语套用，动宾短语的宾语兼作主谓短语的主语。这种短语叫兼语短语。兼语短语中的动宾短语，动词往往是使令动词，如："使、让、教、叫、派、请、逼、催、劝、求、邀、选、托、令、动员、阻止、发动、号召、鼓励、组织"等；也可以是非动作动词"有"或判断动词"是"。例如：

叫闰土坐　　使我很为难

叫人担心　　派班长执行任务

是他值班　　有个许仙救了两条蛇

兼语短语的语法功能相当于动词。在句中主要充当谓语，也作定语和补语。在一定条件下，可以作主语、宾语。例如：

长期的折磨，<u>使吴吉昌患了重病</u>。（作谓语）

这真是<u>叫人羡慕</u>的事情。（作定语）

活儿做得<u>叫人痛快</u>。（作补语）

<u>让我们自己定价钱</u>就好了。（作主语）

他看见<u>有人在轻轻点头</u>。（作宾语）

（三）连动短语与兼语短语的套用

连动短语中包含兼语短语，或兼语短语中包含连动短语，像连环套似的，这种现象叫套用。

连动短语中套用兼语短语，例如：

我今天也要<u>送些给我们的姑奶奶尝尝去</u>。

但也就高兴了，<u>笑着邀大家去吃炒米</u>。

兼语短语中套用连动短语，例如：

他便叮嘱我将来照了寄给他。

九、"的"字短语

(一)"的"字短语的构成

"的"字短语是由结构助词"的"附在实词（量词、数词、副词除外）或短语后面组成。如：

名词＋"的"：学校的　　图书馆的

代词＋"的"：你们的　　我的

动词＋"的"：吃的　　用的　　相识的

形容词＋"的"：大的　　乌油油的

并列短语＋"的"：最不应该、最要反对的

偏正短语＋"的"：你家的　　最惹眼的

复指短语＋"的"：老杨同志的

动宾短语＋"的"：摇船的　　坐车的

补充短语＋"的"：跌倒的　　走不动的

连动短语＋"的"：上京赶考的

兼语短语＋"的"：使我难忘的

主谓短语＋"的"：他们肩上挑的

(二)"的"字短语的语法功能

"的"字短语的语法功能与名词相近。在句中主要作主语、宾语，在一定条件下也作谓语。但不作定语、状语或补语。例如：

摇船的都说很疲乏。（作主语）

往后没得吃，就来吃你们的！（作宾语）

这些书资料室的。（作谓语）

(三)"的"字短语的表达作用

"的"字短语相当于一个名词，用以指称人或物。但在表达作用上比名词更加概括、形象、口语化。试比较下列例句中的"的"字短语与相应的名词：

一只手却撮着一个鲜红的馒头，那红的还是一点一点地往下滴。（比"血"形象、委婉）

怀里抱着个小的，手里拉着个大的。（比"小的孩子""大的孩子"简洁）

我在上海英商汽车公司当卖票的。（比"售票员"更通俗）

十、介宾短语

(一) 介宾短语的构成

介宾短语多数由介词和名词词语构成。名词词语是介词引进的对象，称"介宾语"。个别介词（如：为了、自从、关于）也可以带动词性介宾语。例如：

介＋名词：被蜘蛛网粘住

介＋代词：从哪里来

介＋方位短语：在烈日和暴雨下

介＋定中短语：为了周总理的嘱托

介＋并列短语：在月光下或者繁星下

介＋复指短语：从我们这些人做起

介＋动宾短语：关于写文章

(二) 介宾短语的语法功能

1. 作状语

介宾短语的语法功能主要体现为作状语，从时间、处所、条件、对象、范围等方面修饰或限制动词、形容词。例如：

他向群众请教，和干部商量。

成渝从睡梦中醒来。

狮子用爪子抓自己的脸。

我的运气比徐霞客好些。

部分介词（如：当、对于、关于）组成的介宾短语常作句首状语。句首状语是一种附属成分。例如：

当我发现了中国共产党的正确道路时，我便加入了中国共产党。

对于他的死，我是很悲痛的。

关于理想，他俩谈得很多。

2. 作补语

介宾短语还常作补语，从时间、处所、方向等方面说明前面的动词或形容词。例如：

主席的面容出现在飞机窗口。

整个草原沉浸在静夜中。

卖水果的农民把一筐一筐的花红果子抛向空中。

3. 作定语

介宾短语有时充当定语。例如：

毛主席作了关于地质和石油的一系列指示。

介宾短语不能作主语、宾语，这与名词的功能不同；介宾短语不能作谓语，这又不同于动词、形容词。从介宾短语主要作状语、补语的语法功能着眼，我们将它看成修饰性短语，功能与副词和形容词相近。

十一、比况短语和"所"字短语

比况短语和"所"字短语也是以实词和虚词各为一方组成的短语。

(一) 比况短语的构成

比况短语由比况助词附在名词、动词或短语后组合而成。

1. 名词＋比况助词

如：

  火似的 天使似的 青蛙似的

　　　　潮一般　　雪团也似　　箭也似的

2. 动词＋比况助词

如：

　　　　死一般　　赞叹似的　　飞也似的
　　　　滚似的　　瞎了似的　　吵架似的

3. 各类短语＋比况助词

如：

　　　　爆豆锅似的　　加过人工似的
　　　　喝醉似的　　久饿的人见了食物一般
　　　　恍然大悟似的

(二) 比况短语的语法功能

1. 作状语

例如：

它冲出人群，一溜烟似的跑了。

它从我们的脚下扑了过来，响雷般地怒吼着。

2. 作定语

例如：

看不清天空里蛛网似的电线。

那黄金一般的菜花散出强烈的香味。

3. 作补语

例如：

有说、有笑、有跑、有跳，乐得什么似的。

4. 作宾语，尤以作动词"像"的宾语为常

例如：

一个个像落汤鸡似的。

胸口里像塞满了一团乱草似的。

路旁的柳树忽然变成了天使似的。

5. 作谓语

例如：

心里很轻松似的。

(三) 比况短语的表达作用

比况短语大多表示一个比喻，有时也表示比较。比况助词所附词语一般是喻体或用以比较的事物或行为，带有具体、形象的特点。如：

手脚瘦得像芦柴棒一样。

比况短语中的名词"芦柴棒"是喻体，有枯干、僵直的特征，用以形容"手脚"干瘦。

极亮极热的晴午忽然变成了黑夜似的。

比况短语中的名词"黑夜"有"暗"的特征,用来比较"晴午",形容暴雨前晴午变暗了的情景。

比况短语的表达作用决定了它的句法功能:多作修饰语,或跟"像、仿佛"等动词组成动宾短语一起作句中的修饰语。

(四)"所"字短语的构成和功能

"所"字短语是由结构助词"所"附在及物动词前组合而成的一种短语。这种短语不多见,只出现在书面语中。例如:

　　所见　　所闻　　所属　　所发现
　　所为　　所感　　所获　　所创造
　　所说　　所得　　所想　　所承认

"所"字短语的构成成分是及物动词,但一旦加上"所",成为所字短语,便成为名词性的了。"所"字短语的功能相当于一个名词,在句中充当主语、宾语或定中短语的中心语。例如:

　　心有所感,言之为快。
　　这次下乡所获甚多。
　　但现在寻起来,一无所得。
　　所说与事实不符。
　　前日所见历历在目。

十二、固定短语

固定短语是按照构成成分结合的松紧程度区别于其他短语的。

短语内部成分结合程度紧,结构具有固定性,构成成分、语序不能随意变动,意义上具有整体性,这种短语叫作固定短语。在作句法分析时,固定短语内部一般无须再作分析,它的造句功能相当于词。

(一)固定短语的类别

1. 结构对称的熟语

例如:

　　你一言,我一语　　　　讨论来讨论去
　　求爹爹,告奶奶　　　　忙这个忙那个
　　东家长西家短　　　　　爱搭理不搭理
　　深一脚浅一脚　　　　　有一搭没一搭
　　翻过来掉过去　　　　　神不知鬼不觉
　　东一榔头西一棒槌　　　丁是丁,卯是卯

2. 四字熟语

包括四字构成的成语和类成语。内部结构多为二二相对的并列关系,也有主谓、偏正、动宾、补充、连动、兼语等关系。例如:

并列关系：千方百计　　心直口快　　呕心沥血
主谓关系：铁证如山　　神采奕奕　　旭日东升
偏正关系：世外桃源　　摇摇欲坠　　落落大方
动宾关系：饱经风霜　　好为人师　　另起炉灶
补充关系：嗤之以鼻　　问道于盲　　毁于一旦
连动关系：水到渠成　　打草惊蛇　　守株待兔
兼语关系：请君入瓮　　令人生畏　　诱敌深入

（二）固定短语的语法功能

结构对称的习惯语在句中多作状语，修饰动词，表示方式。例如：

我看她头上已硬翘翘地挽了髻，便<u>大嫂长大嫂短</u>地向她道歉。

宝玉<u>有一搭没一搭</u>地说些鬼话，黛玉总不理。

四字熟语的句法功能内部不统一。有的接近名词，有的接近动词，有的接近形容词。

1. 作主语、宾语、介宾语

接近名词的四字熟语，在句中主要作主语、宾语，也作介宾语。例如：

<u>嗟来之食</u>是吃不得的。（作主语）

有的如<u>凶神恶煞</u>。（作宾语）

我们都来自<u>五湖四海</u>。（作介宾语）

2. 作谓语、宾语

功能接近动词的四字熟语，在句中主要作谓语，有的还带宾语。例如：

新情况、新任务<u>层出不穷</u>。

导师<u>谆谆告诫</u>我们。

3. 作定语、状语、补语、谓语

功能接近形容词的四字熟语，在句中充当定语、状语、补语和谓语。例如：

二八日看巧月，是一件<u>赏心悦目</u>的快事。（作定语）

他们从国外回来，只知<u>生吞活剥</u>地谈外国。（作状语）

刚当上兵就小看我们，过二年，更把我们看得<u>一钱不值</u>了。（作补语）

他的这番话<u>语重心长</u>。（作谓语）

十三、复杂短语

（一）简单短语与复杂短语划分的标准

短语的组合有的只有一个层次，一般由两部分组成，也有由两个以上部分组成的（如并列、复指短语）。短语不论由几部分组成，只要直接成分都是词，就是简单短语。例如：

短语的直接成分"祖国""富强""纪念"和"白求恩"都是词。这是简单短语。

短语虽有四部分,但短语的四个直接成分"团结""紧张""严肃""活泼"都是词,在一个层次上。因此,这是个并列关系的简单短语。

短语的直接成分只要有一个是由短语充当的,即短语里包含短语,这种短语的组合不止一个层次,是复杂短语。例如:

"白求恩"先和"大夫"组成复指短语,再和"纪念"组成动宾短语。这个动宾短语包含两个层次,是个复杂短语。再如,"梁生宝"和动宾短语"买稻种"组合,动宾短语还可以作第二层次的切分。因此,主谓短语"梁生宝买稻种"是个复杂短语。

由此可见,层次是划分简单短语与复杂短语的标准。只有一个层次的短语是简单短语,具有两个以上层次的短语是复杂短语。

(二)复杂偏正短语的不同层次和关系

复杂的偏正短语内部,修饰语与中心语之间、修饰语与修饰语之间有不同的关系和层次。

第一,几个修饰语不在同一个层次上,即所谓多层定语或多层状语。如"一家乡村小饭馆"是个定中短语。平面地看,"饭馆"前有三个定语"一家""乡村""小",但这三个定语是分别在三个层次上的。从关系最密切的一层算起,首先是"小"修饰"饭馆",其次是"乡村"修饰"小饭馆",再是"一家"修饰"乡村小饭馆"。从小到大的组合如下:

如果是从大到小对这个定中短语作句法分析,则可把上图倒过来看:关系最远的"一家"和"乡村小饭馆"是这个短语的直接成分,在第一层次上;第二层次对"乡村小饭馆"再作切分,得出的直接成分是定语"乡村"、中心语"小饭馆";第三层次再切分"小饭馆",切出的直接成分是定语"小"、中心语"饭馆"。

多层状语的情况也如此。如状中短语"高兴地哈哈大笑",中心语"笑"前有三个状语:"高兴""哈哈""大",但三个状语不在一个层次上。首先是"大"修饰"笑",其次是"哈哈"修饰"大笑",再是"高兴"修饰"哈哈大笑"。

可见,分析多层定语或多层状语的内部层次,可以从左到右进行,俗称"以左统右"的分析方法。

第二，修饰语之间有修饰与被修饰关系。即偏正短语中的修饰语本身也是个偏正短语。如"牛背上牧童的短笛"。平面地看，中心语"短笛"前有两个定语，但实际上"牛背上"并不修饰"短笛"，而是修饰"牧童"。"牛背上"先和"牧童"组成定中短语，再作"短笛"的定语。如下：

第三，偏正短语的修饰语是个并列短语。例如"欢迎、扶植、研究的态度"，三个定语在语义上都对中心语"态度"加以修饰，地位是平列的，因此语法上它们作为并列短语，共同作"态度"的定语。如下：

以上三种情况有时会交错在一起。例如：

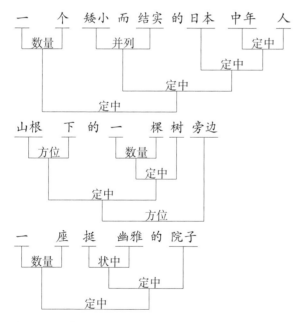

（三）复杂的动宾短语和补充短语

有时，动词后既出现宾语又出现补语，而且不在一个层次上。有以下几种情况：

1. 动＋补＋宾

例如："盛满水""读一阵书"组合的次序是："盛""读"先和"满""一阵"组成补充短语，再和"水""书"组成动宾短语；如下：

2. 动+宾+补

例如:"看了总司令几眼"。组合的次序是:"看""给"先和"总司令""人"组成动宾短语,再和数量短语"几眼"、介宾短语"以启发"组成补充短语。如下:

3. 动+补+宾+补

例如:"拿出书来"。组合的次序是:"拿"先和"出"组成补充短语,再和"书"组成动宾短语,再和"来"组合成补充短语。如下:

4. 动+宾+补+宾

例如:"给了他三次钱。"组合的次序是:"给"先和"他"组成动宾短语,再和"三次"组成补充短语,再和"钱"组成动宾短语。如下:

5. 动+补+补

例如:"转移到工业上来"。组合的次序是:"转移"先和介宾短语"到工业上"组成补充短语,再和"来"组成补充短语。如下:

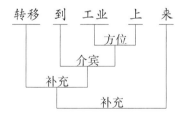

类似的还例如:

(四)"先状后宾补"的切分原则

当动词前出现状语、动词后又带宾语或补语时，切分的原则是：先状语后宾语，或者是先状语后补语。例如：

```
整整  下了一夜
―――― 
 状中
       ――――――
          补充
           ――――
           数量
```

又如：

```
整整  下了一夜大雪
――――
 状中
        ――――――
          动宾
       ―――― ――
       补充  定中
         ――
         数量
```

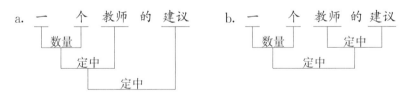

(五) 结构关系与层次不同造成的同形短语

由于短语内部结构关系与结构层次的不同，有时会出现两个短语形式相同而内部结构关系与层次不同的现象。如"一个教师的建议"可能有两种意思：a.某一位教师的建议，b.由教师提出的某一项建议。两个意思，短语形式都是"一个教师的建议"，构成成分和语序都相同，但结构层次和语法关系不同，这就是同形短语，也叫歧义结构。如下：

```
a. 一  个  教师  的  建议      b. 一  个  教师  的  建议
   ――――        ―― ――          ――――    ――――――
    数量         定中             数量      定中
   ―――――――――                 ――――――――
       定中                         定中
   ――――――――――――
          定中
```

根据造成歧义的句法因素，可以把同形短语分为两大类：

1. 结构层次相同，语法关系不同

例如："炒饭"。只可能是一个结构层次，但可能有两种语法关系。如下：

```
a. 炒  饭              b. 炒  饭
   ――――                 ――――
    动宾                   定中
```

类似的还例如：

```
a. 出租  汽车           b. 出租  汽车
   ――――――              ――――――
     动宾                  定中
```

a. 花园　楼房　　　　　　b. 花园　楼房
　　　└─并列─┘　　　　　　　　└─定中─┘

a. 经济　困难　　　　　　b. 经济　困难
　　　└─主谓─┘　　　　　　　　└─定中─┘

a. 我们　解放军　　　　　b. 我们　解放军
　　　└─复指─┘　　　　　　　　└─定中─┘

2. 结构层次不同，结构关系也不同

常见的有以下几种类型：

(1) 数量—名$_1$—"的"—名$_2$（多项定语与定中短语作定语的交叉），例如：

a. 三　个　出版社　的　编辑　　b. 三　个　出版社　的　编辑
　└数量┘　　└─定中─┘　　　　　　　└数量┘
　　　　└───定中───┘　　　　　　　　　└────定中────┘

(2) 动—名$_1$—"的"—名$_2$（动宾结构与定中结构的交叉），例如：

a. 发现　敌人　的　哨兵　　　　b. 发现　敌人　的　哨兵
　└动宾┘　　　　　　　　　　　　　　　　└─定中─┘
　　└────定中────┘　　　　　　　　　└───动宾───┘

a. 咬　死　猎人　的　狗　　　　b. 咬　死　猎人　的　狗
　└补充┘　　　　　　　　　　　　└补充┘　　└─定中─┘
　　└──动宾──┘　　　　　　　　　　　└────动宾────┘
　　　　　　└──定中──┘

(3) 介—名$_1$—"的"—名$_2$（介宾结构与定中结构的交叉），例如：

a. 对　小王　的　态度　　　　　b. 对　小王　的　态度
　└介宾┘　　　　　　　　　　　　　　　└─定中─┘
　　　└──定中──┘　　　　　　　　　└───介宾───┘

a. 沿着　山脚　的　小　路　　　b. 沿着　山脚　的　小　路
　└介宾┘　　　　　└定中┘　　　　　　　　　　　└定中┘
　　　└──定中──┘　　　　　　　　　　　└──定中──┘
　　　　　　　　　　　　　　　　　　└────介宾────┘

(4) 代—数量$_1$—数量$_2$（主谓结构与复指结构的交叉），例如：

a. 我们　三　个　一　组　　　　b. 我们　三　个　一　组
　　　　└数量┘└数量┘　　　　　　　　　└数量┘└数量┘
　　　　　└─主谓─┘　　　　　　　　　└─复指─┘
　　└─────主谓─────┘　　　　　　　└─────主谓─────┘

(5) 名₁—"和"—名₂—"的"—名₃（并列结构与偏正结构的交叉），例如：

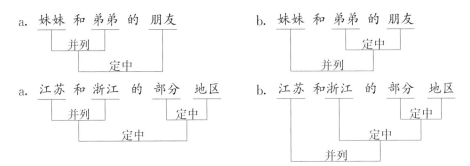

(6) 两个不同层次的主谓结构交叉，例如：

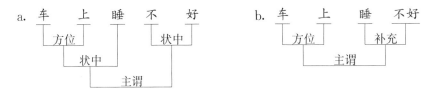

十四、短语的功能类别

以上对短语的分析都是以短语的内部结构作为着眼点的，这个角度分出来的类称为结构关系类型。短语还可以从另一个角度进行归纳分类，即根据短语在句子中的语法功能特点来归纳分类。

短语和词都是语言的建筑材料，短语的造句功能相当于一个词。例如：

没有人指挥会乱得一团糟。

天边涌起一轮满月。

例句中的句法成分都是成块状的短语。第一个例句的主语"没有人指挥"是个兼语短语，谓语"会乱得一团糟"是个能愿短语，其中心语"乱得一团糟"是个补充短语；第二个例句的主语"天边"是个方位短语，谓语"涌起一轮满月"是个动宾短语，宾语"一轮满月"是个定中短语，定语"一轮"是个数量短语。

可见，短语和词一样能充当句法成分，在短语作句法成分时，应该从整体上将它作为一个词看待。短语中有的功能相当于一个名词，有的功能相当于一个动词，有的功能相当于一个形容词。因此，从功能着眼，可以把短语分成三大类：名词性短语、动词性短语、形容词性短语。这样的类是短语的功能类型。

短语的功能类型与结构关系类型尽管是从两个不同的角度分出来的类，但二者之间有某种联系。即，短语的功能类型与结构关系类型之间有一定的对应关系。如的字短语、复指短语、定中短语是名词性短语，动宾短语、连动短语、兼语短语是动词性短语。一般说来，当人们叫出一个短语的结构关系类型时，就可以据此确定它的功能类型。这是短语不同于词的一个重要侧面。

（一）名词性短语

语法功能相当于一个名词的短语叫名词性短语。这种短语常常是以名词作为主体成分的。属于名词性短语的有：的字短语、复指短语、偏正短语中的定中短语（包括方位短语、物量短语）、以名词性词语为直接成分的并列短语、所字短语。

名词性短语在句中主要充当主语和宾语，也作介宾语，同名词的句法功能相同；名词性短语不同副词组合，能同数量短语组合，这些语法特点也和名词相同。

（二）动词性短语

语法功能相当于或接近于动词的短语叫动词性短语。这种短语常常是以动词作为主体成分的。属于动词性短语的有：动宾短语、连动短语、兼语短语、以动词为中心语的补充短语、以动词为中心语的状中短语（包括能愿短语）、以动词性词语为直接成分的并列短语、主谓短语。

动词性短语在句中主要充当谓语，有的还能带宾语，这和动词的句法功能相同。动词性短语不受数量短语修饰，能同副词组合，这些语法特点也和动词相同。

（三）形容词性短语

语法功能相当于或接近于形容词的短语叫形容词性短语。这种短语常常是以形容词作为主体成分的。属于形容词性短语的有：以形容词为中心语的状中短语和补充短语、以形容词性词语为直接成分的并列短语、固定短语中结构对称的习惯语、比况短语、动量短语、介宾短语。

形容词词性短语在句中主要充当状语、定语和补语，有的能作谓语，作主语、宾语需有一定的条件；有的（如：介宾短语）不能作主语、宾语；有的（如：比况短语）不作主语。这些句法功能与形容词相近。

对短语进行功能类别的归纳，为句式分析提供了方便。由于某些词同某些短语具有相同或相近的功能，同一功能类型的词语在充当同一句法成分时可以相互替换，所以，尽管组成句子的具体词语可以千变万化，但我们可以根据这些词语的功能类型进行归类，从而确定句子的格局。例如：

河埠头‖停泊着敞口船。

河埠头‖横七竖八停泊着敞口船。

河埠头‖横七竖八停泊着从乡村里出来的敞口船。

万盛米行的河埠头‖横七竖八停泊着从乡村里出来的敞口船。

以上四句，尽管组成词语不全相同，但是，按功能类型把这些词语分类，可以看到："河埠头"与"万盛米行的河埠头"同属名词性词语，"敞口船"与"从乡村里出来的敞口船"同属名词性词语，"停泊着"与"横七竖八停泊着"同属动词性词语。这样一归纳，我们就可以得出结论：这四个例句属同一种句型。就全句的第一层次而言，这四句都是以名词性词语为主语，以动词性词语充当谓语的主谓句；就谓语的下一层次而言，这四句都是以名词性词语作宾语的动宾谓语句。

根据同样的道理，可以推断：以下几组例句尽管具体词语完全不同，每组的句子格局却是相同的。

⎧ 我却还以为船慢。
⎨ 我才记得先前望见的也不是赵庄。
⎩ 你们多咱看见我老孙头摔过跤呀？

⎧ 一阵凉风吹得他连打了几个寒战。
⎨ 大家激动得不知说什么好。
⎩ 他快乐得简直要跳起来。

⎧ 石洞门口还挂着布帘子。
⎨ 小路上又来了一个女人。
⎩ 崖下已经聚集了很多马匹。

⎧ 一块钱你有没有？
⎨ 工人、工人的妻子和工人的孩子，谁也看不清谁。
⎩ 他内心感到很不安。

思考与练习

一、指出划线的短语的结构关系类型，说明这些短语在句中作什么句法成分。

① 我忘了带钢笔。

② 辱骂和恐吓绝不是战斗。

③ 隔壁住着从南方来的客人。

④ 请大家四个人一排排好。

⑤ 住一个月得花多少钱？

二、指出下列短语的结构关系类别。

害怕迟到　　　害他迟到　　　新开的商店　　　开新的商店
知道的很多　　知道得很多　　在这里生活　　　生活在这里
闭着眼不看　　看还是不看　　看医生请大夫
打电话请大夫　回了一趟上海　回了上海一趟
找人聊聊　　　找人帮忙　　　没有饭吃　　　没有人吃
讲个故事　　　讲个明白　　　四首诗词　　　诗词四首
讨论开始　　　开始讨论　　　出来看　　　看出来

三、找出下列句子中的连动短语和兼语短语，说明它们充当什么句子成分。

① 他是最使我感激、给我鼓励的一个。

② 老杨同志扛起木锨扫帚跟他们往场里去。

③ 他便给他们茴香豆吃。

④ 那同志闭着眼睛摇了摇头，没有回答。

⑤ 这使得宫班长又高兴又害羞。

⑥ 七月间新疆的戈壁滩炎暑逼人，这时最理想的是骑马上天山。

⑦ 到处都是冒着风雪劳动的人。
⑧ 他瘦得叫人担心。

四、划出句子中的介宾短语和的字短语，说明它们充当什么句法成分。

① 我把帆布袋、夹剪、票板放在一个角落的地板上。
② 有的学会蔬菜加工，做的番茄酱能吃到冬天。
③ 坐车的仿佛死在车上，一声不出地任凭车夫在水里挣命。
④ 我才记得先前望见的也不是赵庄。
⑤ 最惹眼的是屹立在庄外临河的空地上的一座戏台，模糊在远处的月夜中，和空间几乎分不出界线。
⑥ 我们有的是洋钱，不买你们的，有别人的好买。
⑦ 结在低处的，站在地上摘；高处的，蹬着梯子摘。
⑧ 这班车下来的旅客要过渭河的，就不得不在车站旅馆住宿。
⑨ 沙丘的高度一般从几米到几十米，也有高达一百米以上的。

五、划出句中的介词"在"，分别指出这些介词的介宾语。

我看到，在那边，在一只底儿朝上反扣在沙滩上的木船旁边，是一簇刚从田里收割麦子归来的人们，他们在谈论着今年的收成。

六、对下列复杂短语作层次分析：

① 牛郎织女传说的来源
② 谈怎样学习语言
③ 论雷峰塔的倒掉
④ 在马克思墓前的讲话
⑤ 为了党的事业而日夜操劳
⑥ 闻一多先生的说和做
⑦ 细雨烟似的被秋风扭着卷着
⑧ 没有也不可能有不运动的物质
⑨ 把万分舍不得的白米送进万盛的廒间
⑩ 换了并非白白的现洋钱的钞票
⑪ 能不能抬高一点
⑫ 一路欢唱着飞下山去
⑬ 吵嚷得比赶集还热闹
⑭ 发明能打出乐谱的打字机的人

七、用层次分析法解释下列同形短语：

① 安排好工作
② 穿破衣服

③ 对厂长的意见

④ 四个工学院的学生

⑤ 补充材料

⑥ 孩子脾气不好

八、对下面有歧义的短语作适当调整，使之意思明确。

① 关于鲁迅的书

② 母亲的回忆

③ 惦记孩子的妈妈

④ 部分被侵占的国家

⑤ 旧鞋底子

⑥ 老王和老张的儿子

⑦ 七十六岁的康有为的女儿

⑧ 毛主席和其他党和国家领导人

九、按下列要求编组短语：

① "介词＋方位短语"组成的介宾短语

② "主谓短语＋的"组成的"的"字短语

③ "偏正短语＋似的"组成的比况短语

④ "名词＋连动短语"组成的主谓短语

⑤ "代词＋兼语短语"组成的主谓短语

⑥ "动词＋介宾短语"组成的补充短语

⑦ "动词＋主谓短语"组成的动宾短语

⑧ "数量短语＋动词"组成的状中短语

⑨ "代词＋动词"组成的定中短语

十、指出划线的短语在句中充当什么句法成分，说明它们的功能类型。

① <u>社会主义社会的各尽所能</u>，其内容和意义同<u>共产主义社会的各尽所能</u>有所不同。

② <u>得奖的还是没有得奖的</u>，大家都感到胜利的快乐。

③ 游记中<u>关于蝴蝶会的</u>盛况是他<u>根据别人的叙述</u>写下来的。

④ <u>想买热水瓶的</u>简直不敢问一声价。

⑤ <u>和宣灏同住一间牢房的共产党员、被捕十年的老同志许晓轩</u>挺身站起来，承认那张纸条是他写的。

⑥ <u>几个月</u>的狱中生活，<u>使陈然增长了许多地下斗争的经验</u>。

⑦ 但他也偶有<u>使我很为难</u>的时候。

⑧ 这雨来得又<u>突然又猛烈</u>，震击得<u>人们手忙脚乱</u>。

⑨ 我坐在藤椅上看着他们，可以微笑着消耗过一二小时的光阴。
⑩ 他总要跟在我身后，拍着手、跳着脚地叫着："馋丫头！"

十一、从词义或词性看下面短语的成分搭配是否得当。

① 这件好人好事
② 任务提前告捷
③ 打败了敌人的进攻
④ 培养和提高师资水平
⑤ 他的脸色绷着
⑥ 在电视里看节目
⑦ 插的秧又密、又齐、又快
⑧ 端正了学习态度和目的
⑨ 逐渐地智慧起来

第七节　单　句（一）

一、句子的性质和结构

（一）句子的性质和特征

句子是语言的使用单位，人们在交流思想的过程中是用句子作为基本单位的。一个句子能表达一个相对完整的意思，完成一次简单的交际任务。句子的结构成分是词或短语。词或短语按一定的语法规则、运用一定的语法手段组合起来，而且合乎语义逻辑的要求，再加上一个统一全句的语调，才能承担交际任务，成为动态的使用中的语言单位——句子。例如：

（甲）　① 你什么时候回来的？
（乙）　② 昨天。
（甲）　③ 暑假过得好吗？
（乙）　④ 非常愉快。⑤ 你呢？
（甲）　⑥ 我也过得挺好。

以上六个句子的语言环境是甲乙两人见面后的对话。例①③⑤是提出问题，用上升的语调，书面上用问号；例②④⑥是回答问题，用陈述语气，语调平直，书面上用句号。每句话都有相对独立的意思。这些句子有的由短语构成，有的只是一个词。如例②只由一个名词构成，但加上平直的语调，后面有个休止性停顿，书面上表现为句号，进入对话的语境中，它就有了表述性，能完成一次简单的交际任务，于是成了句子。

因此，句子的特征可以归纳为以下几点：由词或短语构成；带有一定的语调；后面有个明显的停顿；表示一个相对完整的意思。句子的这几个特点说明了：句子是一个语言单位；句子具有承担交际任务的功能，并有相对的独立性。

(二) 句子的结构

要分析句子的结构，必须了解句子的成分。一般地说，句子的成分跟短语的成分基本一致。短语成分有主语、谓语、宾语、补语、状语、定语等，句子成分也有主语、谓语、宾语、补语、状语、定语等。但是，句子和短语也有差别：句子中的语气助词、独立成分就是短语不具备的。例如：

我看，到北京去读书也好嘛！

句中的插入语"我看"和语气助词"嘛"都是超短语成分。

句子成分在句内的语序一般是：主语在谓语前，宾语在动词后，定语、状语在中心语前，补语在动词（形容词）后。但是，为了表达的需要，有时可以改变句子成分的正常语序。例如：

吃饭吧，你。

这个句子的常序是"你吃饭吧。"但在特定的语境中（如小心翼翼，生怕对方发火），可以采用变式句。

另外，省略现象也是短语中没有的。在一定语境下，句中可以缺少某个成分，这个成分如有需要，可以补出来。例如：

〔我〕得到母亲去世的消息，我很悲痛。

甲：你去哪儿？乙：〔我去〕教室。

(三) 句子的分类

为了分析和学习语言，需把无限的句子归纳成若干类型，这就是给句子分类。句子可以从不同角度进行分类。按照句子的结构，句子可以分为单句和复句。单句是语言的最小使用单位，可按其句子结构成分的组合情况概括出若干种结构格式。单句中出现频率最高的是主谓句，由主谓短语构成；另一些单句由一个词或一个非主谓短语构成，叫非主谓句。复句则由两个或两个以上单句组成。这种按结构归纳出来的句子类型叫作句型。在语言中，能够产生的具体的句子数量是无限的，但句型是有限的。确立一种语言的句型系统是十分重要的，它不但能系统反映这种语言的句法结构规律，而且对于学习语言，尤其是不同国家、民族之间学习对方的语言，具有很大的实用意义。在现代汉语中，主谓句的句型划分可以主语、谓语、宾语、补语四种成分的组合为依据，定语和状语的有无，一般不影响句型格式的变化。

按照句子的用途和语气，句子又可分为陈述句、疑问句、祈使句和感叹句。为了同句子的结构类型相区别，我们把按用途分出来的句子类型叫作句类。学习句类是为了掌握句子的不同交际职能。

二、主谓句的类型

主谓句是单句中最常见的句型，对语境的依赖最小。根据谓语的结构类型，主谓句可分为动词谓语句、形容词谓语句、名词谓语句和主谓谓语句。

(一) 动词谓语句

以动词或动词短语为谓语。又可归纳成以下五种基本类型。

1. 主‖（状）＋动

例如：

① 战士‖出发了。

② 门‖开着。

③ 你‖讲！

④ 谁‖去？

⑤ 母亲和宏儿‖都睡了。

⑥ 雨‖还哗哗地下着。

例①—例④谓语只有一个动词，后面常带助词"了"或"着"。只有在特定的语境下，可以不带助词。如例③④是对话中的祈使句和疑问句；或是在对举的语境下，如"他走，我也走。"这类句型的动词一般是不带宾语的动词或不能带受事宾语的动词，如"游行、休息、失败、出发、睡、坐、走、躺"等。例⑤⑥谓语的动词前出现状语，这状语有时是多层的，如例⑥。状语不影响句型，因此以上例句归为一种类型。

2. 主‖（状）＋动＋宾

根据宾语的不同情况，这种句型可再分为以下几个小类。

(1) 主‖（状）＋动＋宾，例如：

① 学校‖修建了体育馆。

② 我‖轻轻地叩着门板。

③ 桥上‖站着一个人。

④ 鲁迅‖是中国文化革命的主将。

以上各例的谓语有的是动宾短语，如例①③④，有的是状中短语，如例②；宾语则都是由名词和名词性短语充当的。其中例③是存在句，例④是判断句，动词是"是"，又叫"是字句"。

(2) 主‖动＋宾＋宾，例如：

伯伯‖送我一支笔。

他‖告诉我一个好消息。

以上例子是双宾语句，离动词近的是近宾语，也叫间接宾语，一般指人；离动词远的是远宾语，也叫直接宾语，一般指物。能带双宾语的动词不多，如：给、送、取、赠、奖、罚、教、通知、告诉等。

(3) 主‖动＋宾（宾语由主谓短语充当），例如：

我‖感到腰部有些疼痛。

你‖以为鲸鱼是鱼吗？

(4) 主‖动＋补＋宾，例如：

牛郎‖听完织女的话。

屋里‖走出来一个人。

3. 主‖（状）＋动＋补

(1) 主‖（状）＋动＋补，例如：

我的衬衫‖刚破了。

他‖把牛身上刷得干干净净。

(2) 主‖动＋宾＋补，例如：

他‖看了我一眼。

老师‖说了他一顿。

(3) 主‖动＋补＋宾＋补，例如：

他‖拿出一本书来。

屋里‖走出一个人来。

(4) 主‖动＋补（主谓短语），例如：

老孙头‖吓得脸像窗户纸似的煞白。

几句话‖说得老汉松了手。

这类句型，动词后需带结构助词"得"，借以引出较复杂的补语。

4. 主‖（状）＋动词性并列短语

例如：

问题‖提出并引起讨论。

孩子们‖快活地唱歌游戏。

这类动词谓语句的谓语由一个动词性并列短语构成。有时前面出现状语，如第二个例句。

5. 主‖（状）＋能愿动词＋动词短语

例如：

《挺进报》‖应该尽快转移。

你‖真会开玩笑。

他‖不敢相信自己。

每个共产党员‖都要学习他。

这类动词谓语句谓语由能愿短语构成，有时前面出现状语，称为能愿谓语句。能愿短语属偏正短语的一个小类，能愿动词接近于状语的性质，但由于它在表达和结构关系上有一定的特殊性，因而作为一种句型提出。能愿状语一般在普通状语后面，如第二、三、四个例句；有时也出现在普通状语前面，如第一个例句。

连动短语、兼语短语也可以充当动词谓语句的谓语，由于在结构上有特殊性，放到"特殊句式"中去分析。把字句、被字句是从句子的局部特征分出的类，也放在"特殊句式"中。

(二) 形容词谓语句

以形容词或形容词短语为谓语。又可分为以下三种基本类型：

1. 主‖(状)+形

例如：

春天的脚步‖近了。

他的眼睛‖模糊了。

行李‖太多了。

额上的皱纹‖也比过去深了。

单个形容词作谓语，通常限于形容词重叠式（如：衣服‖干干净净）、附缀式（如：苹果‖酸不拉叽）或带程度意义的合成词（如：地上‖雪白）。一般形容词只在对举或复句中才单独作谓语（如：他的脸黑，你的脸白），或者加上助词获得单用的能力，如第一、二个例句。

多数句子里，谓语中的形容词前都带有状语，如第三、四个例句。

2. 主‖(状)+形+补

例如：

名目花色‖多得很。

天气‖清朗起来了。

衣服‖完全湿透了。

树叶儿‖却绿得发亮。

这类形容词谓语句谓语由补充短语构成。有时前面出现状语，如第三、四个例句。

3. 主‖(状)+形容词性并列短语

例如：

晚来的海风‖清新而又凉爽。

这声音‖那么微弱、低沉。

这类形容词谓语句谓语是个由形容词构成的并列短语，如第一个例句。有时前面出现状语，如第二个例句。

(三) 名词谓语句

1. 主‖(状)+名

例如：

明天‖国庆节。

现在‖才早晨。

名词作谓语适用面很窄，一般用在口语的短句中，内容多是说明日期、天气等。

2. 主‖定+名

例如：

鲁迅‖绍兴人。

王老师‖花白的头发。

这本书‖多少钱？

这张桌子‖三条腿。

那个人‖好高的个子。

床前‖一张书桌。

教室里‖一片紧张的学习气氛。

定中短语作谓语的能力比单个名词强，这类句子如去掉定语往往不成话。这类谓语多是说明人物的籍贯、容貌，或说明事物的情况、特征。陈述句若变换为否定句，则须在否定副词与定中短语间加上"是"。

3. 主‖其他名词短语

例如：

① 一斤苹果‖四个。

② 我到过的‖只十多处。

③ 他‖浓浓的眉毛，大大的眼睛。

④ 这件衣服‖小李的。

⑤ 我，‖大学三年级学生江为国。

例①谓语是个物量短语，例③的谓语是个名词性并列短语，例④谓语是个的字短语，例⑤谓语是个复指短语。这类谓语可含状语，如例②。

（四）主谓谓语句

由主谓短语充当谓语的句子叫主谓谓语句，句型是"主‖谓（主谓短语）"，从意义关系上分析，有以下几种类型：

1. **谓语部分的小主语和全句主语有施受关系**

① 这件珍贵的衬衫，‖我精心地收藏着。

② 那张纸条的事‖谁也不准再提。

③ 做活的‖什么也不要。

④ 您‖一点意见也没有吗？

例①②全句主语是受动者，小主语是施动者。这类主谓谓语句可以变换为"主‖动＋宾"句。如：

那张纸条的事谁也不准再提。

——→谁也不准再提那张纸条的事。

例③④全句主语是施动者，小主语是受动者。这类主谓谓语句是强调式，小主语一般带任指成分。如变换为"主‖动＋宾"句，语气会发生变化，任指成分也需改动。如：

您一点意见也没有吗？

——→您没有一点意见吗？

2. **全句主语和小主语有领属关系**

① 她‖态度和蔼。

② 他‖身材高大。

③ 我‖肚里饿。

这类主谓谓语句全句主语和小主语有隐含的领属与被领属关系。如果在中间加个

"的"字，这种关系就更明显。但加上"的"则变成另一种句型。试比较：

A. 她（确实）态度和蔼。
B. 她的态度（确实）和蔼。

例 A 被陈述对象是"她"，如有状语，可以放在陈述部分"态度和蔼"前；例 B 被陈述对象却是"她的态度"，如有状语，则放在陈述部分"和蔼"前。

3. 全句主语隐含"关于""对于"等介词

① 这件事‖中国人的经验太多了。
② 这个人‖大家的看法不一致。

例①全句主语前隐含介词"对于"，例②全句主语前隐含介词"对"。如这类介词出现，则句型会发生变化。介宾短语出现在句首成为句首状语。

4. 全句主语与谓语部分的某一成分有复指关系

① 发牢骚‖这可不好。
② 这位演员‖她忽然哭了。
③ 这盆脏水‖你把它倒了。

例①②全句主语同小主语复指，例③全句主语同谓语部分的介宾语复指。复指在表达上有强调的作用。

5. 全句主语同小主语隐含主谓关系

这类句子中小主语是动词性词语。

① 乔厂长‖为人正派。
② 他‖待人诚恳。
③ 小明‖看电视最来劲。

其次，主谓谓语中也可带有宾语和补语，形成以下一些句型：

带宾语：

① 领导和群众心连心。
② 这孩子，我也疼她。

①例中小主语和宾语是同一个词，②例中大主语和小句的宾语是指相同的人。

带补语：

① 桌子我揩干净了。
② 报纸我看完了。

这类句子是宾语提前，变成无宾语的主谓谓语句。

带有宾语和补语：

① 旧书我找了两本出来。
② 苹果他买了五斤回来。

这类句子因名词提前成了大主语，小句的宾语都为数量短语。

带有补语和宾语：

① 茶杯他打碎了一个。

② 房子他扫干净了两间。

这类句子补语和宾语的位置与前一类对换。

带有补语、宾语、补语：

① 旧衣服她理出了两件来。

② 钞票他掏出了一叠来。

这类句子的两个补语都由趋向动词充任。

三、非主谓句的类型

由词或非主谓短语构成的句子叫非主谓句。根据非主谓句的构成，可以分成名词非主谓句、动词非主谓句、形容词非主谓句和叹词非主谓句。

（一）名词非主谓句

由一个名词、代词或名词短语构成。

① 血！

② 谁？

③ 小王！

④ 一九七九年的春天。

⑤ 天安门广场。

⑥ 多么可爱的秋色啊！

⑦ 这三个没有骨头的东西！

例①②用于对突然出现事物的反应，例③用于呼唤，例④⑤用于文学作品中点明事件的时间或地点，例⑥用于赞叹情绪，例⑦用于激愤的情绪。

（二）动词非主谓句

由动词或动词短语构成。

① 劳驾！

② 谢谢！

③ 是。

④ 刮风了。

⑤ 还我长城。

⑥ 不许攀折花木。

⑦ 多保重。

⑧ 坐下！

⑨ 有几家店铺只开了半扇门。

⑩ 让我们放声歌唱吧！

⑪ 过来坐下！

例①②③由一个动词构成，例④⑤⑥由动宾短语构成，例⑦由"状＋动"短语构成，例⑧由补充短语构成，例⑨⑩由兼语短语构成，例⑪由连动短语构成。这一类句型通常用于说明自然现象、事实情况，或用于口号、标语、敬语和应答语。

(三) 形容词非主谓句

由一个形容词或形容词短语构成。

① 糟糕!

② 真好!

③ 妙极了!

例①由一个形容词构成，例②由"状+形"短语构成，例③由"形+补"短语构成。这类非主谓句通常也用于对事物的评论或表示某种情绪。

(四) 叹词非主谓句

由叹词构成。表示感叹、呼唤或应答。

① 哦。

② 啊!

③ 唉呀!

④ 喂!

四、特殊句式

这里所举的几种句式是按句子在表达上的特点或句子的某个局部特征归纳的。

(一) 把字句

用"把"字引介对象的介宾短语可以称作"把字短语"。凡在谓语中用把字短语充当状语的句子叫"把字句"。

1. 把字句的表达功能

介词"把"的主要作用是把动词后的宾语提到动词前，组成介宾短语，充当动词的状语。"把"的运用有其特殊的表达作用。试比较：

① 倒了剩菜。
② 把剩菜倒了。
③ 怎么凤姐儿病了!
④ 怎么把个凤姐儿病了!

例①不用"把"，是一般的叙述；例②用了"把"，明显强调了对"剩菜"的处置："倒了"。例④用了"把"，表示一种不如意的语意；例③不用"把"，则没有这种语意。

另外，有些句子不用"把"很难组织，如：

⑤ 历来人们也确实把爬泰山看作登天。
⑥ 这不把孩子淋生病了吗?

这说明"把"字在调节句子内部结构上有独特的作用，把字句是一种不可缺少的句式。

2. 把字句的结构特点

(1) 谓语中的动词应是及物动词。例如：

① 我把书塞进帆布袋。
② 把窗户擦了。

例①②中的动词"塞""擦"都是表示强烈动作的及物动词,在意念上支配"把"后的介宾语。非动作动词和感知类动词一般不能组成把字句,如"我喜欢英语"不说"*我把英语喜欢","我有一本新书"不说"*我把一本新书有"。常带处所宾语的趋向动词也不能组成把字句,如不说"*我把北京去"。

(2) 把字句谓语的动词,不能是光杆动词,前后须带其他成分。例如:

③ 我们把野菜洗干净。
④ 你把这篇文章修改一下。
⑤ 我们该把他向前拉,不能把他往后推。
⑥ 她把头发理了理。
⑦ 请把门关上。
⑧ 你把这几块钱拿着。

例③④⑦动词后有补语,例⑤动词前有状语,例⑥动词是重叠式,例⑧动词后带动态助词。只有在戏文唱词或诗歌中,为了押韵或使句子整齐,才有"我这里匆匆把楼上""苦难农奴把身翻"之类的把字句。

(3) 表否定、能愿的词语应放在"把"字前,不能放到把字短语后。如:

⑨ 他没把被子晒出去。
⑩ 你不应该把他撵走。

不能说成"*他把被子没晒出去","*你应该把他不撵走"或"*你把他不应该撵走"。

(二) 被字句

谓语里有表被动的"被"字的句子称被字句。在被字句里,主语是受事者。有时"被"引进施动者,组成介宾短语,用在谓语的动词前;有时"被"直接用在动词前。例如:

① 猫咪‖被姥姥抱在怀里。
② 道静‖在睡梦中被推醒。

例①中"被"引进施动者"姥姥",例②"被"直接用在动词前,施动者不出现。出现施动者的被字句可以跟把字句互相变换,如例①可以变换为"姥姥把猫咪抱在怀里"。有时,"被"和"把"可以出现在同一句子里。例如:

③ 小芹‖被豆荚把手刺破了。

"被……所""为……所"是被字句的书面语格式。例如:

④ 不要被表面现象所迷惑。
⑤ 虽然他的姓名‖并不为许多人所知道。

"叫、让、给"也有表被动的作用,相当于"被"字。这些词构成的被字句带有口语色彩。例如:

⑥ 不想叫蜜蜂蜇了一下。
⑦ 墙上裱糊的报纸‖让灶烟熏得乌黑。
⑧ 一个红衫的小丑‖给一个花白胡子的用马鞭子打起来了。

使用被字句也受一定条件限制：

第一，被字短语后面的动词必须是能带受事宾语的动词，在意念上能支配主语。例如：

面粉‖被雨水一泡，成了稀糊了。

阴谋‖被粉碎了。

谓语中动词"泡""粉碎"分别支配主语"面粉""阴谋"。非动作动词不能组成被字句，如"是""有""产生""出现"等。

第二，表否定、时间的副词和能愿动词应放在"被"字前。例如：

探险队‖没有被恶劣的气候吓倒。

闰土‖终于被他父亲带走了。

人‖可以被处死，书‖可以被烧毁，真理却是杀不死，烧不毁的。

第三，被字短语后一般也不能是单音节光杆动词，但不如把字句严格。双音节动词就能站住。例如：

这样‖很容易被人们误解。

第四，被字句一般不能用在祈使句中。因而由把字句构成的祈使句不能变换成被字句。如"把饭吃了！"就不能变换为命令语气的"饭被吃了！"

(三) 连动句

由连动短语充当谓语的句子叫连动句。连动短语由相连的两个或更多的动词词语构成，中间没有语音停顿，书面上不用逗号隔开，也不用关联词语连接，而且几个动词只有一个共同的主语。

连动句谓语中动词词语有以下几种意义关系：

1. 表先后顺序

动作之间有先后的顺序关系。例如：

老杨同志‖吃了早饭启程。

她‖用勺子盛了两三口粥倒在总司令碗中。

2. 表方式

前一动作表示后一动作的方式。例如：

老向导‖交叠着两手 搭在肚皮上。

他‖乘车回沈阳。

3. 表目的

后一动作表示前一动作的目的。例如：

雷锋‖正拉着帆布 盖车。

走路的人‖摘个瓜 吃。

4. 表条件或原因

前一动词是"有"或"没有"，表示后一动作的条件或原因。例如：

他‖有机会 出国。

她‖再也没有力量 控制自己的感情。

5. 表补充

两个动词从正反两面说明同一动作，有相互补充的关系。例如：

张素素‖<u>却板着脸</u> <u>不哭</u>。

总理‖<u>抓住他的手</u> <u>不放</u>。

6. 表对象和结果

前后重复使用同一个动词，分别带宾语和补语，说明同一动作的对象和结果。例如：

他‖<u>说理</u> <u>说得很透彻</u>。

我‖<u>看书</u> <u>看累了</u>。

7. 表趋向

前一个动词是"来""去"，表示后一动作的趋向，有时"来、去"的方向作用虚化。例如：

游击队员们‖<u>去</u> <u>和敌人战斗</u>。

你‖<u>该写些文章</u> <u>来</u> <u>支持正确的意见</u>。

（四）兼语句

兼语短语充当谓语的句子叫兼语句。兼语短语是由动宾短语套接主谓短语构成的。动宾短语的宾语兼作主谓短语的主语，称"兼语"。根据兼语前动词所属小类，可把兼语句分为以下几种类型：

1. 兼语前动词是使令性动词

如"使、请、派、催、逼、劝、让、求、托、命令、阻止、号召、吩咐、指示、禁止、容许、召集"等。这类兼语句如：

① 他‖使革命队伍失掉严密的组织和纪律。

② 母亲‖叫闰土坐。

③ 他‖要求每一个人都要作出毫不含糊的回答。

④ 县委‖召集我们开会。

兼语前的动词和兼语后的陈述部分有因果关系。如例②中"叫"是"闰土坐"的原因，"闰土坐"是"叫"产生的结果。有时，这类兼语句同主谓短语作宾语的句子很相似，要注意分辨。试比较：

⑤ 我叫他来。

⑥ 我知道他来。

例⑤是兼语句，例⑥是主谓短语作宾语，二者区别在于：

第一，例⑤谓语中第一个动词"叫"是使令性动词，例⑥的"知道"却是感知性动词。

第二，语音停顿有所不同。兼语与前面的动词连得很紧，不能有停顿。如例⑤只能这样停顿："我叫他——来"，例⑥却可以这样停顿："我知道——他来"。在停顿处可以插入状语，如："我知道明天他来"，不能说"＊我叫明天他来"。

第三，主谓作宾句可以作以下句式变换，如：

我知道他来。──→他来我知道。──→他来是我知道的。

兼语句不能作以上变换。

2. 兼语前的动词是"有"或"没有"

这类兼语通常是无定的。如能说"有人找你",不说"有张三找你"。兼语前常出现"个""一个"等不定指定语。例如：

⑦ 月亮里‖有个老头在树下干活。
⑧ 这里‖没有什么人关心她们的劳动条件。

3. 兼语前动词有称认意义

这种类型中,后一动词常是"当、作、为"等。例如：

⑨ 他‖认白茹当个干女儿。
⑩ 人们‖称他为小诸葛。
⑪ 青年们‖拜他作师傅。
⑫ 大家‖选他当代表。

在实际运用中,兼语句常与连动句穿插起来错综地用在一起。例如：

⑬ 月亮‖派仙女把老头接进月亮里去住。
⑭ 你‖回去叫人们用桐油来点灯。

例⑬是兼语句里套用了连动短语,例⑭是连动句里套用了兼语短语,兼语短语内又套了连动短语。这种句式结构紧凑,意思复杂,包容的信息量丰富。

(五) 存在句

从结构讲存在句也是一种"主‖动＋宾"句。它的特殊性在于充当这类句子的主、动、宾的词语有一定的限定范围。即：主语由时地词语充当,动词通常表示存在或出现,需带动态助词"着、了"或趋向补语,宾语是名词短语,常含由数量短语充当的定语。例如：

① 架上‖横排着一列中文的《毁灭》。
② 山上‖住着个种树的老爹。
③ 店内外‖充满了快活的空气。
④ 梨树丛中‖闪出了一群哈尼小姑娘。
⑤ 墙壁上‖发出轻轻的敲击声。
⑥ 湿透的衣服上‖冒起一层雾气。
⑦ 去年‖发生了几件大事。

例①—例⑥主语都是表示处所的方位短语,例⑦主语是个时间名词；例①②谓语中动词带动态助词"着",例③④⑦谓语中动词带动态助词"了",例⑤⑥谓语中动词带趋向补语；例①②④⑥⑦宾语都含数量短语充当的定语。

存在句在意义的表达上有其独特性。这种句子不强调行为动作,而是着重表现宾语所指事或人的存在、出现或消失。试比较：

{ A. 山上‖住着个种树的老爹。
{ B. 种树的老爹‖在山上住着。

{A. 湿透的衣服上‖冒起一层雾气。
B. 一层雾气‖从湿透的衣服上冒起来。

A类句是存在句，句意侧重在客观描写一种存在的现状；B类是动作句，句子的谓语有明显的动作性。

(六) 是字句（判断句）

由判断动词"是"带宾语或带兼语的句子。

1. "主‖动＋宾"型是字句

动词"是"放在主语和宾语之间，可以表示多种作用：

(1) 表示判断。"是"所连的主语和宾语有同一关系或种属关系。例如：

① 白求恩同志‖是加拿大共产党员。

② 胜利‖一定是我们的。

③ 最好的工作‖是捉了苍蝇喂蚂蚁。

④ 共产党啊，‖是真行！

例①②宾语是名词短语，例③宾语是动词短语。例④宾语是形容词短语，"是"表示对某种性质的肯定，也是一种判断。

(2) 表示比喻。"是"所连的主语是本体，宾语是喻体。主宾语在客观上虽不构成同一关系，但在说话人的主观上，二者还是有同一关系。例如：

⑤ 蚕的身躯‖是一座非常奇妙的加工厂。

⑥ 鲁迅的杂文‖是扔向敌人的投枪。

(3) 表示存在。"是"所连的主语与宾语有相关的关系，宾语说明存在的事物。例如：

⑦ 门前‖是大草坪。

⑧ 画下面‖是一幅画。

⑨ 身上‖是白小布衫深蓝裤。

2. 非主谓型是字句

这类句子常常由兼语短语构成，"是"出现在句首。

⑩ 是雷锋同志教我们这样做的。

⑪ 是谁叫开的窗？

是字句中有一种情况很常见，即："是"与"的"配合，形成"是……的"格式，如例②⑩。"是……的"格式中，"的"有两种词性：一类是结构助词"的"，跟前面的词语组成"的"字短语，作"是"的宾语，如例②。又如：

⑫ 这边‖是你家的。

⑬ 手里的钞票‖不是中国银行的。

这类句子中的"的"是必不可缺的，少了便不成话。另一类"的"可以抽去而不影响原意，如例⑩。又如：

⑭ 立石像的台子‖是用石块砌成的。

⑮ 房子‖是解放军叔叔盖的。

⑯ 解剖学‖是两个教授分任的。

这类"的"主要的作用是表示确定的语气,可看作语气词。"是"后的宾语由动词短语充当。

思考和练习

一、举例说明句子具有哪些特征。

二、句型和句类有何不同?举例说明。

三、是否具备了主语和谓语的语言单位就是句子?

四、怎样使下面的语言单位成为句子?

① 票

② 出发

③ 谁是最可爱的人

五、从结构出发分析下列句子的句型。

示例:这人胆子小。——主谓句——主谓谓语句

① 祥子摇了摇头。

② 肃静!

③ 黄山的景色十分壮丽。

④ 咱俩谁也别管谁。

⑤ 她教我们跳舞。(教:jiāo)

⑥ 好大的山啊!

⑦ 一人一颗。

⑧ 是你们自己来的。

⑨ 那溅着的水花,晶莹而多芒。

六、指出下列各句谓语所属的类型。

示例:灯亮得人睁不开眼。——形容词谓语句——主‖形+补

① 春雨刷刷地下着。

② 你哪儿人?

③ 你们要养成谨严和忍耐的习惯。

④ 我们生怕有人拆下来当火把点。

⑤ 母子俩送出了很远很远。

⑥ 老秦瞪了小女孩一眼。

⑦ 这些话给了我们莫大的鼓舞。

⑧ 地势渐渐更加陡起来。

⑨ 这千百万人创造了和创造着中国的历史。

⑩ 老田太太心里不痛快。

七、指出下列单句的句子类型。

① 墨绿的原始森林和鲜艳的野花，给这辽阔的千里牧场镶上了双重富丽的花边。

② 母亲总在灶上汗流满面地烧饭。

③ 你就把爱你女儿的心去爱他们大家吧。

④ 我觉得中国历史的影子仿佛从我眼前飘忽而过。

⑤ 他父亲带给我一包贝壳和几支很好看的鸟毛。

⑥ 爱祖国、恨敌人是战士们的共同特点。

⑦ 不肯运用批评和自我批评的人或者单位不会有真正的团结。

⑧ 骄傲的架子要在伙伴面前摆，也是世间的老规矩。

⑨ 岩面与草丛都从润湿中透出几分油油的绿意。

八、把下边的句子变换成主谓谓语句。

① 他觉得这件事比什么都重要。

② 真正了解这门新学科的人并不多。

③ 他真正做到了党和人民要求他做的。

④ 便道上的尘土飞起老高。

九、下边句子中哪个是连动句，哪个（些）是兼语句，哪个（些）是连动、兼语套用的句子？

① 他让我狠狠地批评了一顿。

② 你还能老让孩子天天挑着肥皂上街卖？

③ 他让我打电话叫车送他爷爷去医院。

④ 李明主张让女同学先走。

⑤ 我赶忙把它脱下来，磕掉泥巴，又挂在腰上。

⑥ 先头部队送牦牛来时，顺便捎来一点点大米给您熬粥喝。

⑦ 他便给他们茴香豆吃。

十、下列把字句用得对不对？为什么？

① 英雄的军民把敌人的炮火不放在眼里。

② 如果把有丰富教学经验的老师都退休，这"传帮带"谁来抓？

③ 科学工作者同志们，请你们把幻想不要让诗人独占了。

④ 后来我一直留心把自己坚强起来，尽我应尽的义务。

⑤ 我不愿把灾祸落在芝儿和你的身上。

十一、注意下列是字句中"的"的词性，指出宾语属哪类短语。

① 人民是不可战胜的。

② 这本书是谁的？

③ 你是在哪里念中学的?

④ 我是从来没看到过父亲掉泪的。

⑤ 在流动沙丘上植林种草,是可以成活的。

第八节 单 句(二)

五、句子的语气类型

句子又可以按语气分为四类:陈述句、疑问句、祈使句和感叹句。表达语气的主要手段是语调,其次是语气助词及句子的局部特征。

(一) 陈述句

用途是述说一件事情。全句语调平直,句末语调略降。常用的语气助词有"的、了、呢、吧、嘛、罢了、啊"等。单句陈述句后书面上一般用句号,复句内分句后用逗号或分号。例如:

① 风并不大。

② 孩子们很健壮,学习也努力。

"的"和"了"都表肯定语气,但意思不尽相同。"的"表示本来如此,"了"表示有了变化。试比较:

③ 这道数学题我会做的。

④ 这道数学题我会做了。

例③意为"我本来就会做",例④意为"本来不会做,现在会做"。

"呢"和"罢了"也表示肯定语气。"呢"有时带有夸张、强调的口气;"罢了"却相反,把事情往小里说。试比较:

⑤ 这塘里的鱼可大呢。

⑥ 只不过多花几个钱罢了。

"啊"和"嘛"可在陈述中增加活泼的语气。"啊"有提醒的意味,"嘛"表示显而易见。例如:

⑦ 我可不是故意的啊。

⑧ 他就是好嘛。

陈述事情,可用肯定的形式,也可用否定的形式。否定式一般用否定副词"不、没有"等。有时一个句子里用两个否定副词,构成双重否定。

(二) 疑问句

用途是提出问题,大都用升调,书面上句后用问号。根据不同的提问方式和回答,可以把疑问句分成四种。

1. 特指问句

句中用疑问代词来代替发问人所提问的项目,要求回答的内容是指定的。经常用的疑问代词是"谁、什么、怎样、哪儿"等。例如：

① 谁是最可爱的人？

② 该怎么对付大黄蜂呢？

特指问句的疑问代词要重读，句末可以不用语气助词，如例①；如用语气词，则用"呢"或"啊"，不用"吗"，如例②。

有的特指问句疑问代词省略。例如：

③ 你的帽子在这儿，我的呢？（＝我的帽子在哪儿？）

④ 我晚上看电影，你呢？（＝你干什么？）

2. 是非问句

是非问句结构上与陈述句相同，只是换成明显的上升语调，有时加上语气助词"吗"。例如：

① 他是郭主任。（陈述句）——他是郭主任吗？（是非问句）

② 鱼会飞。（陈述句）——鱼会飞？（是非问句）

是非问句的回答是简单的肯定或否定。

3. 选择问句

把几个项目并列地提出来，要求从中选择一项来回答。这种问句常采用复句的形式，并用"是……还是"互相呼应。语气助词用"呢"或"啊"，不用"吗"。例如：

你学英语呢，还是学日语？

你是卖茧子呢，还是自家做丝？

4. 正反问句（反复问句）

用肯定和否定的词语相叠的方式提问。如：

① 这篇文章写得好不好？

② 你是不是工人？

③ 先生，能不能抬高一些？

④ 你到过北京没有？

例②也可以用"是"或"不是"回答，但从结构特征看，句中有肯定和否定词语相叠的形式，应属正反问句。

以上四种疑问句都是有疑而问，另有一种疑问句，虽也是提问，但却是先有猜测、估计，只是没有把握，希望得到证实。这种疑问句常用语气助词"吧"，用降调。例如：

您就是吴老师吧？

他也许不会来了吧？

办公室造好了吧？

(三) 祈使句

表示命令、请求、禁止或劝阻。例如：

① 快闪开！

② 二春，我不准你去！

③ 妈，别生气啦。

④ 我们可不能那样啊！

祈使句一般用降调。表示命令或禁止的祈使句语气较急促，节奏快，一般不用语气助词，如例①②；表示请求或劝阻的祈使句语气较缓和，节奏慢，语气助词常用"啊、啦、吧"，如例③④。

还有一类祈使句，采用疑问句的形式，表示催促或请求，例如：

⑤ 还不快进来？

⑥ 别闹了好不好？

(四) 感叹句

用以表示某种感情。感叹句的结构基本上与陈述句相同，但用降调，书面上句末用感叹号。常见的语气助词是"啊"或"啊"的变音（哪、哇、呀）。例如：

① 哎呀！还香呢！

② 我的老天爷！

③ 一定是他！

④ 救伤员要紧！

⑤ 红军打了大胜仗啦！

六、句子的变化

(一) 变式句

为了表情达意的需要，句子成分的正常语序是可以改变的，这种变动正常语序的句式称之为变式句。相应地，按常序组合的句子叫常式句。常见的变式句有以下几种：

1. 主语后移

为了突出谓语，或者由于说话急促，有时主语可以移到谓语后面。常见于疑问句、祈使句和感叹句。谓语和主语之间有语音停顿。如：

干什么，你们？

吃点儿饭吧，你。

2. 修饰语后移

为了突出修饰语，或者为了调整句子，使之简短有力，可以把修饰语移到中心语后面。中心语和修饰语之间有语音停顿。如：

市上游动着许多黑点，影影绰绰的。

他在打电话呢，跟家里。

(二) 省略句

人们在说话或写作时，为了语言简洁，常常把句子中一些依靠语境能理解的成分省去。这种省略了一个或几个成分的句子，叫省略句。常出现在对话中或有上下文的语境中。

1. 对话省

① 问：先生，这本书‖多少钱？

答：〔 〕‖一块四。

② 问：〔 〕‖叫什么名字？

答：〔 〕‖叫陈奉昌。

2. 承前省，蒙后省

省略上文已经出现过的成分叫"承前省"，省略下文将要出现的成分叫"蒙后省"。例如：

③ 我吃了一吓，〔 〕赶忙抬起头，〔 〕却见一个凸颧骨，薄嘴唇，五十岁上下的女人站在我面前，〔 〕两手搭在髀间，〔 〕没有系裙，〔 〕张着两脚，〔 〕正像一个画图仪器里细脚伶仃的圆规。

④〔 〕看着人家那样辛苦地劳动，老通宝觉得身上更加热了。

〔 〕表示省去的成分。例③中，第2、3分句的主语承第1分句的主语"我"省略；第4—7分句的主语承第3分句中的兼语"一个凸颧骨，薄嘴唇，五十岁上下的女人"省略。例④中，前一分句的主语蒙第2分句的主语"老通宝"省略。

七、句子的附属成分

在句中有些词或短语不同别的成分发生结构上的关系，但意义又是句子所必需的，这样的成分是附属成分。有以下几种类型：

（一）独立成分

1. 插入语

插入语一般插在句中，有时也用在句子开头或结尾，是一种主要的独立成分。插入语的前后常有逗号出现。根据插入语所表示的语义作用，可分以下五种类型：

（1）强调性插入语。常见的是"你看、你瞧、你想、你听我说、你要明白、且慢"等。例如：

那西边，你瞧，雾蒙蒙遮住了半边天，那才叫山呢！

这几天，大家晓得，在昆明出现了历史上最卑劣最无耻的事情！

看，像牛毛，像花针，像细丝。

（2）推测性插入语。常见的是"看来、想来、说不定、充其量、看样子、往多（少）里说"等。例如：

安徒生写过一个故事，叫"皇帝的新装"，想来，看过的人不少。

这天气，看来快要下雨了。

（3）评论性插入语。常见的是"不错、无疑、不用说、不可否认、由此可见、可见、恕我直说、不瞒你说"等。

"吹面不寒杨柳风"，不错的，像母亲的手抚摸着你。

车，不用说，当然是头等的。

（4）寻源性插入语。常见的是"听说、据说、传说、相传"等。例如：

我家的后面有一个很大的园，相传叫作百草园。

听说，杭州西湖上的雷峰塔倒掉了。

（5）解释性插入语。常见的是"比如……""例如……""正如……""包括……"等。例如：

他们的长处，正如斯大林说过的，是对于新鲜事物有锐敏的感觉，因而有高度的热情和积极性。

有些沙荒地区，如河西走廊、柴达木、新疆北部准噶尔和新疆南部塔里木，都是盆地。

2. 呼语

说话人对对方的称呼。通常放在句子前头，也可以放在句中、句后。有引起注意或表示感情的作用。例如：

祥林嫂，你放着罢！

真正的原因，柯里亚，是我想认真读点书。

你说，我这个体验对吗，同学？

3. 感叹语

表示说话人惊讶、感叹、应对等语气，一般放在句子前头，也可以放在句中或句后。如：

唉唉，我真傻。

这小家伙，……哎哟，你再揉揉。

4. 拟声语

摹拟事物声音的拟声词放在句中，有增强气氛或表达感情的作用。例如：

呼——呼——，狂风夹着沙石扑来了。

唧唧喳喳，小麻雀早早醒来了。

感叹语和拟声语用在句中时，须用逗号隔开，是句子的独立成分。如叹词或拟声词后面带个感叹号、问号或句号，那就成了非主谓句中的叹词句。试比较：

{ 哦，我记得了。
{ 哦！您，您就是——

第一个"哦"是感叹语，第二个"哦！"是叹词非主谓句。

（二）句首状语

动词或形容词性偏正短语中的修饰语叫状语，谓语中的状语总是在主语后。但有时，主语前出现修饰语，从时间、处所、条件、关涉对象等方面对全句进行修饰，我们把这种出现在句首的修饰语叫作句首状语。句首状语不影响句型，属于句子的附属成分。根据它的构成，句首状语可分以下几类：

1. 由介宾短语充当的句首状语

常见的是"关于……""对于……""当……时""在……以前（以后）""在……上（下、中）"等。例如：

① 对于反动营垒中可能分化出来的人物，我们要争取他们。

② 在大会堂将要竣工的时候，建筑工人在这里举行庆祝大会。

③ 在社会主义社会，每个劳动者都有致富的机会。
④ 在建设工作中，犯一些错误，有一些缺点，是难免的。
⑤ 当着这伟大的民族自卫战争迅速地向前发展的时候，我们需要大批的积极分子来领导。

2. 表时间、处所的名词性词语充当的句首状语

常见的是时地名词或方位短语。例如：

① 一九五二年，地质部成立了。
② 中午，"江津号"到了崆岭滩跟前。
③ 峡中，强烈的阳光与乳白色云雾交织在一起。
④ 右面峰顶上一片白云像银片样发亮了。

句子开头的时地词语有时作句首状语，有时作句子的主语，要注意辨别。试比较：

⑤ 最近我们‖同代表团谈判。
⑥ 最近‖冷得很。
⑦ 半里外白大夫‖就下了马。
⑧ 半里外‖住着一户人家。

一般说来辨认的原则有三：

第一，时地词语作主语有以下几种情况：谓语对时地词语所指的事物本身加以陈述，如例⑥；存在句或是字句中，时地词语后只有个"动＋宾"短语，没有另外的主语，如例⑧。

第二，时地词语作句首状语的情况是：时地词语后出现由一般名词充当的主语，如例①—④，例⑤⑦。

第三，句首既有时间词语，又有处所词语，则由处所词语作主语。例如：

⑨ 家里‖今天来了客人。
⑩ 今天家里‖来了客人。

3. 副词、形容词充当的句首状语

常见的是"反正、当然、忽然、幸而、诚然、果然、显然、可惜、慢慢地"等。例如：

① 诚然，为着剥削者压迫者的文艺是有的。
② 果然，接连不断的打击来了。
③ 原来，今天是中秋节了。
④ 极快地，他想出个道理来。

这类句首状语不少可移入谓语中，如例②可变换为："接连不断的打击果然来了。"但有的不能变换，如"他又来了"不能变换为"又他来了"。有的句首状语移入谓语后，句意会发生变化。试比较：

⑤ 就他来了。
⑥ 他就来了。

例⑤的"就"语义指向"他",相当于"只有";例⑥的"就"语义指向"来",相当于"将"。

4. 由关联词语充当的句首状语

常见的是"反之、首先、接着、于是、那么"等,例如:

① 首先全国的广大的先锋队要赶紧组织起来。
② 接着,它表演一种奇怪的体操。
③ 那么,什么是人民大众呢?

句首状语有时会接连出现。例如:

① 也许,几年以前,他还唱过这些歌吧!
② 四点半之后,当晨光初显的时候,水门汀路上和巷子里,已被这些赤脚的乡下姑娘挤满了。

从意义的角度出发,句首状语又可分为"时地性""话题性""评论性""关联性"等若干类。

八、单句常见的错误

学习语法的一个重要目的是了解和掌握语言的结构规律,提高理解、分析和运用语言的能力。其中,辨别句子正误的能力对学习者更有实用意义。所以,要学会检查句子,了解造句时经常出现的错误。

检查句子是看句子所要表达的语义内容与句子的结构形式是否统一,句子成分的组合是否符合汉语的组合规律。语言上的毛病,有的是语法方面的,有的是逻辑、修辞方面的,三者常常相互联系。这里分析的病句是着重从语法结构方面着眼的。如何判断一个句子在语法上对与不对呢?一般可从两方面着手:一是看结构成分是否残缺,语序是否恰当;二是看相关的成分能否搭配。检查的步骤跟句子分析相同,即先查主干,后看枝叶,逐层剖析。但要注意有时需保留少数的附加成分以便理解。如否定副词的状语被除去,意义就全变了。另外,找句子主干时可以保留宾语,以便进一步检查"动+宾"是否搭配。

修改病句要注意以下几点:一是要分清语法现象和修辞现象。如"鸟儿在歌唱"使用了拟人的修辞手法,不能认为是主谓语义搭配不当。二是要注意语言上的约定俗成用法。如"恢复疲劳""好不热闹"之类,不能认为是错的。三是要注意上下文。有的句子离开一定的上下文可能站不住脚。修改病句的原则是:要保持原意;尽量保留原句的陈述对象,一般不改变原句的句型。

句子结构常见的错误:

(一) 搭配不当

1. 主语和谓语搭配不当

① 我市各单位首批赴深圳参观的代表,均由先进工作者组成。
② 我国的石油蕴藏量是世界上最丰富的地区之一。

例①主干"代表——组成"搭配不拢:"代表"是个体,"组成"不能对个体而言,应改为"……代表，均为先进工作者"。例②主干为"蕴藏量——是——地区之一"，主宾缺乏同一性，可把"石油蕴藏量"移到"世界上"后，删去"的"。

2. 动宾搭配不当

① 在旧社会，工人们挣的工资无法养活一家人的生活。

② 她对她的学生们灌注了无限的爱和辛勤的劳动。

③ 长江厂和长征厂的五十余名职工，为造房与拆房之争发生混战，致使重伤二人、轻伤十七人的严重后果。

例①谓语的主干"养活——生活"动宾不能搭配，可将"的生活"删去，或将"养活"改为"维持"。例②谓语的宾语是个并列短语，动词"灌注"只与短语中的一头搭配，犯了顾此失彼的毛病，可改为"灌注了无限的爱，付出了辛勤的劳动"。例③谓语中动词"致使"带的是名词性宾语，而"致使"要求带非名词性宾语，可删去"的严重后果"。

3. 定语、状语、补语与中心语搭配不当

① 朝鲜电影周的上映，受到了热烈欢迎。

② 认真开展增产节约运动，减少不必要的开支和浪费。

③ 由于坚持植树造林，这一带基本上根除了风沙灾害。

④ 我们把礼堂布置得漂漂亮亮，干干净净。

例①"电影周"与"上映"不能相配，可把"电影周"改为"电影"，或把"上映"改为"举办"。例②"不必要"修饰"开支"可以，但"不必要的浪费"不通，可删去"和"，添加"反对"。例③状语"基本上"与中心语"根除"语义上矛盾，可把"根除"改为"消除"。例④补语是个并列短语，中心语"布置"只同"漂漂亮亮"相配，不能同"干干净净"相配，可改为"打扫得干干净净，布置得漂漂亮亮"。

（二）残缺或冗赘

1. 成分残缺

① 对于师范院校的学生，今后要当教师，学点教育学、心理学很有必要。

② 拖拉机厂的广大职工，参观了市工交系统组织的"增加生产，厉行节约"展览会后，增产节约运动掀起了高潮。

③ 学校向毕业班提出了加强自学，独立钻研。

例①残缺主语。原因是滥用了介词"对于"。介宾短语作了句首状语，后面两个分句失去了陈述对象。应删去"对于"。例②谓语残缺。主语"……广大职工"提出后，谓语只有一个很长的方位短语，没有动词中心语。应在方位短语后加上"受到深刻的教育"。例③宾语残缺中心语，应加上"的号召"。

2. 冗赘重复

④ 厂长向我们详细讲解了生产彩色釉细瓷的全部生产过程。

⑤ 这种精神是值得我们可歌可颂的。

⑥ 绵延七八年、祸被半个中国的安史之乱造成了人民的生灵涂炭。

⑦ 在学生中树立革命风尚，是当前全国中小学工作的当务之急。

例④"生产"重复了两次，没有必要。例⑤"可歌可颂"意即"值得我们"，可删去两个"可"，或删去"值得我们"。例⑥"人民"与"生灵"重复，可删去"人民的"。例⑦"当前"与"当务"意义重复，可删去"当前"或删去"的当务"。

（三）语序紊乱

① 十一个工学院电机专业的学生被安排到这个厂里实习。

② 当时，光复会成员徐锡麟和秋瑾分别以浙江的绍兴和安徽的安庆为活动据点，秘密组织武装起义。

③ 一阵急促的哨声打破了宁静的深夜。

例①"十一个"是限制"学生"，还是限制"工学院"？有歧义。可移至"学生"前。例②句中两个并列短语内部语序互相错位，造成与史实不符。例③"哨声打破"的是"宁静"，而不是"深夜"。可改变语序，使"宁静"成为中心语。

（四）杂糅不清

① 实践证明我们必须坚定不移地执行中西医相结合的方针是繁荣社会主义医学事业的重要保证。

② 参加大会的还有中共中央委员、国务院各部门负责人都参加了今天的大会。

③ 她那满脸的皱纹特别深，把本来很大的一双眼睛也被皱纹挤小了。

句子杂糅大体有两种情况：一是把两种不同的句式混糅在一起，如例③；另一种是两个句子互相套结，牵连不断，如例①②。修改的方式是任取其中一个句子或句式。

思考和练习

一、指出下列句子的语气类型。

① 你明天去上班不去？

② 不要掉队呀！

③ 客人都到齐了，小李呢？

④ 请到里边坐。

⑤ 大嫂，借你这里歇歇脚儿。

⑥ 牦牛！

⑦ 这衣服合我的身吗？

⑧ 老杨，家里的年货办齐全了吧？

二、试把下列常式句变成变式句，体会变化前后句子在表达上有何区别。

① 咱们一晃分手十多年了！

② 你们要干什么！

③ 仿佛从遥远的地方呜呜地刮来一阵风。

④ 隔着淡淡的花香看你。

⑤ 子君却永远永远地不再来了。

⑥ 你吃点儿饭吧。

三、下列句子是不是省略句?

① 有个人丢了把斧子。

② 病房在哪儿?——不远。

③ 过了云步桥,我们开始走上攀登泰山主峰的盘道。

④ 是你们自己来的,并没有请你们来。

⑤ 窗前一片月光。

⑥ 一九六六年一月。

四、指出下列句子中的独立成分,并说明其在表意上的作用。

① 这种埋头做事,不动脑筋的人,简直是——说得不客气一点——跟牛马一样。

② 嚄,这姑娘好大的手劲儿。

③ 大不了我一个人走回去就是了。

④ 添粥的机会,除了特殊的日子,比如老板、老板娘的生日,或者发工钱的日子之外,通常是很难有的。

⑤ 孔乙己,你当真认识字么?

⑥ 不知怎么的,我已从心底爱上了这个傻乎乎的小同乡。

五、下边句子中加点的词语充当什么成分?

① 在一间北京式的方格窗棂、白纸窗户的小房间里,透出了明亮的灯光和一个人影。

② 苍黄的天底下,远近横着几个萧索的荒村。

③ 下面是一片被白雪封盖着的稻田。

④ 也许你要说它不美。

⑤ 白天,吴吉昌顶着太阳观察棉花拔节、开花。

⑥ 白天过去了。

⑦ 现在咱们这儿有新沟老沟两条沟。

⑧ 大海,也被这霞光染成了红色。

⑨ 大海里,闪烁着一片鱼鳞似的银波。

⑩ 在这种工房里面,生病躺着休息的例子是不能开的。

六、比较句中状语与句首状语在表达作用上有何差别。

① 我们对你没有意见。

② 对你我们没有意见。

③ 我们一家人在悲惨的情况下哭泣着连夜分散。

④ 在悲惨的情况下，我们一家人哭泣着连夜分散。
⑤ 他幸而来了。
⑥ 幸而他来了。
⑦ 他从小就没了亲娘。
⑧ 从小他就没了亲娘。

七、说明句首状语不能移入句内的理由：

当我们意识到我们所从事的事业的伟大性，以及工作中所取得的胜利和成绩的巨大性以后，我们更应该虚怀若谷地倾听大家讨论我们工作中的缺点和错误。

八、下列句子有没有语病？如有，请修改并说明理由。

① 采集昆虫标本从小对他就很有兴趣。
② 有些工厂本着自力更生和争取外援相结合为原则，调整了生产计划。
③ 李竞芳在犯罪活动暴露后，不老实交代罪行，还多方策划假账，企图蒙混过关。
④ 孩子啊，妈是从小看你长大的，怎么会不了解你呢？
⑤ 码头上的居民被这件新闻所震惊了。
⑥ 这个研究所研究成功的农用抗菌药——多抗霉素，对烟草黑星病、人参黑斑病、甜菜褐斑病等病害都有良好的防治。
⑦ 老一辈无产阶级革命家对党的建设、祖国的解放和建设事业作出的卓越贡献，将永远受到全国人民的崇敬和爱戴。
⑧ 他栉风沐雨，风餐露宿，精心放牧，在短短十余年里，繁殖了上千头羊。

九、用符号法分析下列各例的句子成分。

① 自从党中央提出精兵简政这个政策以来，许多抗日根据地都依照中央的指示，筹划和进行了这项工作。
② 熊成基的安徽起义，无知幼弱的溥仪的入嗣，帝室的荒淫，种族的歧异等等，都从几位看报的教员的口里，传入了我们的耳朵。
③ 对于我印象最深的，是一位国文教员拿给我们看的报纸上的一张青年军官的半身肖像。
④ 每年——特别是水灾、旱灾的时候，这些在日本厂里有门路的带工，就亲身或者派人到他们家乡或者灾荒区域，用他们多年熟练了的、可以将一根稻草讲成金条的嘴巴，去游说那些无力"饲养"可又不忍让他们的儿女饿死的同乡。
⑤ 那时乡间豪绅地主的欺压，衙门差役的横蛮，逼得母亲和父亲决心节衣缩食培养出一个读书人来"支撑门户"。
⑥ 对于我们，经常地检讨工作，在检讨中推广民主作风，不惧怕批评和自

我批评,实行"知无不言,言无不尽","言者无罪,闻者足戒","有则改之,无则加勉"这些中国人民的有益的格言,正是抵抗各种政治灰尘和政治微生物侵蚀我们同志的思想和我们党的肌体的唯一有效的方法。

第九节 复 句（一）

一、复句的特点

（一）什么是复句

两个或两个以上的单句形式,在意义上彼此联系,在结构上互不包含,合起来构成的句子叫复句。单句进入复句之后,失去了独立性,成为复句的一个组成部分,称之为分句。复句也是语言的使用单位,而在传递信息、交流思想方面比单句更为丰富。例如："天气太热"和"要多喝开水"这两个单句各自表达的意思是独立完整的。如加上关联词语"所以",成了"天气太热,所以要多喝开水",就变成复句。除了表达各分句所表达的意思,还表达分句之间的某种逻辑关系。可见,复句的意思比单句复杂。两个单句进入复句后,前者表示"原因",后者表示"结果",相互依赖,失去了独立性,成为分句。

（二）复句的特点

1. 结构方面

由两个或两个以上的分句组成。分句可以是各种句型。不能互作句法成分。试比较：

① 马克思和恩格斯合作了四十年,共同创造了伟大的马克思主义。

② 马克思和恩格斯在向着共同目标的奋斗中,建立了最崇高的战斗友谊。

例①是复句,两个分句互相没有结构上的关系；例②是单句,"马克思和恩格斯"是主语,"在……中"是介宾短语,作逗号后动宾短语"建立了……战斗友谊"的状语。

复句的各分句主语有的相同,有的不同；允许全部出现,也允许部分出现。如例①中两个分句主语相同,但只在前一分句出现,后一分句主语不出现,承前省略了。也有主语相同,只在后一分句出现,前面分句主语不出现,蒙后省略。省略是为了文字的简洁。例如：

③ 不找妈妈,不依靠别人,我要自己挣饭吃。

由于修辞的需要,分句主语相同也可以全部出现。例如：

④ 时间就是生命,时间就是速度,时间就是力量。

如各分句的主语不同,一般应都出现。如：

⑤ 他从来不说谎,大家都很信任他。

⑥ 风在吼,马在啸,黄河在咆哮。

2. 意义方面

构成复句的各分句必然有意义上的联系。意义联系有的靠分句的次序和逻辑上的意合,有的靠关联词语表达。例如："今天天气不错"和"我们学习语法"这两个单句意义上没有什么联系，不能构成复句。而下面的例句各分句间有意义上的联系，可以构成复句：

⑦ 下雨了，你快进来。

⑧ 如果我们努力学习，就能够学到许多新的知识。

例⑦没有关联词语，但两个分句间的因果联系很明显，可以意会。例⑧用了关联词语"如果……就"，则分句间的"假设——结果"关系有了形式标志。

由于关联词语有指明分句间意义联系的作用，因此，一般说来，关联词语可以看作复句的一个特征。但是，应该注意的是，关联词语也可以连接分句以外的语言单位，因此，有关联词语的句子不一定就是复句。例如："只有热爱工作的人才能热爱生活"，关联词语"只有……才"连接的是主语"热爱工作的人"和谓语"能热爱生活"，这是个单句。有时，句群、段落也用关联词语连接。

3. 语调与停顿方面

复句有一个统一全句的语调，句末有一个较大的停顿，书面上用句号、问号或感叹号表示。分句间是较小的语音停顿，语调延宕未完，书面上用逗号或分号表示。例如：

⑨ 科学技术力量迅速扩大，科学技术水平迅速提高。

⑩ 苟活者在淡红的血色中，会依稀看见微茫的希望；真的猛士，将更奋然而前行。

例⑨分句间的语音停顿用逗号表示。例⑩分句内部有语音停顿，由逗号表示，因此分句间的停顿用分号表示。

二、复句的类型

（一）并列复句

几个分句或者陈述相关的几件事情，或者陈述同一事物的几个方面。分句的地位是平等并列的。例如：

① 油蛉在这里低唱，蟋蟀们在这里弹琴。

② 虚心使人进步，骄傲使人落后。

③ 我们既要反对大汉族主义，也要反对地方民族主义。

④ 她仍然头上扎着白头绳，乌裙，蓝夹袄，月白背心，脸色青黄。

例①的两个分句分头描写相关的两种情况。例②两个分句说明正反两种情况。例③④都是陈述同一对象的几个有关的方面。

并列复句常采用意合法，句式比较整齐，不用关联词语，如例①②。有时也用关联词语，常见的有：

又、也、同时、同样；

既……也（又）、又……又；

一方面……一方面、一边……一边；

不是……而是、是……不是；

（二）承接复句

几个分句按时间先后顺序叙述接连发生的几件事，或连续发生的几个动作。分句间是相承相接的关系，一般用分句的先后次序表示。有时也辅以关联词语，常见的有：

就、便、也、于是、接着、然后；

首先……然后　　起先……后来；

① 我们把野菜洗干净，送到炊事班去。

② 他在桌子上很仔细地打开红布小包，又打开一层写过字的纸，才取出那些七凑八凑地凑起来的人民币来，拿出一张五分票，付了汤面钱。

③ 这件事悄悄地一传二，二传三，人们纷纷到河里捞鱼去了。

例①②是叙述连续发生的几个动作，例③是叙述连续发生的两件事。

由于承接复句各分句的语意是相承相接的，分句必须按照事实或事理依次鱼贯而下，次序不得任意调换。而并列复句与承接复句的区别就在于：并列关系复句的各分句是列举或对比的，一般说来，分句次序调换，基本意思不变。

承接复句各分句间有语音停顿，书面上用逗号表示。如没有语音停顿，便成了单句中的连动句。例如：

④ 我们把野菜洗干净送到炊事班去。

这是一个单句，谓语由连动短语充当，是个连动句。与例①比较，仅少了一个逗号。另外，承接复句的各分句可以是不同的主语，如例③，而连动式谓语中的各个动词词语必须共同陈述一个主语；承接复句的分句间有时出现关联词语，如例②，而连动式谓语中不能有关联词语。

（三）总分复句

几个分句之间有总说和分说的解释关系。总分复句一般靠分句的次序和意义来体现，不用关联词语。常见的有两种：

一种是先总说，后分说。例如：

文艺批评有两个标准：一个是政治标准，一个是艺术标准。

接着就走出两个人来，一个不认识，一个就是卫老婆子。

另一种是先分说，后总说。例如：

一种是教条主义，一种是经验主义，两种都是主观主义。

我是教师，你是工程师，他是海员，咱们都在不同的岗位上为国家出力。

（四）递进复句

后一分句所表达的意思比前一分句语意上更进一层：或者范围更广，或者程度更深，或者情况更甚。例如：

我们不但要提出任务，而且要解决完成任务的方法问题。

批评家的职务不但是剪除恶草，还得灌溉佳花——佳花的幼苗。

不但眼睛凹陷下去，连精神也不济了。

关联词语"不但"是启下，"而且"是承上，承上比启下更重要，因此允许只用承上的关联词语，不允许只用启下的关联词语。否则便会使"不但"缺乏照应，语义上似乎未完。

有的递进复句意思是从否定方面说的，例如：

我母亲对我这一举动不但不反对，还给我许多慰勉。

他不但不生气，反倒摸着胡子笑呢。

还有一种类型，前句推宕，后句从反面逼进，前一分句只是为后一分句起衬托作用。如：

见面尚且怕，更不必说敢有托付了。

假洋鬼子尚且不足数，何况是阿Q。

归纳起来，递进复句常用的关联词语有以下几组：

而且、并且、甚至、还；

不但……而且、不仅……也；

不但不（不仅不）……反而（反倒）；

尚且……何况（更不用说）；

递进复句的分句可以有两个以上，例如：

小吴不但承认了错误，而且表示愿意改正错误，甚至表示要立即以实际行动将功补过。

最近不但事情多，而且时间少，况且身体又不太好。

(五) 选择复句

几个分句分别说出几件事情或几种情况，表示要从中选择一项。有以下几种类型：

1. 数项择一

是"或此或彼"的选择。常用的关联词语是：

或者（或是）……或者（或是）

是……还是

例句如下：

或者你去，或者我去，或者他去，随便。

你是卖茧子呢，还是自家做丝？

以上二例都是对可供选择的数项商量取舍。关联词语"或者……或者"多用于叙述，"是……还是"多用于疑问。

2. 二者必居其一

是"非此即彼"的选择。常用的关联词语是：

不是……就是

要么（要就是）……要么（要就是）

例句如下：

沉默呵，沉默，不在沉默中爆发，就在沉默中灭亡。

要么攻克科学堡垒，要么在堡垒面前退却；一个革命者的回答当然只能是前者。

天天夜里，不是看书，就是做活计。

以上三例中供选择的两项是对立的，要求限定选择其中一项，即"非此即彼"。

3. 选择已定

是"取此舍彼"的选择。常用的关联词语是：

　　与其……不如（无宁）

　　宁可（宁肯）……也不

例句如下：

与其来种荆棘，不如留下一片白地，让别的好园丁来种可以永久观赏的佳花。

宁可将可作小说的材料缩成速写，也不将速写材料拉成小说。

这类选择复句，语意实际上是肯定的。已经决定在两项中舍弃某一项，选取另一项。有的语法书把这种类型称为"取舍关系"的复句。

（六）转折复句

后面的分句不是顺着前面分句的意思说下去，而是转了一个弯，跟前面分句的意思相反，或对前句加以修改补充。按转折语意的轻重，可把转折复句分为重转、轻转两种。

1. **重转**

转折的意味明显。前面的分句先作让步，后面的分句语意急转。关联词语是成套使用的：

　　虽然（虽、尽管）……但是（可是、却）

例句如下：

虽然我一见便知道是闰土，但又不是我记忆上的闰土。

尽管由于历史条件的限制，他们当时还是站在封建阶级的立场上，为维护封建制度而进行政治斗争，但是，他们比起那一班读死书和追求功名利禄的人，总算进步多了。

2. **轻转**

转折意味较轻。前后分句意思的对立关系不明显，或无须着重表示。关联词语只用在后一分句，有：

　　但是、但、然而、却、不过、只是

例句如下：

人们都在灯下匆忙，但窗外很寂静。

她只是中国千百万劳动人民中的一员，但是，正是这千百万人创造了和创造着中国的历史。

在学校里，有些同学很"用功"，可是不会用思想。

轻转的关联词语中，"不过、只是"的转折意味更轻些，后面分句一般是对前面分句作追加说明，或修正解释，例如：

这正是一个廿年前的闰土，只是黄瘦些，颈子上没有银圈罢了。

这人很面熟，不过我一时记不起他的名字了。

表示让步的关联词语，有时可以用在后面的分句前。这种用法转折意味不重，也有追加说明的意思。例如：

今晚却很好,虽然月光还是淡淡的。

我答应了,尽管有些勉强。

转折关系的复句不用关联词语,采用意合法的如:

西瓜有这样危险的经历,我先前单知道它在水果店里出卖罢了。

(七) 因果复句

一个分句说明原因,另一个分句说明这个原因所产生的结果。这个结果可以是事实,也可以是说话人所作的论断。根据这,可把因果复句分为两类:

1. 说明因果

结果是已实现的事实。常用的关联词语是:

  因为……所以;

  由于、因为、因此、所以;

  之所以……是因为;

一般是表原因的分句在前,表结果的分句在后。例如:

因为马克思有了广博的多种知识作基础,所以他能筑起他的学术高塔。

单用的关联词语"由于"引出原因,"因此""因而"引出结果。例如:

由于全体指战员顽强战斗,一场大火很快被扑灭了。

歌声拖得很长很长,因此能听得很远很远。

有时为了突出原因,可以把表结果的分句放在前面,表原因的分句移到后面作为正句。例如:

以"惩前毖后,治病救人"为宗旨的整风运动之所以发生了很大效力,就是因为我们在这个运动中展开了正确的而不是歪曲的,认真的而不是敷衍的批评和自我批评。

还有一种说明因果的复句,着重是引出结果,关联词语用:

  以致、以至、以至于

例如:

道静的心突然被这种崇高而真挚的友情激动了,以致不能自抑地流下了眼泪。

他画得这样用心,以至于刮起大风也不理会。

2. 推论因果

一个分句提出既有事实,另一分句根据这一事实推论出结果。常用的关联词语是:

  既然(既)……就(便、那么)

例句如下:

既然没人敢偷王先生的,就该她一家倒霉。

我们既然是共产党员,那么,就应该站在斗争的最前列。

(八) 假设复句

一个分句提出假设,另一分句说明假设的情况实现后出现的结果。可分两种类型:

1. 假设和结果一致

假设的情况如果实现,则结果能够成立。常用的关联词语是:

　　　　如果（假如、假若、要是、倘若）
　　　　……就（那么、那、那就）
例句如下：
如果不凭借空气，鸟就永远不能飞到高空。
倘使我能够相信有所谓"在天之灵"，那自然可以得到更大的安慰。
要是知道自己懂得太少，那就要设法使自己懂得多一些。
有时，引出结果的关联词语"就、那、那么"可以单用。例如：
没有民主，就不会有真正的集中。
没有经验，就难免犯错误。
引出假设的关联词语"假如、要是"等单用时，后一分句一般须有"会、能"等能愿动词呼应。例如：
假如他的环境好一点或受点教育，他一定不会落在胶皮团里。
要让它待在那儿，会咬死蜜蜂的。

2. 假设和结果不一致

前面分句先承认某种假设的情况，后面分句却表示与假设实现后结果相反的情况。常用的关联词语是：

　　　　即使（就是、就算、哪怕、纵然）
　　　　……也（还、总、仍然）

例句如下：
即使活上一天，也胜过那浑浑噩噩的一百年。
就算是你们每个人能有两次生命，这对你们来说还是不够的。
这类假设复句前后语义也是转折的，但与转折复句有所不同：转折复句前后分句所说的事都是现实的，而假设复句前后分句所说的事一般是假设的。试比较：

即使下雪，他也要去。（下雪是虚拟的）
尽管下雪，他还要去。（下雪是现实）

假设复句不用关联词语，采用意合的如：
不是年轻人提醒我该走了，我还会欣赏下去的。

（九）条件复句

一个分句提出条件，另一分句说明在这条件下产生的结果。条件复句分以下几种类型：

1. 唯一条件

前面分句提出的条件是唯一的条件，如果缺少这个条件，就不能产生后面分句指出的结果。常用的关联词语是：

　　　　只有……才，除非……才

例句如下：
只有党的政策和策略全部走上正轨，中国革命才有胜利的可能。

除非是反革命文艺家，才有所谓人民是"天生愚蠢"的，革命群众是"专制暴徒"之类的描写。

以上两例前一分句所提出的唯一条件是通过排除其他条件来肯定和强调的。

2. 充分条件

前面分句提出的条件是充分条件，即有了这个条件会产生后一分句的结果，但是并不排除在别的条件下也会产生这样的结果。常用的关联词语是：

　　只要……就

例句如下：

只要这个好心的于勒一回来，我们的境况就不同了。

只要考察一下农村联产承包责任制后人们在才能的发挥方面所发生的巨大变化，就能明白这个道理。

3. 无条件式

前面分句先排除一切条件，后面分句表示在任何条件下都会产生相应结果。它具有条件不同而结果不变的特点。常用的关联词语是：

　　无论（不论、不管、任凭）

　　……都（总、还、也）

例句如下：

无论准确也好，鲜明、生动也好，就语言方面讲，字眼总要用得恰如其分。

不管人家对你们评价多么高，你们总要有勇气对自己说：我是个毫无知识的人。

不论他漂流到哪里，他总是怀念祖国。

"无论、不管、不论"后边的词语一般是不确定的，或用任指的疑问代词，或用可供选择的数项。如第二、第三个例句用了"多么""哪里"，第一个例句用了选择格式表示不确定。

用"除非、只要"等关联词语的表示条件的分句有时可以用在表示结果的分句后面，如：

我八点钟一定动身，除非临时有事。

我一定帮你的忙，只要我还在这里。

条件复句不用关联词语，采用意合的，如：

你再动动脑筋，答案能想出来。

（十）目的复句

一个分句说明目的，另一个分句说明为达到目的所采取的方法或措施，两句之间是行为和目的的关系。目的复句可分为两种，一种是表示要达到目的而采取的行动，通常用"为了、为了……起见、为了……就、以便"来表示，例如：

为了生产安全起见，她还是把心爱的辫子剪掉了。

为了正确处理好这种纠纷，就得研究一下法律。

另一种是表示要避免什么而采取的行动，一般以"以免、省得、免得"表示。例如：

请你把这本书捎给他,省得我再跑一趟。

旧车要检修好,以免路上出现故障。

思考和练习

一、汉语复句中各分句之间的联系是通过哪些手段表示的?举例说明。

二、关联词语有的是连词,有的是副词,说说它们在句子中的功能有何区别。

三、说明以下几组关联词语的区别。

① 不是……而是——不是……就是

② 不管……也——尽管……也

③ 虽然……还——即使……也

④ 既然……就——如果……就

四、下列句子,哪些是复句,哪些是单句?说出理由。

① 无论姥姥、母亲、父亲和我,都没人反对女孩子这个正义的要求。

② 在牧场边缘的山脚下,你随处都可以看见一个个洞穴,这就是旱獭居住的地方。

③ 这种新式喷雾器的投入使用,大大加快了喷药的进度。

④ 内当家走前几步,弯腰拾起水烟袋。

⑤ 只有在特殊情况下,才可以改变咱们的计划。

⑥ 金鹿儿征得大家同意后,优先照顾了这位军人。

⑦ 外面太阳很好,也没有风。

⑧ 据我看,在犯有严重错误的青年中间,多数人是能够教育好的。

⑨ 就是没有犯错误,而且工作有了很大成绩的人,也不要骄傲。

⑩ 天一黑,部队便往预定的潜伏地带移动。

五、承接关系的复句跟连动句有何区别?举例说明。

六、指出下列复句中各分句间的意义关系。

① 他给李江国吩咐了几句话,就带了五个战士向前爬去。

② 虚荣的人注视着自己的名字,光荣的人注视着祖国的事业。

③ 在这里,秋天不是人生易老的象征,而是繁荣昌盛的标志。

④ 这时候,光亮的不仅是太阳,云和海水,连我自己也成了光亮的了。

⑤ 与其说他们喝的是酒,不如说他们咽下的是泪。

⑥ 夜间火车一过,车站就和旁的地方一样,沉没在黑暗中了。

⑦ 有些人只会空想,不会做事。

⑧ 冰雪融化,草木萌发,各种花次第开放。

⑨ 你是牺牲不起呀,还是怎么的?

⑩ 古人尚且知道这种道理，难道我们还不如古人吗？
⑪ 我吃的是草，挤出来的是牛奶，血。
⑫ 倘要寻求这一次死伤者对于将来的意义，意义就在此罢。
⑬ 只要在什么时候再听到那歌声，那声音的影片便一幕幕放映起来。
⑭ 谎言不管重复多少遍，也不能成为事实。
⑮ 她全不理会那些事，只是直着眼睛和大家讲她自己日夜不忘的故事。
⑯ 我们既然解决了提高和普及的关系问题，则专门家和普及工作者的关系问题也就可以随着解决了。

第十节 复 句（二）

三、多重复句

（一）什么是多重复句

多重复句是由三个以上分句组成的、具有两个以上结构层次的复句，又叫多层复句。多重复句有二重的、三重的、四重的。例如：

① 他后来还托他的父亲带给我一包贝壳和几支很好看的鸟毛，‖（并列）② 我也曾送他一两次东西，｜（转折）③ 但从此没有再见面。

这个复句由三个分句组成，②③分句之间是第一层转折关系，①②分句之间是第二层并列关系，全句共两个层次，是二重复句。

① 虽然是满月，‖‖（转折）② 天上却有一层淡淡的云，‖（因果）③ 所以不能朗照，｜（转折）④ 但我以为这恰是到了好处。

这个复句由四个分句组成。分句①②③与分句④是转折关系，有关联词语"但"，是第一层；分句①②与分句③是因果关系，由关联词语"所以"表示，是第二层；分句①与分句②是转折关系，用关联词语"虽然……却"表示，是第三层。这是个三重复句。

① 人是生活在纪律里面的：｜（总分）② 守纪律，‖‖（假设）③ 无论做什么，‖‖‖（条件）④ 都有成功的可能；‖（并列）⑤ 不守纪律，‖‖（假设）⑥ 就必然要遭到损失和失败。

这个复句由六个分句组成。参照句中标点符号，第一层可切在①②分句之间的冒号处，是总分关系；第二层可切在④⑤分句之间的分号处，是并列关系；第三层可切在②③分句之间和⑤⑥分句之间，两处都是假设关系；第四层应切在③④分句之间，是条件关系。这是四重复句。

（二）多重复句的分析程序和方法

分析多重复句的第一步是透彻了解句意，确定句中各分句的界限，并在每个分句前标上数码；第二步是仔细辨析各个分句之间的意义关系，将其标示在分句之间；第三步是判定各分句的组合层次，用竖线将分句画开，如上述三例的分析。分析多重复句除了要着重辨析分句之间的意义关系之外，还应抓住关联词语，因为关联词语是显示分句之间意义关系的外部特征；其次，应充分重视分句之间的标点符号，因为这反映出了作者（或编者）对所写语句的结构上的理解。

分析多重复句除了用画出竖线的方法之外，也还可以采用框式图解法，以便在分析方法上和分析单句的层次分析法一脉相承，但应以画竖线法为主。框式图解法，如上述第三个例句可写为：

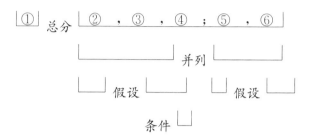

（三）多重复句分析示例

多重复句的分析，从理论上说并不困难。因为它和一般的复句（一重复句）并没有重大的差别，只是多几个层次而已。但是，要掌握好它，还需多通过实例的分析来练习和体会。下面再列举一些分析多重复句的实例，以供学习，以便从中得到启发。

① 阿Q后来虽然也有反抗和革命的要求，│ ② 但是，他因为受到"精神胜利法"这种思想的毒害，‖ ③ 不能清醒地认识自己被剥削和被压迫的现实。
　　　　　　　　　　　　　　　　　　　　转折　　　　　　　　　　　　因果

① 正因为雷锋的周身甚至每个细胞都浸透了这种情绪，‖ ② 所以能同几千年私有制度留下的旧思想、旧习惯决裂；│ ③ 这就使他有别于任何历史时代的任何阶级的英雄人物，‖ ④ 而成为我们这个时代的、我们无产阶级所拥有的真正的新人。
　　因果　　　　　　　　　　　　因果　　　　　　　　　　并列

① 有些人背上虽然没有包袱，‖ ② 有联系群众的长处，‖ ③ 但是不善于思索，‖ ④ 不愿用脑筋多想苦想，│ ⑤ 结果仍然做不成事业。
　　　　　　　　　　　　并列　　　　　　　　转折　　　　并列　　　　因果

① 吠儿狗如可宽容，‖ ② 别的狗也大可不必打了，│ ③ 因为它们虽然非常势利，‖ ④ 但究竟还有些像狼，‖ ⑤ 带有野性，‖ ⑥ 不至于如此骑墙。
　　　　　　假设　　　　　　　　　　　因果　　　转折　　　　并列　　因果

① 我们不需要死读硬记，│ ② 但是我们需要用基本事实来发展和增进每个学习者的思考力，‖ ③ 因为不把学到的全部知识融会贯通，‖ ④ 共产主义就会变成空中楼阁，‖ ⑤ 就会成为一块空招牌，‖ ⑥ 共产主义者也只会是一些吹牛家。
　　　　　　转折　　　　　因果　　　　　　　假设　　　　并列　　　　并列

四、紧缩句

（一）什么是紧缩句

紧缩句是用单句的形式表达复句内容的一种特殊的语言结构。它的谓语是一个用关

联词语构成的固定格式,关联的两部分具有复句所含的逻辑意义关系。例如:

① 他只要一有空,就拿起书本。(条件复句)
② 他一有空就拿起书本。(紧缩句)
③ 如果你不愿意,你就别勉强。(假设复句)
④ 你不愿意别勉强。(紧缩句)

例①③是复句。例②④是紧缩句,由相应的复句紧缩而来,形式变得像单句:分句之间不再有语音停顿,书面上表现为没有逗号或分号;句中某些成分或部分关联词语被简缩。但在意义上,谓语中仍包含着原有复句的逻辑关系。如例①紧缩成例②,取消了标志停顿的逗号,简缩了关联词语"只要",但仍然包含"条件——结果"的逻辑意义关系;例③紧缩为例④,取消了停顿,简缩了关联词语"如果……就"和第二分句的主语"你",但仍然包含"假设——结果"的逻辑意义关系。

由于紧缩句结构紧凑而表意丰富,口语中运用较多。它体现了现代汉语简洁的特点。

与单句比较,紧缩句尽管形式上像单句,但它表达复句的内容,不止一个谓语,又有复句的标志——关联词语,因此紧缩句不属单句。一般认为它是一种形式特殊的复句。

(二) 紧缩句的固定格式

紧缩句的谓语部分表达各种逻辑关系是采用某些固定格式的,这些固定格式由成套的副词组成,常见的有:

"一……就"。例如:

每天一下班就睡大觉。(表示顺承关系。)相当于"紧接着"。
我一有机会就去找他。(表示条件关系。)相当于"只要……就"。

"再……也"。例如:

再穷也别干那些丢人现眼的事。(表示假设关系。)相当于"即使……也"。

"非……不"。例如:

他呀非专车来接不去的。(表示假设关系。)相当于"如果不……就不"。

"不……也"。例如:

我不说你也知道。(表示假设关系。)相当于"即使……也"。

"不……不"。例如:

不到黄河心不死。(表示假设关系。)相当于"如果……就"。

"越……越"。例如:

越不让笑越笑。(表示条件关系。)

有的紧缩句不使用成套的关联词语,只用一个副词。常见的有:也、就、才、都。例如:

打死我也不说。(假设关系)
你去我也去。(顺向的假设关系)
你说什么我也不信。(条件关系)

有个事儿就好歹先混着吧。(条件关系)

谁想说谁就说。(假设关系)

让你说你就说嘛!(推论因果关系)

下了班就回家。(承接关系)

组织起来才有力量。(条件关系)

说什么都不信。(条件关系)

少数紧缩句可以不出现关联词语,采用意合。例如:

搬得不快打嘴巴。(假设关系)

她有本事让她另过日子去!(因果关系)

多重复句也有可能紧缩成紧缩句。例如:

你爱信不信。

(意思是:如果你爱信,你就信;如果你不爱信,你就不信。紧缩前这是个二重复句)

紧缩句的形式如果充当谓语以外的句法成分就不再是紧缩句,而是一种特殊的短语。例如:

我觉得就是粉身碎骨也难报答党的恩情。

充当宾语的是个紧缩短语。

五、复句常见的语病

运用复句,要注意三个方面:各分句间在意义上应有紧密联系,分句的次序应合乎事理,关联词语要运用得当。检查复句的语病也可从这三个方面进行:

(一) 分句间在意义上缺乏联系

① 实现中国式现代化,要有安定团结的局面,然而也需要有强壮的身体。

② 忘我的工作精神和青春的活力来源于献身祖国的崇高理想,伟大的毅力产生伟大的目标,这是我们这一代先进青年的鲜明特征。

例①"然而"后分句的内容与前句不相干,不能构成转折关系。可改为:"……要有安定团结的局面,也需要和平的国际环境。"例②的第一、二分句与第三分句在意义上的联系不明显,可改为:"胸怀献身祖国的崇高理想,充满青春的活力和巨大的毅力,富有忘我的工作精神,这是我们这一代先进青年的鲜明标志。"

(二) 分句的次序不对,层次不清

③ 本品容易受潮,用后盖紧,防止结块,并放在干燥处。

④ 这一点一滴的煤等等,并没有什么大不了的事情,不过,要是不注意,我国有十四亿多人口,都不理会这一星半点,加起来可是个惊人的数字。

例③分句次序的安排违反事理承接的顺序,应该是:因为"容易受潮",所以要"用后盖紧""并放在干燥处",目的是"防止结块"。因而可以改为"本品容易受潮,用后盖紧,并放在干燥处,以防结块"。例④叙述重复,层次混乱。可改为:"这一点煤,好像并没有什么大不了的,不过要是我国十四亿多人口都不理会这一星半点,加起来可是个惊人的数字。"

（三）关联词语使用不当

大致有：关联词语错用，关联词语残缺，关联词语滥用。

⑤ 他跑得是那样认真，虽然速度快，但轻松自如，几乎听不到脚步落地的声音。

⑥ 培养一代新风，不只是学校的事，而是整个社会的事，必须动员社会各方面的力量。

⑦ 即使你出发点是好的，就不能不考虑客观效果。

例⑤关联词语"虽然……但"用得不对。"速度快"与"轻松自如"之间转折意较勉强，应是并列关系或递进关系。可改成："不但速度快，而且轻松自如"。例⑥"不只是……而是"不能配套。原句语意是递进关系，因此应把"而是"改为"而且是"。例⑦"即使……就"不能配套，原句语意是逆向的假设，所以可把"就"改成"也"。

⑧ 有些炎症，西药能治，中药照样能治。不仅中药能与一般抗菌素媲美，而且副作用小，成本也较低。

⑨ 临行前，一面张强忙着收拾东西，一面嘱咐妻子要照顾好父母和孩子，别惦记他。

例⑧中的"不仅"，例⑨中的"一面"放错了位置。递进关系或并列关系的分句，当主语相同时，关联词语应放在主语后，如主语不同时，关联词语应放在主语前。因此，例⑧的"不仅"应移到"中药"后，例⑨的"一面"应移到"张强"后。

⑩ 李老师工作积极认真，关心同学，但原则性强，所以同学们都尊敬他。

⑪ 登上海南岛，首先引起我注意的是高大的椰子树，而且这以后当我了解了它的用途，我便深深爱上了它。

例⑩⑪都有滥用关联词语的毛病。例⑩中的"但"是强加的，可删去，因为分句间没有转折语意。例⑪"而且"前后的分句并不是语意的推进，而是时间的顺连，因此可以把"而且"删去。

⑫ 水渠修成了，老天不下雨，我们有水来灌田。

⑬ 他开始教中学语文课的时候，虽然遇到了很多困难，苦干了几个月，终于摸到了一些门路。

例⑫⑬都有关联词语残缺的毛病。例⑫的二、三分句有假设关系，但由于缺少必要的关联词语，致使关系不清楚。可在二、三分句前加上"即使……也"。例⑬的第一分句与二、三分句有转折关系，但由于缺少一个与"虽然"呼应的关联词语，关系不能明确表示。可在第二分句前加上"但是"。

思考和练习

一、分析下列多重复句。

① 假使有一知半解的人，并无数学知识，而根据书上这一段或那一段妄肆批评或者驳斥我的著作，我不但不预备答复他们，而且还要轻视这样的无知的见解。

② 成绩能够鼓励人，同时会使人骄傲；错误使人倒霉，使人着急，是个敌人，同时也是我们很好的教员。

③ 说自己心服口服，他们不乐意，说不服气吧，多不合适，只好笑笑。

④ 一个人能力很强，可是他干劲不足，不负责任，结果工作效率很低；有的人尽管能力较低，可是他奋发努力，紧张工作，不断总结经验，结果，工作效率反倒超过了能力强的人。

⑤ 如果只站在水边，先是一阵子呆看，再发一阵子空想，即使能够想出一大堆"道理"来，自己还是不会游泳，对于别的游泳的人也没有好处。

⑥ 我离开仙台之后，就多年没有照过相，又因为状况也无聊，说起来无非使他失望，便连信也怕敢写了。

⑦ 虾是水世界里的呆子，决不惮用了自己的两个钳捧着钩尖送到嘴里去的，所以不到半天便可以钓到一大碗。

⑧ 如果不管自己有没有值得写出来的东西，也不努力使自己的思想明确化，条理化，只是硬着头皮写下去，而且写出来就要发表，这种连作者自己也不知道说些什么的文章，只能使人看着头痛，看罢后悔，是毫无可取之处的。

⑨ 社会上的事物与道理，天天前进，过去读的，不够今天用，今天读的，到明天又不一定适合，自以为够了，就得落伍。

⑩ 如果他们不能事先看到，那他们就只会跟着时间迁流，虽然也努力工作，却不能取得胜利，反而有使革命受到损害的危险。

二、将下面的紧缩句恢复成一般复句，并指出分句之间的意义关系。

① 有票才能进去。

② 老师一讲就明白。

③ 狐狸再狡猾也斗不过好猎手哇。

④ 这个问题我怎么想也想不通。

⑤ 一听到批评就跳起来。

⑥ 说干就真干。

⑦ 我换上衣裳就走。

三、将下面的复句压成紧缩句。

① 只要想起来，就感到害怕。

② 如果不成功，就决不罢休。

③ 无论谁走过，都会停住脚步。

④ 不管多么困难，也要完成任务。

四、下列句子在关联词语等方面有没有错误？

① 这种加重自行车很受山区农民的欢迎，因此，厂里又千方百计改进了电

镀和喷漆工艺。

② 对你的这项改革，厂里的领导不但支持，工人们也支持。

③ 大杨村地处山区，不管今年入春以来滴雨未下，还是按期完成了春播计划。

④ 李红那篇文章昨天已经写好了，所以她今天把它交了上去。

⑤ 不管自然条件极端不利，杨树还是顽强地活着。

⑥ 只有不断地探索，人类就会揭露更多的宇宙奥秘。

⑦ 他由于对这种工作很有经验，可是做起来并不顺手。

⑧ 由于小林没有很好地深入调查，凭主观想象加写了一些不恰当的情节，反而大大减弱了文章的思想高度。

⑨ 如果转变了作风，各项工作都有了显著的改进。

五、指出下列复句中的语病，并加以修改。

① 我虽然下决心要学好数学，成绩总是提不高，老师也经常给我个别辅导。

② 我几次看到他走进这所中学，我才知道他是这所中学的教师。

③ 不管工作这样忙，这样累，不管家务这样烦，这样重，她却从不间断自修药物学。

④ 新中国成立后，他继续从事新闻工作，在隆隆的炮声中随军进入上海，创办上海《解放日报》，当第一任社长，以后多年当《人民日报》社长。

⑤ 这篇文章不仅表达了中日人民之间的友好情谊，而且藤野先生作为一位踏实而渊博的学者，作为一位严格而又亲切的老师，在青年鲁迅的心目中留下了十分深刻的印象。

⑥ 月光银纱似的笼罩着大地，晚风轻轻吹来，树枝摇曳着，伴着月光，发出沙沙的响声。

⑦ 我们坐在课堂里学习，明天就要到祖国最需要的地方去干革命，向知识的海洋进军，为了把学到的本领用在明天的建设中。

第十一节 句　群

一、句群的特点

句群又叫句组。两个或两个以上的句子（单句或复句）在意义上彼此紧密相连，前后衔接连贯，构成一个有明晰中心意思的语言单位，就是句群。一个句群表述人们思想中一个连贯的有一个中心意思的思想片段。它体现思维过程中一个相对完整的推理过程。

例句1　① 谁是我们最可爱的人呢？② 我们的部队，我们的战士，我感到他们是最可爱的人。

例句2　① 我这时突然感到一种异样的感觉，觉得他满身灰尘的后影，霎时高大了，而且愈走愈大，须仰视才见。② 而且他对于我，渐渐地又几乎变成一种威压，甚而至于要榨出皮袍下面藏着的"小"来。

例句3　① 正确的观点是从哪里来的呢？② 是从客观实际中来的。③ 我们在研究任何一个问题的时候，都要从客观存在着的事物出发，详细地占有材料，在马克思主义的基本原理的指导下，给以科学的分析，然后才能在这个问题上形成正确的观点。④ 因此，我们要把正确的观点传达出来，也是离不开材料的。

从以上三例可以看出句群有三个特点：

第一，句群至少包括两个句子。即至少有两个句调，在书面上表现为至少有两个句末标点符号。如例句1这个句群由两个单句组成；例句2由两个复句组成；例句3由四个句子组成，其中①②是单句，③④是复句。

第二，几个句子在意义上有密切的联系，有一个明晰的表达中心。如例句1是说明战士是我们最可爱的人；例句2表达了"我"的一种感受；例句3是说明正确的观点是从客观实际中来的道理。

第三，句子排列顺序和关联词语是组合句群的两大手段。如例句1句子的组合靠排列顺序：先问后答；例句2两个复句间有表递进关系的关联词语"而且"；例句3第一句与第二句的组合是靠句子的排列顺序，一问一答，第三句与第四句之间用关联词语"因此"连接。

句群是比复句高一层级的语言使用单位，它们之间的区别主要表现在：复句只能有一个统一的语调，只能有一个句末标点（句号、感叹号或问号等）；而句群，由几个句子组成就有几个句调和句末标点。复句各分句的意义联系比较紧密，关联词语常常成对使用，前后呼应；句群内的各句间意义联系不如复句紧密，往往只用单个的关联词语，关联词语后一般有短暂的停顿，有时在书面上用逗号隔开。当然，这些差别不是绝对的，有时复句可以改变成句群，句群也可以改变成复句。例如：

他到哪个组，哪个组的产品就增产，而且一倍两倍地往上翻，大家很快就都富起来了。

这是一个复句，但若把"往上翻"后的逗号改为句号，就成了句群。

句群和段落也不同。段落（文章中的自然段）可以是一个句子，也可以是一个句群，甚至可以是若干个句群的组合。它们的关系是：

第一，段落等于句群。例如：

① 不过仍旧回到风景罢；在这里，人依然是"风景"的构成者，没有了人，还有什么可以称道的？② 再者，如果不是内心生活极其充实的人作为这里的主宰，那又有什么值得怀念？

这是一个自然段。只含一个句群，由两个复句组成，围绕一个明晰的中心意义：精神生活充实的人是风景的构成者。

第二，段落大于句群。例如：

① 朋友，天山的丰美景物何止这些，天山绵延几千里，不论高山、深谷，不论草原、森林，不论溪流、湖泊，处处有丰饶的物产，处处有奇丽的美景，你要我说可真说

不完。② 如果哪一天你有豪情去游天山，临行前别忘了通知我一声，也许我能给你当一个不很出色的向导。③ 不过当向导在我只是一个漂亮的借口，其实我私心里很想找个机会去重游天山。

这是一个自然段，由三个复句组成，其中②③句组成一个句群，用"不过"关联。段落大于句群，这是较普遍的情况。

第三，段落小于句群。例如：

吃人的是我哥哥！

我是吃人的人的兄弟！

我自己被人吃了，可仍然是吃人的人的兄弟！

这是鲁迅《狂人日记》中的话，是三个自然段，但却只是一个句群，中心意思是痛斥封建礼教"吃人"的罪恶。这种段落小于句群的情况是很少见的。

二、句群的辨析

进行句群分析，对于了解文章的内部结构和思想内容都是很有必要的。因为一个句群可能是一段中的一个层次，也可能是一个段落。分清句群，整个段落的结构、层次自然就明确了。这对于理解文章的思想内容无疑有不可忽视的作用。

辨认句群，首先要弄清楚一个段落里有几个句子，哪些是单句，哪些是复句，再看句子与句子之间是否有意义上、语法上的联系。意义上，句群应有一个明晰的中心话题，几个句子围绕这个中心话题进行叙述、议论或说明。由于话题是一个，组成句群的句子中常出现共用的词语，这就像链条把几个句子组成一个整体。语法上，句群的句子之间常有关联词语出现，关联词语是句子之间意义联系的语法标志。此外，还有一些帮助识别句群的方法，如对话式的一问一答往往是句群；某些排比句是句群；某些代词能把前后句子联系成句群。

以下是句群分析示例：

① 四点半之后，当晨光初显的时候，水门汀路上和巷子里，已被这些赤脚的乡下姑娘挤满了。② 她们有的在水龙头旁边舀水，有的用断了齿的木梳梳掉紧粘在头发里的棉絮，有的两个一组两个一组地用扁担抬着平满的马桶，吆喝着从人们身边擦过。③ 带工老板或者打杂的拿着一沓沓的名册，懒散地站在正门出口——好像火车站检票处一般的木栅子前面。④ 楼下的那些席子、破被之类收拾了之后，晚上倒挂在墙壁上的两张饭桌放下来了。⑤ 十几只碗、一把竹筷，胡乱地放在桌上，轮值烧稀饭的就将一洋铅桶浆糊一般的薄粥放在饭桌中央。⑥ 她们的伙食是两粥一饭，早晚吃粥，午饭由老板差人给她们送进工厂。⑦ 所谓粥，是用乡下人用来喂猪的豆腐渣加上很少的碎米、锅巴等煮成的。⑧ 粥菜？这是不可能有的。⑨ 有几个"慈祥"的老板到菜场去收集一些菜叶，用盐一浸，这就是她们难得的佳肴。

这个自然段有九个句子。①②两句组成一个句群，中心话题是：乡下姑娘起床后的活动。③句写带工老板和打杂的，是个相对独立的复句。④⑤两句组成一个句群，话题是饭桌，说明吃饭环境恶劣。⑥⑦句构成一个句群，话题是"粥"，说明饭食粗劣。⑧⑨

句组成一个句群，话题是"粥菜"，写包身工根本吃不上菜。全段由四个句群和一个复句组成，分别有五个话题。这些话题合起来构成段落大意：写包身工恶劣的生活条件。

三、句群的类型

句群中句子之间的意义关系大致与复句相同。根据这可以把句群分为并列句群、承接句群、选择句群、递进句群、解释句群、转折句群、因果句群、假设句群、条件句群，此外，常见的还有目的句群。

（一）并列句群

① 像这样的教师，我们怎么会不喜欢她，并且愿意和她亲近呢？② 我们见了她不由得就围上去。③ 即使她写字的时候，我们也默默地看着她，连她握铅笔的姿势都急于模仿。

这个句群三个句子地位是平等的：三句从三个角度讲孩子们对女教师的喜爱与崇敬。这是个并列关系的句群。

（二）承接句群

① 他头枕着磅秤的底盘，和衣睡下，底盘上垫着麻袋和他的包头巾。② 他掏出他那杆一巴掌长的旱烟袋，点着一锅旱烟，香喷喷地吸着，独自笑眯眯地说："这好地方嘛，又清静，又宽敞。"

这个句群的两个句子叙述先后发生的两组动作：①句是安排地铺，②句是点烟、吸烟、自言自语。这是个承接关系的句群。

（三）选择句群

① 最可怜的是我的大哥，他也是人，何以毫不害怕；而且合伙吃我呢？② 还是历来惯了不以为非呢？③ 还是丧了良心，明知故犯呢？

这个句群三句是三个提问，有"或此或彼"的选择关系，用关联词语"……还是……还是"标志。这是个选择关系的句群。

（四）递进句群

① 大理的花又多又好。② 尤其是茶花，如果说云南茶花甲天下，那么，大理茶花就该是盖云南了。

这个句群两个句子之间是递进的，②句在语义上进了一层，用"尤其是"连接，是递进关系的句群。

（五）解释句群

① 这样的哭最使老妇人又伤心又害怕。② 伤心的是一声就像一针，一针针刺着自己的心。③ 害怕的是单墙薄壁，左邻右舍留心一听就会起疑念。

这个句群后两句分别解释前一句，用重复词"伤心、害怕"来作关联。这是解释关系的句群。

（六）转折句群

① 蚕宝宝都上山了，老通宝他们还是捏着一把汗。② 他们钱都花光了，精力也绞尽了，可是有没有报酬呢，到此时还没有把握。③ 虽则如此，他们还是硬着头皮去干。

这个句群第③句用"虽则如此"与前面连接，转变了语气。是转折关系句群。

（七）因果句群

① 为什么做实际工作的同志应当尽可能把经验总结写成文章呢？② 除了要把经验告诉别人以外，还因为写文章的方法有助于更好地总结经验，以至使经验上升到理论的高度。

这个句群中两句一问一答，是因果关系，标志是关联词语"还因为"。这是个因果句群。

（八）假设句群

① 你对于那个问题不能解决吗？② 那么，你就去调查那个问题的现状和它的历史吧。

这个句群①句与②句是假设关系，用关联词语"那么……就"作为标志。这是个假设关系的句群。

（九）条件句群

① 对于担负指导工作的人来说，有计划地抓住几个城市、几个乡村，用马克思主义的基本观点，即阶级分析的方法，作几次周密的调查，乃是了解情况的最基本的方法。② 只有这样，才能使我们具有对中国社会问题的最基础的知识。

这个句群中第②句"只有这样，才能"表示条件与结果的关系，"这样"是指代①句的内容。可见，这是个条件关系的句群。

（十）目的句群

① 我们大家辛辛苦苦为的是什么？② 就为的一个心愿：要把死的变成活的；把臭的变成香的；把丑的变成美的；把痛苦变成欢乐；把生活变成座大花园。

这个句群第②句说明行为的目的是什么，用"为的是什么……为的"把两句连了起来。这是目的关系的句群。

思考和练习

一、下列这段话是文章中的一个自然段。试辨认段落中有几个句群。

① 想和做怎样才能联结起来呢？② 我们常常听说"从实际出发"这句话，这就是想和做联结起来的一条路。③ 想的时候要从实际出发，就不能空想，必须去接近实际。④ 怎样才能够接近实际？⑤ 当然要观察。⑥ 光靠观察还不够，还得有行动。⑦ 举个例子来说，人怎样才会游泳呢？⑧ 光靠观察各种物体在水中沉浮的现象，光看鱼类和水禽类的动作，那是不够的，一定要自己跳下水去实验，一次，两次，十次，几十次的实验，才学会了游泳。⑨ 如果只站在水边，先是一阵子呆看，再发一阵子空想，即使能想出一大堆道理来，自己还是不会游泳，对于别的游泳的人也没有好处。⑩ 这样空想出来的道理其实并不算什么道理，真正的道理是实际行动中取得的经验，再根据经验想出来的。⑪ 而且想出来的道理到底对不对，还得拿行动来证明：行得通的就是对的，行不通的就是错的。

二、分析下列句群中句子之间的意义关系。

① 我写包票！船又大；迅哥儿向来不乱跑；我们又都是识水性的！

② 母亲送出来吩咐"要小心"的时候，我们已经点开船，在桥石上一磕，退后几尺，即又上前出了桥。于是驶起两支橹，一支两人，一里一换，有说有笑，有嚷的，夹着潺潺的船头激水的声音，在左右都是碧绿的豆麦田地的河流中，飞一般径向赵庄前进了。

③ 也有一些恒星非常小，有的比地球还小。可是这种星星的物质，密度特别大。火柴头那么大的一点点就抵得上十多个成年人的重量。用白金造成同样大的一个球，重量才抵得上它的二百万分之一。

④ 我因为听说中国人是很敬重鬼的，所以很担心，怕你不肯解剖尸体。现在总算放心了，没有这回事。

⑤ 我不知道为什么家里的人要将我送进书塾里去了，而且还是全城中称为最严厉的书塾。也许是因为拔何首乌毁了泥墙罢，也许是因为将砖头抛到间壁的梁家去了罢，也许是因为站在石井栏上跳了下来罢，……都无从知道。

三、指出下列句群中的错误，并作修改。

① 戚继光是我国历史上的民族英雄。他父亲戚景通在他小时候很钟爱他，可是家教很严。因此，戚继光长大后能够成为一名震惊中外的军事帅才。

② 逐步缩小脑力劳动和体力劳动的差别，是我们长远的方针。而且，我们绝不能用限制知识分子继续提高科学文化水平的方法，来缩小这种差别。

③ 人们都在谈论电影《少年犯》，说它真实感人。最近一个时期，出现了不少关于失足青少年的电影、电视剧，让人们有了比较、品味的余地。我看了《少年犯》，却有些失望。

④ 近年来，随着现代化进程的加快，知识和人才受到了重视。但令人担心的是，我们写字写得越来越难看，有越来越多的字写不出来，我认为这种现象应引起高度重视。

第五章 修辞

第一节 修辞概说

一、修辞和修辞学

修辞就是在切合表达的题旨和情景的前提下，修饰文字、词句和调配、运用各种表达方式，以便用最佳的语言加工形式去获得最佳的语言表达效果。所谓修饰文字、词句，是从表达得好的角度出发，对文章或讲话进行修改和润饰，包括改正讹误、删除繁芜、反复锤炼词语、选择句式……使语言表达得准确、鲜明、流畅。这是修辞的最基本的要求，属一般性修辞。所谓运用各种表达方式，就是将现成的语言材料，从表达得好的角度出发，巧加调配，形成各种辞格，以取得最佳效果。这是更进一步的修辞，属积极修辞。它的目标是要挖掘出语言材料在表达上的潜力，通过调配之后，把这种表达上的潜力发挥出来，例如"脸、纸、白"这些词本身都是平淡无奇的，可是加进一个喻词、调配成一个比喻："脸像纸一样白"，表达效果就大不相同了。积极修辞的内容主要是讲各种辞格、辞格的调配方法和运用辞格的技巧。

无论是一般修辞还是积极修辞都必须遵循一个原则，这就是要表达得好必须切合表达的题旨和情景。如果不顾及所要表达的内容和表达时的种种具体情形，那么评价语言表达的优劣也就失去了客观标准。大致可以说，一般修辞贯彻这一原则时侧重于使语言表达去适应题旨，确切、明白地使语言表达形式和所表达的内容相互适合，易于直接从形式理解其内容，不包含许多言外之意；积极修辞贯彻这一原则时侧重于切合情景，人们要结合表达时的种种具体的情景（包括语境）去理解所表达的内容，去领会言外之意、言外之情。理解时不能单看字面，照直解释。同时，语言的应用不妨合理地偏离语言规范和习惯，在超乎常规的语言表达中产生新异情趣。从这两个方面贯彻修辞的原则，并着意地修饰和调配语言材料，就有可能获得对表达来说是最佳的语言加工形式和最佳的语言表达效果了。

研究修辞的学问叫修辞学，它是语言学中的一个应用性学科，是研究修辞的原则、方法、技巧和规律的科学。不但积极修辞中有修辞的方法、辞格应用的技巧和构造的规律等问题，在一般修辞中也有规律可循，因为要把文字词句修饰好，就不能不探讨修饰的方法和技巧以及语言表达的规律问题。研究修辞的原则、方法、技巧和规律，也都是为了使语言表达得准确、鲜明、生动，取得好的表达效果。

可以这样通俗地认为：语法学管语言表达得对不对，逻辑学管语言表达得通不通，修辞学则管语言表达得好不好。要表达得好，第一个要求就是应使语言表达得准确。例如："孩子长大，倘无才能，可寻点小事过活，万不可去做文学家或美术家。"这样表达就不准确，后来，作者修改时加进了一个定语，改为"万不可去做空头文学家或美术家"，这样一改，表达就十分准确，而且意味深长了。第二要表达得清晰而鲜明。例如："周总理那十分熟悉的面影立即跃入了我的眼帘。"其中"熟悉的面影"就表达得不够明晰、感情倾向也不鲜明，后来，作者改为"慈祥的面容"，这才明白而鲜明了。第三要表达得生动而形象。例如："她们摇的小船飞快。小船活像离开了水面、一条打跳的梭鱼。她们从小跟小船打交道，驶起来就像织布穿梭、缝衣透针一般快。"这里描述小船驶得飞快，用了比喻和夸张的辞格，表达得十分生动而又形象化，取得了很好的效果。

二、修辞和语音、词汇、语法的关系

修辞所用的材料是语言，离开这些材料，修辞就无从依存。语言及其各个构成部分都和修辞有直接的关系，修辞是从表达的角度去研究如何利用语音、词汇和语法各方面的材料的。要利用它，就需先熟悉它，所以掌握语音、词汇、语法各方面的知识，是修辞的基础。

（一）修辞和语音的关系

从修辞的角度看，语音是待选择、待调配的材料。选择、调配得当，一方面可以给语言表达带来好的音响效果，读起来玲玲盈耳，无佶屈聱牙之病，有声入心通之妙，从而增强语言的感染力和表现力。这方面可加选择、调配得如诗歌的押韵、词语的音节、音律上的节拍、抑扬的声调以及谐音、叠音、叠韵等，都能够因巧加利用而为语言表达形式配上好的谐和的声响，取得富有音乐美的表达效果。另一方面，也可以利用语音材料来构成一些特殊的表达方式。虽然，语音本身并不含有意义，但是，通过语音相同或相近的谐音材料可以引起表意上的混淆，从而构成双关、歇后、飞白等辞格。

所以，无论从一般修辞还是积极修辞的角度看，语言表达效果的优劣都和语音有直接的关系。

（二）修辞和词汇的关系

从修辞的角度看，词汇作为表情达意的材料和修辞的关系最为直接，也最为有用。无论是一般修辞还是积极修辞，时时处处都离不开对词语的应用。例如，为了表达得好，需要炼字、炼词、选择同义词、反义词、褒义词、贬义词和各种不同结构、不同来源的词语，而汉语中丰富的词汇材料为修辞的选词择语提供了最大的可能性和方便的条件。同时，对词语巧加调配和灵活地运用，可以形成多种多样的辞格。例如：转类、易色、降用、仿拟、拈连、移就、通感、借代、比拟、比喻、夸张、双关、婉曲、精警、反复、顶真、衬托等，这些辞格或者是超常规地巧用词语而成的，或者是从语义表达上调配词语而成的。

所以，讲修辞就离不开研究如何利用词语材料和词的意义要素，一方面要注意词语的规范用法，以使其应合题旨，表达得准确；另一方面还要探索合理偏离规范的超常规的用法，使其适合情景，在与字面意义不甚相谐的配合中，用出新意，增加情趣，从而获得生动而形象的表达效果。由此可见，词汇和修辞的关系最为密切，它是形成各种辞格和语言表达形式的主要材料或依托。

（三）修辞和语法的关系

从修辞的角度看，掌握语法规律、熟悉语法知识，对于遣词造句，为思想内容寻找最适合的语言表达形式，是至关紧要的。语法也为表达提供了各种结构类型的选择余地。不同的句式和句类在表情达意上各有特殊的效用，这就为修辞提供了根据题旨内容自由选配、运用各种句式、句类的可能。例如，以一些句子结构模式为框架，填入不同的语言材料，就可以形成对偶、排比、回环等辞格，使语言表达形式获得对称、匀称之美；以一些句类模式为框架，改换不同的语气，又可以形成设问、反问等辞格，使语言表达产生起伏、语势得到增强，取得更好的效果。所以，修辞和语法的关系也十分密切，要使语言表达得好，就不能不讲究语法。

三、修辞和语体

修辞应当覆盖各种语体的作品，以一切种类的作品为自己分析研究的材料。所以，修辞不能脱离开语体来进行，也不能离开语体来研究。

语体是为适应不同的社会交际的需要而形成的语言体式。人们在社会中生活和工作各有不同的活动领域，进行交际就有不同的交际内容。为了适应这种不同的交际需要，语言的应用情况也就各不相同，从而就形成了不同的语言体式。语体一般可大致分为四种：

（一）公文语体

适合于公文和从事事务性活动的领域，它要求语言表达明确、简洁，并合乎一定的表达规格或程式。修辞上要求的是切合题旨，有什么说什么，不需要应用各种积极修辞的辞格，风格上的特点是质朴无华、严谨平实。

（二）政论语体

适合于从事社会政治活动的领域，它要求语言表达具有鼓动性、议论性、逻辑性。词语材料的应用，十分广泛。修辞上主要要求所论能切合题旨，表达得准确、鲜明；也可以使用辞格来表达，常见的如比喻、夸张、反语、对比、对偶、排比、层递、设问、反问、引用等。风格上的特点是严肃、严谨。

（三）文艺语体

适合于文学、艺术活动的领域，是一种大的、内部复杂的语体，至少可再分为互不相同的三类：散文体、韵文体、戏剧体。文艺语体要求语言表达生动、形象和有感染力；词语的应用十分丰富纷繁，几乎不受限制；修辞上侧重于切合情景，可广泛应用各种辞格，以提高表情达意的效果。风格上的特点，散文体繁富藻丽，韵文体含蓄，戏剧体明快。

（四）科学语体

适合于科学和技术的活动领域，它要求语言表达精确、严密，不事华饰。常应用科技术语、国际通用词语和外来词（常用音译词），也多用公式符号代替语言的叙述。修辞上侧重于切合题旨，求取准确的语言表达形式。文艺语体中常使用的大部分辞格在这里均受到限制，很少使用。主要用到的是引用、设问、层递等少数辞格。风格上的特点是精确、严谨。

这四大类语体对语言表达的要求各有不同，无论是词语和句式的选择，还是辞格的应用，都各有特点。因此，修辞首先要针对不同的语体采取不同的方式，才能切合题旨和情景，取得最佳表达效果。

思考和练习

一、什么是一般修辞？什么是积极修辞？

二、修辞的语言表达最重要的原则是什么？

三、语言表达效果要怎样才算好？

四、修辞和语音、词汇、语法有什么关系？

五、什么是语体？语体和修辞有什么关系？

六、下面一封请假条曾在语文学界引起争议，有的说写得很好，有的说写得不好，你认为好不好，好在何处？不好在何处？

校长先生：

  我惭愧地提起笔，写信给您。昨天，当我放学回家的时候，本来烈日当空，不料走到中途，突然却下了一场大雨，我不能及时走避，给雨水把我淋得浑身湿透。回家以后，就觉得有点儿冷，妈说我着了凉。吃过晚饭，我开始咳嗽了，医生说我患了流行性感冒，要好好地休息。

  我知道这一次的病是由于抵抗力太弱引来的，我后悔平日没有听从老师的指导，好好锻炼身体。今天，我暂时不能到学校来上课了。希望过两天之后，我能够痊愈，就回校补课。而且，今后我要更认真地做早操了。现在，妈叫我向学校请假两天，希望您能够给我批准。

学生×××谨上　×月×日

第二节　语音的调整

语音是语言的物质外壳，它对于语言表达的优劣有直接的关系。因此，研究语音的调配，充分发掘语音材料对意义内容的表现潜力，就具有重要的价值。从语音上讲究语言表达形式、表达效果的修辞可称为"语音修辞"。

一、押韵

押韵是将韵母相同或相近的字有规则地配置到诗文中，以造成前呼后应的音韵和谐，出现一种富有感染力的音韵上的回环美，以增进表达效果。押韵也叫叶韵，合辙，它能够使诗文在音响上凝成为一个和谐的整体，能使诗句系于韵而不纷乱。押韵"有如鼓点，它可以使诗的音节更加响亮，增加读者听觉上的美感"。例如：

> 这才叫风流，这才叫风流，
> 敢于和严峻的命运殊死搏斗！
> 这才叫风流，这才叫风流，
> 在历史长河上驾起时代飞舟！
> 在枪口下揭穿造神者的阴谋，
> 把一腔滚烫的血洒在荒丘；
> 在棍棒下祭奠好总理的英灵；
> 让无数洁白的花开在胸口！
> ……………
> 性能还不稳定的新歼击机，我去试飞，
> 烟云尚未散的核试验场，我去研究。
> 像雷锋那样热爱平凡的工作岗位，
> 不管到哪里，都是一列车头；
> 像焦裕禄那样关心灾民的柴米油盐，
> 纵然死了，也要浩气长留！
> "数风流人物，还看今朝"，
> 今朝，就是实现理想的战斗！

以上诗句押 ou 韵母。

散文中有的也押韵，例如：

伟大的胜利，朝思暮想的胜利，怎能不使人心花怒放，喜泪盈眶，怎能不使人欢腾跳跃地涌上长安街，涌向天安门，纵情欢呼，放声歌唱！

上例押 ang 韵母。

小说也有不少精彩的片段是押韵的，例如：

暮春之夜，风很轻柔，空气温馨，月牙儿低低垂挂在天角林梢，池塘清水如镜，闪烁着亮晶晶的繁星。田野上的小苗正悄悄地生长，村里村外的花树趁夜间竞相开放。连他身边的野花，也绽开了米粒大的花蕾，开出了点点小花装点这天上人间的春景。

这里的"馨、镜、星、景"押韵（in 和 ing 通押）。

此外，流传在口头的谚语多数也押韵，以便传播，例如：

快马不用鞭催，响鼓不用重槌。（——ui）

救了落水狗，回头咬一口。（——ou）

活着为人民，生命值千金；活着为个人，不如一根针。（"民、金、人、针"通押）

如果一心想那个"发"（财），而忘记了那个"法"（律），那迟早会有那个"罚"（款）。

以上各例，由于用了韵，同韵成分回环呼应，形成了一股浓厚的韵味，增强了语音上的感染力，表达效果就和散文、散句大不相同。

二、音节的调配

现代汉语的语词以双音节和单音节为主，多音节的词语也往往可以分成或单或双两段来读，在语言表达上一般要求均匀、对称地配合音节，这样易收朗朗上口和语音谐和的效果。

① 蓝色的天空，富饶的大地，金黄色的麦浪，灿烂的花朵……祖国美丽的春天。

② 您的力量，可以摧毁魔窟；您的笔虽然纤细，可以力敌千军。

③ 如此这般，天上地下，冠冕堂皇，外加庸俗低级，真真假假，拉拉扯扯，笑笑骂骂……

④ 他们觉得，日子美得很。一间小屋，足以安身；两身布衣，足以御寒；三餐粗饭，足以充饥。这就够了。

以上各例都是双音节词语匀称相配。如果例①说成"蓝色的天"，那么接着就应是"富饶的地"，以满足匀称相配的要求；如果例②说成"可以毁魔窟"，后面也就该是"可以敌千军"了，如此等等。又如：

⑤ 爱就是爱，一个轴，两个轮，天涯海角不分开；不爱就是不爱，两座山，有界线，千年万载不碰头。

⑥ "您在村里，论年龄是老长辈，论种地是老把式，论成分是老贫农，我从心里尊敬您。""可我的孙子不尊敬我，说我是老封建，老顽固，老自私，老糊涂……"他老泪花花地望着我十分委屈。

⑦ 她又像当年子弟兵在羊角垴住的时候那样，把那些编辑、记者、美术员、摄影师、校对员、译电员……的被窝褥子、枕巾裆裤，一个房间挨着一个房间，该拆的拆、该洗的洗、该补的补，忙得个不亦乐乎。

例⑤"一个轴，两个轮""两座山，有界线"，例⑥"老长辈、老把式、老贫农""老封建、老顽固、老自私、老糊涂"，音节上也都是匀称相配；例⑦列举的"编辑、记者""美术员、摄影师"有的双音节，有的三音节匀称相配；"被窝褥子、枕巾裆裤"是双音节相配；"拆、洗、补"是单音节相配。音节量虽然有多少不同，但都不是孤立的，仍是均匀的、对称的配合。

音节配合如果不匀称，就需作出调整，如：

⑧ 我们有预算，学生缴纳的费恰抵平时的开支。

⑨ 那车夫摊开手心接受钱。

这两例音节配合不匀称，例⑧作者后来改"缴纳的费"为"缴费"，就是单音词相配了；如果改成"学生缴纳的学费恰能抵偿平时的开支"，那就是双音节相配了；例⑨作者改"接受钱"为"接钱"，如果不改"接受"，就需改为"车钱"，改单音相配为双音相配。

所以，音节的调整就是要避免出现词语挂零即孤立使用的现象。"缴费"或"缴纳学费"、"接钱"或"接受车钱"，是动宾之间的匀称配合，以上各例中列举性的词语，那是并列成分之间的匀称相配。在语言表达中，不管什么结构关系，也不管是韵文或散文，都需要调配音节量，使之配合得均匀而对称，才能取得语音谐和、朗朗上口的效果。

三、节拍的调配

两种不同的单位有规律地交替出现，就会形成节奏。体现节奏的每个段落就是节拍。每个节拍在时间上是等长的，形式上则是相异的。我国古代律诗就是利用两类相异的字声：平声和仄声（上声、去声、入声）构成平声节拍和仄声节拍有规律地交叉配合而形成抑扬有序的节奏的。例如：

　　葡萄_{平拍}/美酒_{仄拍}/夜光_{平拍}/杯（平拍）
　　欲饮_{仄拍}/琵琶_{平拍}/马上_{仄拍}/催（平拍）
　　醉卧_{仄拍}/沙场_{平拍}/君莫_{仄拍}/笑（仄拍）
　　古来_{平拍}/征战_{仄拍}/几人_{平拍}/回（平拍）

诗中每句七字，分成四个节拍（句末为单音节拍），每拍时间等长，平仄节拍交错出现，从而形成了以平仄为主体现诗句的节奏，读起来就能明显地感受到音调上的抑扬之美。

我国现代新诗摆脱了平仄格律的约束，所以又叫自由诗。诗句的节拍不依赖平仄，于是只能以音节的数量来构成节拍，每拍的字数可以有多有少，在语音上的久暂则相同。例如：

　　杜甫川/唱来/柳林铺/笑，
　　红旗/飘飘/把手/招。
　　白羊肚/手巾/红腰/带，
　　亲人们/迎过/延河/来。

这段诗每句四个节拍，应用了三字节拍、两字节拍和单字节拍，诗句中大致做到长短节拍交错出现，从而增加了语音上的节奏感。又如：

　　远远的/街灯/明了，
　　好像是/闪着/无数的/明星。
　　天上的/明星/现了，
　　好像是/点着/无数的/街灯。

这段诗的诗句以三个节拍和四个节拍交错，诗句内又以三字节拍和两字节拍交错，长短错落，配成一个诗段，结构比较严整，节奏感也更加鲜明了。由于有了这一种节拍的讲究，诗歌的表达效果就得到了提高。

四、摹声

摹声是摹写外界的声音，通过巧用摹声词，以声达意，来获取好的语言表达效果。例如：

① 她们轻轻划着船，船两旁的水，哗，哗，哗。……
后面大船来得飞快。那明明白白是鬼子。这几个青年妇女咬紧牙，制止住心跳，摇

橹的手并没有慌，水在两旁大声地哗哗，哗哗，哗哗哗！

② 大院里灯火照耀，客厅里叽叽嘎嘎响着一阵男男女女的说笑声，留声机吱吨吱吨地唱着各种洋腔怪调，厨房里刀勺盘碗叮当乱响，大院四角的炮楼上噼噼啪啪响着鞭炮。

例①通过水声摹声词，写出了青年妇女去探望亲人的内心兴奋情绪，和遇到鬼子船时镇定沉着、动作舒缓、神态自然的情景；例②通过一连串的摹声词极写大黑山屯地主金老歪讲究排场、吃喝玩乐的场面。

摹声可以渲染环境气氛，衬托人物的心情；可以揭示人物的心理，借以突出人物性格。例如茅盾的《戽水》，运用摹声词，形象地再现了1934年夏秋江南大旱的情况：

春末夏初，稻场上（鸡）啾啾啾的乱跑，全不过拳头大小，浑身还是绒毛，……然而等不到它们"喔喔"啼的时候，村里人就带上它们上镇里去换钱来买米。

这长长的水车的行列，不分昼夜，在那里咕噜咕噜地叫。而这叫声，又可分做三个不同的时期：

最初那五六天，水车就像精壮的小伙子似的，它那"杭育、杭育"的喊声里带点儿轻松的笑意。……辘辘地从上滚下去的叶子板格格地憨笑似的一边跟小河亲一下嘴，一边就喝了满满的一口，即刻又辘辘辘地上去了，……

叶子板很费力似的喀喀地滚响，滚到这瘦的小河里，抢夺了半口水，有时半口还不到，再喀喀地挣扎着上来，……

这样过了两天，水车……叶子板因为是三节了，滚得更加慢，更加吃力，轧轧的响声也是干燥的，听了叫人牙齿发酸。……轧轧轧，喀喀喀，远远近近的无数水车愤怒地悲哀地喊着。

"啾啾啾"的小鸡便被卖掉，足见当时农村的贫苦程度。水车"咕噜咕噜"叫，说明小河尚有水，而叶子板的"格格"，到"喀喀"，到"轧轧"声，说明小河的水已经"戽"不上来，抗旱已无望，荒灾是难免的了。

五、飞白

飞白是为了表达得逼真、传神而有意仿效一些意料不到的语音错误。"白"是读错或写错，"飞"是突然的意外的意思。在日常生活中有时会出现一些绝妙的语文错误，听之使人感到一种异趣，将其写入文中，就会使文章生色，取得很好的表达效果。例如：

玉莲听不懂什么叫持久战，她悄悄向金香问道："金香，顾县长说的是什么'战'呀？""你真是个笨蛋！连个'吃酒战'也不知道。"金香自以为是地说道："就是喝醉酒打架嘛！喝了酒打人最厉害了，我后爹喝醉酒，打起我妈来没轻没重。"

这个例子写抗日根据地两个农村姑娘听不懂县长关于"持久战"的报告，在底下说的一段对话。其中金香自以为是，把"持久战"理解成"吃酒战"，然后联系到自己的继父喝醉酒打她妈的事，用以说明"吃酒战"最厉害的道理。作者（马烽）将错就错把它写入文中，顿使这一段文章活了，读之令人叫绝。

"飞白"这一辞格大致可分"记录的"和"援用的"两种，并以写语音上的错误为主。在实例中先记录后援用的很多，难于辨明来源。又如：

二人正说着，只见湘云走来，笑道："爱哥哥、林姐姐，你们天天一处玩，我好容易来了，也不理我一理儿。"黛玉笑道："偏是咬舌子爱说话，连个'二'哥哥也叫不上来，只是'爱'哥哥'爱'哥哥的。回来赶围棋儿，又该你闹幺'爱'三了。"宝玉笑道："你学惯了，明儿连你还咬起来呢"。

以上可见，"飞白"这种表达方式，只要运用得当，可使文辞增加异彩，取得意外的表达效果。

思考和练习

一、什么是押韵？押韵有什么作用？

二、什么是现代汉语的节拍？

三、试以下列例句说明调整音节的作用：

A ｛桌子倒时一定发重大的声音，……
　　桌子倒时一定发出重大的声音，……

B ｛那车夫摊开手心接受钱，……
　　那车夫摊开手心接钱，……

四、平仄的调配在表达上有什么作用？

五、什么是摹声，它在表达上有什么作用？

六、什么是飞白，它在表达上有什么作用？

七、你能否用摹声、飞白的表达方式造句？请各造一例。

八、利用语音材料来改善语言表达效果的叫作语音修辞，除了本节讲的以外，你能否再补充一些关于语音修辞的内容？

第三节　词语的选择和调配

语言要表达得好，必须重视词语的选择和词语的调配。《文心雕龙》"章句"篇就提出了"缀字连篇，必须拣择"的主张。历来的作家十分重视词语的选择，茅盾说："从事写作的首要条件当然是善于用字。思想、情绪、形象，都要靠确当的字来表达和描写。用错了字，便会'词不达意'，乃至与本意相反，……所谓'炼字'，这一层功夫实在永无止境，而与一个作家的写作活动相始终。"词语选择也就是古人说的"炼字""炼词"，锤炼字词或选择词语的基本要求是表达上的准确、鲜明和生动。

词语的调配是为了求取较好的表达效果组合出较好的表达形式。从表达的角度看，不囿于用词的习惯，去探索异于常规的，甚至在一定条件下是偏离了规范的词语搭配方式，可以在这种看似不甚协调的词语组合中，表达出新意，产生出语言的情趣，获得更佳的表达效果。例如"科员了一辈子"这就是异于常规的组合，"爱唠叨的笔"这也是偏离规范的词语搭配，但是在这些例句中，如"在他心的深处，他似乎很怕变成张大哥第二——'科员'了一辈子，以至对自己的事都一点也不敢豪横"（老舍）、"整整写了二十年，练就了我这管爱唠叨的笔。真是积习难改，拿起笔，就扭开了龙头，水荷荷地流个不停"（巴金），这种看似不当的搭配方式不但能站得住脚，而且搭配出了新意和情趣，表达效果显然是好的。

词语的选择其实就是修饰文字、锤炼词语；词语的调配就是利用原有的词语配合出新的表达方式，这两个方面的修辞可称为"词语修辞"。

一、词语的选择

（一）准确

选词表意准确是语言表达的基本要求之一。要做到这一点就必须辨析词义的异同，选好同义词语和同义的表达形式。例如：

我从东长安街向天安门广场走去，未进入广场就望见纪念碑。它像顶天立地的巨人一样矗立在广场南部，和天安门遥遥相对，在远处就可以看到毛主席亲笔题的"人民英雄永垂不朽"八个金色大字。我越过广场，踏着橘黄色花岗岩石道，徐徐走到纪念碑台阶前，从近处仔细瞻仰纪念碑。

上面的"望见""看到""瞻仰"一组同义词，确切地记述了"我"的视距由远及近地"看"纪念碑的感受，并将此感受感染给了读者。又如：

这就是白杨树，西北极普通的一种树，然而决不是平凡的树。

这一组同义词都有"一般"的意思，但"平凡"的对面是"非凡、出色、伟大"，作者在"平凡"前用了一个否定词，就使白杨树具有了超乎一般的含义了。

在《子夜》里，茅盾描述"笑"用了许多细微差别的同义词如：微笑、佯笑、冷笑、狂笑、哗笑、娇笑、浪笑、狞笑、哄笑、干笑、苦笑、艳笑、软笑、匿笑、暗笑、怪笑等，在具体语境下就使笑态可掬、情感逼真、形象突出，给人以一种艺术美的享受。

此外，从作家自己的改笔中也可以看到为求表达得准确而选择同义形式、修饰文字词语的情况。

风吹过来，觉得身上很冷。

这是叶圣陶《潘先生在难中》的话，写的是夏天的晨风，表达得不准。作者后来改"冷"为"凉"，就很恰当了。

说到这里，他才放开了紧握不放的李四光的手掌。

这是徐迟《地质之光》中的话。后来改为"他才放开了紧握着的李四光的手"，这就表达得更加准确了，因为一般不说"握手掌"的。

三十年代之初，有一个在初中毕业以后就失了学，失了学就完全自学的青年数学家，寄出了一篇代数方程解法的文章，给了熊庆来。

这是徐迟《哥德巴赫猜想》中的话，后来把"青年数学家"改为"青年人"，就准确了。因为这个青年人成为数学家是后来的事。

（二）鲜明

选词表意要鲜明，这也是语言表达的基本要求之一。

鲜明，首先就是要把意思、态度等表达得清楚明白，不含糊其辞。

一些年轻女郎受歌词艳色的感动，几天里跟了人家逃往别处去的已有三四个。

这是《倪焕之》中的话，后来改"跟了人家"为"跟着汉子"，这样，表意就清楚明白了。

两点钟以后，他同李毅公在市街上了。

这也见于《倪焕之》，"两点钟"一般指下午两点（即十四点钟），不是计算多少时间的，后来作者改为"两个钟头以后"，表意就明白了。

他们见到了陈景润的论文立即停止印刷，并在这部书里加添了一章，第十一章："陈氏定理"。

这是《哥德巴赫猜想》里的话，后来作者把"停止印刷"改为"要求暂不付印"这一同义表达形式，使表达更加清楚明白了。

她就是七十六岁的康有为的女儿。

江苏和浙江的部分地区发了大水。

这是表意不清楚、有歧义的两句话。第一句可以理解为康有为七十六岁，也可理解为他的女儿七十六岁；第二句可以理解为两个省的部分地区，也可理解为江苏全省和浙江的部分地区。这样的句子就需注意避免。

其次，在说话时还要注意把自己的主观态度和感情色彩表达清楚。例如：

我是不想上这些诱杀手段的当的。

这见于鲁迅的《坟》，原写成"诱杀方法"，改成"手段"就写出了作者对此含有贬斥的态度和感情色彩，表达得就更鲜明了。

不过盛光斗等人特别小心，只拉可靠的农民加入，防备混进敌人的眼线，反倒坏事。

这见于杨朔的《大旗》，原写为"只拉可靠的农民入伙"，"入伙"易被理解为加入不正当的社团帮派，改了以后，色彩褒贬就鲜明了。

这正是那长着胡子的，今天黎明时分自动带了六只木船来的老水手，现在他牺牲了。

这见于刘白羽的《火光在前》，原为"现在他死了"，改了以后，作者对这位老水手为革命战争而死的态度、感情倾向就很鲜明了。

武震一到桥头，先听见一片人声，连哭带叫地从桥南头滚过来，转眼就有无数朝鲜人从烟火里涌出来。

这见于杨朔的《三千里江山》，"连哭带叫"原为"鬼哭狼嚎"，这是贬斥的用语，改了以后所表达的感情和态度才鲜明而妥当了。

(三) **生动**

在表意准确、鲜明的基础上，进一步的要求是语言生动。当然，这主要是就文艺语体而言的，公文语体和科技语体就不宜以生动性来要求。要使语言生动，在选择词语时要选好一些关键性词语，主要是表示动作、性状的词语；同时，也要依靠一些辞格的选用。例如：

① 火更大了，烟子弥漫着房间，通红的火舌快要舐着楼板了。

② 这只能说是命运的安排，谁能想到在她生活的路上会跳出一个傅家杰来？他要结婚，她怎么能拒绝他呢？

③ 老放牧员说："你要是教得我那小孙孙能看这么厚的书本本子，也不负咱们穷哥们在草场上滚出来的交情……"

④（不管）发生了什么纠纷磨擦，她拿出当大姐的权威，先把事态平息下来。然后召开班务会，民主一番，谁对谁不对，当面吵清，决不马虎了事。

以上各例都是写得生动的，主要靠选好了动词。例①用了一个"舐"字，形容火焰快要烧着楼板好像是舌头要舐着楼板了，十分生动和形象；例②用了一个"跳"字，好像傅家杰是预先埋伏在陆文婷大夫的生活道路上的，现在突然跳了出来，跳得十分生动有趣；例③用了一个"滚"字，生动形象地表达出了牧马人和老放牧员是在草场上连爬带滚的共同劳动中和斗争风雨中建立起交情来的；例④用了一个"吵"字，写出了这批女兵解决纠纷的特殊方式，即她们是在吵吵闹闹的吵嘴形式中闹清是非的，这就表达得十分生动，使人感到如见其人、如闻其声了。

二、词语的调配

词语的调配主要指词语的超常规配合，就是合乎情理地偏离语言规范和习惯去配合词语，去切合表达的情景、语境，这样，可以借情景、语境的帮助和支持而用出新意、表达出情趣，形成一些特定的表达方式或辞格。

（一）转类

词有定类，但在特定的语境下可以活用，即由这类词转为那类词来使用，以取得新颖活泼的表达效果。例如：

① 这个连长太"军阀"了！年纪不大，脾气可不小！

② 这天塌下来，有我朱老忠接着。朱老忠穷了一辈子倒是真的，可是志气了一辈子。

③ 快嘴二婶隔玻璃看了个仔细，拍着手嚷起来：罢、罢、罢！算把祖奶奶瞒了个严实！这实心柄啥时长下窟窿来？闹半天，人家"自由"上了。

例①是名词转作形容词用，意为像军阀一样霸道；例②是名词转为形容词用，意为有志气了一辈子；例③是形容词转为动词用，意为自由恋爱、自己找了对象了。

这种转类用词，不但文字简洁，而且能给人以幽默风趣的感受，语言表达的效果比按惯例用词显然要好些。

（二）降用

降用是将常用于重大或庄严场合的词语活用来表达日常生活方面的内容，使词语降格使用，和语境两不协调，从而产生出诙谐有趣的表达效果。例如：

① 任大爷三天没出工，对于刘家贩生产队的"内阁危机"简直是火上浇油。

这是写任大爷不肯出任队长，在家装病，使生产队出现了"内阁危机"了。"内阁危机"原用于国家政府机构，这里却用于一个生产队选不出队长，是"大词小用"了，使人感到十分显眼、觉其不甚协调，而正是在这不协调之中，横生意趣。又如：

② 过了几天，他居然独个人住到庙里去了。庙就是他从前恋爱的"发祥"的那只庙，可不在山里，在那小小的乡镇。

③ 章先生的身体比我高大，我怕他梦中转身，"牵动全局"，也许要把铁床翻倒，所以让他睡在下层，我睡在上层。

例②用了"发祥"，指的只是个人的开始谈恋爱的地方，这"发祥"是大词小用了。例③"牵动全局"常用来指影响一个国家、部门或单位的整体的事，这里也是降格使用了。

（三）易色

在一定的语境条件下变易词语的感情色彩，使褒义词贬用或贬义词褒用，以取得诙谐的表达效果，这种表达方式叫易色。例如：

① 是的，他过去确有不止一桩事叫人哭笑不得。就是犯纪律，也比别人更富有创造性。

这例中用"创造性"说明犯纪律犯得与众不同，褒义词用出了贬斥的色彩，增加了语言的风趣。又如：

② 我们全党全民要把这个雄心壮志牢固地树立起来，扭着不放，"顽固"一点，毫不动摇。

③ 小张飞快地从老李挎包中搜出了糖果、花生等物，往桌上一摊，开始给大家"分赃"。

例②"顽固"是贬义词用成了褒义，用出了坚定不移的意义色彩；例③"分赃"是盗贼分赃物的意思，这里却失去了贬义色彩。

（四）移就

移就是在描写事物性状时把本来不适用于该事物的词语移用到该事物上的表达方式。例如：

① 暖融融的阳光，照着神秘的战场和愉快的脸膛，照着粗壮而严肃的大炮和精干而调皮的机关枪。

这例中"严肃""精干而调皮"本是不适合于描写大炮、机关枪的，这些只是人对它们的主观印象而已。然而这里采用移花接木的方法，把人的主观印象移至于物，并用它来描述物的性状了。再如：

② 母亲不由得向后挪动一步，身上立时起了一层寒冷的鸡皮疙瘩，手在神经质地颤抖。

③ 走吧，烽烟遍地，大半个中国，放不下一张平静的书桌。

④ 陈伊玲以她灿烂的音色和深沉的理解惊动四座。

例②"寒冷的"是人而不是"鸡皮疙瘩"；例③书桌无所谓平静与否，不能平静的是战火中的国家；④灿烂的不是音色，而是舞台表演。这些都是由于把人对事物等的情感移到了事物身上，因此也可叫作"移情"。

（五）拈连

拈连是利用上下文的联系，顺势把用于写甲事物的词语连用到乙事物上去。由于与乙事物的配合是异于常规的，因而使人感到异样，并在异样的感受中产生新意。例如：

① 我娘家姓赵，我小名叫二鳗，出嫁了，把名字也嫁掉了。

这例中，"把名字嫁掉了"是据上文的人出嫁而顺势连下来的。在旧社会，女人出嫁后，常以夫姓加自己的姓，再加"氏"字（如张王氏）为名，原来的名字会被人遗忘掉，所以，"把名字嫁掉了"的说法看似异样，却颇有风趣。再如：

② 哼！你别看我耳朵聋——可我的心并不聋啊！

③ 蜜蜂是在酿蜜，又是在酿造生活；不是为自己，而是为人类酿造最甜的生活。

④ 绕到乙君的寓所前，便打门，打出了一个小使来，说乙君出去了。

例②顺势从耳朵聋连用到心不聋；例③由酿蜜连用到酿造生活；④ 由打门连用到打出小使来。这种词语之间的异样的搭配，孤立起来是不通的，但是因有上文的支持，是顺着语势而连用的，所以虽然配合异样，仍是可以理解的，而且感到话说得十分风趣。

拈连与移就不大容易区分，其区别在于：移就的词语是表示情状的修饰语，结构上组成定中短语；拈连的词语主要是动作性词语，结构上多为动宾短语或主谓短语。

（六）仿拟

仿拟是根据表达的需要，以原有词语为模式，临时更换一个语素，配出一个新词语来。例如：

① 穆拉吉丁眉头拧成一个疙瘩，眼睛里只剩下眼白，他本来以为就任政治指导员以后，可以用一部分口力劳动去代替脑力劳动。

这例中临时仿造出"口力劳动"与"脑力劳动"并用，使文字增加了一些新意和风趣。再如：

② 我心想，大不了你当家长，我当副家长，叫人笑我气管炎（妻管严）。

③ 人们有的低声哭泣，有的大声骂："什么高主任、矮主任、长主任、短主任，简直是法西斯。"

例②由"家长"顺口连出个"副家长"，是临时仿拟的；例③由实指的高主任，随口说出了短、长、矮的主任。

仿拟在语言表达上也能带来一些新意，使语言活泼有趣。仿造的词语是临时性配合，仅供一用，它要依赖于语境才能存在，是不见于词典的词语。

思考和练习

一、什么是词语的选择和词语的调配？

二、词语选择的标准有哪些？用这些标准来衡量自己的一篇作文，看看有哪些地方应当修改。

三、常见的词语调配方式有哪些？你说话、写文章时用过哪几种？

四、将下列各句中加点的词语改成适当的词语。

① 肉铺的横竿上挂着剃得很白净的两爿猪。

②他又问:"可是,你知道这春风是从哪里刮来的吗?"我摇摇头,觉得他的问题提得有些奇怪。

③周恩来同志出席了八点钟的集会,他的声调,永远是乐观、明确而有力的,是推动人们向前看朝前去的声音。

④鲁大海:凤儿,你不要看这样威武的房子,哼,这都是矿上压死的苦工人。

五、下列各句使用的是哪种词语调配方式?
1. 大风摇撼着帐篷,也摇撼着牧人的心。
2. 夜间我伏在南关招待所上院的砖花墙上,贪婪地享受着延安的夜景美。
3. 但愿他对着不眠的灯,想到我这颗失眠的心。
4. 有一户时常打常规战争的家庭,两口子突然和睦起来了。
5. 后来这终于从浅闺传进深闺里去了。
6. 老大在闹革命那几年,"自由"下一个婆姨,一个孩子如今也满院跑了。

六、试用转类、降用、易色、移就、拈连、仿拟六种词语调配方式各造一个例句。

第四节 句子的选择和组合

"文似看山不喜平",语言的表达也要防止呆板单调,遣词造句的句式应富于变化,汉语中多种多样的句子结构模式正为句式的选用和变换提供了条件。例如:

想象力比知识更重要。

知识重要,想象力更重要。

想象力比知识更重要吗?

把想象力放在比知识更重要的地位上。

难道想象力比知识更重要?

想象力被认为比知识更重要。

谁不认为想象力比知识更重要?

以上七个句子表达的意思基本相同,但有细微差别。第一、二句是陈述句(分别是单句、复句),第三句是一般疑问句,而第五、七句则是反问句,第四、六句分别是把字句、被字句。选用哪一种句子要根据语境和上下文的要求来确定。正如叶圣陶说的:"修词(辞)的工夫所担当的就是要一句话不只是写下来就算,还要成为表达意思的最适合的一句话。"句子选得恰当,意思确切,文通句顺,就能增强语言的表达效果,反之,就要影响表达效果。古人有所谓"百炼成字,千炼成句"的说法,并要求"句之警人",应"新而妥,奇而确"。可见,选择句子是说写的一个关键阶段。

句式选择包括许多方面:

一、长句和短句

句子的长和短是就句子的外部形式而言的。长句，通常指形体较长，结构比较复杂。形体长，是指包含的词语较多；结构复杂，是指分句多，修饰语多，联合成分多或复指成分多。例如：

① 他现在51岁，刚刚提升为环境保护机构的主任，……他是为数不多的年富力强、又红又专、现被上级了解赏识、被群众信赖拥戴、官而不僚、专而不僻、走红运而不被嫉妒的前途无量的人才之一。

② 不论是风雨阴晴，不论是春夏秋冬，你都会看到老阮头那弯弓一样的身影，在车间，在仓库，在马路上转悠，每一寸木材，每一根铁钉，每一片破布，每一滴机油，他都小心地积攒起来。

例①中"人才之一"前有个很长的修饰语组，成了长句。例②"看到"后有个较长的宾语。用不用长句要视内容需要与否。如需表达周密精确的内容，论证或阐发复杂的事理，常用长句。如：

③ 蜜蜂的复眼因为具有特殊的结构，能够看到太阳偏正光的振动方向，而这种方向与太阳的位置有确定的关系，所以蜜蜂能够随时辨别太阳的方位，确定自己的运动方向，准确无误地找到蜜源或回窠。

"因为""所以"是因果关系，"原因"里又有一个因果关系，全句构成二重因果复句。"果"的部分又由三个并列成分组成，句子就变长了。这种长、复杂而又清楚的句子给读者以清晰感觉。

有许多句子因为要说的事情多，只好分开来说，但又是一个整体，不便拆开，也就成了长句。例如：

④ （官倒）它使国家计划控制下的物资、资金流转改变正常流向，破坏了有计划商品经济的计划性特征，破坏了由市场（而不是由权力）调节流通的商品经济内在机制，由此产生的商品流通恶性循环，造成生产环节萎缩，消费环节负担加重，分配环节出现严重不平衡，以致扩大了总供需失衡的矛盾，人为造成物价恶性膨胀。

例④是剖析"官倒"的恶劣作用，两个"破坏"造成了四方面的严重后果。因与果，合理合情，全段一百二十多个字。

和长句相对的是短句。短句形体短，结构简单，词语较少。口号、号召性的句子都是短句，剧本、演说、对话、表演用的曲艺、诗词、儿童作品、寓言等多用短句。例如：

⑤ 钱三强生于1913年，湖州人。父亲钱玄同，是一位提倡科学和民主的文学家。钱三强是约里奥-居里夫妇的高才生。

⑥ 秋收，秋耕，秋种，都要忙完了。

⑦ 中国人民从此站起来了！

⑧ "金鸡"即将报晓，"百花"含苞待放。

例⑤是叙述性单句，生年、父亲、老师，叙述十分简洁。例⑥由三个有停顿的名词作主语。例⑦是呼告性的单句。例⑧是报纸标题，由两个短句组成，十分醒目。短句的特点是简短、明快、有力。

短句常用非主谓句。如：

⑩ 练防累，练扣球更苦。挽臂重扣，狠狠地、一捶，一捶，又一捶，一百，二百，三百。……砰！砰！砰！……训练大厅宽大的房顶和空荡的四壁在回响着。

⑪ "哈！这模样了！胡子这么长！"一种尖利的怪声突然大叫起来。

⑫ 啊！好一派迷人的秋色！

"砰！""哈！""啊！"全是非主谓句，表现声音、情绪。

有的文章以长句为主，有的则以短句为主，这里除了语体因素以外，还有作者的风格因素。例如王蒙的《说客盈门》短句多，看下面例子：

⑬ 有的带着礼物：从花鱼到臭豆腐。有的带着许诺：从三间北房到一辆凤凰——18锰钢自行车。有的带着威胁——从说丁一自我孤立到说丁一绝无好下场。有的从维护党的威信——第一把手的面子出发。有的从忧虑丁一的安全、前途和家属的命运出发。有的……有的……

在《围墙》里类似的并列成分的内容却写成了长句：

⑭ 白墙、黑瓦、宝蓝色的漏窗泛出晶莹的光辉，里面的灯光从漏窗中透出来，那光线也变得绿莹莹的。轻风吹来，树枝摇曳，灯光闪烁变幻，好像有一个童话般的世界深藏在围墙的里面。抬起头来从墙顶上往里看，可以看到主建筑黑色屋顶翘在夜空里，围墙也变得不像墙了，它带着和主建筑相似的风格进入了整体结构。附近的马路也变样了，好像是到了什么风景区或文化宫的入口。

《说客盈门》说的是各类"说客"。这部分都用短句，以此说明众多的说客的各异姿态，深化了主题。在《围墙》里，用了长句，从光线效果看，从围墙同树枝的关系看，从外往里看，从围墙往马路看，上上下下，内内外外，内容多而复杂，作者用长句排列，很清晰。所以，在文章中，也不是一律用长句或一律用短句，应据表达需要来定。

为了使形式和内容协调，常常需要调整句子长短。调整的方法，可以是长句变短句：将修饰语中去掉些次要词语，或将修饰语移在句首（或句末），或改成并列结构，或造成省略几个成分的省略句；短句变长句，多数是为了使容量增加、逻辑更严密，可以将修饰语添加在词语上，用关联词将几个成分连起来成为复句。总之，句子长短的调整，要在写作实践中根据表达需要进行，不可乱改。

二、整句和散句

句子的整和散是就句子的结构形式而言的。整句一般指句子内部包含的几个部分结构相同、相似，比较整齐。例如：

① 这紫颜色，是一簇紫玫瑰；红颜色的，是一串耀眼的红玛瑙；粉红的，是六月里的荷花；黄的，是白云镶上了金边。

② 共产党员应是实事求是的模范，又是具有远见卓识的模范。因为只有实事求是，才能完成确定的任务；只有远见卓识，才能不失前进的方向。

例①通过三个并列的比喻性分句来描述云彩的绚丽多姿，句子结构整齐；例②解释实事求是和远见卓识，句子结构相似，层次分明。

散句是指句子结构各不相同，句式灵活多变、长短错落的一组句子。例如：

③ 远处的树，近处的草，那湿漉漉的衣服，那双紧闭的眼睛……一切都像整个草地一样，雾蒙蒙的；只有那只手是清晰的，它高高地擎着，像一只路标，笔直地指着长征部队前进的方向……

④ 我对建筑是外行，可我总觉得原来的围墙和我们单位的性质不协调，就等于巧裁缝披了件破大褂，而且没有钉纽扣。

例③开头四句以后，都是结构各异的、长短错落的散句。例④四个分句句式不一、结构不同，共同叙述对"围墙"的意见，是散句。

整句、散句与长句、短句一样，在文章中总是交叉运用的。例如：

⑤ 我是种过田的，懂得怎样利用这方大院子，便把碎砖头，小瓦砾统统挑出去，留下大的砌了个鸡坿，腾出来的地皮东面种番茄，西面种辣椒，当中种黄豆，白杨树下种丝瓜。

先是散句（"我是种过田的……砌了个鸡坿"），接着是整句："东面种番茄，西面种辣椒，当中种黄豆，白杨树下种丝瓜"，音节匀称。"散"了"整"，便形成了波澜。

⑥ 有的石头像莲花瓣，有的像象头，有的像老人，有的像卧虎，有的错落成桥，有的兀立为柱，有的侧身探海，有的怒目相向。

八个分句，每四句是一组，属"整句"，与另一组"整句"来说，却又有不同，即两组内部是"整"，两组之间是"散"。

三、主动句和被动句

在动词谓语句中，有主动和被动两种句式。主语是动作发出者，是主动句；主语是动作的对象，就是被动句。例如："孩子打碎了这个杯子""孩子把这个杯子打碎了"，都是主动句；"这个杯子被孩子打碎了"，就是被动句。一般说话、写作，主要应用的都是主动句。表达中应使主动和被动的句式各适其位，配合得宜，不出现任意使用被动句的毛病。

被动句的应用大致可概括出如下几个条件：

（一）突出被动者

例如：

果实累累，树枝都被压弯了，有的竟然被压断了。

可就这么个光荣的红管家，也被撵出来了。

本来还是闭着眼睛的吴老太爷被二小姐身上的香气一刺激，便睁开眼来看一下，颤着声慢慢地说。

（二）强调某种感情，叙述不愉快的事情

例如：

A. 甫志高出卖了她。

B. 她被甫志高出卖了。

主动句是陈述语气，被动句突出"她"的遭遇。使用被动句，能获得同情，激起人们对叛徒的憎恶感。下边的二例都是因强调而使用被动句的：

然而，这么一个灶间，陶老头引为自豪的灶间，却被拆掉了。

两条腿好像被积雪吸住了，足足有千斤重。

(三) 为了使句子结构匀称

例如：

鲁迅有一句名言：谣言世家的子弟是以谣言杀人，也以谣言被杀的。

当我被侵略者的子弹打中以后，希望你不要在我的尸体面前停留……

第一个例句的"谣言杀人"与"以谣言被杀"互相对照，音节匀称。第二个例句"我"与"你"对应，"我"处理为被动者。

(四) 为了使句子简洁、紧凑、文气连贯

例如：

她慢慢理好了柔长的头发，被抬走了。

我们自己有很多好东西被我们的条条框框给扼杀了。

从前她双颊上的红晕被一层病态的苍白所代替。

第一个例句是个承接复句，如果第二分句改成"士兵抬走了她"，则文气不够连贯。第二、第三个例句是"被……给"和"被……所"的被动句式，表现丰富、结构简洁。

四、肯定句和否定句

对事物作肯定的或否定的判断所构成的就是肯定句或否定句。两种句子表达的语气不同，应根据表达的需要来选用。例如：

① 原文：徽章这东西不很大，恐怕偶尔遗失了，不如多拿几个备在那里。

改文：徽章这东西太小巧，恐怕偶尔遗失了，不如多备几个在那里。

这个例子原文是否定语气，改文是肯定语气的句子，其效果不一样。肯定句的语气比较果断、直接，否定语气比较委婉、平和。因此选用肯定句还是否定句，就成为句式选择的重要手段之一。

(一) 单纯否定句

例如：

② 这个新生事物（一国两制）不是美国提出来的，不是日本提出来的，不是欧洲提出来的，也不是苏联提出来的，而是中国提出来的，这就叫中国特色。

③ 中国发展的条件，关键是要政治稳定。第二条，就是现行政策不变。

④ （大家）说围墙倒了以后，很不是滋味。

⑤ 中国的改革开放遇到的困难并不算多，总的比较顺利。

例④⑤的否定比较委婉，例③属于一般否定。例②则否定、肯定集于一句，起了映衬作用。

(二) 双重否定（否定中的否定）

例如：

⑥ 学习语言非下苦功夫不可。

肯定句：学习语言一定要下苦功夫。

⑦ ……一些常犯的毛病……可以多用选择和填充的方式，不一定非采取改错的方式不可。

否定句：……不一定采取改错的方式。

⑧ 我要讲的，是共产党员的修养问题。现在来讲讲这个问题，对于党的建设和巩固，不是没有益处的。

肯定句：……对于党的建设和巩固，是有益处的。

⑨ 我深信生物的钟不是不变的。

肯定句：我深信生物的钟是要变的。

双重否定句实际上是肯定句，犹如数学上的负数与负数相乘是正数一样。双重否定的语气较一般肯定句更弱些，有时却显得更平和、委婉。如例⑧的"不是没有益处"与"有益处"相比，前者缓和得多，表现了作者的谦逊态度。而例⑦则是三重否定句，所以答案是否定的，即"不一定采取改错的方法"，如此更委婉。

双重否定的形式，常用的还有："不无""不是不""不会不""不能不""不得不""不敢不""非……不……""没有……不""无不"等。

（三）肯定、否定交错进行

例如：

⑩ 冼星海同志指挥得那样有气派，姿势优美，大方，动作有节奏，有感情。随着指挥棒的移动，上百人，不，上千人，还不，仿佛全部到会的，上万人，都一齐歌唱。

⑪ 他透过这高大的形象，看到了一部历史。这部历史包括了好几十年的时间——不，岂止几十年的时间？简直是包括了好几个伟大的历史时代啊！

例⑩先肯定"上百人"，接着否定（"不"），再肯定"上千人"，又否定（"还不"），进而肯定"上万人"，使人数通过肯定——否定——肯定——否定——肯定，层层推进，来说明延安"歌声"的力量之强大。例⑪先肯定"好几十年"，接着又否定，又肯定（"是包括了好几个伟大的历史时代"），语义层层加强。

逻辑上的肯定、否定与修辞上的否定、肯定是不同范畴的内容。先看例句：

⑫ {A. 太阳是恒星，地球不是恒星。
　　B. 我是来工作的，不是来休息的。

A 例是逻辑上的肯定判断和否定判断。B 例前一个分句从正面加以肯定，后一分句从反面来加以肯定。所以 B 例是修辞上的肯定和否定，即从表达效果出发组合成的句式。逻辑与修辞的肯定、否定的界线要划清楚。

思考和练习

一、选择哪种句式，要从"题旨"出发，才能更好地表达意思。"字数最多不得超过一千"这句话有几种表达方式？

二、老舍说:"造句和插花儿似的,单独的一句虽好,可是若与邻居配合不好,还是不会美满。"把下边几个句子配合好,并说明理由。

① 东边窗口开票。　　　　④ 取货在西边窗口。
② 开票在东边窗口。　　　　⑤ 西边窗口取货。
③ 票在东边窗口开。　　　　⑥ 货在西边窗口取。

三、什么是整句,什么是散句?它们在修辞上各有什么作用?举例说明。

四、主动句和被动句的适用条件是什么?下列各句有什么毛病?试加以改正。

① 这种观点,在最近的一些文章中屡次提出批评,我认为是对的。
② 他六十来岁,大手大脚大脑袋,满脸皱纹特别深,把一双本来挺大的眼睛被皱纹挤小了。
③ 经过十多天,船一直被漂到海南岛最南端才得以靠岸。

五、说说下边句子是用什么句式表达的。

① 我没有说不去。
② (蜜蜂) 不是为了自己,而是在为人类酿造最甜的生活。
③ 我祝愿全国的青少年从小立志献身于雄伟的共产主义事业,努力培育革命理想,切实学好现代科学技术。

六、试比较下列各组句子表达上的优劣。

A ① 白杨树不是平凡的树。
　② 白杨树是不平凡的树……

B ① 她走得慢,然而脚步并不摇晃。
　② 她走得慢,然而脚步相当稳。

C ① 他不知道皮鞋究竟被咬着没有,但是仍旧小心地放它们在皮箱上。
　② ……但是他仍旧小心地把它们放在皮箱上。

第五节　辞格的运用（一）

辞格,也叫辞式、修辞方式,它是人们为取得最佳的语言表达效果而创造出来的一些相对稳定的表达方式。由于辞格是人们在语言表达方面进行积极探索的表现和结果,因此,习惯上将它列入积极修辞的范围,以便和对文字词句作修饰、修改的修辞活动相区别。上文各节已讲到了一些辞格,下面再分别介绍一些常见的辞格。

一、比喻

比喻又叫譬喻,是以某种事物或情境来比方和说明另一种事物或情境的方式。比喻是最常见的一种修辞格,它的历史最长,使用最广。

比喻是对感知过程中产生的联想进行描述的一种语言表达方式。当然，联想不等于比喻，只有当联想到与眼前感知到的对象是不同质但又在某一点上相似时才能产生比喻。例如，孩子见到一弯新月时，因为他平时吃过香蕉，自然地和过去留下的香蕉形象联系了起来。如果没有感知过，这种联想也不会产生。这种联想叫作"类似联想"，它是比喻存在的主要心理基础。比喻之有生命力，是与人们联想方式分不开的。社会生活经验越丰富，阅历越深，人的类似联想也愈多，比喻也一定多而新颖。

比喻的要素有四个：本体（被比体）、喻体（比喻体）、喻词（联系本体的词语）和相似点。例如：

① 它们（井冈山革命烈士纪念塔上的两串灯链）像革命烈士们的眼睛一样清澈明亮，炯炯有神，深情地注视着这一大片茨坪灯火，守卫着井冈山每一个喧腾的夜晚。

② 飞机夹在太空和云层中间，像是走进了一个远古的静寂世界。

③ 河里连一滴水也没有了，河中的泥土也裂成乌龟壳似的。

例①的本体是"它们"，喻体是"眼睛"，喻词是"像……一样"，相似点是"清澈明亮，炯炯有神"。四个要素齐备。例②③都省略了相似点（例②是"朦胧"，例③是龟裂。），但都可以从喻体中体会出来。

（一）比喻的分类

比喻可以分为以下几类：

1. 明喻

这种比喻，四个要素都出现，是类似联想的完整形式。例如：

那沉甸甸的稻谷像一垄垄金黄的珍珠；炸蕾吐絮的棉花，像一厢厢雪白的珍珠；婆婆起舞的莲蓬，却又像一盘盘碧绿的珍珠。

老孙头不再说话，两只手使劲揪着鬃毛，吓得脸像窗户纸似的煞白。

明喻的喻词还有"好像、仿佛、好似、犹如"等。在考察明喻句时，注意有的句子虽有"好像"一类词语，但不一定是比喻句。

2. 暗喻（隐喻）

是暗里打比方。用"是"一类词作喻词连接比喻体，语气更肯定，让读者展开更深一步的联想。暗喻的结构，四个要素齐备，也可隐去相似点。例如：

极目远眺，万里江山变成了一个粉妆玉砌的世界。

这种埋头做事不动脑筋的人简直是——说得不客气一点——跟牛马一样。

他的目光在暗夜中显得晶亮，嘴唇也因为专注而绷成了一张弓。

以上各例的相似点（纯白，降低到了动物位置，弓的形状）都隐去了。暗喻的喻词都有判断性质，使前后两项关系更密切。

3. 借喻

这是舍去了本体、喻词和相似点只剩下喻体的比喻式。借喻含蓄，耐人寻味。例如：

宝山老汉常对人说，人人的心里都有一杆秤，自己的良心就是定盘星；良心要歪了，这秤就甭想准。

鲁迅在一篇文章里，主张打落水狗。他说，如果不打落水狗，它一旦跳上来，就要咬你，最低限度也要溅你一身的污泥。

第一个例句本体是尺度，第二个例句的本体是挨了打的敌人。各自的相似点是"标准"和"凶恶的本性"。

4. 引喻

引喻常呈复句形式，喻体在前作"引子"，本体分句在后。喻体常常选用眼前熟悉的事物和生活经验，似信手拈来以说明事理或描绘形象。例如：

天上下雨地上滑，各自跌倒各自爬，要翻身得靠自己。

夜莺飞去了，带走了迷人的歌声；年轻人走了，眼睛传出留恋的心情。

太空中陨落了一颗巨星，航道里熄灭了一盏标灯。啊，敬爱的总理，为什么你长眠不醒？

以上三例是引喻。前面一个复句只是个引子，其中包括了喻体，以此说明后面一个复句的语意，很耐人寻味。

此外，如果从意义上细加分析，比喻的种类还可以分出多种。例如"强喻"："皇帝的脸比草原的天气变得还要快"（变化速度超过了天气）；弱喻："汗珠亮晶晶，洒遍十三陵；一粒汗珠一颗星，星星不如汗珠明"（汗珠和星星的比喻，星星不如汗珠）；互喻："远远的街灯明了，好像闪着无数的明星；天上的明星现了，好像点着无数的街灯"（明星、街灯互作比喻）；反喻："这些作风不正，并不像冬天刮的北风那样，满天都是"（从否定的角度作比喻）；博喻："'砰'一声，郎平的一记重扣，激起了全场经久不息的欢呼声和鼓掌声，像海涛击岸，像山洪暴发，像飞瀑倾泻。"（连用两个以上的比喻，不管明喻还是暗喻。）

（二）比喻的作用

比喻是"语言艺术之花"，它"能把形象扩大增深，用两样东西的力量来揭示一件东西的形态或性质，使读者心中多了一些图像"。一个精湛的比喻，会一辈子留在人的记忆中。例如关于书的比喻，就有："书犹药也"，"书是人类进步的阶梯"，"书是全世界的营养品"，"理想的书就是智慧的钥匙"，等等。好的比喻无疑给人以美的享受。比喻的作用有以下几点：

1. **使语言形象化**

比喻能使描述的事物立体化、形象化。例如：

脸儿笑得像白面开花馒头。

黑里透红的脸浮现着笑，像一朵盛开的石榴花。

无忧无虑，笑脸像一朵出水芙蓉。

乐得老两口的脸变成了两个细刀镂过的蜜枣——皱成一团。

笑起来，使她瘪缩得像一个核桃。

笑，由于年龄特征、性格特点、性别差异，能表现出各不相同的特点。这里，有的把笑脸比作开花馒头，有的比作石榴花，有的比作出水芙蓉，有的比作细刀镂过的蜜枣，有的比成了一个核桃,各有特色,十分生动、形象。

2. 使事理易于理解

比喻多以已知喻未知,以熟悉的说明不熟的。一些抽象的、深奥的事理,往往一比喻就变得具体而易于理解了。如:"伟大就寓在平凡之中,正像种子就藏在果实之中一样。沙粒构成了山,水滴汇成了海,平凡孕育了伟大。"这是个抽象的道理,通过比喻,变得具体而易于理解了。

3. 给人以强烈的感受

例如:

现在,他(编辑)只在8瓦的日光灯下,像农夫一样苦苦耕耘。他是一把平凡的铲子,是一只汗流满面的犁头。

这个比喻给人以强烈的感染,使人对"他"产生崇敬、热爱的感情。

这条柏油马路,"生恰逢时",……那路基里的石块,便少得如同家常辣酱里的肉丁;那路面上的沥青,便薄得好像大众面包上的糖浆。

通过石块少、沥青薄两个比喻,使人强烈感受到这条马路之差,令人望而生畏了。

(三) 比喻的使用要点

比喻虽然比比皆是,但掌握并用好比喻并不容易。运用比喻要注意:

1. 新颖、贴切

比喻只有新颖贴切才能给人留下难以磨灭的印象。如"人际关系是人生的网络"这一比喻,就很新颖和贴切。又如已故经济学家孙冶方称自己"是经济学家,不是气象学家"。表明自己不作风派人物,比喻新颖,含意深刻。又如:

0.6!多么令人神往的数字啊!活像拴在渔弦上的小铅坠子,个子不大,甩在水里扑通一声就能沉下去;不同于那几年的数字,动辄增长100%,像一块擦澡用的泡沫塑料,个头显得挺大,吸饱了各式各样的水分,总是漂在上面,一阵风就刮跑了。

这里用小铅坠子和泡沫塑料比喻经济增长的两个数字,很新很别致,发人深省。

2. 注入感情

善于运用比喻的人都十分重视比喻中的感情传达,例如《青春之歌》中对人物眼睛的比喻,就渗透了作者的爱憎感情:在林道静眼里看到的,共产党员林红的一双眼睛"又黑又大,在黯淡的囚房中,宝石似的闪着晶莹的光",而反动的国民党官僚胡梦安则有一对"狼样闪着白光的眼睛"。同是一双眼睛,人的感情上起了变化,就很自然地会选用不同的比喻来表现。

3. 明白、易懂

要达到比喻的理想效果,必须选用通俗的、为大家所熟悉的比喻。鲜为人知的比喻,再"雅"也不受人欢迎。选用比喻还要注意不同的文化层次,不同的社会生活层次和职业层次,如对文化不高的人说"太阳是聚光灯""月亮是玉盘",就是不看对象的比喻,其效果不会好。

4. "相似"和比喻

比喻的本体与喻体必须在本质上不同，或类别不同。从不同中找出相似点，才能构成比喻。例如：

晨星闪耀着清幽的光环，宛如一颗冰冷的绿宝石镶嵌在黎明苍白的前额上。

绿宝石与晨星本质不同，但在"恬静"上有相似之处，于是绿宝石成了优美比喻。下边的例子便不是比喻：

北斗星像太阳一样，是颗恒星。

两颗星都是宇宙中的星体，是同类事物，不存在比喻关系。

比喻的要素之一是相似点。由于这个相似点，两个事物之间建立了临时联系，从而产生联想，产生了形似或神似的感觉。

比喻和相似虽然都是联想形成的，但是效果不一样。通过比喻可以深化对本体的认识，给人留下深刻的印象，"相似"则没有这种效果。

二、借代

不直接说（写）出人或事，而借用与人或事密切相关的名称来替代的表达方式叫借代，或叫"换名"。被替代的叫本体，替代的叫借体或代体。

（一）借代的分类

借代有以下几种类型：

1. 借说（写）的人或事的一部分代替全体

例如：

呵！不得了了，人言啧啧了；我只装作不知道，一任他们光着头皮，和许多辫子一齐上讲堂。

（"许多辫子"代束辫子的人）

当然要把家庭带来的各种各样的习惯统一到领章帽徽下面来，要把平均年龄二十岁的一群女孩子的心收拢来，总要有一个过程的。

（"领章帽徽"代解放军队伍）

2. 借说（写）的人或事物的特征代人或物

例如：

他们是傍晚来的，清一色的"四只眼"。

（"四只眼"代戴眼镜的人）

"你喜欢什么？""我喜欢直线加方块，最喜欢打仗。"

（"直线""方块"代军营、部队或部队生活。军营里横纵的道路笔直笔直，把营区分切成一个个方块，拐弯都是直角）

3. 借说（写）的人或事物的标志代人或物

例如：

碎花连衣裙和一件"法兰绒"衬衫保持着一定的距离。

（"碎花连衣裙"和"法兰绒"衬衫代女青年和男青年）

4. 借与说（写）的人或事物有关的具体事物代抽象事物

例如：

我当时尤其看不起从农村入伍的兵，说他身上压根没有半个艺术细胞，全身都是地瓜干子味。结果大家便给满身"洋味"的我起个绰号——艺术细胞。

（"地瓜干子味"代乡村气息）

5. 借说（写）的事物的作者、别名、牌号代替事物

例如：

我和你一样地爱书：小说，诗歌，包括童话。解放以前我最喜欢屠格涅夫……

（"屠格涅夫"代他的作品）

我把丈夫打入厨房，我把孩子变成拉兹，全家都跟我遭殃。

（"拉兹"代流浪儿）

总经理有个习惯，就是每星期总爱开着红旗到市郊去兜一次风。

（"红旗"，牌号名，代小轿车）

（二）借代的作用

借代在表达上的作用，主要是：

1. 比较形象

用事物或人的特征、标志、言行作代体，便突出了本体的形象特征或特点。上面所举各例中不少有这种作用。再如：

柳下闻瑶琴，起舞和一曲。

（"瑶琴"代音乐）

2. 比较含蓄和幽默

如：

有的村主要劳力都经商、搞运输去了，种菜的是支"三八六一部队"。

我呢，读点山海经还可以，写信却不大灵。

（"三八六一"是妇女、儿童的代称，幽默；"山海经"代通俗读物，含蓄风趣）

（三）借代的使用要点

借代的运用要注意以下两点：

1. 要"借"得明确，要注意代体的色彩

选用借体一定要注意语境和上下文，否则不易理解代义。不为人共知的也不宜作代体，如"超导"代科学家就不合适。

2. 要有时代感

"小米加步枪"可代我军当时的"落后装备"，今天却不能再用它来借代了。

（四）借代和借喻的区别

二者的区别在于：

1. 结构不同，目的不同

借喻从语用角度以乙喻甲，借代从语义角度用乙代甲。借喻的基础是比方，借代的

基础是代替；借喻的两个事物缺一项就不能构成比喻关系，只是从表达需要，隐去了本体和喻词；而借代只是代替本体，本体永远不出现，试比较：

那不是送回虎口吗？（借喻）

但丁到上海。（借代。意大利大使到上海给巴金颁发"但丁文学奖"）

2. 借喻无须先行词，借代一般要有先行词

上例"但丁到上海"是标题，文中有具体说明。

3. 作用不同

借喻以神似、相似为目的，借代以指称为目的；前者要求形象、具体，后者要求生动、简洁。

4. 借喻可以改成明喻，借代不能

三、比拟

运用想象把"人"当作"物"或把"物"当作"人"的表达方式叫比拟。例如：

月光一露面，满天的星星惊散了。

月亮、星星本没有"露面""惊散"的行为和情绪，现在却赋予它们这些行为、情绪。

（一）比拟的分类

比拟可分两类。

1. 把物拟作人

又叫人格化，就是把本来人才有的动作、感情、思想、品质、状态，赋予人以外的事物，使无生命的变为有生命的或变静为动。比拟广泛用在童话、寓言、科普作品等方面。严肃的公文、条例、科学著作和论说文体一般不用比拟方式。例如：

天空的乌云散了，月亮露出了头，但月亮还是有气无力的。

近来连伤风咳嗽都跟我请了假喽！

第一个例句把月亮当作人来写，第二个例句把伤风、咳嗽人格化了。

2. 把人拟成物

例如：

张木匠生了气，撵到房子里告诉她说："人说你是小飞蛾！怎么一见我就把你那翅膀奔拉下来了！我是狼！"

四月里胡宗南占绥德，不是说"天上飞机嗡隆隆响，洋面撩到飞机场"吗？他们占了三天，不是夹着尾巴跑了？

第一个例句把人当成小飞蛾来写。第二个例句把胡宗南拟作了狗。

比拟运用得当，能增强表达上感染力、突出感情倾向。如：

赵灿听着身边的扎字声，心情总是不能平静。……是啊，那些组成盲文的小点，不正像一粒粒小米吗？明姑娘啊，你有多大的毅力，在知识的谷仓里，一粒一粒地啄食着，风雨无阻地啄食着……

通过听觉进行联想，感受到这盲文扎字声就是小鸡啄食声，借此赞美顽强的学习毅

力和可贵精神。小鸡和盲人融为一体了。

(二) 比拟和比喻的区别

比拟和比喻的区别主要有以下两点：

1. **构成基础不同**

如"这马而立却过分地灵活，灵活得像自行车的轮盘，一拨便能飞转"是比喻。比拟则是移情于他物，如"由于历次的修补都不彻底，这50多公尺的围墙便高低不平，弯腰凸肚""这位卓越的科学家一直到他光辉的一生结束时，才同他心爱的科学研究分手"却是比拟。比喻是在喻体和本体间建立联想关系；比拟则是在已有的感性形象的基础上创造出新形象的心理过程，是进一步的情感交融。

2. **喻体出现，拟体不出现**

比喻结构的喻体不能不出现；比拟的拟体却是不出现的，出现的是本体以及拟体的情状或行为。

四、夸张

为了表达强烈的感情，对人对事"言过其实"，从形象、特征、程度、数量各方面作扩大或缩小的描述，这种表达方式叫夸张。

(一) 夸张的分类

1. **扩大的夸张**

例如：

你的嗓子像铜钟一样，一叫起来，十里地都能听见，那咱们的计划就完全暴露了。

只有他自己喝着浓茶，说着笑话，用他的四川腔学着东北话："现在的东北，可不是当年的北大荒，比上海美多了，就是咱们那里的麻雀，都长有小酒窝，比南方的俊俏……"

冯兰池说着火起来，五官都挪了位置。

第一个例句形容嗓子大，夸张到"十里地都能听到"；第二个例句说东北好，好到连麻雀都比南方的好看；第三个例句描述人一发怒，连五官都改变了。

2. **缩小的夸张**

例如：

佛子岭群山是如此起伏高耸，在他眼里却变成几泓细微的波浪，淠河的激流是那样汹涌飞奔，他看它却像一根绿色的飘带拖在地上。

陶正平很贪玩，算术、语文在他心里，只占芝麻绿豆般的地位。

"咦啊！你把自己看成一寸高的人哩！"郭振山不摸她脑里想啥，只管进行教育，……

第一个例句说山势是细微的波浪、说河流像地上的飘带，第二个例句说算术、语文在心里没占什么地位，第三个例句说把自己看得十分微小，三个例子都十分夸张，夸张的方式是极言其小。

3. 超前的夸张

例如：

"哎！你们吃青梅的到一边去吃去吧。我们闻到，酸得牙齿酥了。"

我自然得硬着头皮，在众目睽睽之下去劝说他。可还没有张嘴，就让他顶了回来："你甭劝我，你要有良心，……"

农民们都说："看到这样鲜绿的苗，就嗅出白面包的香味儿来了。"

第一个例句说还没有吃青梅，牙已经酸了；第二个例句说还没有去劝说，已被顶了回来；第三个例句说只见到麦苗就闻到面包香了。三个例子表达得都十分夸张，事情还没有发生，好像已对其结果有了感觉，所以在时间顺序上说，是超前的夸张。

(二) 夸张的作用

夸张是一种很常用的修辞格，经常通过一个比喻来表达。它在表达上的作用主要是：

1. 使对象更突出

突出人或事物的特征，或使社会生活的某一侧面更加突出。如："吓得汗毛都竖起来"，是夸张"吓"的严重程度，形象也就出来了。

2. 使形象更鲜明

如："心肠肝肺都黑了""只有一个'钱'字亮着"，把贪得无厌者的形象照个透彻，十分鲜明。

3. 给人以丰富想象

夸张通过客观事实超越千万倍的描述来感染读者，极尽其赞扬（或讽刺、批评）、肯定（或否定），使读者得到美的乐趣。夸张的功能实际上是说（写）者的设计产生的结果。有谁见过"飞流直下三千尺"？但人们却能理解这句子表达的意义：瀑布确实长！正是夸张，给人提供了想象的条件，心理学证明：强烈或新异的刺激最能抓住人们的审美注意力，使人有"异峰突起"之感，因而效果更好。不过在运用夸张时必须要"夸"而有节，力求新颖、不落俗套。

五、婉曲

在日常交际中，对一些不便直说或不必明说的事，常用婉曲的修辞方式来表达。婉曲又可细分为两类：婉言和曲语。

(一) 婉言

不直截了当，而是闪烁其词、委婉地表达，以减少言语的刺激性。例如：

她（长妈妈）教给我的道理很多，例如说人死了，不该说死掉，必须说"老掉了"。

人死不是一件好事，常以"老掉了"或"身后、百年之后……"表达，意思相同，讲得委婉一些，以减少言语对人的刺激性。

(二) 曲语

避开本意，迂回曲折，转弯抹角地表达。这样常能使表意含蓄，要人绕一个弯子去理解，因而情趣横生，言语有味。例如：

江姐停顿了一下，微笑着说："我还想和你谈个问题。成岗，你为什么还不给妈妈找个好媳妇？"

郭喊子问："清清，你爸爸这一回要远走高飞了，说不定……"清清说："我爸爸不会到外国去。"郭喊子说："为什么不会到外国去？"清清天真地说："我妈妈说，爸爸是她手里一个风筝，飞得再高，线在我妈妈手里……。"

女人们到底有些藕断丝连。过了两天，四个青年妇女聚在水生家里，大家商量。"听说他们还在这里没走。我不拖尾巴，可是忘下了一件衣裳。""我有句要紧的话，得和他说说。""我本来不想去，可是俺婆婆非叫我再去看看他——有什么看头啊！"于是这几个女人偷偷坐在一只小船上，划到对面马庄去了。

第一个例句不说为什么还不结婚娶亲，而是从他母亲娶媳妇的角度发问，话绕了一个弯子了；第二个例句通过风筝飞得再高也不会飞跑的比喻，曲折地说明了他爸不会跑掉的意思；第三个例句写几个青年妇女要去看刚参军而尚未开拔的丈夫，各自找不同的理由，好像是"不得已"地划船去了邻村马庄，从而生动地表达出她们与丈夫难舍难离的缠绵之情。这些曲语的表达效果都是很好的。

六、双关

用一个词或一个语句故意使之同时关联两个不同意义的表达方式叫双关。这两种不同的意义，一种是字面上的，一种是透过字面隐含的意义。例如"春蚕不应老，昼夜常怀丝"中的"丝"与"思"同音，字面上的"丝"与"春蚕"相合，却借同音字"思"，来表示思念恋人的情思。

（一）双关的分类

双关可分为两类：

1. 谐音双关

利用汉语词语同音（或近音）的特点，造成词面与词里两层意思的双关。"年年有鱼（余）"，过春节时送笔、定胜糕和粽子名曰"必定高中"等都是谐音双关。又如：

这就是文人学士究竟比不识字的奴才聪明，党国究竟比贾府高明，现在究竟比乾隆时代光明：三明主义。

任工程师家来了一个农村姑娘，她安顿好行李就手脚麻利地料理起家务来了，周围邻居幽默地说："乡下'飞'来保姆，任工程师不用再做'马大嫂'了。"

第一个例句字面上指三明（聪明、高明、光明），通过谐音暗指自称孙中山信徒而高唱三民主义的假三民主义。第二个例句利用吴语"马—买、大—汰、嫂—烧"的谐音关系，趣指买菜、汰衣裳、烧饭等家务劳动。

2. 语义双关

利用词语的多义特点使之在特定的语境中，既可指此，也可指彼，取得一石打二鸟的表达效果。例如：

有的作家写了一部电影剧本，失败了，便狠下决心，一辈子不再"触电"。

可是匪徒们走上这几十里的大山背，他没想到包马蹄的麻袋片全踏烂掉在路上，露出他们的马脚。

第一个例句"触电"既有字面上的含义,又指"接触电影文学",两义巧合,说得俏皮多趣;第二个例句的"马脚"既指实在的马脚,又指露出的破绽,匪徒原想掩盖踪迹,反而暴露了行踪。一语两指,表意含蓄。

(二)双关的使用要点

双关的运用要注意两点:第一,双关的表里两层意思要明确,在一定语境中意义是确定的,不能造成歧解。第二,双关不仅广泛用在文学作品里,日常生活中也不少。如打字机广告——"不打不相识";长命牌牙刷广告——"一毛不拔"。风趣含蓄,效果很好。

(三)双关和婉曲的区别

双关和婉曲的区别有三点:一是双关有表里两层意思,婉曲表里一个意思,只是隐而不露而已。二是双关利用同音、多义条件构成,婉曲不需要。三是双关有意影射,婉曲则故意回避某种说法。

七、反语

反语又叫反话,就是正话反说或反话正说。是一种用相反的话来表达本意的方式。例如:

彭总把这块地翻了一遍,……他说:"这一分地种啦,少说能产千把斤、几千斤,我和你够吃几年咧。"

(林震向刘世吾汇报韩常新"这样整理简报不太真实"时)刘世吾大笑起来说:"老韩……这家伙……真高明……"

斯大林在七月三日发表了一篇演说,还只有我们《解放日报》一篇社论那样长。要是我们的老爷写起来,那就不得了,起码得有几万字。

第一个例句是句子形式的反语。是对当时浮夸风的无情讽刺。第二个例句"真高明"是"真滑头"的反语。第三个例句的"老爷"是八股文作者的反语。反语,可以利用反义词语,也可以在具体语境、上下文中建立临时反义关系,像第二个例句的"高明",反义应是"愚蠢",但此处却应是"滑头"。

(一)反语的作用

反语的表达作用有三:

1. 揭露、打击对方

有个积极分子提出:近来各连队都有些松松垮垮。"学中办"是把坏事变成好事,让大家更积极锻炼,早日脱胎换骨。

这段文字中"积极分子"是"投机分子"的反语,"积极锻炼"是"劳动改造"的反语。用反语,贬斥意更强。

2. 讽刺对方

"困难是什么?是你们的宝贝社长!大名鼎鼎的耿社长!多亏他是个出名人物!还是个人民代表!哼!这回可让我见识见识……"

加点部分都是反语。摄影记者用反语来挖苦这位一心扑在农业上的劳模(劳模急着要救秧苗，记者定要拍照），当然也讥讽了记者自己。

3. 表示亲昵、喜爱的感情

日常生活里的唤子女为"小东西"，妻子唤丈夫为"冤家"、老伴称老伴为"死老头"，都是反语，表现亲热的感情。又如：

（长工李宝堂说）"可不是？咱福都享够了，这回该分给咱二亩地，叫咱也受受苦吧。

解放了，长工李宝堂用反语充分表达翻身后按捺不住的幸福心情。

（二）反语的使用要点

反语的运用应注意下列三点：

第一，看清对象，注意分寸，不可滥用。

第二，要明确，不含糊，反语要让人一看就理解是在"说反话"。必要时可加引号或用"所谓"来否定。

第三，反语不是双关，虽然两者都有表里两义，但是反语所表达的表里两义是相反的，双关只显示表里两义是在特定的语境中相互关联的。

八、精警

精警又叫警策，是用表面上互相对立或互相排斥的两个概念或判断巧妙地连在一起表达一个复杂的思想的方式。这种看似不符逻辑规律的说法，却更能引起人们无限思索，取得理想的表达效果。

（一）精警的分类

1. 看似矛盾的精警

例如：

江玫回答说："我宁愿听说你死了，不愿知道你活得不像个人。"

巨星陨落了，他的光还在运行。

以上二例都是有矛盾的。但如果从不同角度来看：第一个例句是很有哲理的句子。第二个例句是说人虽然已经去世，但其精神还留在人间。

2. 看似"多余"的精警

例如：

青年就是青年，不然何必搞青年团呢？

主观上要认真地演，演武松要像武松，演曹操要像曹操。应当是又像又不像。

这是个不成问题的问题。

旧历的年底毕竟最像年底，……

逻辑最反对"循环论证"，否则等于说一大堆废话。而第一、三、四个例句看似啰嗦多余的说法，却是表达所不可少的。它从不同角度强调了"青年、问题、旧历年底"。第二个例句的"又像又不像"，是强调扮相要"像"，气质也要"像"；所谓"不像"，则又是从表演角度上说的：毕竟是艺术创造，不是真人的翻版。

（二）精警的作用

精警的表达作用有：

1. 言简意赅，引人思索

如"暴露即隐蔽"的表达方式，表面上看简直不可思议，当你读了如下一个例子之后，便觉得很有道理：

陶老头没有专修过"战术心理"，所以每当"三整顿小组"的那些干部路过此地，他总是提心吊胆得喉咙发毛，头颈也有点僵硬了。其实，他哪里知道，那些干部却被这些齐崭崭、哗啦啦的气势镇住：如此规模的蓖麻，定然是公社所种。公社者，一大二公，公占公地，自然无可非议！

这便是"暴露即隐蔽"的道理所在。

2. 刻画人物，从中窥见人物的精神世界

例如：

他的世界又小又宽广，他的路径又短又漫长；四周飘散扑鼻的芳香，四周闪烁满目的琳琅。

一旦个人与事业联结上了，那么"小"会变成"宽广"，"短"也会变成"漫长"，两对矛盾奏出了和谐的乐章。可见，精警是一种"出乎意料，又入乎情理"的修辞方式。

九、反复

为了表达的需要连续或间隔使用同一词语、句子或句群，以抒发强烈的感情，表达深刻的思想，或借以分清文章的脉络层次，加强语言的节奏感叫反复，又叫复迭、重言、重复。例如：

一路沿着溪流，随着山势，溪流时而宽，时而窄，时而缓，时而急，溪声也时时变换调子。

敢于这样做的人，难道不是一个英雄吗？可以肯定说是一个英雄，一个大大的英雄。

以上二例，尽管方式不全相同，但都抒发了强烈的感情。

反复可分为两类：

(一) **连续反复**（某些词语或句子连续反复出现的方式）

如：

沉默啊！沉默啊！不在沉默中爆发，就在沉默中灭亡。

他们做事的方法只是根据自己的习惯，或者别人的命令，或一般人的通例。自己一向这样做，别人要他们这样做，一般人都这样做，他们就"依样葫芦画瓢"，照样做去。

第一个例句通过反复表达了对反动派和旧社会无限深沉的愤激之情，第二个例句通过反复"这样做"，讽刺了无胆无识，只会仰人鼻息做事的人们。

以上所举，有的是词语反复，有的是短语反复，有的是句子反复。

(二) **间隔反复**（词语或句子间隔地出现反复）

例如：

思想一僵化，条条框框就多起来了。比如说，加强党的领导，变成了党去包办一切、干预一切；……

思想一僵化，随风倒的现象就多起来了。不讲党性，不讲原则，说话做事看"来头"、看风向，……

思想一僵化，不从实际出发的本本主义也就严重起来了。……

突然间，他激动万分，他回上楼，见人就讲，并且没有人他也讲。"从来所领导没有把我当作病号对待，这是头一次，从来没有人带了东西来看望我的病，这是头一次。"他拿起了塑料袋，端详它，说，"这是水果，我吃到水果，这是头一次。"

第一个例句的反复，强调了思想僵化的弊病，第二个例句突出了冲动的感情。

反复的应用能起到加强语势、强调内容、抒发感情、增强叙述的条理性和节奏感等作用。如：

"四百四十元！"营业员将厚厚的一沓钞票递将过来。

"四百四十元！"陶老头心头一阵哆嗦。

"四百四十元！"围观的居民一片嘈杂。

"四百四十元！"那位"三整顿小组"组长简直有点恍恍惚惚了……

陶老头利用人行道上高高的积土种了一茬蓖麻，赚了四百四十元，这个数字的反复出现，反映各种人物的心态，起了强调作用。

这一夜，有多少朝鲜人没有合眼，有多少人家午夜三点就亮起了灯，他们再一次整理好花束，把礼物放进竹篮，坐等集合号就要响起的拂晓。拂晓，这个深秋的拂晓呵，可是人们已经走出来了，穿着单薄的衣裳走出来了。

这里用三次反复，把朝鲜人民"依依惜别"我志愿军的感情升到了顶点。由于句子、词语错落有致，节拍也就更合理。

反复只是在为了强调感情抒发，突出事物形象，透视深刻思想或增强语气节奏时才使用，否则便成了累赘和啰嗦。

十、通感

通感是在特殊情况下将视觉、听觉、触觉、嗅觉、味觉沟通起来的一种表达方式，这样，颜色似有温度，声音似有形象，冷暖似有重量……所以也叫"移觉"，把表达这种感觉的用语移用来表达另一种感觉。例如：

雨过树头云气湿，风来花底鸟声香。

塘中的月色并不均匀；但光与影有着和谐的旋律，如梵婀玲上的名曲。

山色逐渐变得柔嫩，山形也逐渐变得柔和，很有一伸手就可以触摸到凝脂似的感觉。

方鸿渐看唐小姐不笑的时候，脸上还依恋着笑意，像音乐停止后袅袅空中的余音。许多女人会笑得这样甜，但她们的笑容只是面部肌肉的柔软操。

第一个例句以嗅觉的香写鸟声，与听觉沟通了；因为声音是从花底送来的，所以移用了。第二个例句写月色中光与影有了旋律，是把视觉和听觉沟通了，并将其比作了乐曲。第三个例句写山色，则把视觉转移到了触觉，使颜色顿有老嫩之别。第四个例句通过比喻，将作用于听觉的声音、作用于味觉的甘甜来形容唐小姐的笑容。这种移用感觉用语，不是搭配错了词语，而是人们在表达上的一种追求，以便在异乎寻常的配合中产生新趣和耐人寻味的新意。突出的例子要算王少堂评书中的一段了：

她开到口，说到话，这一条嗓子才爱煞人呀！有四个字可当。四个什么字？尖、甜、媚、脆。

这是多角度地将描写不同感觉的形容词都移用到描写嗓子上了。由于通感、移觉在语言表达上把不同感觉的界限打通了，出现了超常规的词语搭配，令人感到异样，感到其间有新意和异趣，但是，对此往往可供意会而难以言传。例如，谁也很难具体解释清楚嗓子或声音是怎样的尖法、甜法、媚法和脆法。形容词本身包含的是一种"模糊义"，一经移用就更加不易具体说明了。不易说明，而能意会或神悟，这正是这种表达方式的一大特点。

通感、移觉的表达方式，一般说，不可用得太多、太滥，仅可偶一用之，方能见其功效。用得太多、太滥，必不精到；如不精到，就会被当作语病而加以纠正。

思考和练习

一、什么是比喻？比喻是怎样构成的？

二、比喻分几类？试各造一个比喻句。

三、比喻最忌俗套、陈旧，看看下边的比喻，毛病在哪里？

① 我呆呆地站在人群里，望着眼前动人的情景，我的心像锣鼓声上下激烈地跳动着。

② 敌机逃窜了，我们的飞机紧追在后里，像狗追兔子一样，一个在后，一个在前。

四、什么是借代？借代和借喻有什么差别？

五、什么是比拟？比拟和比喻有什么差别？

六、什么是夸张？夸张可分为几类？

七、什么是婉曲、双关？各分为几类？

八、什么是反语、反复、精警？

九、什么是通感？通感和移就有何异同？

十、下列例句中含有什么辞格？

① 学如逆水行舟，不进则退；心如平原之马，易放难收。

② 做砖，为四化大厦垒基础；作瓦，替亿万人民御风寒。

③ 青山忍恸埋忠骨，碧水含悲泣英雄。

④ 你肚里有墨水儿，脑瓜儿又活，看个文件什么的，只要拿眼把题目一扫，里面的内容便能猜个大概。

⑤ 老泰山有点气急，喘嘘嘘的……

⑥ 一定是他！那个名字在我的心里乱蹦，我向四周望了一望，可没有蹦出来。

⑦ 屋里静极了，就连一根针掉到地上也听得见。

⑧ 前脚跨出大门，后脚就不准备再跨进来！

⑨ 敢于这样做的人，难道不是一个英雄吗？可以肯定说是一个英雄，一个大大的英雄。

⑩ 外边树梢头的蝉儿却在那里唱高调："要死哟！要死哟！"

十一、试以借代、比拟、夸张、婉曲、双关等辞格造句（也可摘录文艺作品中见到的例句）。

第六节 辞格的运用（二）

十一、对比

将两个或两个以上事物或同一事物内部的不同方面并举出来，进行比较，叫对比，也叫对照。比如"当面不说，背后乱说；开会不说，会后乱说"就包含了对比方式。

（一）对比的分类

对比，按照事物多寡分，有"一体两面比"和"两体对比"两种。

1. 一体两面比

蜜蜂是渺小的，蜜蜂却又是多么高尚！

自古以来，还没有一位这样的诗人：诗极精彩，而写信却糊里糊涂。

杨柳婀娜多姿，可谓妩媚极了，桃李绚烂多彩，可谓鲜艳极了，但它们只是给人一种外表好看的印象，不能给人以力量。

第一个例句用蜜蜂的体小和工作的高尚作对比。第二个例句用"精彩"和"糊里糊涂"相比，极言文化修养之差。第三个例句用"外表好看"和"不能给人以力量"作比，指出徒有好看外表的杨柳桃李不如松树的挺拔有力。

2. 两体对比

有缺点的战士终究是战士，完美的苍蝇也终究不过是苍蝇。

呵！这宝贵的土地，不事稼穑的剥削阶级只知道想方设法地掠夺它，把它作为榨取劳动者血汗的工具；亲自在上面播种五谷的劳动者，才真正对它怀着强烈的感情，把它当作命根子，把它比喻成哺育自己的母亲。

（二）对比的作用

对比确是一种鉴别事物的有效表达方式。人物对比，鲜明形象；事物对比，具体准确；事理对比，是非清楚。

（三）对比与衬托的区别

对比与衬托不同。"绿叶"和"红花"放在一起是衬托关系，它们有主从之别，红花在绿叶映衬下越加鲜艳。对比，则是把几个方面列举出来，不分主次；另外，对比的几个事物或几个方面，就性质说，总是同一性的。同类才能相比。如集体主义者与个人主义者相比，就可以看出谁的品德高尚，谁的品质低下。所以对比，不论顺比（正比）还是反比，都是对被比的几件事物或几个方面的好坏、优劣、高低、轻重进行鉴别。衬托就没有这样的效果。

十二、衬托

衬托又叫陪衬，它是用类似的事物或反面的、有差别的事物作陪衬，突出被衬托的事物的一种修辞方式。"红花绿叶扶""一个篱笆三个桩"，说的就是衬托的关系。"绿叶""桩"都是陪衬物，"红花""篱笆"是被陪衬物，一经陪衬，红花显得更鲜艳，篱笆更牢固了。如：

黑得像墨水一样的海水卷着巨浪是可怕的，但是林道静的眼里，这黑暗的社会更可怕。

以可怕的海浪来衬托社会，加深了林道静绝望的心情。

（一）衬托的分类

衬托主要有如下分类：

1. 以景衬情

这是"烘云托月"的方法。俗话说"马上看将军""花间观美人"，一个人骑在骏马上显得更威武，美人站在花簇中显得更俏丽。又如：

这女人编着席。不久，在她的身子下面就编成了一大片。她像坐在一片洁白的雪地上，也像坐在一片洁白的云彩上。她有时望望淀里，淀里也是一片银白的世界。水面笼起一层薄薄透明的雾，风吹过来，带着新鲜的荷叶荷花香。……

用一片洁白的世界陪衬女主人温柔、善良的性格和她的纯洁、美好的心灵。

2. 以人（物）托人（物）

说到他（小二黑）的漂亮，那不只在刘家峧有名，每年正月扮故事，不论去到哪一村，妇女们的眼睛都跟着他转。

好一个娇女，走在公路上，小伙子看呆了，听不见背后汽车叫；走在街面上，两旁买卖都停掉；坐在戏院里，观众不向台上瞧……

第一个例句用"妇女们的眼睛都跟着他转"来衬托小二黑确是个俊小伙；第二个例句则用各种人物的反映来衬托"娇女"的娇俏。

3. 正衬与反衬

按照衬托与被衬托事物的关系又可分为正衬与反衬。正衬是用与要描写的对象格调相一致、气氛和谐的另一相关事物来陪衬、烘托，让读者运用想象去体验补充作品中的描写对象。反衬却利用与描写对象相反的事物加以衬托，又叫"以反衬正"。例如：

有人负伤了，有人牺牲了。鲜血流在棉花上，鲜血流在战壕里。但是战壕在缓慢地顽强地往前伸……

他把手放在小宝的"和尚头"上摩着，他的被穷苦弄麻木了的老心里勃然又生出新的希望来了。

第一个例句用"负伤、流血、牺牲"来反衬"战壕"的"往前伸"，更加说明我军的顽强、勇敢。第二个例句则用"老心里"陪衬"新希望"，用麻木来反衬对新生活的希望。

(二) 衬托的作用与使用要点

恰当地运用衬托方法，能增强语言表达的鲜明性，也能渲染气氛。

在运用上，应有主有从，"从"是为了"主"，"主"依赖"从"的陪衬，二者缺一不可；衬托，尤其是"以景托情"或"反衬"，都必须搭配默契，不能有斧凿痕迹。

十三、设问

故作疑问，然后自己作答或问而不答的表达方式叫"设问"。某件事的来龙去脉在说（写）者自己是清楚的，却故意提出问题来，以引导读者去注意和思考。例如：

我们的改革要达到一个什么目的呢？总的目的就是要有利于巩固社会主义制度，有利于巩固党的领导，有利于在党的领导下和社会主义制度下发展生产力。

设问句不同于一般的疑问句。语法中的问句是确有疑问而提问，被问的问题都需对方回答。设问，自己并无疑问，只是从表达效果角度着眼，提一个或几个问题，然后自己加以回答。

设问，在说（写）中随处可见，文章标题、篇头或篇中都可设问，例如：

《谁是最可爱的人？》

《我们的文艺是为什么人的？》

人的正确思想是从哪里来的？是从天上掉下来的吗？不是。是自己头脑里固有的吗？不是。

理想问题，实质上是一个人的世界观问题。一个人活在世界上，应该具有什么样的奋斗目标呢？什么样的社会才是最理想的社会呢？这是和一个人的世界观密切联系着的。

第一、二个例句是标题设问。第三个例句是一问一答，答中又有问（"是从天上掉下来的"）。第四个例句是二问一答。

设问在表达上能起到提醒读者注意，突出某些内容的作用；在文章中间使用设问，还能起承上启下、结构层次条理分明的作用。在抒情文中，有时也能使表达增加波澜，渲染气氛，感染读者。例如：

敬爱的总理啊，您怎么走得这么急？有多少问题等着您去解决，有多少事等着您去处理，总理啊，您怎么走得这样急？

岩上长满绿盈盈的桉树、杉树、凤尾竹，清风一吹，萧萧飒飒的，想是刘三姐留下的袅袅的歌声吧？

第一个例句用了两个设问，所表达的情感、气氛都大大增浓了；第二个例句句末用了设问，加浓了抒情意味，启发了你去联想和思考。

十四、反问

用疑问句式表达确定的意思的方式叫反问。又叫诘问、反诘、激问。从反问中，读者可以悟出说（写）者确定的答案。或者答案就在"反问"中。这种方法既简洁，又能激励对方。例如：

他为自己写了一首自勉小诗：丝尽春蚕老，老病亦何衰？再有一条命，仍育爱国才。这其实也正是他自己的一幅写照。

这是他最大的心愿。难道还有什么会比这更令人感到欣慰和幸福吗？

例句的答案是"感到欣慰和幸福"。用反问，比正面写更有力，语气更坚定。

反问的意义内容要从反问句的反面去理解。字面上是肯定的，内容是否定的；字面上是否定的，内容是肯定的。因为是问而不必答，所以不同于一般的疑句，也不同于设句。

反问按表达方式可分为：

(一) 单纯反问

例如：

如果用最浓最艳的朱红，画一朵含露乍开的童子面茶花，岂不正可以象征着祖国的面貌？

让我领导农业生产吧！我要没时间过问生产，怎么领导？我自己要不下地生产、检查，又怎么算是劳动模范？

第一个例句的反问答案不言自明。第二个例句的两个反问十分深刻地突出了"劳模"的特点就是"劳动"。

(二) 是非问（答案任选择）

例如：

"友谊"还是侵略？

私设公堂犯法不犯法？

反问一般不必回答，有时也作回答，但这些"回答"是在"问中有答"后的扩展部分。

有时候，连续反问，步步逼近，能造成一种强烈语势激励读者。例如：

我们不是在我们的国家里把貌似强大的帝国主义、封建主义、资本主义基本上打倒了吗？我们不是从一个一穷二白的基础上经过15年的努力，在社会主义革命和社会主义建设的各方面，也达到了可观的水平吗？我们不是也爆炸了一颗原子弹吗？过去西方人加给我们的所谓东亚病夫的称号，现在不是抛掉了吗？为什么西方资产阶级能够做到的，东方无产阶级就不能做到呢？

设问、反问连用，效果更好。例如：

我们这样大一个国家，怎样才能团结起来，组织起来？一靠理想，二靠纪律。组织起来就有力量。没有理想，没有纪律，就像旧中国那样一盘散沙，那我们的革命怎么能够成功？我们的建设怎么能成功？

反问是在情绪激昂时采用的方法，不可滥用。

与设问比，设问的结构、作用都不同于反问。设问常用在句首、节段前，反问则常用在句中或句末。

十五、对偶

对偶,"对"成对,"偶"成双。对偶就是用结构相同或相似的一对句子来表达两个相似、相关或相反内容的一种表达方式。对偶又叫"对子",它要求上下两行字数相等、词语和音节匀称相对,句子结构也大体相似。例如:

读书好,种田好,学好都好。创业难,守业难,知难不难。

有理尽管胆大,无私何妨心雄!

引万道清泉浇祖国花朵,倾一腔热血铸人类灵魂。

对偶是我国的一种传统表达方式。由于汉字是方块字,以及汉语音节结构形式整齐的特点,最适宜组成对偶句来表达思想感情。民间的对联是从对偶句发展而来的。客观事物的对称关系,是人们产生对偶的物质和心理基础。

对偶可粗分为三类。

(一) 正对

上句和下句在意义上相似,或相衬,或相补充的对偶形式,例如:

人人握灵蛇之珠,家家抱荆山之玉。风靡云蒸,阵容齐整。条件具备了,华罗庚作出了部署。

这是我们党在决定国家命运的重要关头所采取的唯一正确的方针,所表现的大公无私的态度。

第一个例句是工整的正对,意义并列、词性相对、音节数相等。第二个例句是宽对,有的全句对偶,有的在句中对偶。

(二) 反对

上下两联意义相反或相对,例如:

对人民,你比炭火更温暖,对敌人,你比钢刀更锋利。

能媚你的,必能害你,要加倍防备;肯谏你的,必肯助你,要倾心细听。

第一个例句是相反,第二个例句是相对。

(三) 串对

上下两联之间有互为因果、递进、连贯、条件等关系的对偶,例如:

春种一粒粟,秋收万颗子。

生意兴隆,从兴隆中找生意,财源茂盛,从茂盛中找财源。

就在这种深山野谷的溪流边,往往有着果树夹岸的野果子沟。春天繁花开遍峡谷,秋天果实压满山腰。

第一个例句是条件关系,第二个例句是递进关系,第三个例句是承接关系。

对偶由于句子两两相对,互相衬托,便于揭示事物内在联系、突出矛盾对立的语意差异,所以在表达上能取得鲜明、强烈的效果。有时也能构成幽默、讽刺的言语。如:

叩头如捣蒜,屈膝似抽葱。

是是非非非非是是非不分,反反正正正正反反反正一样。

第一个例句讽刺谄媚,勾画了软骨头形象。第二个例句幽默地再现了"好人受气、坏人当道"的历史。

十六、排比

用几个结构相似、字数大体相等的句子（或分句、短语）排列起来共同表达一个相关内容的修辞方式叫排比。例如：

（问：青年人摆脱幼稚的标准是什么？答：）温柔而不软弱，成熟而不世故，谨慎而不拘泥，忍让而不怯懦，刚强而不粗暴。

他有着宽广的无产阶级革命家的胸怀，崇高的共产主义革命精神，为党为国为人民奋不顾身、勇往直前的战斗风格，受到全国人民的无限敬仰和衷心爱戴。

第一个例句用五个并列短语一气呵成，表明摆脱幼稚的整体性标准。第二个例句用三个偏正短语组成排比，从胸怀、精神和风格等三方面歌颂了周总理。

排比可以是短语，可以是分句；也可以连续排比。例如：

此刻，我们两批登陆的勇士接上了，十八个勇士一起冲上去，十八颗手榴弹一齐扔出去，十八挺机关枪一齐打过去，十八把大刀一齐在敌群中飞舞。

我们提出要教育人民成为'四有'人民，教育干部成为'四有'干部。'四有'就是有理想、有道德、有文化、有纪律。

到近处看，有的修直挺拔，好似当年山头的岗哨；有的密密麻麻，好似埋在深土坳里的奇兵；有的看来出世还不久，却也亭亭玉立，别有一番神采。

第一个例句的十八个勇士"冲、扔、打、飞"四个动作气势磅礴，力量集中。第二个例句的"四有"排比，显示了"四有"的整体性。第三个例句的排比，在每个短语后稍作舒缓，抒发对井冈山的美好回忆之情。

排比的表达作用是增强语势。宋代陈骙在《文则》中说："文有数句用一类字，所以壮气势，广文义也。"说的就是排比作用。排比句犹如闸门冲开，力量足而强，对表达起到了"重锤"作用。如前例十八个勇士勇往直前冲向敌阵的排比句，形成了排山倒海之势。

不单是懂得希腊就行了，还要懂得中国；不但要懂得外国革命史，还要懂得中国革命史；不但要懂得中国的今天，还要懂得中国的昨天和前天。

上例的排比不但使语意层层推进，语势不断增强，而且节奏也步步加速。以此来说理，能给人以"非如此不可"的直感，容易使人信服。

十七、层递

把三个或三个以上的词语或句子（结构相似、字数相近）按照事物大小、轻重、深浅、难易、远近等的差别形成递升或递降的表达方式叫层递。事物千差万别、千姿百态。人们交际往往从范围说它的大小，从意义说它的深浅轻重，从时间说它的先后多寡，从距离说它的远近长短，等等。这样的叙述或说明，往往给人一种"阶梯"式感觉，犹如登山越岭步步高，健步下山脚脚低。运动着的事物有"进程"，从而显示了它的"阶梯"形；静止着的事物也有层次，从而表现出它的"顺序"性。例如：

阶级友爱，情深如海。在我们中间，一个人发生困难，就有上百、上千、上万个素不相识的人热情地向你伸出手，不遗余力地帮助你。

听说四川有一只民谣，大略是"贼来如梳，兵来如篦，官来如剃"的意思。

第一个例句从数量递增上歌颂社会主义制度的优越性；第二个例句从"梳"→"篦"→"剃"三个形象动词的发展说明旧社会的贼→兵→官对百姓剥削一个重似一个的凶狠程度。

层递可从用词、用句来分类，即结构形式的分类，亦可按表现的内容，即降与升来分类，这种分类叫"递升"和"递降"。例如：

这种作风，拿了律己，则害了自己；拿了教人，则害了别人；拿了指导革命，则害了革命。

当战士两年多，没有什么贡献，想起来真对不起革命，对不起上级，也对不起自己。

多少人喊着你，扑向灵车；

多少人跑向你，献上花束，

表达由衷的敬意；

多少人想牵动你的衣襟，把你唤醒；

多少人想和你攀谈，知心的话题……

第一个例句是递升，是数量、程度、范围的上升，第二、三个例句是递降，是范围由大及小、距离由远及近的层递方式。

层递的作用，一是使言语表达气势足、力量强、含意深；二是由于一环又一环地表达，使言语形式层次清楚，表意鲜明，具有令人信服的逻辑力量。

运用层递，要注意：在内容上必须有层次性，不像排比那样平列而无等次。递升与递降的划分并不绝对，如程度的深浅、距离的远近、时间的先后等，在具体分析时，应从语境、文意以及作者的"立足点"去考虑。

十八、回环

回环是使语句内的词语次序能颠倒成文的一种表达方式。回环中的词语要与它的前言后语有"双向"搭配的能力。例如：

人们因为蚕吃了睡，睡了吃，把它比作是刚生出不久的婴儿，亲切地叫它"蚕宝宝"。

桃树、杏树、梨树，你不让我，我不让你，都开满了花赶趟儿。

第一个例句以婴儿作比，说明"蚕宝宝"一名的来由，"吃了睡，睡了吃"是回环的形式。第二个例句写果园，"你不让我，我不让你"是回环句，词语有双向搭配能力，可颠倒成文。

回环式既可揭示事物间的内在关系（如"价廉物美"），又由于词语往复，活泼生动，读之情趣横生；有的则有讽刺作用，针砭时政，如批评乱砍滥伐树木破坏农林生产造成的后果："越砍越穷，越穷越砍"；如给贪污犯人画像："越贪越多，越多越贪"。

回环的构成方式，可以用图表示：

A——B，B——A。例如：

漫画需要民主，民主也需要漫画。

总理爱人民，人民爱总理。

回环是人们喜闻乐见的表达方式。人们把回环格稍加变化，表达的意义就能加深了。例如在"科学需要社会主义，社会主义更需要科学"中，由于添加了"更"字，就把科学在社会主义各项事业中的重要地位突出了。在日常生活、生产中，回环形式是常见的，如"安全为了生产，生产必须安全""便宜无好货，好货不便宜""安全、准点、准点、安全"等等。回环不是文字游戏，而是从内容出发的有利于说明事理的一种修辞手段。

十九、顶真

顶真是将上句句尾的词语作为下句的开头，使前后语句首尾相同相接的一种表达方式，又叫顶针、联珠。例如：

这真是座活山啊，有山就有水，有水就有脉，有脉就有苗，难怪人家说下面埋着聚宝盆。

从1951年开始，我国使用飞机灭蝗。……使大灾变成小灾，小灾变成无灾。

上面二例可以看到，顶针犹如接力赛跑，一个接一个，直到结束。它的构成方式可以图示为：

A——B，B——C，C——D……

它可以是词与词相接，也可以是短语与短语，甚至句子与句子相接。例如：

血雨腥风里，毛竹……不向敌人弯腰。竹叶烧了，还有竹枝；竹枝断了，还有竹鞭；竹鞭砍了，还有深埋在地下的竹根。

指挥员的正确部署来源于正确的决心，正确的决心来源于正确的判断，正确的判断来源于周到的和必要的侦察，和对各种侦察材料的连贯起来的思索。

要改变文艺界的作风，首先要改变干部的作风；要改变干部的作风，首先要改变领导干部的作风；要改变领导干部的作风，首先要从我们几个人做起。

第一个例句是用词"竹枝、竹鞭"等相接，象征了井冈山人民革命不怕牺牲、你救我助、代代相接的高尚品质。第二、三个例句都是短语相接。前者通过顶针方式简练地揭示了"决心——判断——侦察"之间的辩证关系，极自然地提出了指挥员应有的政治和军事素质；后者则运用顶针方式阐明了一般干部和领导干部、领导干部和"我们几个人"间的相互关系，从而提出了解决"改变文艺界的作风"的关键所在，步步论证，层层深入，令人信服。

顶真的表达方式，由于句子首尾相接，连贯而下，使叙述如行云流水，气势贯通，而又条理分明、层次清晰。同时，句句相接，不断接出新的内容，使语意步步推进，能给人以明快、流畅和格调清新之感。

二十、引用

引用是为了说明问题、阐释观点而援引他人的意见或文字，是文字工作中常见的一种表达方式，也叫"引证"。引用可分为明引、暗引和正引、反引。例如：

唐朝人魏徵说过，"兼听则明，偏听则暗"，也懂得片面性不对。

根据这种马克思主义的根本观点，毛泽东同志在党的七大的报告中，把理论和实践相结合的作风，规定为我们党的三大作风的第一项。

第一个例句是明引，引魏徵的话来帮助说明作者的意见；第二个例句是暗引，也叫意引，只引用了大意，不注明原话或原文。又如：

凡事应该用脑筋好好想一想。俗话说"眉头一皱，计上心来"，就是说多想出智慧。

中国有句古话，"十年树木，百年树人"。百年树人，减少九十年，十年树人。十年树木是不对的，在南方要 25 年，在北方要更多的时间。十年树人倒是可以的。

第一个例句是正引，引入一句俗话，帮助说明作者的意见，同时也是为作者的看法提出一个证据。第二个例句是反引，引入的意见和作者的看法不一致，并对它作否定性的分析，以此帮助作者阐发自己的看法。

引用是一种帮助说明作者观点的表达方式，应正确使用他人的原文、原话、原意，尽可能注明出处，以便读者查核。写作应以叙说自己的意见为主，不应过多引用他人的文字，否则自己的见解被引文淹没了。

二十一、辞格的综合运用

辞格的综合运用，是指在一个语言片段中，同时存在两种或两种以上的辞格。它们可以是同一辞格的并列，或者互相套用。

（一）辞格的连用

1. 同一辞格的连用

例如：

它是黑夜的火把，雪天的煤炭，大旱的甘霖。人们含着笑又含着欢喜的眼泪听这首歌。

天上的云，真是姿态万千，变化无常。它们有的像羽毛，轻轻地飘在空中；有的像鱼鳞，一片片整整齐齐地排列着；有的像羊群，来来去去；有的像一床大棉被，满满地盖住了天空；还有的像峰峦，像河川，像雄狮，像奔马……

2. 不同辞格的连用

例如：

千锤百炼吧，中国的"铁锄头"！有朝一日，当祖国人民需要你"一锤定音"时，切盼你能敲得重重的，响响的，敲出我们祖国的国威来。

惨象，已使我目不忍视了；流言，尤使我耳不忍闻。我还有什么话可说呢？

辞格的连用以比喻、排比、反复、夸张和对偶为多见。

（二）辞格的套用

又叫辞格的包孕，就是一个语言片段中某个辞格，又包含着比某个辞格范围小的一个或几个辞格。例如：

橙子黄了，弯弯的树梢坠下一个个金子般月亮。

你的嗓子像铜钟一样，一叫起来，十里地都能听见，那咱们的计划就完全暴露了。

幸福的事情终于发生了，火一样热的诺言，溶化了铁一样硬的心。

霎时间，四面八方，电灯明亮，就像千万颗珍珠飞上天去！

第一个例句是比喻的套用，先用"金子般月亮"比成熟了的橙子，再以"金子"比橙子的金黄。第二个例句是夸张和比喻套用，"嗓子像铜钟"是比喻，全句是夸张。第三个例句是比喻和拈连的套用，以火比诺言的热、以铁比心的硬，诺言溶化了心是由火溶化铁的意思拈连而来的。第四个例句是比喻和比拟的套用，珍珠是喻体，"珍珠飞上天去"是把无生命物比成有生命物。

（三）辞格的兼用

是一个辞格兼有另一个辞格的表达功能，是一身兼两职的表达方式。例如：

她们从小跟这小船打交道，驶起来就像织布穿梭、缝衣透针一般快。

举着红灯的游行队伍河一样流到街上。天空的月亮失去了光辉，星星也都躲藏。

对丑类的恨加深着对人民的爱，对人民的爱又加深着对丑类的恨。

虚心使人进步，骄傲使人落后。

第一个例句是比喻和夸张兼用，"织布穿梭""缝衣透针"既是比喻小船驶得快，又十分夸张。第二个例句是拟人和夸张兼用，"星星也都躲藏"是拟人的用法，同时又是夸张的说法。第三个例句是回环和对偶的兼用。第四个例句是对偶和对比的兼用。

辞格的连用犹如炮弹连发，气势加强了，套用则使"火力"集中了，兼用更使水乳交融，意味深长。

假如在表达时，"连用、套用和兼用"共存在一个语言结构里，那么表达更丰富多彩，结构上也会千姿百态，非常奇妙。例如：

半夜里，忽然醒来，才觉得寒气逼人，刺入肌骨，浑身打着颤。/把毯子卷得更紧些，把身子蜷起来，还是睡不着。//天上闪烁的星星，好像黑色幕上缀着的宝石，它跟我们这样地接近哪！/黑的山峰像巨人一样矗立在面前。四周的山把这山谷包围得像一口井。上边和下边有几堆火没有熄；冻醒了的同志围着火堆小声地谈着话。除此而外，就是寂静。/耳朵里有不可捉摸的声响，极远的又是极近的，极洪大的又是极细切的，像春蚕在咀嚼桑叶，像野马在平原上奔驰，像山泉在呜咽，像波涛在澎湃。

从开始到"睡不着"，写夜间高寒逼人情状。先用排比铺陈"冷"的程度，再用衬托，突出"睡不着"是由于"冷"。从"天上"到结束，先用多个比喻突出山势险峻，又肯定红军战士的乐观态度；再用排比套排比，又兼用比喻的方式，突出"老山界"高而寒又寂静得出奇。这些方式极言山险高寒，和战士的乐观态度形成反差，更令人崇敬。

辞格的综合运用，必须服从内容需要，要防止辞格的堆叠。为了用好辞格，必须懂得辞格的各自特点及其自身规律。像属于对称类的，如对偶、排比、顶针、警策等辞格；属于形象类的，如比喻、借代、夸张、比拟等辞格；属于发抒感情的，如反复、拈连、回环等辞格；属于分析或具有逻辑性的，如反语、设问、引用等辞格。它们的作用有时是交叉的，有时是兼有的，要看运用时的情况。总之，辞格是前人在运用语言中创造出来的表达方式，使用得好，就可收到"事半功倍"的表达效果。

思考和练习

一、什么是对比？什么是衬托？两者的主要区别是什么？试举例说明。

二、什么是设问？什么是反问？有何异同？

三、指出下列各句哪是对偶句，哪是排比句，并说出理由：

① 他，有如一座光芒万丈的金塔，矗立在共产主义的思想高地；他，有如一支鲜红的路标，高高插在我们生活的十字路口。

② 横眉冷对千夫指，俯首甘为孺子牛。

③ 车夫急着上雨布，铺户忙着收幌子，小贩们慌手忙脚地收拾摊子，行路的加紧往前奔。

四、什么是层递？层递和排比有什么区别？

五、什么是回环？什么是顶真？两者有什么区别？

六、试以对比、衬托、设问、反问、对偶、排比、层递、回环、顶真等辞格造句（或摘录读课外书时见到的例句。）

七、下列各例句含有什么辞格？

① 人们怎能不热爱这风光旖旎的南国花市，怎能不从这个盛大的花市享受着生活的温馨呢？

② 只要有这点精神，就是一个高尚的人，一个纯粹的人，一个有道德的人，一个脱离了低级趣味的人，一个有益于人民的人。

③ 我能光向总理诉苦吗？我能空手去见总理吗？不行，啥也别想挡住俺。

④ 山峦爽朗，湖水清净，日里披满阳光，夜里缀满星辰。

⑤ 骑马穿行林中，只听见马蹄溅起在岩石上漫流的水的声音，更增添了密林的幽静。

⑥ 湖水滋润着湖边的青草，青草喂胖了羊群，羊奶哺育着少女的后代子孙。

⑦ 雷锋同志说得好："我们吃饭是为了活着，可活着不是为了吃饭。"

⑧ 这坛后的宫殿是华丽的，飞檐、斗拱、琉璃瓦、白台阶……真是金碧辉煌！而坛呢，却很荒凉，就只有五色的泥土。

⑨ 鲁迅先生说的"我吃的是草，挤出来的是牛奶，血"，也正是松树的风格的写照。

八、下列各段文字中包含有辞格的连用、套用和兼用，试作分析说明。

① 摇动的车轮，旋转的锭子，争着发出嗡嗡嘤嘤的声音，像演奏弦乐，像轻轻地唱歌。

② 别看浪花小，无数浪花集中到一起，心齐，又有耐心，就这样咬呀咬的，咬上几万年，几千年，哪怕是铁打的江山，也能叫它变个样儿。

③ 远望天山，美丽多姿，那常年积雪高插云霄的群峰，像集体起舞时的维吾尔族少女的珠冠，银光闪闪，那富于色彩的连绵不断的山峦，像孔雀开屏，艳丽动人。

④ 她爱诗，并且爱用歌唱的音调教我们读诗。直到现在我还记得她读诗的音调，还能背诵她教我们的诗：

    圆天盖着大海，
    黑水托着孤舟，
    远看不见山，
    那天边只有云头，
    也看不见树，
    那水上只有海鸥……

今天想来，她对我的接近文学和爱好文学，是有着多么有益的影响！

像这样的教师，我们怎么会不喜欢她，并且不愿意和她亲近呢？我们见了柴老师像老鼠见了猫似的赶快溜掉，而见了她不由得就围上去。即使她写字的时候，我们也默默地看着她，连她握铅笔的姿势都急于模仿。

附 录

汉语拼音方案

一、字母表

字母：	Aa	Bb	Cc	Dd	Ee	Ff	Gg
名称：	ㄚ	ㄅㄝ	ㄘㄝ	ㄉㄝ	ㄜ	ㄝㄈ	ㄍㄝ
	Hh	Ii	Jj	Kk	Ll	Mm	Nn
	ㄏㄚ	ㄧ	ㄐㄧㄝ	ㄎㄝ	ㄝㄌ	ㄝㄇ	ㄋㄝ
	Oo	Pp	Qq	Rr	Ss	Tt	Uu
	ㄛ	ㄆㄝ	ㄑㄧㄡ	ㄚㄦ	ㄝㄙ	ㄊㄝ	ㄨ
	Vv	Ww	Xx	Yy	Zz		
	ㄪㄝ	ㄨㄚ	ㄒㄧ	ㄧㄚ	ㄗㄝ		

V 只用来拼写外来语、少数民族语言和方言。
字母的手写体依照拉丁字母的一般书写习惯。

二、声母表

b	p	m	f	d	t	n	l
ㄅ玻	ㄆ坡	ㄇ摸	ㄈ佛	ㄉ得	ㄊ特	ㄋ讷	ㄌ勒
g	k	h	j	q	x		
ㄍ哥	ㄎ科	ㄏ喝	ㄐ基	ㄑ欺	ㄒ希		
zh	ch	sh	r	z	c	s	
ㄓ知	ㄔ蚩	ㄕ诗	ㄖ日	ㄗ资	ㄘ雌	ㄙ思	

在给汉字注音的时候，为了使拼式简短，zh、ch、sh 可以省作 ẑ、ĉ、ŝ。

三、韵 母 表

	i 丨衣	u ㄨ乌	ü ㄩ迂
a ㄚ啊	ia 丨ㄚ呀	ua ㄨㄚ蛙	
o ㄛ喔		uo ㄨㄛ窝	
	i 丨衣	u ㄨ乌	ü ㄩ迂
e ㄜ鹅	ie 丨ㄝ耶		üe ㄩㄝ约
ai ㄞ哀		uai ㄨㄞ歪	
ei ㄟ欸		uei ㄨㄟ威	
ao ㄠ熬	iao 丨ㄠ腰		
ou ㄡ欧	iou 丨ㄡ忧		
an ㄢ安	ian 丨ㄢ烟	uan ㄨㄢ弯	üan ㄩㄢ冤
en ㄣ恩	in 丨ㄣ因	uen ㄨㄣ温	ün ㄩㄣ晕
ang ㄤ昂	iang 丨ㄤ央	uang ㄨㄤ汪	
eng ㄥ亨的韵母	ing 丨ㄥ英	ueng ㄨㄥ翁	
ong （ㄨㄥ）轰的韵母	iong ㄩㄥ雍		

(1)"知、蚩、诗、日、资、雌、思"等七个音节的韵母用 i，即知、蚩、诗、日、资、雌、思等字拼作 zhi、chi、shi、ri、zi、ci、si。
(2) 韵母儿写成 er，用作韵尾的时候写成 r。例如："儿童"拼作 értóng，"花儿"拼作 huār。
(3) 韵母ㄝ单用的时候写成 ê。
(4) i 行的韵母，前面没有声母的时候，写成 yi（衣），ya（呀），ye（耶），yao（腰），you（忧），yan（烟），yin（因），yang（央），ying（英），yong（雍）。
(5) iou, uei, uen 前面加声母的时候，写成 iu, ui, un。例如：niu（牛），gui（归），lun（论）。
(6) 在给汉字注音的时候，为了使拼式简短，ng 可以省作 ŋ。

四、声 调 符 号

阴平　　阳平　　上声　　去声
 ̄　　　　´　　　　ˇ　　　　ˋ

声调符号标在音节的主要母音上。轻声不标。例如：

妈 mā　　麻 má　　马 mǎ　　骂 mà　　吗 ma
（阴平）　（阳平）　（上声）　（去声）　（轻声）

五、隔 音 符 号

a，o，e 开头的音节连接在其他音节后面的时候，如果音节的界限发生混淆，用隔音符号（'）隔开，例如 pi'ao（皮袄）。

汉语拼音字母、注音符号和国际音标对照表

拼音字母	注音符号	国际音标	拼音字母	注音符号	国际音标	拼音字母	注音符号	国际音标
b	ㄅ	[p]	c	ㄘ	[tsʻ]	ia	ㄧㄚ	[iA]
p	ㄆ	[pʻ]	s	ㄙ	[s]	ie	ㄧㄝ	[iɛ]
m	ㄇ	[m]	a	ㄚ	[A]	iao	ㄧㄠ	[iau]
f	ㄈ	[f]	o	ㄛ	[o]	iou	ㄧㄡ	[iou]
v	ㄪ	[v]	e	ㄜ	[ɤ]	ian	ㄧㄢ	[iɛn]
d	ㄉ	[t]	ê	ㄝ	[ɛ]	in	ㄧㄣ	[in]
t	ㄊ	[tʻ]	er	ㄦ	[ɚ]	iang	ㄧㄤ	[iaŋ]
n	ㄋ	[n]	-i（前）	ㄭ	[ɿ]	ing	ㄧㄥ	[iŋ]
l	ㄌ	[l]	-i（后）	ㄭ	[ʅ]	iong	ㄩㄥ	[yŋ]
g	ㄍ	[k]	i	ㄧ	[i]	ua	ㄨㄚ	[uA]
k	ㄎ	[kʻ]	u	ㄨ	[u]	uo	ㄨㄛ	[uo]
(ng)	ㄫ	[ŋ]	ü	ㄩ	[y]	uai	ㄨㄞ	[uai]
h	ㄏ	[x]	ai	ㄞ	[ai]	uei	ㄨㄟ	[uei]
j	ㄐ	[tɕ]	ei	ㄟ	[ei]	uan	ㄨㄢ	[uan]
q	ㄑ	[tɕʻ]	ao	ㄠ	[au]	uen	ㄨㄣ	[uən]
x	ㄒ	[ɕ]	ou	ㄡ	[ou]	uang	ㄨㄤ	[uaŋ]
zh	ㄓ	[tʂ]	an	ㄢ	[an]	ueng	ㄨㄥ	[uəŋ]
ch	ㄔ	[tʂʻ]	en	ㄣ	[ən]	üe	ㄩㄝ	[yɛ]
sh	ㄕ	[ʂ]	ang	ㄤ	[aŋ]	üan	ㄩㄢ	[yan]
r	ㄖ	[ʐ]	eng	ㄥ	[əŋ]	ün	ㄩㄣ	[yn]
z	ㄗ	[ts]	ong	ㄨㄥ	[uŋ]			

u 行的韵母，前面没有声母的时候，写成 wu（乌），wa（蛙），wo（窝），wai（歪），wei（威），wan（弯），wen（温），wang（汪），weng（翁）。

ü 行的韵母，前面没有声母的时候，写成 yu（迂），yue（约），yuan（冤），yun（晕），ü 上两点省略。

ü 行的韵母跟声母 j，q，x 拼的时候，写成 ju（居），qu（区），xu（虚），ü 上两点也省略；但是跟声母 n，l 拼的时候，仍然写成 nü（女），lü（吕）。

z 和 zh、c 和 ch、s 和 sh 声旁类推字表

一 z 声母

子——zī 孜，zǐ 子、仔（仔细）、籽。

兹——zī 兹（兹定于）、滋、孳。

资——zī 咨、姿、资、趑，zì 恣。

匝——zā 匝，zá 砸。

责——zé 责、啧、帻、箦。

造——zào 造。（糙念 cāo）

澡——zǎo 澡、藻，zào 噪、燥、躁。

赞——zǎn 攒（积攒）、趱，zàn 赞。

曾——zēng 曾（姓）、憎、增、缯，zèng 赠。（曾经念 céng 经）

宗——zōng 宗、综、棕、踪、鬃，zōng 粽。

卒——zú 卒，zuì 醉。

祖——zū 租，zǔ 诅、阻、组、祖、俎。

尊——zūn 尊、遵、樽。

二 zh 声母

支——zhī 支、枝、肢。

止—— zhǐ 止、芷、址、趾。

知——zhī 知、蜘，zhì 智。（痴念 chī）

只—— zhī 只（两只、只身）、织，zhí 职，zhǐ 只（只有），zhì 帜。（识念 shí，炽念 chì）

执——zhí 执，zhì 贽、挚、鸷。

直——zhí 直、值、植、殖，zhì 置。

至——zhí 侄，zhì 至、郅、致、窒、蛭。

志——zhì 志、痣。

折——zhē 折（折腾），zhé 折（折磨）、哲、蛰，zhè 浙。（折又念 shé，誓念 shì）

者——zhě 者、赭，zhū 诸、猪、潴，zhǔ 渚、煮，zhù 著、箸。（楮、储、褚念 chǔ）

召——zhāo 招、昭，zhǎo 沼，zhào 召（号召）、诏、照。（召又念 shào）

占——zhān 占（占卜）、沾、毡、粘（粘贴），zhàn 占（占据）、战、站，zhēn 砧。（钻念 zuān，又念 zuàn，粘又念 nián）

贞——zhēn 贞、侦、祯、桢。（帧 zhèng）

珍——zhēn 珍，zhěn 诊、疹。（趁念 chèn）

真——zhēn 真，zhěn 缜，zhèn 镇。（慎念 shèn）

振——zhèn 振、赈、震。(辰、宸、晨念 chén)

章——zhāng 章、漳、彰、獐、嫜、璋、樟、蟑，zhàng 障、嶂、幛、瘴。

长——zhāng 张，zhǎng 长（生长、班长）、涨，zhàng 胀、帐、涨（头昏脑涨、脸涨红了）。(长又念 cháng)

丈——zhàng 丈、仗、杖。

争——zhēng 争、挣（挣扎）、峥、狰、铮、睁、筝，zhèng 诤、挣（挣脱）。

正——zhēng 正（正月）、怔、征、症（症结），zhěng 整，zhèng 正、证、政、症。(惩念 chéng)

中——zhōng 中、忠、钟、盅、衷，zhǒng 种（种子）、肿，zhòng 中（中暑、打中）、种、仲。(冲念 chōng，又念 chòng，冲床、冲劲儿)

朱——zhū 朱、诛、侏、洙、茱、珠、株、铢、蛛。(殊念 shū)

主——zhǔ 主、拄，zhù 住、注、炷、柱、驻、蛀。

啄——zhuō 涿，zhuó 诼、啄、琢、椓。

专——zhuān 专、砖，zhuǎn 转（转身、转达），zhuàn 转（转动）、传（传记）、啭。(传又念 chuán)

三 c 声 母

慈——cí 慈、鹚、糍。

此——cī 疵，cǐ 此。

差——cī 差（参差），cuō 搓、磋。(差又念 chā，差别；chà，差不多；chāi，出差)

蔡——cā 擦、嚓（象声词），cài 蔡。(察念 chá)

才——cái 才、材、财。(豺念 chái)

采——cǎi 采、彩、睬、踩，cài 采（采地）、菜。

曹——cáo 曹、漕、嘈、槽、螬。

参——cān 参（参加），cǎn 惨，cēn 参（参差）。(参又念 shēn，人参；渗念 shèn)

仓——cāng 仓、伧、沧、苍、鸧、舱（伧又念 chen，寒伧；创、怆、疮的声母为 ch)

从——cōng 从、苁、枞，cóng 丛。

卒——cù 卒（仓卒）、猝；cuì 淬、悴、萃、啐、瘁、粹、翠。

醋——cù 醋；cuò 措、错。

挫——cuò 挫、锉。

崔——cuī 崔、催、摧，cuǐ 璀。

窜——cuān 撺、蹿，cuàn 窜。

寸——cūn 村，cǔn 忖，cùn 寸。

四 ch 声 母

池——chí 池、弛、驰。

斥——chì 斥；chè 坼；chāi 拆（拆信）。

叉——chā 叉（叉子）、杈，chá 叉（叉住），chǎ（叉开）、衩，chà 杈、衩；chāi 钗。

抄——chāo 抄、吵（吵吵）、钞，chǎo 吵、炒。

朝——cháo 朝、潮、嘲。（朝又念 zhāo）

筹——chóu 俦、畴、筹、踌（踌躇）。

绸——chóu 绸、惆（惆怅）、稠。

产——chǎn 产、浐、铲。

谗——chān 搀，chán 谗、馋。

辰——chén 辰、宸、晨；chún 唇。

昌——chāng 昌、阊、菖、猖、鲳，chàng 倡、唱。

场——cháng 场（场院）、肠，chǎng 场（会场），chàng 畅。

成——chéng 成、诚、城、盛（盛饭）。（盛又念 shèng）

呈——chéng 呈、程、酲，chěng 逞。

厨——chú 厨、橱、蹰（踟蹰）。

除——chú 除、滁、蜍、篨。

出——chū 出，chǔ 础，chù 绌、黜。

叕——chuò 惙、啜、辍。

揣——chuāi 揣（揣在怀里），chuǎi 揣（揣测），chuǎn 喘。

垂——chuí 垂、陲、捶、锤、棰、箠。

春——chūn 春、椿、chǔn 蠢。

五 s 声母

司——sī 司，sì 伺、饲、嗣。

四——sì 四、泗、驷。

斯——sī 斯、厮、澌、撕、嘶。

散——sā 撒（撒手），sǎ 撒（撒种）；sǎn 散（散漫）、馓，sàn 散（散会）。

思——sāi 腮、鳃；sī 思、锶。

叟——sǎo 嫂；sōu 溲、搜、嗖、馊、飕、螋、艘。（瘦念 shòu）

桑——sāng 桑，sǎng 搡、嗓、颡。

松——sōng 松（惺忪）、淞、凇，sòng 颂。（忪又念 zhōng，怔忪。）

素——sù 素、愫、嗉。

锁——suǒ 唢、琐、锁。

遂——suí 遂（半身不遂），suì 遂（遂心）、隧、燧、邃。

唆——suān 酸；suō 唆、梭。

孙——sūn 孙、荪、狲。

六　sh 声母

师——shī 师、浉、狮；shāi 筛。(蛳念 sī)

诗——shī 诗, shí 时、埘、鲥, shì 侍、恃。(寺念 sì)

式——shì 式、试、拭、轼、弑。

市——shì 市、柿、铈。

舍——shà 啥；shē 猞, shě 舍（舍己救人）, shè 舍（宿舍）

少——shā 沙、莎、纱、痧、砂、裟、鲨, suō 莎（莎草）; shǎo 少（少数）, shào 少（少年）。(娑念 suō)

召——sháo 苕（红苕）、韶, shào 召（姓）邵、劭、绍。

捎——shāo 捎、梢、稍（稍微）、筲、艄、鞘, shào 哨、稍（稍息）。（鞘又念 qiào，刀鞘）

受——shòu 受、授、绶。

珊——shān 删、姗、珊、栅（栅极）、蹒（蹒跚）。(册念 cè; 栅又念 zhà，栅栏。)

扇——shān 扇（动词）、煽, shàn 扇。

山——shān 山、舢, shàn 讪、汕、疝。

申——shēn 申、伸、呻、绅、砷, shén 神、钟, shěn 审、婶、婶。

尚——shǎng 赏, shàng 尚, shang 裳。(徜念 cháng，徜徉。)

生——shēng 生、牲、笙、甥, shèng 胜。

抒——shū 抒、纾、舒。

叔——shū 叔、淑、菽。

孰——shú 孰、塾、熟。

刷——shuā 刷, shuà 刷（刷白）; shuàn 涮。

n、l 声旁类推字表

一 n 声母

那——nǎ 哪，nà 那，nuó 挪、娜。

乃——nǎi 乃，奶。

奈——nǎi 奈，nà 捺。

内——nèi 内，nè 讷，nà 呐、衲、钠。

脑——nǎo 脑、恼、瑙。

南——nán 南、喃、楠。

农——nóng 农、浓、脓。

尼——ní 尼、泥、呢（呢子），ne 呢（语气词）。

倪——ní 倪、霓。

捏——niē 捏，niè 涅。

聂——niè 聂、蹑。

纽——niū 妞，niǔ 扭、纽、钮。

念——niǎn 捻，niàn 念。

宁——níng 宁、柠、咛、狞、拧（拧毛巾），nǐng 拧（说拧了），nìng 宁（宁可）、泞、拧（脾气拧）。

奴——nú 奴、孥、驽，nǔ 努，nù 怒。

诺——nuò 诺，nì 匿。

懦——nuò 懦、糯。

虐——nüè 虐、疟。

二 l 声母

剌——lǎ 喇，là 剌、辣、瘌，lài 赖、癞、籁，lǎn 懒。

腊——là 腊、蜡，liè 猎。

乐——lè 乐，lì 砾。

雷——léi 雷、擂、镭，lěi 蕾。

垒——lěi 垒。

累——lèi 累，luó 骡、螺。

劳——lāo 捞，láo 劳、痨，lào 涝。

老——lǎo 老、姥。

娄——lóu 娄、喽、楼，lǒu 搂、篓，lǚ 缕、屡。

蓝——lán 蓝、篮，làn 滥。

兰——lán 兰、拦、栏，làn 烂。

览——lǎn 览、揽、缆、榄。

龙——lóng 龙、咙、聋、笼，lǒng 陇、垄、拢。
隆——lóng 隆、窿、癃。
离——lí 离、篱，li 璃。
里——lí 厘、狸，lǐ 里、理、鲤，liàng 量。
利——lí 梨、犁，lì 利、俐、痢。
厉——lì 厉，励。
立——lì 立、粒、笠，lā 拉、垃、啦。
力——lì 力、荔，liè 劣，lēi 勒（勒紧绳），lèi 肋，lè 勒（勒令）。
历——lì 历、沥。
列——liě 咧，liè 列、裂、烈，lì 例。
留——liū 溜，liú 留、馏（蒸馏）、榴、瘤、镏（镏金）、遛（逗遛），liù 溜（水溜）、馏（馏馒头）、镏（镏子）、遛（遛大街）。
流——liú 流、琉、硫、鎏（同镏）。
柳——liǔ 柳，liáo 聊。
连——lián 连、莲，liàn 链。
廉——lián 廉、濂、镰。
脸——liǎn 脸、敛，liàn 殓。
炼——liàn 练、炼。
恋——liàn 恋，luán 孪、鸾、滦。
林——lín 林、淋、琳、霖，lán 婪。
鳞——lín 鳞、嶙、璘、磷、麟。
良——liáng 良、粮，liàng 踉（踉跄），láng 郎、廊、狼、琅、榔、螂，lǎng 朗，làng 浪。
梁——liáng 梁、粱。
凉——liáng 凉，liàng 谅、晾，lüè 掠。
两——liǎng 两、俩（伎俩），liàng 辆，liǎ 俩。
令——líng 伶、玲、铃、羚、聆、蛉、零、龄，lǐng 岭、领，lìng 令，lěng 冷，lín 邻，lián 怜。
菱——líng 菱、陵、凌，léng 棱（棱角）。
卢——lú 卢、泸、庐、芦、炉、颅，lǔ 舻，lú 驴。
鲁——lǔ 鲁、橹。
录——lù 录、禄、碌，lǜ 绿、氯。
鹿——lù 鹿、辘。
路——lù 路、鹭、露。
戮——lù 戮。
罗——luó 罗、逻、萝、锣、箩。

洛——luò 洛、落、络、骆，lào 烙、酪，lüè 略。
仑——lūn 抡，lún 仑、伦、沦、轮，lùn 论。
吕——lǚ 吕、侣、铝。
虑——lǜ 虑、滤。

f、h 声旁类推字表

一 f 声母

发——fā 发，fèi 废。

乏——fá 乏，fàn 泛。

伐——fá 伐、阀、筏。

非——fēi 非、菲、啡、扉，fěi 诽、匪，fèi 痱。

番——fān 番、翻。

凡——fān 帆，fán 凡、矾。

反——fǎn 反、返，fàn 饭、贩。

分——fēn 分、芬、吩、纷，fěn 粉，fèn 份、忿。

方——fāng 方、芳，fáng 防、妨、房、肪，fǎng 仿、访、纺，fàng 放。

风——fēng 风、枫、疯，fěng 讽。

蜂——fēng 蜂、峰、烽、锋。

夫——fū 夫、肤、麸，fú 芙、扶。

甫——fū 敷，fǔ 甫、辅、脯（果～），fù 傅、缚。

弗——fú 弗、拂，佛（仿～），fó 佛（～教），fèi 沸、费。

孚——fū 孵，fú 乎、俘、浮。

福——fú 福、幅、辐、蝠，fù 副、富。

复——fù 复、腹、馥、覆。

父——fǔ 斧、釜，fù 父。

付——fú 符，fǔ 府、俯、腑、腐，fù 付、附，fu 咐。

伏——fú 伏、茯、袱。

二 h 声母

禾——hé 禾、和。

红——hóng 红、虹、鸿。

洪——hōng 哄（哄动），hóng 洪，hǒng 哄（哄骗），hòng 哄（起哄）。

乎——hū 乎、呼。

忽——hū 忽、惚。

胡——hú 胡、湖、葫、糊、蝴。

狐——hú 狐、弧。

虎——hǔ 虎、唬（唬人），hu 唬（吓唬）。

户——hù 户、沪、护、戽。

化——huā 花、哗，huá 华、哗（哗然）、铧，huà 化、华（姓），huò 货。

活——huó 活，huà 话。

火——huǒ 火、伙。
或——huò 或、惑。
怀——huái 怀，huài 坏。
淮——huái 淮，huì 汇。
灰——huī 灰、恢。
挥——huī 挥、辉，hún 浑。
回——huí 回、茴、蛔，huái 徊。
悔——huǐ 悔，huì 诲、晦。
会——huì 会、绘、烩。
惠——huì 惠、蕙。
还——huán 还、环。
涣——huàn 涣、换、唤、焕、痪。
昏——hūn 昏、阍、婚。
混——hún 混（混水，同浑）、馄，hùn 混。
荒——huāng 荒、慌，huǎng 谎。
皇——huáng 皇、凰、惶、徨、蝗。
黄——huáng 黄、璜、簧、潢。
晃——huǎng 晃（晃眼）、恍、幌，huàng 晃（晃动）

r 声母常用字表

ri   rì 日。

re   rě 惹，rè 热。

rao   ráo 饶，rǎo 扰，rào 绕。

rou   róu 柔、揉，ròu 肉。

ran   rán 然、燃，rǎn 染。

ren   rén 人、仁、任（姓）、壬，rěn 忍，rèn 刃、纫、认、韧、任。

rang   ráng 瓤，rǎng 嚷、壤，ràng 让。

reng   rēng 扔，réng 仍。

rong   róng 绒、容、溶、熔、蓉、荣、融、茸。

ru   rú 如、孺、蠕，rǔ 乳、辱，rù 入、褥。

ruo   ruò 若、弱。

rui   ruǐ 蕊，ruì 锐、瑞。

ruan   ruǎn 软。

run   rùn 闰、润。

en 和 eng、in 和 ing 声旁类推字表

en 韵

本：běn 本苯，bèn 笨。

辰：chén 辰宸晨；shēn 娠，shèn 蜃；zhèn 振赈震。

分：fēn 分芬吩纷氛，fén 汾梦，fěn 粉，fèn 分（身分）份忿；pén 盆。

艮：hén 痕，hěn 很狠，hèn 恨；gēn 根跟，gèn 艮茛；kěn 垦恳。

门：mēn 闷（～热），mén 门们扪，mèn 闷（～～不乐）焖。

壬：rén 壬任（姓），rěn 荏，rèn 任饪妊衽。

刃：rěn 忍，rèn 刃仞纫韧轫。

申：shēn 申伸呻绅砷，shén 神钟，shěn 审婶。

贞：zhēn 贞侦祯桢（帧念 zhēng）。

珍：zhēn 珍，zhěn 诊疹；chèn 趁。

真：zhēn 真，zhěn 缜，zhèn 镇；chēn 嗔；shèn 慎。

eng 韵

朋：bēng 崩绷（～带），běng 绷（～着脸），bèng 蹦绷（～硬）；péng 朋棚硼鹏。

成：chéng 成诚城盛；shèng 盛（～会）。

呈：chéng 呈程酲，chěng 逞。

登：dēng 灯登蹬，dèng 凳澄磴镫瞪；chéng 澄（～清）。

风：fēng 风枫疯，fěng 讽。

峰：fēng 峰烽蜂，féng 逢缝，fèng 缝（～隙）；péng 篷蓬。

奉：fèng 奉俸；bàng 棒；pěng 捧。

更：gēng 更，gěng 埂绠梗哽鲠，gèng 更；yìng 硬。

蒙：mēng 蒙（～骗），méng 蒙濛檬朦矇，měng 蒙（～古）蠓。

孟：měng 猛锰蜢艋勐，mèng 孟。

彭：pēng 澎，péng 彭膨澎（～湖）。

生：shēng 生牲甥笙，shèng 胜。

乘：shèng 剩嵊；chéng 乘。

曾：zēng 曾憎增缯，zèng 赠；céng 层曾，cèng 蹭；sēng 僧。

正：zhēng 正怔征症，zhěng 整，zhèng 正证政症；chéng 惩。

争：zhēng 争挣峥狰睁铮筝，zhèng 诤。

丞：zhēng 蒸，zhěng 拯；chéng 丞。

in 韵

宾：bīn 宾滨傧槟缤镔，bìn 摈殡鬓；pín 嫔。

今：jīn 今衿矜，jìn 妗；qīn 衾，qín 琴芩；yín 吟。

禁：jīn 禁襟，jìn 禁噤。
尽：jǐn 尽，jìn 尽（～力）浕烬。
堇：jǐn 谨馑瑾槿；qín 勤；yín 鄞。
粦：lín 邻粼遴嶙辚磷鳞麟。
林：lín 林淋琳霖；bīn 彬。
民：mín 民岷，mǐn 抿泯。
侵：qīn 侵，qǐn 寝；jìn 浸。
禽：qín 禽擒噙。
心：xīn 心芯；qìn 沁。
斤：xīn 忻昕欣新薪；jīn 斤，jìn 近靳；qín 芹。
辛：xīn 辛莘锌；qīn 亲。（亲又读 qìng，～家）。
因：yīn 因茵洇姻氤。

ing 韵

丙：bǐng 丙炳柄，bìng 病。
并：bǐng 饼屏（～除），bìng 并屏（～弃）；píng 瓶屏（～风）。（拼姘读 pīn）。
丁：dīng 丁疔盯钉酊，dǐng 顶酊（酩～），dìng 订钉；tīng 厅汀。
定：dìng 定腚碇锭。
京：jīng 京惊鲸；qíng 黥。
茎：jīng 泾茎经，jǐng 刭颈，jìng 劲胫径痉；qīng 轻氢。（劲又读 jìn）。
竟：jìng 竟境镜。
敬：jǐng 儆警，jìng 敬；qíng 擎。
景：jǐng 景憬璟；yǐng 影。
令：līng 拎，líng 伶泠苓玲铃聆蛉翎零龄，lǐng 岭领令（纸一令），lìng 令（邻读 lín）。
凌：líng 凌陵菱崚绫。
名：míng 名茗铭，mǐng 酩。
冥：míng 冥溟暝瞑螟。
宁：níng 宁拧咛狞柠，nǐng 拧，nìng 宁泞。
平：píng 平评苹坪枰萍。
青：qīng 青清蜻鲭，qíng 情晴氰，qǐng 请；jīng 菁睛精，jìng 靖静。
廷：tíng 廷庭蜓霆，tǐng 艇挺梃铤。
亭：tíng 亭停渟葶婷。
形：xíng 刑形型邢；jīng 荆。
英：yīng 英瑛锳媖。
营：yīng 莺，yíng 荧萤莹营萦滢。
婴：yīng 婴撄嘤缨樱鹦。

声调对照表

方言区	古调类和调值 调类地名	平声		上声		去声		入声				声调数
		天	平	古	老	近	放	大	急	各	六	杂	
北方方言区	普通话（北京）	阴平 55	阳平 35	上声 214		去声 51		入声分别归阴阳上去				4
	南京	阴平 31	阳平 13	上声 22		去声 44		入声 5				5
	汉口	阴平 55	阳平 312	上声 42		去声 35		归阳平				4
	济南	阴平 213	阳平 42	上声 55		去声 21		入声分别归阴平、阳平、去声				4
	沈阳	阴平 44	阳平 35	上声 213		去声 41		同 上				4
	成都	阴平 44	阳平 41	上声 52		去声 13		归阳平				4
	兰州	阴平 31	阳平 53	上声 442		去声 13		归去声		归阳平		4
	滦县	平声 11		上声 213		去声 55		入声分别归平上去				3
吴方言区	苏州	阴平 44	阳平 13	上声 52	归阳去	阴去 412	阳去 31	阴入 5		阳入 2		7
	绍兴	阴平 41	阳平 15	阴上 55	阳上 22	阴去 44	阳去 31	阴入 5		阳入 32		8
	上海	阴平 54	阳平 24	上声 33	归上声	归阳平		阴入 5		阳入 2		5
湘方言区	长沙	阴平 33	阳平 13	上声 41		阴去 45	阳去 21	入声 24				6
赣方言区	南昌	阴平 42	阳平 24	上声 213		阴去 55	阳去 31	入声 5				6
客家方言区	梅县	阴平 44	阳平 11	上声 31		去声 42		阴入 21		阳入 4		6

续表

方言区	调类和调值 地名 \ 古调类 例字	平声		上声		去声		入声				声调数
		天	平	古	老	近	放	大	急	各	六	杂	
闽方言区	福 州	阴平 44	阳平 52	上声 31		阳去 242	阴去 213	阳去 242	阴入 23		阳入 4		7
	厦 门	阴平 55	阳平 24	上声 51		阳去 33	阴去 11	阳去 33	阴入 32		阳入 5		7
粤方言区	广 州	阴平 55 平 53	阳平 21 平 11	阴上 35	阳上 13	阴去 33	阳去 22		上阴入 55	下阴入 33	阳入 22		9
	玉 林	阴平 54	阳平 32	阴上 33	阳上 23	阴去 52		阳去 21	上阴入 55	下阴入 33	上阳入 12	下阳入 11	10

古入声字现代读音举例

（阴阳上去四声用数字1、2、3、4表示）

ba：1.八，2.拔跋钹魃。

bai：1.掰，2.白，3.百柏。

bao：1.剥，2.薄雹。

bei：3.北。

bi：1.逼，3.笔，4.弼愎碧壁辟襞璧。

bie：1.鳖憋，2.别蹩，3.瘪，4.别。

bo：1.钵拨剥，2.勃渤浡脖搏博薄泊箔驳伯帛舶。

bu：2.醭馞醭，3.卜，4.不。

ca：1.擦。

ce：4.侧测厕恻策册。

cha：1.插，2.察，4.刹。

chai：1.拆。

che：3.尺（工尺），4.彻澈撤掣。

chi：1.吃，3.尺，4.叱饬敕赤斥。

chu：1.出，4.黜怵畜蓄触。

chuo：1.绰戳、4.辍啜绰（宽）。

cu：4.猝簇蹙蹴促。

cuo：1.撮，4.错。

da：1.搭答褡耷，2.答沓妲靼达。

de：2.得德。

di：1.滴，2.的嫡镝笛迪敌狄荻翟籴涤，4.的。

die：1.跌，2.叠碟牒蝶谍迭垤絰。

du：1.督，2.独读牍犊渎椟毒，3.笃。

duo：2.掇夺铎，4.裰踱。

e：2.额，3.恶（恶心），4.遏愕鄂颚萼鹗噩厄扼。

fa：1.发，2.乏伐筏阀垡罚，3.法，4.发（头发）。

fo：2.佛。

fu：2.弗茀拂福蝠幅辐服伏茯袱，4.缚腹复覆蝮馥鳆。

ge：1.鸽割胳搁，2.蛤合（十合一升）蛤葛阁格骼隔膈革，3.葛，4.各。

gei：3.给（给你）。

gu：1.縠，3.骨汨谷鹘，4.梏。

gua：1.刮鸹。

guo：1.郭崞，2.国虢帼掴。

hao：3. 郝

he：1. 喝，2. 合盒郃盍阖曷貉涸劾核，4. 褐鹤赫吓壑。

hei：1. 黑。

hu：1. 忽惚，2. 核鹘斛槲縠鹄，4. 笏。

hua：2. 滑猾，4. 划。

huo：1. 豁，2. 活，4. 霍藿镬获或惑。

ji：1. 屐积激击，2. 集辑急级汲伋芨疾蒺吉即棘亟极脊籍瘠，3. 戟给，4. 鲫稷迹寂。

jia：1. 夹，2. 袷郏荚颊铗戛，3. 甲胛。

jiao：2. 嚼，3. 脚角。

jie：1. 结揭，2. 睫捷劫孑桀杰羯讦竭碣节疖截结洁拮桔颉诘。

ju：1. 锔菊鞠掬，2. 局，4. 剧。

jue：2. 绝厥蹶（竭～）蕨掘决诀抉谲倔崛爵嚼脚矍攫觉角桷珏傕，3. 蹶（尥～子），4. 倔。

ke：1. 磕瞌，2. 壳，3. 渴，4. 克刻客缂。

ku：1. 窟哭，4. 矻酷喾。

kuo：4. 阔括廓扩。

la：2. 邋，4. 腊蜡辣剌。

lao：4. 烙酪落。

le：4. 乐勒肋仂。

lei：1. 勒（勒紧），4. 肋（肋骨）。

li：4. 立粒笠栗溧力历沥枥砾栎鬲。

lie：4. 猎躐列烈裂劣捩（拗捩）。

liu：4. 六。

lu：4. 禄碌琭鹿漉麓辘陆戮录绿逯。

lü：4. 律绿率。

lüe：4. 略掠。

luo：1. 捋，4. 洛落骆络。

mai：4. 麦脉。

mei：2. 没。

mi：4. 密觅幂幎汨。

mie：4. 灭蔑篾。

mo：1. 摸，2. 膜，3. 抹，4. 末沫抹没殁莫寞漠墨默陌貊脉（～～）。

mu：4. 木沐目穆牧睦苜。

na：4. 纳衲捺。

ni：4. 昵匿逆溺。

nie：1.捏，4.聂镊蹑孽涅臬嗫。

nüe：4.虐疟谑。

nuo：4.诺。

pai：1.拍。

pi：1.劈霹，3.癖劈匹，4.僻辟擗甓。

pie：1.撇瞥，3.撇。

po：1.泼，4.粕迫魄。

pu：1.扑仆，2.濮仆，3.璞朴，4.曝瀑。

qi：1.七漆戚，3.乞，4.缉葺泣讫迄。

qia：1.掐，4.恰洽。

qiao：3.雀，4.壳。

qie：1.切，4.妾怯惬箧窃切（一～）挈锲。

qu：1.屈诎麴曲，3.曲（歌～）。

que：1.缺阙，4.阙阕雀鹊却确榷。

re：4.热。

ri：4.日。

rou：4.肉。

ru：3.辱，4.入褥缛蓐。

ruo：4.若弱箬。

sa：1.撒（撒手），3.撒，4.飒卅趿靸萨。

sai：1.塞。

se：4.涩瑟塞（闭塞）啬穑色。

sha：1.杀煞铩，4.霎歃煞（煞气）。

shai：3.色骰。

shao：2.勺芍。

she：2.舌折（折本），4.摄涉设。

shi：1.湿虱失，2.十什拾实食蚀识寔湜石，4.室饰式拭轼适释螫。

shu：1.叔菽淑，2.孰熟塾赎，3.蜀属，4.术述束。

shua：1.刷。

shuo：1.说，4.烁铄朔槊硕。

su：2.俗，4.速肃夙宿缩谡粟。

suo：1.缩，3.索。

ta：1.塌，3.塔獭，4.踏榻阘挞。

te：4.忑慝特。

ti：1.踢剔，4.惕逖倜。

tie：1.贴帖（妥帖），3.帖（请帖）铁，4.帖（字帖）。

tu：1.突秃凸。

tuo：1.脱托讬，4.柝拓魄（落魄）。

wa：1.挖，4.袜。

wo：4.斡握渥幄齷沃。

wu：1.屋，4.兀杌扤物勿。

xi：1.吸息熄悉膝蟋惜夕析淅晰皙，2.习袭隰媳席蓆锡褐檄，4.隙。

xia：1.瞎，2.狭峡硖洽袷匣狎侠挟黠辖。

xiao：1.削。

xie：1.歇蝎楔，2.胁协挟颉絜，3.血，4.燮亵屑泄绁。

xu：1.戌，4.续恤畜蓄旭。

xue：1.薛削，2.学穴，3.雪，4.血谑。

ya：1.鸭押压，4.轧揠。

yao：4.药钥。

ye：1.噎，4.靥叶页业曳谒咽掖液腋。

yi：1.揖一壹，3.乙，4.邑浥熠溢逸佚轶屹亿忆忆臆抑意翼翊翌弋益嗌亦奕弈译驿绎峄易（交易）埸舣疫役。

yu：4.聿郁尉域彧育毓昱煜玉狱欲浴。

yue：1.曰约，4.悦阅月刖越钺粤跃钥岳乐。

za：1.匝，2.杂砸。

zao：2.凿。

ze：2.则舴择泽啧窄责，4.仄昃。

zei：2.贼。

zha：2.闸扎札铡，3.眨，4.栅（栅栏）。

zhai：1.摘，2.宅翟，3.窄。

zhao：2.着（着凉），着（睡着）。

zhe：1.蜇（蜂蜇），2.辄蛰哲蜇（海蜇）辙折谪，4.浙这。

zhi：1.汁织只，2.执絷蛰侄直职植殖埴踯，4.室秩帙桎蛭质掷炙掷。

zhou：1.粥，2.轴妯。

zhu：2.竹竺逐舳蠋烛，3.嘱瞩，4.筑祝。

zhuo：1.拙卓桌涿捉，2.酌灼斫焯琢啄浊濯擢镯（手镯）着（着落）。

zu：2.卒镞族足。

zuo：1.作（作坊），2.捽昨凿（穿凿），4.作（工作）柞酢。

简 化 字 表

表内前面附有 * 号的简化字都可以作为偏旁，类推使用。

ai	can	chuang	du	gang	huai
*爱（愛）	*参（參）	疮（瘡）	独（獨）	*冈（岡）	怀（懷）
碍（礙）	惨（慘）	ci	duan	ge	坏（壞）
ao	蚕（蠶）	辞（辭）	*断（斷）	个（個）	huan
袄（襖）	灿（燦）	cong	dui	gong	欢（歡）
ang	cang	聪（聰）	*对（對）	巩（鞏）	还（還）
肮（骯）	*仓（倉）	*从（從）	*队（隊）	gou	环（環）
ba	ceng	丛（叢）	dun	沟（溝）	hui
坝（壩）	层（層）	cuan	吨（噸）	构（構）	回（迴）
ba	chan	*窜（竄）	duo	购（購）	*会（會）
*罢（罷）	搀（攙）	da	夺（奪）	gu	秽（穢）
bai	谗（讒）	*达（達）	堕（墮）	谷（穀）	*汇（匯）
摆（擺）	馋（饞）	dai	e	顾（顧）	（彙）
（襬）	缠（纏）	*带（帶）	恶（惡）	gua	huo
ban	*产（產）	dan	（噁）	刮（颳）	伙（夥）
板（闆）	忏（懺）	*单（單）	er	guan	获（獲）
办（辦）	chang	担（擔）	*尔（爾）	关（關）	（穫）
bang	*尝（嘗）	胆（膽）	*儿（兒）	观（觀）	ji
帮（幫）	偿（償）	dang	fa	guang	*几（幾）
bao	*长（長）	党（黨）	*发（發）	*广（廣）	机（機）
宝（寶）	厂（廠）	*当（當）	（髮）	gui	击（擊）
报（報）	che	（噹）	fan	*归（歸）	积（積）
bei	*车（車）	档（檔）	矾（礬）	*龟（龜）	饥（饑）
*贝（貝）	彻（徹）	dao	范（範）	柜（櫃）	鸡（鷄）
*备（備）	chen	导（導）	fei	guo	极（極）
bi	尘（塵）	deng	飞（飛）	*国（國）	际（際）
笔（筆）	陈（陳）	灯（燈）	fen	过（過）	剂（劑）
币（幣）	衬（襯）	邓（鄧）	坟（墳）	han	挤（擠）
*毕（畢）	cheng	di	奋（奮）	汉（漢）	继（繼）
毙（斃）	惩（懲）	敌（敵）	粪（糞）	hao	济（濟）
bian	chi	籴（糴）	feng	号（號）	jia
*边（邊）	迟（遲）	递（遞）	*丰（豐）	he	家（傢）
变（變）	*齿（齒）	dian	*风（風）	合（閤）	*夹（夾）
biao	chong	点（點）	凤（鳳）	hong	价（價）
标（標）	冲（衝）	淀（澱）	fu	轰（轟）	jian
表（錶）	*虫（蟲）	电（電）	麸（麩）	hou	*戋（戔）
bie	chou	垫（墊）	肤（膚）	后（後）	艰（艱）
别（彆）	筹（籌）	dong	妇（婦）	hu	坚（堅）
bin	丑（醜）	冬（鼕）	复（復）	壶（壺）	歼（殲）
*宾（賓）	chu	*东（東）	（複）	胡（鬍）	*监（監）
bo	出（齣）	冻（凍）	gai	沪（滬）	硷（鹼）
卜（蔔）	*刍（芻）	栋（棟）	盖（蓋）	护（護）	拣（揀）
bu	处（處）	*动（動）	gan	hua	茧（繭）
补（補）	chuan	dou	干（乾）	*华（華）	荐（薦）
cai	础（礎）	斗（鬥）	（幹）	*画（畫）	*见（見）
才（纔）	触（觸）	赶（趕）	划（劃）	舰（艦）

续 表

鉴（鑒）	kuang	liao	man	pan	qian
jiang	矿（礦）	了（瞭）	蛮（蠻）	盘（盤）	权（權）
姜（薑）	kui	疗（療）	me	pi	劝（勸）
*将（將）	亏（虧）	辽（遼）	么（麽）	辟（闢）	que
讲（講）	kun	lie	mei	ping	确（確）
浆（漿）	困（睏）	猎（獵）	霉（黴）	苹（蘋）	rang
奖（奬）	kuo	lin	men	凭（憑）	让（讓）
桨（槳）	扩（擴）	临（臨）	*门（門）	pu	rao
酱（醬）	la	邻（鄰）	meng	扑（撲）	扰（擾）
jiao	腊（臘）	ling	蒙（矇）	仆（僕）	re
胶（膠）	蜡（蠟）	*灵（靈）	（濛）	朴（樸）	热（熱）
jie	lai	龄（齡）	（懞）	qi	ren
阶（階）	*来（來）	岭（嶺）	梦（夢）	*齐（齊）	认（認）
疖（癤）	lan	liu	mi	启（啓）	rong
*节（節）	兰（蘭）	*刘（劉）	弥（彌）	*岂（豈）	荣（榮）
洁（潔）	拦（攔）	浏（瀏）	（瀰）	*气（氣）	sa
借（藉）	栏（欄）	long	mian	qian	洒（灑）
jie	烂（爛）	*龙（龍）	面（麵）	千（韆）	san
紧（緊）	lao	lou	miao	*迁（遷）	伞（傘）
仅（僅）	劳（勞）	*娄（婁）	庙（廟）	纤（縴）	sang
*进（進）	痨（癆）	楼（樓）	mie	*佥（僉）	丧（喪）
*尽（盡）	le	lu	灭（滅）	签（簽）	sao
（儘）	*乐（樂）	*卢（盧）	蔑（衊）	（籤）	扫（掃）
烬（燼）	lei	庐（廬）	min	牵（牽）	se
jing	累（纍）	泸（瀘）	*黾（黽）	qiang	*啬（嗇）
惊（驚）	垒（壘）	芦（蘆）	mu	枪（槍）	涩（澀）
竞（競）	类（類）	炉（爐）	亩（畝）	墙（牆）	sha
jiu	li	*庐（虜）	nan	蔷（薔）	*杀（殺）
旧（舊）	*离（離）	卤（鹵）	难（難）	qiao	shai
ju	里（裏）	（滷）	nao	*乔（喬）	晒（曬）
*举（舉）	礼（禮）	录（錄）	恼（惱）	侨（僑）	shang
剧（劇）	*丽（麗）	陆（陸）	脑（腦）	桥（橋）	伤（傷）
据（據）	厉（厲）	luan	ni	窍（竅）	she
惧（懼）	励（勵）	乱（亂）	拟（擬）	qie	舍（捨）
juan	*历（歷）	lun	niang	窃（竊）	摄（攝）
卷（捲）	隶（隸）	*仑（侖）	酿（釀）	qin	shen
jue	lia	luo	niao	*亲（親）	沈（瀋）
觉（覺）	俩（倆）	*罗（羅）	*鸟（鳥）	寝（寢）	*审（審）
kai	lian	lü	nie	qing	渗（滲）
开（開）	帘（簾）	驴（驢）	*聂（聶）	庆（慶）	sheng
ke	联（聯）	屡（屢）	镍（鎳）	qiong	声（聲）
*壳（殼）	恋（戀）	*虑（慮）	ning	*穷（窮）	绳（繩）
克（剋）	怜（憐）	滤（濾）	*宁（寧）	琼（瓊）	胜（勝）
ken	炼（煉）	ma	nong	qiu	*圣（聖）
垦（墾）	练（練）	*马（馬）	*农（農）	秋（鞦）	shi
恳（懇）	liang	mai	nüe	qu	湿（濕）
kua	粮（糧）	迈（邁）	疟（瘧）	*区（區）	*师（師）
夸（誇）	*两（兩）	*买（買）	ou	趋（趨）	*时（時）
kuai	辆（輛）	卖（賣）	欧（歐）	曲（麯）	实（實）
块（塊）		麦（麥）			适（適）

势（勢）	枭（梟）	xia	*厌（厭）	屿（嶼）	（隻）
shou	tie	吓（嚇）	yang	誉（譽）	帜（幟）
*寿（壽）	铁（鐵）	虾（蝦）	阳（陽）	御（禦）	职（職）
兽（獸）	ting	xian	养（養）	吁（籲）	致（緻）
shu	听（聽）	咸（鹹）	痒（癢）	郁（鬱）	制（製）
书（書）	厅（廳）	显（顯）	样（樣）	yuan	*执（執）
*属（屬）	tou	宪（憲）	yao	渊（淵）	滞（滯）
数（數）	头（頭）	纤²（纖）	尧（堯）	园（園）	*质（質）
术（術）	tu	*献（獻）	钥（鑰）	远（遠）	zhong
树（樹）	图（圖）	县（縣）	药（藥）	愿（願）	钟（鐘）
shuai	涂（塗）	xiang	ye	yue	（鍾）
帅（帥）	tuan	*乡（鄉）	爷（爺）	跃（躍）	肿（腫）
shuang	团（團）	响（響）	*页（頁）	yun	种（種）
*双（雙）	（糰）	向（嚮）	叶（葉）	*云（雲）	众（眾）
song	tuo	xie	*业（業）	运（運）	zhou
松（鬆）	椭（橢）	协（協）	yi	酝（醞）	昼（晝）
su	wa	胁（脅）	医（醫）	za	zhu
苏（蘇）	洼（窪）	*写（寫）	*义（義）	杂（雜）	朱（硃）
（囌）	袜（襪）	泻（瀉）	仪（儀）	zang	烛（燭）
*肃（肅）	wan	亵（褻）	*艺（藝）	赃（臟）	筑（築）
sui	弯（彎）	xin	亿（億）	脏（髒）	zhuan
虽（雖）	*万（萬）	衅（釁）	忆（憶）	（臟）	*专（專）
随（隨）	wang	xing	yin	zao	zhuang
*岁（歲）	网（網）	兴（興）	*阴（陰）	凿（鑿）	庄（莊）
sun	wei	xu	*隐（隱）	枣（棗）	桩（樁）
*孙（孫）	*韦（韋）	须（鬚）	ying	灶（竈）	装（裝）
tai	*为（爲）	xuan	应（應）	zhai	妆（妝）
台（臺）	伪（僞）	悬（懸）	营（營）	斋（齋）	壮（壯）
（檯）	卫（衛）	选（選）	蝇（蠅）	zhan	状（狀）
（颱）	wen	旋（鏇）	yong	毡（氈）	zhun
态（態）	稳（穩）	xue	拥（擁）	战（戰）	准（準）
tan	wu	学（學）	佣（傭）	zhao	zhuo
滩（灘）	*乌（烏）	xun	痈（癰）	赵（趙）	浊（濁）
瘫（癱）	*无（無）	*寻（尋）	踊（踴）	zhe	zong
摊（攤）	务（務）	逊（遜）	you	这（這）	总（總）
坛（罎）	雾（霧）	ya	优（優）	折（摺）	纵（縱）
叹（嘆）	xi	压（壓）	忧（憂）	zheng	zuan
teng	牺（犧）	*亚（亞）	犹（猶）	征（徵）	钻（鑽）
誊（謄）	习（習）	哑（啞）	邮（郵）	症（癥）	
ti	系（係）	yan	yu	证（證）	
体（體）	（繫）	严（嚴）	*鱼（魚）	郑（鄭）	
tiao	戏（戲）	盐（鹽）	余（餘）	zhi	
*条（條）		艳（豔）	*与（與）	只（祇）	

注：瞭读 liǎo 时简作了，读 liào 时不简作了。"纤"字所简化的两个字，读音不同，所以分列两处。

容易读错的字

	正	误		正	误
狭隘	ài	yì	佝偻	gōu	jú
老媪	ǎo	wēn	桎梏	gù	gào
同胞	bāo	pāo	铁箍	gū	zā
悖逆	bèi	bó	粗犷	guǎng	kuàng
迸发	bèng	bìng	皈依	guī	fǎn
麻痹	bì	pì	鳜鱼	guì	jué
奴婢	bì	bēi	憨厚	hān	gǎn
刚愎	bì	fù	薅草	hāo	nòu
包庇	bì	pǐ	干涸	hé	gù
针砭	biān	fàn	膏肓	huāng	máng
濒临	bīn	pín	觊觎	jì	qǐ
刹那	chà	shà	歼灭	jiān	qiān
单于	chán	shàn	围剿	jiǎo	chào
忏悔	chàn	qiān	发酵	jiào	xiào
偿还	cháng	sháng	抓阄	jiū	guī
伥鬼	chāng	zhǎng	狙击	jū	zǔ
嗔怒	chēn	zhēn	咀嚼	jǔ	zǔ
掣动	chè	zhì	铿锵	kēng	jiān
瞠目	chēng	táng	喟然	kuì	wèi
驰骋	chěng	pīn	褴褛	lǚ	lóu
鞭笞	chī	tái	贿赂	lù	luò
豆豉	chǐ	zhī	裸体	luǒ	kē
褫夺	chǐ	dì	阴霾	mái	lí
憧憬	chōng	tóng	联袂	mèi	jué
木杵	chǔ	xǔ	愤懑	mèn	mǎn
抽搐	chù	xù	靡靡	mǐ	fēi
阔绰	chuò	zhuò	脉脉	mò	mài
皴裂	cūn	jùn	匿藏	nì	nuò
切磋	cuō	chā	酿酒	niàng	rǎng
殆尽	dài	tāi	河畔	pàn	bàn
大堤	dī	tí	抨击	pēng	píng
沉淀	diàn	dìng	骈体	pián	bìng
玷污	diàn	zhān	瀑布	pù	bào
咄咄	duō	zhuō	菜畦	qí	xí
讹诈	é	wó	洽谈	qià	xiā

续 表

	正	误		正	误
悭吝	qiān	kēn	不屑	xiè	xiāo
惬意	qiè	xiá	挑衅	xìn	xùn
囚犯	qiú	xiú	星宿	xiù	sù
龋齿	qǔ	yǔ	自诩	xǔ	yǔ
小觑	qù	xū	酗酒	xù	xiōng
颧骨	quán	huān	绚丽	xuàn	xūn
唱喏	rě	nuò	戏谑	xuè	nuè
鹿茸	róng	ěr	赝品	yàn	yīng
杉木	shā	shān	咽喉	yān	yīn
歃血	shà	chā	造诣	yì	zhǐ
慑服	shè	niè	轶事	yì	shì
舐犊	shì	tiǎn	良莠	yǒu	xiù
中枢	shū	qù	老妪	yù	qū
别墅	shù	shì	酝酿	yùn	wēn
吸吮	shǔn	yǔn	崽子	zǎi	sī
嗾使	sǒu	zù	眨眼	zhǎ	biǎn
鬼祟	suì	chǒng	破绽	zhàn	dìng
水獭	tǎ	lài	砧板	zhēn	zhàn
殄灭	tiǎn	zhēn	鸩酒	zhèn	chén
恬静	tián	guā	深圳	zhèn	chuān
迢迢	tiáo	zhāo	跖骨	zhí	shù
荼毒	tú	chà	抵掌	zhǐ	dǐ
湍急	tuān	chuǎn	对峙	zhì	shì
臀部	tún	diàn	胡诌	zhōu	zōu
椭圆	tuǒ	suì	属意	zhǔ	shù
圩田	wéi	yú	惴惴	zhuì	chuǎn
畏葸	xǐ	sī	一幢	zhuàng	dong
峡谷	xiá	jiá	谆谆	zhūn	chén
纤维	xiān	qiān	擢用	zhuó	dí
涎水	xián	yán	渣滓	zǐ	zǎi
骁勇	xiāo	ráo	浸渍	zì	zé
楔子	xiē	qí	纂辑	zuǎn	cuàn
挟制	xié	xiá	柞蚕	zuò	zà
偕同	xié	jiē	酬酢	zuò	zà

容易写错的字

爱 ài，下边是"友"。
昂 áng，左下无"点"。
奥 ào，下边不封口。
步 bù，下边不是"少"。
谄 chǎn，右边非"臽"。
篡 cuàn，下边非"么"。
蹈 dǎo，右边是"臽"。
导 dǎo，上边是"巳"。
低 dī，右下有"点"。
罚 fá，右下非"寸"。
范 fàn，右下非"巳"。
缚 fù，右上是"甫"。
膏 gāo，上边是"高"。
羹 gēng，下边是"美"。
恭 gōng，右下是两点。
辜 gū，下边非"幸"。
冠 guān，上边无"点"。
滚 gǔn，右中非"口"。
含 hán，中间无点。
壑 hè，左上非"容"。
痕 hén，右下非"良"。
幻 huàn，右边非"刀"。
姬 jī，右边非"臣"。
棘 jī，两边非"束"。
假 jiǎ，右边非"段"。
疖 jiē，右下非"节"。
迥 jiǒng，右上非"向"。
具 jù，里边是三横。
倦 juàn，右下非"巳"。
谲 jué，右下是"冏"。
凯 kǎi，左下非"巳"。
寇 kòu，上边有点。
魁 kuí，左边是"鬼"。
辣 là，右边是"束"。

滥 làn，右上非"又"。
敛 liàn，右边非"欠"。
炼 liàn，右边非"东"。
劣 liè，右上有点。
柳 liǔ，右边是"卯"。
隆 lóng，右中有横。
驴 lǘ，右边非"卢"。
莽 mǎng，中间是"犬"。
茂 mào，下边是"戊"。
昧 mèi，右边是"未"。
幂 mì，上边无点。
袅 niǎo，上边非"鸟"。
捏 niē，右上是"曰"。
佞 nìng，右上非"亡"。
疟 nüè，右下非"ヨ"。
烹 pēng，上边非"享"。
衾 qīn，上边是"今"。
染 rǎn，右上非"丸"。
赊 shē，右边非"余"。
试 shì，右下无撇。
饰 shì，右边非"市"。
耍 shuǎ，上边是"而"。
祀 sì，右边是"巳"。
速 sù，右上是"束"。
獭 tǎ，右边非"页"。
踏 tà，右下是"曰"。
惕 tì，右边是"易"。
添 tiān，右下两点。
秃 tū，下边是"几"。
娲 wā，右下是"内"。
袜 wà，右边非"末"。
鹜 wù，右上非"务"。
熙 xī，左上非"臣"。
隙 xì，右上是"小"。

霞 xiá，下边非"段"。
县 xiàn，上边非"目"。
羡 xiàn，下边是"次"。
晓 xiǎo，右上无点。
歇 xiē，左下非"匂"。
协 xié，左边是"十"。
卸 xiè，左边非"缶"。
匈 xiōng，里边是"凶"。
讯 xùn，右边非"凡"。
曳 yè，右上无点。

淫 yín，右下非"缶"。
冤 yuān，上边无点。
越 yuè，右上非"戊"。
宰 zǎi，下边非"幸"。
赃 zāng，右下无点。
蒸 zhēng，中间是"丞"。
纸 zhǐ，右下无点。
置 zhì，下边是"直"。
炙 zhì，上边非"久"。
抓 zhuā，右边非"瓜"。

形近易混的字

厂 chǎng 广 guǎng	日 rì 曰 yuē	庆 qìng 厌 yàn
了 liǎo 丫 yā	氏 shì 氐 dī	戎 róng 戒 jiè
儿 ér 几 jǐ	幻 huàn 幼 yòu	扰 rǎo 拢 lǒng
刀 dāo 刃 rèn	毋 wú 母 mǔ	圮 pǐ 圯 yí
义 yì 叉 chā	未 wèi 末 mò	协 xié 胁 xié
干 gàn 千 qiān	扑 pū 朴 pǔ	汆 cuān 氽 tǔn
子 zǐ 孑 jié	旧 jiù 归 guī	伍 wǔ 件 jiàn
巳 sì 已 yǐ 己 jǐ	戊 wù 戌 xū	廷 tíng 延 yán
天 tiān 夭 yāo	庄 zhuāng 压 yā	享 xiǎng 亨 hēng
肓 huāng 盲 máng	贬 biǎn 眨 zhǎ	峻 jùn 竣 jùn
冷 lěng 泠 líng	狐 hú 孤 gū	桨 jiǎng 浆 jiāng
汨 mì 汩 gǔ	练 liàn 炼 liàn	栗 lì 粟 sù
坑 kēng 炕 kàng	恋 liàn 峦 luán	栽 zāi 裁 cái
坎 kǎn 砍 kǎn	冠 guān 寇 kòu	班 bān 斑 bān
岔 chà 忿 fèn	耍 shuǎ 要 yào	陡 dǒu 徙 xǐ
馀 yú 佘 shé	茶 chá 荼 tú	笫 zǐ 第 dì

| 灸 jiǔ | 荣 róng | 祟 suì |
| 炙 zhì | 荥 xíng | 崇 chóng |

| 伶 líng | 捎 shāo | 密 mì |
| 怜 lián | 梢 shāo | 蜜 mì |

| 坠 zhuì | 恼 nǎo | 梁 liáng |
| 堕 duò | 脑 nǎo | 粱 liáng |

| 券 quàn | 侯 hóu | 菅 jiān |
| 卷 juàn | 候 hòu | 管 guǎn |

| 拄 zhǔ | 竽 yú | 绿 lù |
| 柱 zhù | 芋 yù | 缘 yuán |

| 柝 tuò | 钤 qián | 续 xù |
| 析 xī | 铃 líng | 赎 shú |

| 拔 bá | 竞 jìng | 豉 chǐ |
| 拨 bō | 竟 jìng | 鼓 gǔ |

| 慨 kǎi | 漱 shù | 赡 shàn |
| 概 gài | 嗽 sòu | 瞻 zhān |

| 惴 zhuì | 戮 lù | 戴 dài |
| 揣 chuǎi | 戳 chuō | 载 zài |

| 晴 qíng | 撒 sǎ | 篾 miè |
| 睛 jīng | 撤 chè | 蔑 miè |

| 遗 yí | 壁 bì | 慕 mù |
| 遣 qiǎn | 璧 bì | 幕 mù |

| 销 xiāo | 辨 biàn | 燥 zào |
| 锁 suǒ | 辩 biàn | 躁 zào |

| 腊 là | 激 jī | 靡 mǐ |
| 蜡 là | 檄 xí | 糜 mí |

| 肆 sì | 薄 báo | 鳞 lín |
| 肄 yì | 簿 bù | 麟 lín |

| 催 cuī | 憋 biē | 馨 xīn |
| 摧 cuī | 蹩 bié | 磬 qìng |

标点符号用法举例

现在通行的标点符号分点号和标号两大类，共 16 种。点号有：句号、逗号、顿号、分号、冒号、问号和叹号；标号有：引号、括号、破折号、省略号、着重号、连接号、专名号、间隔号和书名号。点号的作用主要是表示语言中不同长短的停顿，标号的作用主要是标明词语或句子的性质和作用。

(一) 点号的用法

1. 句号（。）用在句末，表示句末停顿。陈述句或语气缓和的祈使句末尾用句号。

有的人写文章往往一逗到底，总觉得前后意义有联系，怕用了句号会把意思割断。其实句子意思只是相对完整，句与句之间也可以有意义上的联系。例如：

① 花里带着甜味儿，闭了眼，树上仿佛已经满是桃儿、杏儿、梨儿，花下成千成百的蜜蜂嗡嗡地闹着，大小的蝴蝶飞来飞去，野花遍地是：杂样儿，有名字的，没名字的，散在草丛里像眼睛，像星星，还眨呀眨的。

例①讲了三种情况：闭眼的情景、花下的情景和野花的情景。应用三个句号。可把"花下""野花"前的两个逗号改为句号。

2. 逗号（，）表示句子中间的停顿。

② 这位老向导就住在西山脚下，早年做过四十年向导，胡子都白了，还是腰板挺直，硬朗得很。（用在复句的分句之间）

③ 赵州桥高度的艺术水平和不朽的艺术价值，充分显示了我国劳动人民的智慧和力量。（用在主语和谓语之间）

④ 我猜到，这肯定是周总理出钱买的。（用在动词和宾语之间）

⑤ 在一个孩子的眼睛里，他的老师是多么慈爱，多么公平，多么伟大的人呵。（用在句首状语后）

⑥ 吃点饭吧，你。（用在后置的主语、定语、状语前。）

3. 顿号（、）表示很短的停顿，用在并列的词或短语之间。例如：

⑦ 房内有石窝、石灶、石碗、石盆、石床、石凳。

⑧ 鲁迅是文化战线上，代表全民族的大多数，向着敌人冲锋陷阵的最正确、最勇敢、最坚决、最忠实、最热忱的空前的民族英雄。

一般说来，并列的几个词语间用了顿号就不必再用连词；用了连词，就不用顿号。口语中停顿不明显的无须用顿号。例如，"上下班"中无须用顿号：

⑨ 他每天上、下班都骑自行车。

4. 分号（；）表示句内停顿大于逗号且用于并列的一些分句之间。例如：

⑩ 在朝鲜的每一天，我都被一些事情感动着；我思想感情的潮水，在放纵奔流着；它使我想把一切东西都告诉给祖国的朋友们。

5. 冒号（：）也表句内较大的停顿，用来提示下文或总结上文。例如：

⑪ 弼时同志一生有三"怕"：一怕工作少，二怕麻烦人，三怕用钱多。

⑫ 她一手提着竹篮，内中一个破碗，空的；一手拄着一支比她更长的竹竿，下端开了裂：她分明已经纯乎是一个乞丐了。

⑬ 老爹说："孩子，你就叫木棉树吧！"

6. 问号（?）用在疑问句的后边。例如：

⑭ 这儿到底出了什么事？

⑮ 这本书是他借来的，还是你借来的？

⑯ 怎么了，你？

7. 叹号（!）用在感叹句或祈使句后边，也可以用在叹词和带感情的呼语后边。例如：

⑰ 同志们！加油干哪！

(二) 标号的用法

1. 引号（""）（''）表示文章里引用的部分。有单引号和双引号两种。一般是先用双引号，如引号里还要用引号，就用单引号。引号所引的应是直接引语。例如：

① 他把我的手推开，提着两个小拳头，偏着脑袋质问："哼！叫我'小鬼'？我有名字呀！"

凡是完整地照录他人的话，末了的符号在引号之内。凡是把引用的话作为引用者话语的一部分，末了的符号放在引号外。例如：

② 我红了脸说："贵了。"

③ 这时候蔡老师援助了我，……还写了一封信劝慰我，说我是"心清如水的学生"。

成语、专门术语或需要强调的词语，为了引起读者注意或用以讽刺，可以用引号。例如：

④ "自由王国"没有止境，科学家的探索也不会停步。

⑤ 一事不做，凭空设想，那是"空想"。不动脑筋，埋头苦干，那是"死做"。

2. 括号（（））

(1) 句内括号：注释句中的某个词语。例如：

⑥ 明朝万历三十七年（1609年）重修三大殿，仅采木一项，就费银九百三十余万两。

(2) 句外括号：注释整个句子。例如：

⑦ 因为这些都可以不费力气而拿出来，和天灵盖不相上下的。（但大红名片也许不用，以避"赤化"之嫌。）

有时，括号所括词语是交代人物的行动、表情的，多见于剧本。如：

⑧ 潘经理：（对陈白露）可惜，你没有瞧见我年轻的时候，那时——（忽然向福）你没有事，在这儿干什么，出去！

3. 破折号（——）表示语言中断、延长，或语意的转换、跃进等。例如：

⑨ "我的朋友们啊，"他说，"我——我——"

但是他哽住了，他说不下去了。

⑩ 我们在天安门前深情地呼唤：

  周——总——理——

⑪ 你看，你将这条血管移了一点位置了。——自然，这样一移，的确比较好看些。

破折号还可以表示注释。例如：

⑫ 窗外又传来东普鲁士兵的号声——他们已经收操了。

注释部分若用在句中，应用双破折号，把注文夹在中间，以便同上下文分开。例如：

⑬ 一个和尚，法海禅师，得道的禅师，看见许仙脸上有妖气，——凡讨妖怪做老婆的人，脸上就有妖气的，但只有非凡的人才看得出，——便将他藏在金山寺的法座后，……

4. 省略号（……）表示文中省略的部分。有两种作用：

(1) 表示省略

⑭ 信上写的是："兹有县农会杨主席，前往阎家山检查督促秋收工作，请予接洽是荷……"

(2) 表示说话断断续续，或者想说不敢说，或说话拖长。例如：

⑮ 他拉着这两位同志的手，断断续续地说："党……派我……到兰考……工作，我……没有……完成……党交给我们的……任务。"

⑯ 父亲说："就……就是我的弟弟呀。……如果我不知道他现在是在美洲，有很好的地位，我真会认为就是他哩。"

5. 着重号（ · ）表示文中特别重要的语句。如：

⑰ 帮闲，在忙的时候就帮忙，倘若主子忙于行凶作恶，那自然也就是帮凶。

6. 连接号（—）有如下用法：

(1) 连接相关的名词，构成一个意义单位。

⑱ 人们把物质由原子、分子构成的学说叫作原子—分子论。

(2) 连接相关的字母、数字之类，表示时间、地点的起止，或组成产品的型号。

⑲ "北京—杭州"直达快车

⑳ 米格—27飞机

(3) 连接相关的项目，表示递进式发展。

㉑ 人类社会的发展可分为原始社会—奴隶社会—封建社会—资本主义社会—共产主义社会这五个阶段。

7. 专名号（＿＿）表示人名、地名、朝代名等。只用于古籍或文史著作。这类著作里的书名号可用浪线。例如：

㉒ 唐诗三百首编者孙洙，别号蘅塘退士，无锡人，清乾隆十六年进士。

8. 书名号（《》）表示文中的书名、篇名、报章的名称等。例如：

《语言学概论》 《阿Q正传》

《光明日报》 《中国语文》

如果书名中还有别的书名时，外面用双书名号，里面用单书名号。例如：

《关于〈野百合花〉》

9. 间断号（·）表示词语中间的分读。常用于外族人名中的读音分界处，月份与日期、书名与篇名，词牌与题目之间的分界处。例如：

乌拉吉米尔·伊凡尼奇　　一二·九　　《史记·陈涉世家》